中国城市物流发展时空结构演化研究

王东方 著

厦门大学出版社
国家一级出版社
全国百佳图书出版单位

图书在版编目（CIP）数据

中国城市物流发展时空结构演化研究 / 王东方著. -- 厦门：厦门大学出版社，2024.12. -- ISBN 978-7-5615-9474-2

Ⅰ.F259.22

中国国家版本馆 CIP 数据核字第 20246UF423 号

责任编辑　杨红霞
美术编辑　李嘉彬
技术编辑　许克华

出版发行　厦门大学出版社
社　　址　厦门市软件园二期望海路 39 号
邮政编码　361008
总　　机　0592-2181111　0592-2181406（传真）
营销中心　0592-2184458　0592-2181365
网　　址　http://www.xmupress.com
邮　　箱　xmup@xmupress.com
印　　刷　厦门市金凯龙包装科技有限公司

开本　787 mm×1 092 mm　1/16
印张　19.25
字数　435 千字
版次　2024 年 12 月第 1 版
印次　2024 年 12 月第 1 次印刷
定价　60.00 元

本书如有印装质量问题请直接寄承印厂调换

前　言

物流业是国民经济与社会发展的派生性产业，物流业空间分布与市场规模、区域资源禀赋间存在较强的依赖关系。城市物流作为衔接生产、流通和消费的中间环节，服务于城市及更大区域范围内生产要素和生活所需产品的流动以及城市间生产要素和产品交换带来的流通活动，在实现资源的有效配置，推动产业结构调整、产业升级中发挥着重要的作用。近年来，物流业快速发展降低了交易成本，促进了产业的分工和专业化。推进城市间物流基础设施的互联互通，加快"枢纽＋通道＋网络"现代物流服务体系建设，为加快推进产业布局重塑，促进区域协调发展，推动国内外要素高效联通提供有力支撑，切实增强国内国际双循环建设的内生动力和可靠性。

伴随着城市化的推进、工业活动的扩散和城市的重构，为无缝衔接关联产业服务需求，作为物流业务承担者的物流企业、物流基础设施呈现由区域中心城市向周边城市、中心城区向城市周边地区转移的趋势，物流企业、物流基础设施的空间布局演化不仅影响着物流业业务模式、组织模式，还反过来影响着城市空间结构的重构。在此背景下，探究物流企业空间结构演化特征及其形成机制，对于推动物流业健康可持续发展、优化物流企业区位选择和城市空间结构具有重要意义。

本书包括3篇14个章节，围绕中国城市物流发展时空结构演化开展理论和实证研究。理论篇包括城市物流发展时空结构演化的主要问题、概念界定及理论基础，以及中国城市物流发展时空结构演化机理分析，共3个章节，在梳理国内外文献、相关理论的基础上，界定研究相关概念，搭建研究框架，从产业集聚、关联产业空间重构、物流企业空间扩张、技术创新和政府政策等角度分析城市物流时空结构演化的内在机理。实证篇包括10个章节，从统计数据（中观视角）和企业数据（微观视角）两个维度研究中国城市物流时空结构演化特征及机理。基于统计数据的研究包括两个部分：一是研究城市物流发展时空结构演化特征及影响因素。主要研究城市物流发展（从反映城市物流发展规模的发展水平和反映城市物流发展质量的效率两个角度）时空结构演化及其影响因素（溢出效应）；城市物流高质量发展提升路径；环境规制、政府政策等对城市物流发展的影响；城市物流网络演化特征。二是研究城市物流与制造业协同集聚、协同创新演化特征，分析城市物流业与制造业协同集聚对城市经济高质量发展的影响。结论篇有1个章节，围绕理论分析和实证研究结果，总结提炼研究结论，从做好城市物流业发展顶层设计等方面提出推进城市物流高质量发展的政策建议。

本书的主要研究成果可以概括为：中国城市物流发展水平稳步提升且呈现高质量发展特征，城市物流发展存在显著的空间溢出效应，但区域发展不平衡问题依然突出；环境规制、创新、政府政策等因素均显著影响城市物流的发展，物流业与制造业协同集聚对城市经济高质量发展具有显著的促进和溢出效应，但城市物流业与制造业协同创新能力不强，协同创新网络结构较为松散；物流企业总体及子行业均呈现"北（偏东）—南（偏西）"空间分布格局且较为稳定，物流企业空间分布呈现显著的与生产力布局相匹配的特征；不同区域、不同经济发展水平城市物流企业时空演化特征基本一致，但在集聚尺度、空间演化特征等方面存在差异，且城市间物流企业区位选择机制存在差异。

在本书的撰写过程中，我们深入调研了上海、西安、福州等9个城市物流业发展现状，重点调研了永辉超市、朴朴、美团优选等10余家商贸流通企业，宁德时代、福建奔驰等100余家不同类型的工业企业，顺丰速运、盛丰物流、顺新晖、传化物流等120余家不同业态的物流企业，上海洋山港、郑州航空港等20余处交通物流基础设施。在此基础上，结合一手调研资料，整理了2006—2020年284个地级及以上城市物流业及相关行业统计数据、77万余条物流企业工商注册数据，分析城市物流不同业态发展历程，分析城市物流发展时空演化特征，探究城市物流时空结构演化机理。受部分指标统计口径调整、数据不再发布等因素影响，将研究时间跨度设定为2006—2020年（部分章节的研究受数据获取情况的影响，研究时间跨度和样本城市数量存在一定差异）。

本人负责国家社会科学基金西部项目（19XJL004）"中国城市物流发展空间结构演化特征与机理研究"的全程研究工作并撰写了研究报告，该项目以"良好"鉴定等级结项。在此基础上，进一步修改、提炼和完善研究报告，形成了《中国城市物流发展时空结构演化研究》书稿。本人负责全书的框架大纲设计、撰写和定稿，武夷学院陈秀玲博士参与了第8章、第9章内容的撰写，河南牧业经济学院李金峰博士参与了第11章内容的撰写，东南大学博士生姚华参与了第12章内容的撰写，武夷学院顾秀芬老师、钟韵珊老师等参与了文字校对。在课题调研的过程中，南平市交通局、南平市工业和信息化局、南平市邮政管理局、南平市物流协会等部门和机构进行了大量的组织协调工作，相关企业给予了大量支持，在此一并表示由衷的感谢。最后，感谢团队成员在项目调研、研究报告撰写等方面所作的贡献与工作，感谢厦门大学出版社为本书出版作出的努力。

王东方

2024年9月10日

目 录

理论篇——研究问题的提出及中国城市物流发展时空结构演化机理分析

第1章 城市物流发展时空结构演化的主要问题 ········· 2
  1.1 城市物流发展时空结构演化问题的提出 ········· 2
  1.2 国内外相关研究 ········· 5
    1.2.1 城市物流时空结构演化 ········· 5
    1.2.2 城市物流时空结构演化的影响因素 ········· 8
    1.2.3 城市物流网络结构 ········· 9
    1.2.4 物流企业时空结构演化 ········· 10
    1.2.5 研究评述 ········· 11
  1.3 研究内容与创新点 ········· 12
    1.3.1 研究思路 ········· 12
    1.3.2 研究内容 ········· 12
    1.3.3 创新点 ········· 15
  1.4 研究方法 ········· 16

第2章 城市物流发展时空结构演化概念界定及理论基础 ········· 18
  2.1 概念界定 ········· 18
    2.1.1 城市物流 ········· 18
    2.1.2 产业空间结构 ········· 18
    2.1.3 城市物流发展时空结构 ········· 19
  2.2 城市物流发展空间结构演化相关理论 ········· 20
    2.2.1 要素流动相关理论 ········· 20
    2.2.2 空间结构演化相关理论 ········· 21

第3章 中国城市物流发展时空结构演化机理分析 ········· 24
  3.1 城市物流时空结构演化的影响因素 ········· 24
    3.1.1 自然和区位条件 ········· 24
    3.1.2 交通物流基础设施 ········· 24

3.1.3　市场需求 ··· 25
　　　3.1.4　龙头企业的带动引领作用 ·· 25
　　　3.1.5　人力资源和教育体系 ·· 26
　　　3.1.6　现代化的技术支撑体系 ·· 26
　　　3.1.7　公共服务和政策支持体系 ·· 26
　3.2　城市物流时空结构演化动力机制 ··· 27
　　　3.2.1　区域间产业发展梯度差异是物流企业空间扩张的基础 ····························· 27
　　　3.2.2　市场需求是物流企业空间扩张的根本动力 ······································· 27
　　　3.2.3　成本压力和竞争环境是物流企业空间扩张的诱因 ································· 28
　　　3.2.4　政府引导是物流产业空间扩张的重要推力 ······································· 28
　3.3　城市物流时空结构演化机理分析 ··· 28
　　　3.3.1　产业集聚对城市物流时空结构演化的影响 ······································· 29
　　　3.3.2　关联产业空间重构对城市物流时空结构演化的影响 ······························· 33
　　　3.3.3　物流企业空间扩张对城市物流时空结构演化的影响 ······························· 50
　　　3.3.4　技术创新对城市物流时空结构演化的影响 ······································· 55
　　　3.3.5　政府政策对城市物流时空结构演化的影响 ······································· 57

实证篇——中国城市物流发展时空结构演化特征及影响因素研究

第 4 章　中国城市物流发展时空结构演化特征及影响因素研究
　　　　　——基于城市物流发展水平和城市物流效率视角的研究 ····························· 60
　4.1　引言 ··· 60
　4.2　研究方法及数据来源 ··· 61
　　　4.2.1　城市物流发展时空结构演化研究方法 ··· 61
　　　4.2.2　数据来源及说明 ··· 63
　4.3　中国城市物流集聚演化特征分析 ··· 63
　　　4.3.1　基于 LQ 的物流集聚时空结构演化分析 ·· 63
　　　4.3.2　基于 HCLQ 和 LED 的物流集聚时空结构演化特征分析 ····························· 64
　4.4　中国城市物流发展时空格局演化特征分析 ··· 66
　　　4.4.1　基于城市物流发展水平的研究 ··· 66
　　　4.4.2　基于城市物流效率的研究 ··· 72
　4.5　中国城市物流发展影响因素分析 ··· 77
　　　4.5.1　基准模型的构建 ··· 77
　　　4.5.2　模型构建 ··· 78
　　　4.5.3　中国城市物流发展水平和城市物流效率影响因素分析 ····························· 80

4.6	研究结论及政策建议	91
	4.6.1 研究结论	91
	4.6.2 政策建议	93

第5章 中国城市物流业高质量发展失配度及提升路径研究 94

5.1	引言	94
5.2	研究方法与数据来源	95
	5.2.1 城市物流高质量发展失配度评价指标体系构建	95
	5.2.2 数据来源	97
	5.2.3 研究方法	97
5.3	城市物流高质量发展水平分析	98
	5.3.1 总体特征分析	98
	5.3.2 系统间发展水平差异分析	100
	5.3.3 整体特征分析	101
	5.3.4 基于城市规模的失配度演化特征分析	102
	5.3.5 失配度分阶段演化特征分析	103
5.4	城市物流发展失配度的成因解析	105
	5.4.1 障碍因子分析	105
	5.4.2 单变量的必要条件分析	107
	5.4.3 条件组态分析	108
5.5	结论与建议	110
	5.5.1 研究结论	110
	5.5.2 政策建议	111

第6章 国家物流枢纽承载城市物流韧性提升路径研究 112

6.1	引言	112
6.2	研究方法和数据说明	113
	6.2.1 城市物流韧性评价指标体系构建	113
	6.2.2 数据说明	116
	6.2.3 研究方法	116
6.3	国家物流枢纽承载城市物流韧性分析	117
	6.3.1 国家物流枢纽城市物流韧性水平特征分析	117
	6.3.2 国家物流枢纽承载城市物流韧性障碍因子识别	121
6.4	国家物流枢纽城市物流韧性成因解析	123
	6.4.1 单变量的必要条件分析	123
	6.4.2 条件组态分析	124
	6.4.3 稳健性检验	127

6.5 研究结论与政策启示 ………………………………………………… 127
  6.5.1 研究结论 ………………………………………………………… 127
  6.5.2 政策启示 ………………………………………………………… 128

第7章 中国城市物流业与制造业协同创新演化研究 …………………… 129
7.1 引言 …………………………………………………………………… 129
7.2 数据与研究方法 ……………………………………………………… 130
  7.2.1 数据来源 ………………………………………………………… 130
  7.2.2 研究方法 ………………………………………………………… 131
7.3 物流业与制造业协同创新演化分析 ………………………………… 131
  7.3.1 规模特征 ………………………………………………………… 131
  7.3.2 演化阶段 ………………………………………………………… 131
  7.3.3 空间分布特征 …………………………………………………… 133
  7.3.4 多主体协同创新网络特征分析 ………………………………… 134
7.4 结论与讨论 …………………………………………………………… 137
  7.4.1 结论 ……………………………………………………………… 137
  7.4.2 政策启示 ………………………………………………………… 138

第8章 环境规制、创新与中国城市物流发展 …………………………… 139
8.1 引言 …………………………………………………………………… 139
8.2 理论分析及研究假设 ………………………………………………… 140
8.3 模型构建及数据说明 ………………………………………………… 142
  8.3.1 模型构建 ………………………………………………………… 142
  8.3.2 变量选取 ………………………………………………………… 142
  8.3.3 数据来源 ………………………………………………………… 143
8.4 实证结果分析 ………………………………………………………… 143
  8.4.1 交互效应检验 …………………………………………………… 143
  8.4.2 门槛效应检验 …………………………………………………… 145
8.5 研究结论和政策启示 ………………………………………………… 147
  8.5.1 研究结论 ………………………………………………………… 147
  8.5.2 政策启示 ………………………………………………………… 147

第9章 中国城市物流网络演化特征研究 ………………………………… 148
9.1 引言 …………………………………………………………………… 149
9.2 研究方法与数据来源 ………………………………………………… 150
  9.2.1 研究方法 ………………………………………………………… 150
  9.2.2 数据来源及说明 ………………………………………………… 153
9.3 中国城市物流网络生命周期演化 …………………………………… 153

9.4 中国城市物流网络结构演化特征 ·············· 155
    9.4.1 中国城市物流网络总体演化特征分析 ·············· 155
    9.4.2 中国城市物流联系演化特征分析 ·············· 158
    9.4.3 中国城市物流网络中心性演化特征分析 ·············· 158
    9.4.4 城市群物流网络像矩阵分析 ·············· 161
9.5 中国城市物流网络影响因素分析 ·············· 164
    9.5.1 QAP 相关分析 ·············· 164
    9.5.2 QAP 回归分析 ·············· 164
9.6 结论 ·············· 165

第10章 产业协同集聚对区域经济高质量发展的溢出效应研究
——基于物流业与制造业协同集聚的研究 ·············· 166

10.1 引言 ·············· 166
10.2 理论分析 ·············· 167
    10.2.1 物流业与制造业协同集聚对经济高质量发展的直接影响 ·············· 167
    10.2.2 物流业与制造业协同集聚对经济高质量发展的空间溢出影响 ·············· 168
10.3 研究设计 ·············· 169
    10.3.1 模型构建 ·············· 169
    10.3.2 变量选择 ·············· 169
    10.3.3 数据说明 ·············· 171
10.4 实证分析 ·············· 171
    10.4.1 物流业与制造业协同集聚度特征分析 ·············· 171
    10.4.2 城市绿色全要素生产率特征分析 ·············· 172
    10.4.3 产业协同集聚对城市绿色全要素生产率影响分析 ·············· 172
    10.4.4 产业协同集聚对城市绿色全要素生产率影响的区域异质性分析 ·············· 179
10.5 结论与启示 ·············· 189
    10.5.1 研究结论 ·············· 189
    10.5.2 政策启示 ·············· 190

第11章 政府政策对城市物流生产效率影响研究
——基于《全国流通节点城市布局规划（2015—2020年）》政策的研究 ·············· 191

11.1 引言 ·············· 191
11.2 DID模型的构建与变量描述 ·············· 192
    11.2.1 模型构建 ·············· 192
    11.2.2 变量选取和描述性统计 ·············· 192
    11.2.3 数据来源 ·············· 193

11.3 实证分析 ··· 193
 11.3.1 DID 回归 ·· 193
 11.3.2 稳健性检验 ·· 196
11.4 结论与启示 ··· 197
 11.4.1 研究结论 ·· 197
 11.4.2 研究启示 ·· 197

第12章 中国物流企业空间格局演化及区位选择
——基于地级市尺度的研究 ·· 199
12.1 引言 ··· 199
12.2 研究方法及数据来源 ··· 199
 12.2.1 研究方法 ·· 199
 12.2.2 数据来源 ·· 201
12.3 中国物流企业时空格局演化特征分析 ··································· 201
 12.3.1 中国物流企业空间格局总体特征 ································ 201
 12.3.2 中国物流企业多尺度空间分布演化特征 ························· 205
12.4 中国物流企业区位选择影响因素分析 ··································· 208
 12.4.1 影响因素选择 ·· 208
 12.4.2 总体分析 ·· 209
 12.4.3 分行业分析 ·· 210
12.5 结论与讨论 ··· 212
 12.5.1 研究结论 ·· 212
 12.5.2 讨论与展望 ·· 212

第13章 城市物流企业空间格局演化及区位选择
——基于不同区域、不同经济发展水平城市的研究 ···················· 214
13.1 引言 ··· 214
13.2 物流企业空间扩张机理分析 ·· 216
13.3 研究方法和数据来源 ··· 217
 13.3.1 时空格局演化分析方法 ·· 217
 13.3.2 物流企业选址模型 ··· 218
13.4 城市物流企业时空演化特征分析 ······································· 225
 13.4.1 上海市物流企业时空演化特征分析 ······························ 225
 13.4.2 徐州市物流企业时空演化特征分析 ······························ 228
 13.4.3 郑州市物流企业时空演化特征分析 ······························ 231
 13.4.4 阜阳市物流企业时空演化特征分析 ······························ 234
 13.4.5 成都市物流企业时空演化特征分析 ······························ 237
 13.4.6 柳州市物流企业时空演化特征分析 ······························ 239

　　　　13.4.7 不同城市物流企业时空演化特征异同分析 ·········· 243
　13.5 城市物流企业区位选择影响因素分析 ·················· 244
　　　　13.5.1 上海市物流企业区位选择机制研究 ·············· 244
　　　　13.5.2 徐州市物流企业区位选择机制研究 ·············· 248
　　　　13.5.3 郑州市物流企业区位选择机制研究 ·············· 250
　　　　13.5.4 阜阳市物流企业区位选择机制研究 ·············· 253
　　　　13.5.5 成都市物流企业区位选择机制研究 ·············· 254
　　　　13.5.6 柳州市物流企业区位选择机制研究 ·············· 256
　　　　13.5.7 不同城市物流企业区位选择机制对比 ············ 258
　13.6 政策建议 ·· 259

结论篇——研究结论及政策启示

第14章 主要结论及政策启示 ································ 262
　14.1 研究结论 ·· 262
　14.2 政策启示 ·· 265
　　　　14.2.1 做好城市物流业发展顶层设计 ·················· 265
　　　　14.2.2 通过物流枢纽建设提升城市物流基础设施能级 ······ 266
　　　　14.2.3 深挖重点领域发展潜力 ························ 268
　　　　14.2.4 推动重点业态高质量发展 ······················ 273

参考文献 ·· 275

理 论 篇
——研究问题的提出及中国城市物流发展时空结构演化机理分析

该篇内容包括城市物流发展时空结构演化的主要问题、城市物流发展时空结构演化概念界定及理论基础、中国城市物流发展空间结构演化机理分析3个章节,在分析研究背景、梳理国内外文献和相关理论的基础上,界定研究相关概念,搭建研究框架,重点从产业集聚、关联产业空间重构、物流企业空间扩张、技术创新和政府政策等角度分析城市物流时空结构演化的内在机理。

第1章 城市物流发展时空结构演化的主要问题

1.1 城市物流发展时空结构演化问题的提出

（1）加快培育服务中国式现代化的现代物流业是推动现代化经济体系建设的重要任务。党的二十大报告首次提出"建设现代化产业体系"的战略任务，作为现代产业体系的重要组成部分，现代物流体系建设是深化产业分工体系、提高生产效率、推动经济社会高质量发展的关键。围绕实体经济发展，推进新型工业化建设是现代化产业体系建设的主要任务，在现代化产业体系建设过程中，各类高端生产要素持续向战略性新兴产业、高端制造业集聚，推动制造业从劳动资源密集型规模扩张向资本知识密集型综合效益提升转变。现代化产业体系建设对现代物流业的服务广度和深度均提出了更高的要求，专业化、智能化、信息化、覆盖全产业链的服务需求快速增加，通过将提供基础物流服务的物流链深度嵌入制造业等产业链供应链，为关联产业实现降本增效的同时，通过提升实体经济运营效率提升现代物流业价值创造能力。

（2）内畅外联的现代物流服务体系是推动国内国际双循环新发展格局的基础保障。构建双循环发展格局，需要打通产业链供应链中从生产到消费的全链条，将对生产要素和产品的流向与结构、物流通道建设和物流枢纽布局产生深远影响，对现代物流业发展提出挑战的同时带来新的发展机遇，对物流业服务提出了更高要求。从国内循环来看，物流业需要进一步强化价值创造能力。通过深化同生产端的制造业业务协作水平优化产业组织运营模式，通过深度融入制造业产业链供应链，实现产业链供应链的降本增效，提升区域产业竞争力；在消费端，围绕商品流通业态"互联网＋"变革趋势，不断调整业务模式，强化大数据、人工智能等新技术的应用，不断深化物流业与商贸流通业的深度融合，通过延伸服务产业链条，开展仓配一体、供应链金融等业务，深度嵌入商贸流通数字化产业链，促进、引领商贸流通业发展。从国际循环来看，国际物流及供应链服务是产业链国际分工合作的基础保障，支撑着生产要素和产品的跨国流动，是全球范围内实现要素高效配置的基础支撑。

2022年5月国务院办公厅印发的《"十四五"现代物流发展规划》中明确提出"通道＋枢纽＋网络"建设任务，为加快物流产业布局重塑、促进区域协调发展、推动国内外要素高效联通提供有力支撑，切实增强国内国际双循环建设的内生动力和可靠性。枢纽建设方面，通过引导物流要素集聚、完善物流基础设施功能、提升不同区域不同类型物流枢纽协同运作水平,将物流枢纽打造成为区域物流组织中心,大幅度提升交通枢纽基础设施服务能力和互联互通水平;通道建设方面,依托国家立体交通运输体系、国家物流枢纽布局城市存量物流资源、区域中心城市交通物流基础设施,加快国内国际物流大通道建设,提升基础设施互联互通水平,最终搭建以国家物流枢纽为核心节点、以物流大通道为骨干载体、以跨区域多业态业务网络为主体的覆盖全国的现代物流网络服务体系。

(3)中国物流业呈现高质量发展特征。《"十四五"现代物流发展规划》将高质量发展目标和任务贯穿于物流业发展的各领域、各阶段。2022年,全国社会物流总额达347亿元,运输业、仓储业、供应链管理等专业物流领域均保持较高的增长速度。截至2023年8月,中国物流与采购联合会完成了36批超过9600家A级物流企业的评审和复核,物流50强企业收入合计近2万亿元,智慧物流、城市配送、供应链管理等物流新模式、新业态的出现改变了传统物流业业务运营模式,"互联网+"、新技术在物流行业的应用加速了传统物流的转型升级进程,物流业与制造业、商贸流通等产业由运输、仓储等简单的功能性业务合作过渡到全产业链的合作,物流业服务深度嵌入制造业、商贸流通等产业链,产业融合发展广度和深度持续拓宽和延伸,物流业发展由要素投入积累发展转向质效双升的高质量发展阶段,实现物流业高质量发展的产业基础和基本条件已初步具备。

具体来看,我国物流业高质量发展呈现以下特征:一是物流基础设施持续完善。初步搭建了以城市物流枢纽和交通通道为基础的物流基础设施体系,打造了覆盖全国的物流基础设施和服务网络。二是服务实体经济能力持续提升。物流业深度融入制造业、商贸流通业产业链,通过同关联产业的业务协同实现降本增效,降低关联产业成本的同时提升关联产业竞争力水平,有力支撑了关联产业集群发展。三是物流高质量发展内生动力持续增强。第一,伴随着信息技术产业的快速发展,智能化新技术在物流行业的推广和应用为物流业发展带来创新驱动力,催生了新的物流业态和服务模式;第二,多式联运业务体系的持续完善给物流业带来协调驱动力,完善了物流业业务体系的同时,提升了物流业运营效率;第三,"一带一路"建设强化了物流业发展的开放驱动力,中欧班列、西部陆海新通道等物流通道的建设扩大了国际物流覆盖范围,提升了国际物流通道服务能力;第四,良好的政策环境为物流业发展提供了综合驱动力,充足的要素支持、持续性的有效政策供给保证了物流业的可持续发展。四是物流市场主体服务能力持续提升。物流企业业务范围由仓储、运输等基础功能性服务升级为覆盖关联产业全产业链的供应链管理服务,物流链与产业链供应链融合水平持续提升。

(4)城市物流为区域经济社会高质量发展提供基础支撑。城市是区域经济社会发展到一定阶段的产物,是资本、人力资源、土地、技术和数据等生产要素的集聚地,是区域经济发展的增长极。城市物流服务于城市内和城市间生产要素和产品交换带来的运输、仓储、配送等需求,是城市经济社会有序运营的基础支撑,也是影响本地产业发展的先导条件,更是放大城市特定优势的强力抓手。随着劳动分工专业化水平的提升,制造业、商贸流通产业链的不同环节分布在不同城市,城市间产生大量基于产业链分工的生产要素、产成品流通服务需求;从城市内部来看,城市居民消费、批发市场、制造业等产生大量的服务生产与消费的城市空间范围内的物流服务需求。

城市化是推动城市物流产业发展和空间扩张的关键动因,随着城市化的推进,人口和产业在城市空间内的"集聚—扩散"演化带来了大量的物流服务需求,有效支撑了城市物流的发展。反过来,城市物流发展有力支撑城市产业的转型升级。第一,城市物流是推动城市经济社会高质量发展的重要引擎,功能完备、布局合理的城市物流服务体系能够推动城市经济发展要素的合理配置,提升城市供应链产业链韧性和安全水平;第二,城市物流是城市经济社会高质量发展的压舱石,完善的城市物流体系及高水平的物流服务供给能够降低产业链成本,提升产业链供应链运营效率,助力城市产业核心竞争力的提升;第三,城市物流是城市经济新旧动能转换的助推器,城市物流新技术的应用、新模式和新业态的发展推动城市生产生活供应链体系的变革,提升产业升级要素的集聚能力,推动城市经济社会发展的新旧动能转换。

(5)城市物流枢纽是城市物流高质量发展的重要载体。城市物流枢纽是城市物流服务体系的重要基础设施,集聚了大量的服务于生产要素、产品集散的物流要素,是重要的区域物流业务组织中心,是物流服务网络中的核心节点。在双循环新发展格局中,城市物流枢纽(特别是国家物流枢纽)是城市融入全国统一大市场和国际市场的重要接口[1],在进一步完善区域要素流动网络,提升城市能级方面发挥着至关重要的作用。随着我国交通基础设施建设的快速推进,立体交通网络逐步完善,区域间物流通道服务能力显著提升,但通道两端连接的货物集散中转设施和末端"最后一公里"服务存在基础设施不完善、衔接能力不足、服务能力不强等问题,是现代物流服务体系的短板,而这两个环节(特别是中转环节)业务开展的载体都是物流枢纽。

国家发展改革委、交通运输部印发的《国家物流枢纽布局和建设规划》等规划,从完善基础设施提升存量物流枢纽货物集散和多式联运转运能力等方面提出国家物流枢纽节点建设思路,在推进国家物流枢纽节点服务能力提升的同时,通过物流大通道实现国家物流枢纽的互联互通,提升国家级物流枢纽一体化运作水平。在此基础上,形成覆盖国家级物流枢纽、区域物流枢纽、城市物流服务节点在内的多功能、多层级的物流枢纽服务体系,最终实现城市物流枢纽服务城市物流微循环和服务区域及国家物流的内循环的协同推进,推动区域更多地融入国内经济大循环中。此外,发挥物流业的先导作用,推动城市产业能级和产业链位置的攀升,提升城市在国家价值链、国际大循环中的位置。通过国家物流枢纽在全国的统筹布局和建设,中西部地区交通基础设施水平将进一步提升,沿海城市与中西部地区、中西部地区城市间、城市群间、城市群内物流联系将进一步加强,中西部地区城市物流发展在全国物流服务体系中的重要性将进一步凸显,区域物流均衡化、一体化发展水平将进一步提升。

(6)城市物流发展区域不平衡、物流服务结构性失衡等问题依然突出。受区域经济发展不平衡等因素影响,城市物流发展存在以下问题:一是物流资源在城市间配置不均衡问题依然突出,物流要素分布自东向西呈现显著的梯度差异特征,东部地区的长三角、珠三角等区域集聚了大量不同类型的物流资源,而中西部物流资源配置水平远低于东部地区,区域间尚未形成分工协调的物流产业体系。二是物流服务供给结构性失衡问题依然突出,物流服务供给和需求匹配度不高,运输(特别是公路运输)、仓储(特别是中小城市)等基础功能性服务供给过剩,导致公路货物运输市场出现低价的无序竞争等问题;多式联运等综合型的物流服务体系不完善,跨运输方式、跨作业环节的业务衔接基础设施不足导致的衔接转换效率低下问题依然突出,而综合性、一体化的服务供给能力不足导致关联产业物流成本居高不下。三是物流资源错配导致资源利用率不高,区域内城市间物流基础设施功能定位雷同,物流基础设施同质化竞争问题突出,导致城市间物流业竞争加剧,而物流基础设施的低水平重复建设带来资源浪费的同时影响物流业健康有序高质量发展;物流基础设施运营能力不强进一步加剧了有限物流资源的浪费,部分物流枢纽功能单一、设施设备投入不足,无法开展多式联运等业务,导致物流枢纽利用率不高。

制约城市物流发展的因素包括以下几个方面:一是物流企业发展不充分,物流业市场主体以中小微企业为主,要素整合能力和运营能力不强、服务供给能力不足(以提供运输、仓储等功能性服务为主,无法提供综合性物流服务)、人才短缺、管理水平不高等是这些企业发展面临的主要问题。二是城市物流服务体系建设缺乏系统性规划,物流基础设施布局存在盲目、重复、低水平建设等问题,制造业、商贸产业园区及居民集聚区配套物流服务设施供给不够,导致物流基础设施无法高质量满足城市经济社会发展需要,资源利用率严重不足的同时城市物流效率处在较低水平。无序的物流基础设施、企业空间布局给城市带来交通拥堵、环境污染(大气及噪声污染等)等问题,货车进城限制等规制性政策进一步影响物流业运营效率。三是物流业与关联产业协同度有待提升,物流与制造业等关联产业处在简单的业务合作阶段,产业融合链条短,仍处在产业融合的初级阶段。四是城市居民生活服务需求呈现波动且分散的特征,城市配送、快递、即时物流等业态供给和需求均呈现在城市范围内的碎片化分散分布特征,同时,这些业态服务需求呈现典型的潮汐性特征,物流企业要满足散布且波动的物流服务需求,需要配置大量的运力和仓储能力满足非均匀物流需求,无法平衡物流业运营效率和成本压力的矛盾,导致在需求低谷的时候物流资源大量被闲置浪费。此外,生鲜电商、新零售等垂直细分领域物流服务需求存在显著差异,对多层级的仓储体系、仓配一体化等业务需求快速增长。

1.2 国内外相关研究

根据本研究涉及的研究范围搜索国内外相关文献,使用 Web of Science、ScienceDirect 等数据库检索外文文献,使用中国知网等数据库检索中文文献,检索范围包括期刊论文、学位论文等。以下从城市物流时空结构演化、城市物流时空结构演化的影响因素、城市物流网络空间结构和物流企业时空结构演化等方面回顾现有文献的研究贡献和不足。

1.2.1 城市物流时空结构演化

国内外文献对城市物流时空结构演化的研究主要集中在城市物流集群及集聚演化和城市物流扩散及演化两个方面,以下从这两个方面对相关文献研究内容进行综述。

1.城市物流集群及集聚演化

城市物流集聚的主要表现形式是：物流企业、物流基础设施逐渐向城市的某些区域集中（在城市物流发展初期，物流要素主要向城市中心集中），逐渐形成物流产业集群。集群中的企业不仅可以享受集聚经济带来的规模经济、产业信息共享和成本节约等好处[2]，还能促进企业间隐性知识的交流[3]，促进产业集群内企业整体竞争水平的提升，进一步强化产业集群对物流要素的吸引力，推进更高水平要素在集群内的进一步集聚，实现产业集群的产业转型升级。自 Sheffi 教授在其著作 *Logistics Clusters：Delivering Valueand Driving Growth* 一书中提出物流集群的概念以来[4]，国外学者选择人均物流生产总值、物流业从业人员数、物流车辆数量等指标识别物流集群，研究了欧洲、北美等区域物流集群发展情况，研究发现交通可达性、基础设施水平是影响物流企业选址、形成物流集群的重要因素[5-6]。Rivera 等[7]通过水平集聚区位熵和物流企业占比系数两个指标的组合识别美国的物流集群，研究发现物流集群中物流要素集聚水平呈上升趋势。Rivera 等[8]通过对西班牙萨拉戈萨物流集群的研究，发现通过运力共享、培训等方式可以提升物流园区企业间的协作能力。Kumar 等[9]基于就业数据分析 2008—2012 年美国运输业和物流业集群分布特征，研究发现，这两个集群主要在城市群区域集中。Cui 和 Song[10]从省域尺度研究了 2003—2012 年中国物流业集聚的空间效应，发现物流业集聚的空间溢出效应对中国省域物流业发展具有重要作用。Sun 等[11]对 2007—2014 年美国物流集群的研究发现，随着物流集聚区经济规模的扩大，物流集聚也极大地提升了生产效率。Jin[12]利用探索空间数据分析（ESDA）方法对中国省域 A 级物流企业的分布进行研究，发现 A 级物流企业在沿海、中部和东部地区形成三个集聚区。Zhang 和 Kong[13]分析了 2003—2018 年中国西部 135 个城市的物流企业数据，研究发现物流企业在省会城市及交通大动脉沿线形成集群。Yang 和 Chen[14]通过分析 2005—2015 年上海市物流设施空间演化特征发现，冷链物流设施主要集中在港口区域，而海运设施主要集中在港口和物流园区等区域。

国内文献对物流集群的研究主要集中在物流集群的形成机理与内涵、物流集群识别及演化、物流集群与区域经济及关联产业间的相互作用等方面[15-20]。沈玉芳等[21]对 2000—2008 年长三角城市群物流业空间格局演化进行分析，发现物流业呈集聚发展态势。张晓涛等[22]研究了 2003—2012 年北京市物流集聚空间格局演变，发现东城区等区域的物流集聚区逐渐消失，顺义区等区域物流集聚区逐步形成。王健和刘荷[23]研究了跨国公司在江阴港物流集群网络形成与发展中的作用，发现跨国公司是推动江阴港物流集群网络发展的核心。刘思婧等[24]利用多源数据研究了中国 289 个地级及以上城市的物流集群演化特征，发现物流集群在城市尺度上呈现典型的"核心-边缘"结构。董会忠和姚孟超[25]研究了 2005—2017 年东南沿海的物流产业集群演化特征，发现物流业集聚水平不断提高。吴彪、邱绍浪等[26]研究发现黑龙江省城市物流发展水平空间分异特征明显，物流集聚区集中在经济发展水平较高的地方。戚梦圆[27]通过对上市物流企业的竞争力进行分析和评价，发现上市物流公司的空间分布极不均匀，形成了以长三角和珠三角为核心的双核心格局。

2.城市物流扩散及演化

国外文献主要研究美国、欧洲等发达国家大都市圈、交通枢纽城市等区域物流扩散及演化特征,研究发现,这些区域物流企业或基础设施均呈现由城市核心区向近远郊地区、大都市圈核心城市向周边城市扩散的特征,带动了城市近远郊地区、大都市圈非核心区域物流业发展。Sakai等[28]研究发现,1980—2003年,东京地区的物流基础设施从城市中心区域扩散到城市近郊及周边区域。Sakai等[29]研究发现,东京市物流基础设施经历了先向城市中心集聚再向郊区扩散的演化过程,城市物流扩散提升了车辆运输效率。Dubie等[30]研究发现,芝加哥地区存在物流扩散情况,但菲尼克斯并无明显的物流蔓延发生。Giuliano和Kang[31]通过分析加利福尼亚州四大城市仓储和配送设施在2003—2013年空间布局的演化特征,发现洛杉矶和圣弗朗西斯科仓储和配送设施向城市边缘显著扩散。Heitz等[32]研究发现,2000—2014年,瑞典哥德堡仓储设施呈现向郊区以及周边城市扩散的特征。Strale[33]研究发现,1995—2012年,布鲁塞尔大型批发设施多集中在市中心,货运仓储等设施的扩散多是沿着高速公路向郊区方向蔓延。Woudsma和Jakubicek[34]研究发现,2001—2011年,加拿大六大城市运输业和仓储业空间演化在城市间存在差异。Kang[35]对2003—2016年美国64个大都市区的城市物流扩散水平进行了研究,发现2003—2008年城市物流扩散明显,扩散速度不断加快,但2009—2016年城市物流扩散势头减弱,仅在大型城市存在缓慢的扩散现象。Guerin等[36]通过对圣保罗地区物流企业及其仓库地理位置数据进行分析,发现1992—2017年该地区的物流扩散并不明显,仅在2010—2017年有小范围的扩散现象发生。

国内文献主要从城市和区域两个尺度研究城市物流时空结构演化议题。

(1)城市内部物流空间结构及其演化方面。曹卫东[37]研究发现,宁波市物流企业逐渐从中心城区沿路、沿江向郊区发展,从单核心格局逐渐发展成多核心格局。梁双波等[38]研究发现,1995—2009年,综合性港口物流服务企业向上海市中心集中,而仓储、运输等功能性物流企业呈现出向郊区扩散的趋势。胡燕燕等[39]研究发现,合肥市物流企业主要集中在中心城区和近郊,远郊仅有零散分布,不同区域的物流企业在功能上有较大的区别。朱慧和周根贵[40]研究发现,义乌市物流企业出现了明显的由老城区向郊区扩散的特征。张大鹏等[41]运用工商注册数据研究了1995—2015年上海市16个区物流企业的分布及其演化特征,结果表明,上海市物流业在空间上不断向外扩张,物流企业由"中心布局"逐渐转化成"核心-边缘"布局。王瑞等[42]研究发现,宁波港口物流企业呈现出向中心集聚和向郊区蔓延同时存在的特征。邱莹等[43]研究发现,北京市冷链物流企业具有显著的向近郊区域空间扩散的特征。孙文杰[44]研究发现,1963—2019年,重庆市物流企业集聚与扩散效应共存。程丹丹[45]研究发现,深圳市物流企业主要沿城市道路向郊区扩散,仓储设施则是从市内工业园向郊区蔓延。徐瞳[46]通过对2005—2019年青岛市从业人员从老城区外溢现象进行分析,发现青岛市的物流业存在空间扩散现象。

(2)区域物流空间结构及其演化方面。秦璐和刘凯[47]认为城市空间结构的变化引起我国城市物流时空结构的重构。陆华和刘凯[48]对湖北省物流网络演化特征进行了研究,发现武汉市是湖北省物流业发展的枢纽城市。戚晓峰等[49]研究发现,云南省各城市间存在明显的物流经济分异特征,以昆明为中心呈现横纵扩散特征。叶磊和段学军[50]基于全国物流百强企业总部分支机构数据,研究长三角地区城市物流网络空间结构,发现长三角地区城市物流时空存在向苏中和浙南扩散的趋势,总体呈现"一体两翼"的结构特征。梁子婧和王德青[51]在测算2006—2015年江苏省13个地级市的物流业发展水平的基础上,分析江苏省物流业空间演化格局。王晓平等[52]基于2000—2016年港口群吞吐量数据分析京津冀地区城市物流时空格局,发现京津冀地区城市物流时空格局在研究期间呈现由集聚向扩散转变的趋势。孙静和康敏[53]研究了2010—2019年全国285个地级及以上城市物流时空结构演化特征,发现经济发达区域物流业呈集群化发展,城市物流高水平集聚区逐渐由东部地区向西部扩散,东部、中部地区城市群物流业均衡发展并向周边扩散,逐渐形成新的次级物流核心城市。

1.2.2 城市物流时空结构演化的影响因素

城市物流时空结构演化受土地利用、交通可达性、市场需求、集聚效应、政府政策等因素的综合影响[54-55]。土地利用方面:Woudsma 等[56]认为需求量最大的是仓储用地,仓储和运输业土地需求的增加和城市发展、城市化推进密不可分。Dablanc 等[57]研究发现,物流基础设施的数量不断减少,但单个物流设施的占地规模越来越大。Allen 等[58]、Jakubicek 和 Woudsma[59]研究发现,随着城市的发展,城市中心土地价格大幅上涨,而物流企业无法承受城市中心的高地价,被迫在城郊重新选址开展业务。Verhetsel 等[60]认为随着城市郊区和城市中心土地价格差距的拉大,土地成本成为决定物流设施选址的最关键因素。Kang[61-62]发现仓储设施的空间演化受地价影响较大,大型仓库多在地价较低的区域集中。Chathura 等[63]认为土地价格是大型零售企业仓库等设施选址的重要影响因素。物流活动与同区域内其他活动之间的冲突,也是导致城市物流设施位置改变的原因之一。Oliveira 和 Guerra[64]研究发现,因为住宅区附近的物流设施会影响居民的日常生活,物流企业通过改变作业时间等方式降低对居民生活的影响,这些做法则会影响企业的运营效率,因此土地价格更低的远郊或者近郊的非居民区被更多物流企业青睐。孙文杰[44]通过对重庆市物流企业数据的分析,发现海拔的高低在一定程度上也会对城市物流业空间发展格局造成影响,相较于城市核心区,在城市扩张区,政府可通过调整土地价格对城市物流时空格局的演化产生影响。徐瞳[46]认为,城市地区职能的划分在一定程度上影响着物流设施的选址。交通可达性方面:公路、铁路、机场、港口等基础设施布局情况是影响交通可达性的关键因素,也是影响物流企业区位选择的重要因素[65-66]。物流企业一般在铁路货运站、高速公路枢纽、港口、机场等交通基础设施附近选址[67-68]。市场需求方面:物流企业和物流设施的分布具有明显的需求导向性及与关联产业空间伴随的特征,制造业的空间转移、商贸流通业态的改变、电子商务和全球贸易的发展等都对物流业空间结构的重构和转型产生重要影响[69]。Leigh 和 Nathanael[70]认为城市中现有的物流设施无法满足城市郊区制造业、商贸流通业发展带来的新业务需求,需要在城市的远郊和近郊地区建设面积更大、功能更加完备的基础设施,推动城市内物流设施不断向城市的远郊和近郊扩散,呈现蔓延状态[71-72]。因为市场对于不同类型物流设施需求的差异[73],冷链物流设施[74-75]、小型配送设施等[76-77]在城市中心形成新的集聚区。集聚效应方面:Rivera 等[8]通过分析西班牙萨拉戈萨地区城市物流集聚现象,发现物流集聚能够促进城市间的交流和协作,通过共享物流设施、培训等手段提高运作效率,促进集群内企业的协同发展。Rivera 等[7]和 Sun 等[11]以美国的城市为研究对象,通过对其物流集聚的分析,发现物流集聚对物流效率提升存在积极的影响。政府政策方面:政府通过对租金的控制、建设更加完备的交通基础设施网络、加大物流用地的供给等方式,吸引更多物流企业入驻,进一步强化物流集聚区集聚能力[23]。戢晓峰等[78]通过对全国 329 个城市物流用地数据的分析,对比发现,有政策支持的区域相较于其他区域物流蔓延的现象更加明显。李会等[79]研究发现,"疏解非首都功能"和"京津冀协同发展"等政策的落地,促进物流企业从北京、天津迁出,向河北的城市蔓延。

1.2.3 城市物流网络空间结构

国外文献主要聚焦交通运输网络的研究,Skjött-Larsen[80]等研究丹麦和瑞典共建的厄勒海峡大桥对运输和区域网络效率的影响,结果表明,该大桥的建设显著提升了区域物流运作效率。Ishfaq 等[81]基于轴-辐理论对多枢纽联运网络的枢纽选址问题进行了研究。Liedtke 和 Friedrich[82]基于货物运输数据进行建模,对物流网络的建模方法进行分类。Akhavan 等[83]以欧洲各城市为例,分析物流网络的连通性,结果表明,物流发展水平越高的城市在城市物流网络结构中链接的节点越多,重要性更强。Nguyen 等[84]基于东盟国家物流网络现状和中心辐射型网络特点,分析东盟国家物流网络节点数量、节点间辐射范围和路线。

国内文献主要通过对物流产业组织和结构的分析来开展城市物流网络空间结构及其演化的研究。王成金和韩增林[85]对环渤海地区城市物流网络进行研究,分析其形成机制和运作模式。鄢飞和董千里[86]分析了城市物流网络构建的影响因素,提出构建城市物流网络的基本思路。曹锦文[87]在综合评价河南省地级市物流发展水平的基础上,构建城市物流网络,将这 18 个物流节点划分为 4 个层次。苗恩标和赵春雨[88]研究了皖江城市带 9 个城市物流网络空间结构特征。董绮和甄峰[89]、宗会明和吕瑞辉[90]利用中国物流企业总部及分公司的地理位置数据,构建中国物流企业网络,分析国家尺度下物流网络结构特征。李明芳和薛景梅[91]、齐长安[72]、李会等[79]聚焦京津冀地区城市物流网络结构的研究,运用引力模型、社会网络分析等方法,对网络节点控制能力、网络中心移动等问题进行了探讨。秦璐和高歌[92]基于 A 级物流企业分布情况构建了中国城市物流网络,通过中心度等指标对城市节点进行分级。贾鹏等[93]、李延祺和涂敏[94]运用货运数据构建货运网络,分析城市货运网络的演化特征和成因。郭建科和喻铄琪[95]运用港口物流数据,构建沿海城市物流网络,根据网络中城市地位差异,将沿海城市物流网络划分成 4 级圈层结构。

1.2.4 物流企业时空结构演化

现有文献主要从物流企业时空格局演化特征、演化影响因素、演化的后果等方面研究城市物流企业的扩散,大量文献研究了全球主要大都市区物流设施迁移情况,研究均发现物流设施数量随着与城市中心间的距离增加而增长,物流设施呈现出从城市中心到城市郊区的空间扩散特征。物流企业时空格局演化特征方面,对于仓储设施的空间扩张,Sakai 等[29]研究发现,1980 年至 2003 年间,东京的物流设施与市中心的距离增加了 2.4 km。Leise 等[96]发现,巴西 Belo Horizonte 大都市区的仓储设施在 1995—2015 年间呈现空间扩张特征。Heitz 等[32]的研究结果表明,2000—2012 年,巴黎大都市区城市中心与物流设施之间的平均距离增加了 4.2 km。Dablanc 等[97]比较了洛杉矶和西雅图两个大都市区 1998—2009 年仓储设施的扩散特征,发现洛杉矶的仓库设施呈现扩散特征,而西雅图的仓库位置没有明显变化。对于物流企业的时空演变,Verhetsel 等[60]、Holl 和 Mariotti[66]研究了比利时 Flanders、西班牙物流企业的空间扩张,发现物流企业倾向于选址在具有较强可达性的交通基础设施周边。谢永琴和魏晓晨[98]、张圣忠和柴廷熠[99]、Yang 等[14]研究了北京、上海、西安等城市物流企业的时空演化特征,发现物流企业在研究期间均呈现不断向城市外围扩张态势,并呈现在城市中心和郊区同时集聚的特征。物流企业选址的决定因素方面:地租和土地可用性、客户位置和交通可达性是影响物流企业选址的重要因素。交通可达性和基础设施的可用性是物流企业选址的关键决定因素,新企业倾向于落在拥有高速公路、机场、港口和铁路等基础设施的区域[100-101]。良好的交通可达性有利于运输业务的组织,有利于仓储货物的周转和配送,有利于物流企业更好地开发和服务客户,降低物流企业成本的同时提高物流企业的运营效率[69],因此,物流企业对大型交通基础设施有较强的空间依赖性并围绕这些设施形成物流产业集聚区[102]。土地供应和土地租金是物流企业选址的关键因素,尤其是仓储设施的选址。随着城市化的快速推进,中心城区人口和商业活动的快速增长带来对仓库的新需求,中心城区的土地价格和仓库租金迅速上涨,但盈利能力不强的物流企业无法承受中心城区仓库等基础设施的高租金,同时,他们无法在中心城区获得新的发展空间,而城郊地区土地相对充足且价格低廉。因此,物流企业(尤其是仓储企业)在大都市区和大城市逐渐向郊区蔓延。此外,中心城区对货车通行的严格限制加速了物流设施向郊区的扩散[67]。物流业是连接生产和消费的纽带,靠近客户是物流企业选址的另一个关键因素,物流业关联产业的空间格局决定了物流企业的区位选择[103]。制造业和商贸流通业是物流企业的主要客户,物流企业的空间布局随着制造业和商贸流通业的空间结构演化发生变化,这种伴生关系和相关产业的布局直接影响物流企业的空间格局[58]。此外,城市结构、政府政策或产业规划以及劳动力获取等因素也会影响物流企业的选址决策[104]。物流企业空间扩张的后果研究方面:物流设施的扩建将对城市郊区的交通和环境产生影响,Woudsma 和 Jakubicek[34]对物流扩张或物流活动郊区化的负外部性进行了研究,发现伴随着物流企业搬迁到城市郊区,物流活动产生了新的土地需求,仓库和停车场等设施的需求快速增加，物流企业倾向于选址在交通便利、空间充足的地方，也由此增加了这些区域的交通和环境负担。此外，物流设施无序向郊区扩张会显著增加货物配送的距离，从而导致运营成本增加、碳排放量和能源使用量增加等负外部性。

1.2.5 研究评述

国内外学者对城市物流时空结构演化特征及机理进行了较深入的研究，相关理论和实证研究为中国城市物流时空结构演化的研究奠定了基础，也是本研究开展的依据，但是，现有文献的研究仍存不足，值得继续深入研究：第一，现有文献多是基于统计数据或企业数据单一角度对交通枢纽城市、城市群物流空间结构及其演化的研究，基于多源数据开展中国城市物流发展的演化特征研究的整体性、系统性不足。第二，现有文献主要采用实证研究方法研究城市物流时空结构演化特征及其影响因素，对于中国城市物流时空结构演化的动力机制和机理的系统研究不足。第三，现有文献对城市物流发展空间结构演化的研究主要是在综合评价城市物流发展水平的基础上研究城市物流发展空间结构演化特征及其影响因素，而城市物流发展水平不能较好地反映城市物流产业要素投入产出转化情况，基于发展水平研究的结果的可靠性缺少检验和印证，而城市物流效率能够较好地从投入产出角度反映城市物流发展特征，因此，需要从城市物流发展水平和城市物流效率两个角度开展城市物流发展时空结构演化研究。第四，对城市物流发展时空结构演化影响因素的研究方面，现有文献主要考虑经济发展、产业关联、区位等因素的影响，对政府政策、环境规制、创新等因素的影响研究不足。第五，我国城市物流发展呈现高质量发展特征，但部分城市物流要素投入存在的无序、重复投入等问题导致城市物流发展存在资源错配、发展失配等问题，此外，反映城市高质量发展水平的城市物流韧性对于城市经济社会的有序运营、保障产业链韧性和安全发挥着至关重要的作用，因此，需要从城市物流高质量发展、城市物流韧性等角度研究城市物流高质量发展时空结构演化特征及高质量发展提升路径，现有文献对这些内容尚未开展深入研究。从城市物流高质量发展影响因素来看，现有文献对城市物流业高质量发展影响因素的识别主要采用回归分析的方法，然而城市物流发展差异这一现象发生的原因不仅是单一因素所导致的，而是在一系列因素的共同作用下发生的，因此将各影响因素视作单独的变量来研究现象发生的归因存在一定的不足，此外，回归分析往往会存在内生性问题等缺陷导致回归结果稳健性不足，而定性比较分析法能够较好地解决这些问题。第六，对于城市物流企业时空结构演化方面存在以下几个方面的不足：研究尺度上，现有文献主要从城市区（县）尺度研究物流业整体时空演化及企业选址的影响因素，对更小尺度范围内不同业态（特别是反映物流业转型升级的物流新业态）物流企业的空间演化及企业选址问题的研究比较薄弱。研究对象上，现有文献主要研究单一城市或区域物流企业演化特征及影响因素，对于不同区域、不同经济发展水平城市物流企业时空结构演化及其影响因素的差异缺乏研究。

针对现有研究存在的不足，本研究拟从理论分析和实证研究两个方面分析中国城市物流发展时空结构演化特征及其机理。理论分析部分重点分析产业集聚、关联产业空间重构、物流企业空间扩张、技术创新和政府政策等因素对城市物流时空结构演化的影响机理。实证研究的内容从统计数据和企业数据两个维度开展。基于统计数据的研究包括两个部分：一是研究城市物流发展时空结构演化特征及影响因素；二是研究城市物流与制造业协同集聚、协同创新演化特征，分析城市物流业与制造业协同集聚对城市经济高质量发展的影响。基于企业数据的研究包括两个部分：一是基于城市尺度研究全国物流企业总体、不同业态的物流企业时空结构演化特征及影响因素；二是研究不同城市内部物流企业时空结构演化特征及物流企业区位选择的影响因素。

1.3 研究内容与创新点

1.3.1 研究思路

1. 研究框架

围绕城市物流时空结构演化特征及机理分析这一研究主题，按照"理论分析—实证研究—结论"这一研究主线，从统计数据和企业数据两个维度，全国、城市等不同尺度开展理论和实证研究。理论分析部分重点剖析产业集聚、关联产业空间重构、物流企业空间扩张、技术创新和政府政策等因素对城市物流时空结构演化的影响机理。实证研究的内容从统计数据和企业数据两个维度开展。基于统计数据的研究包括两个部分：一是研究城市物流发展时空结构演化特征及影响因素；二是研究城市物流与制造业协同集聚、协同创新演化特征，分析城市物流业与制造业协同集聚对城市经济高质量发展的影响。基于企业数据的研究包括两个部分：一是基于城市尺度研究全国物流企业总体、不同业态的物流企业时空结构演化特征及影响因素；二是研究不同城市内部物流企业时空结构演化特征及物流企业区位选择的影响因素。结论部分围绕理论分析和实证研究结果，提出城市物流高质量发展的对策建议。

2. 技术路线

研究技术路线见图 1-1。

1.3.2 研究内容

本书内容包括理论篇、实证篇和结论篇 3 个篇章，共 14 个章节，理论分析与实证研究内容逻辑关系见图 1-2。

（1）理论篇：包括研究问题的提出、概念界定及理论基础和城市物流时空结构演化机理分析 3 个章节。

第 1 章：城市物流发展时空结构演化的主要问题。分析研究背景，提出研究问题；从城市物流时空结构演化特征、城市物流时空结构演化影响因素、城市物流网络结构及其演化、物流企业时空结构演化 4 个方面梳理国内外相关文献，总结国内外文献研究成果及不足；介绍研究思路、研究框架、研究内容、技术路线和研究方法。

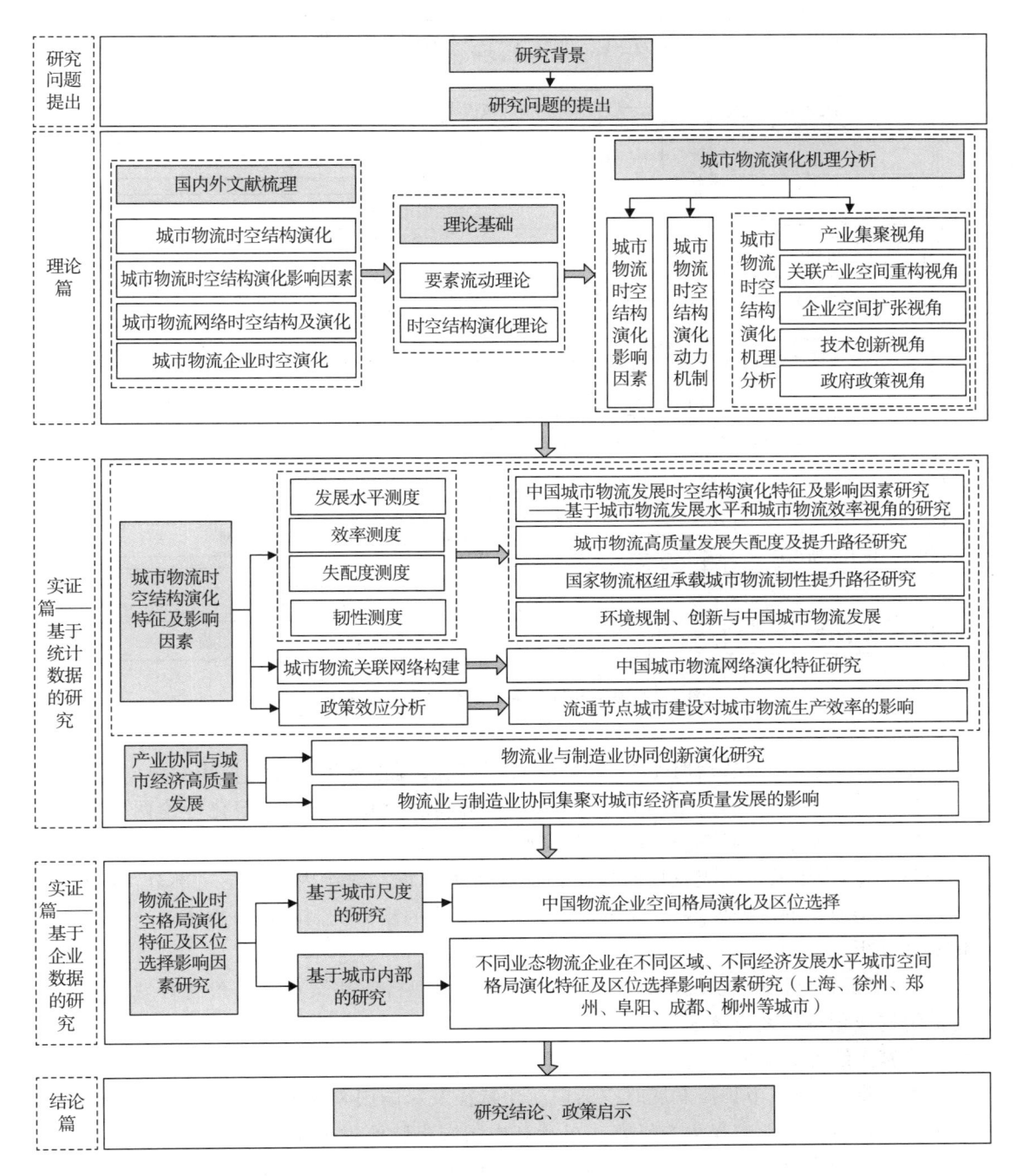

图 1-1 研究技术路线

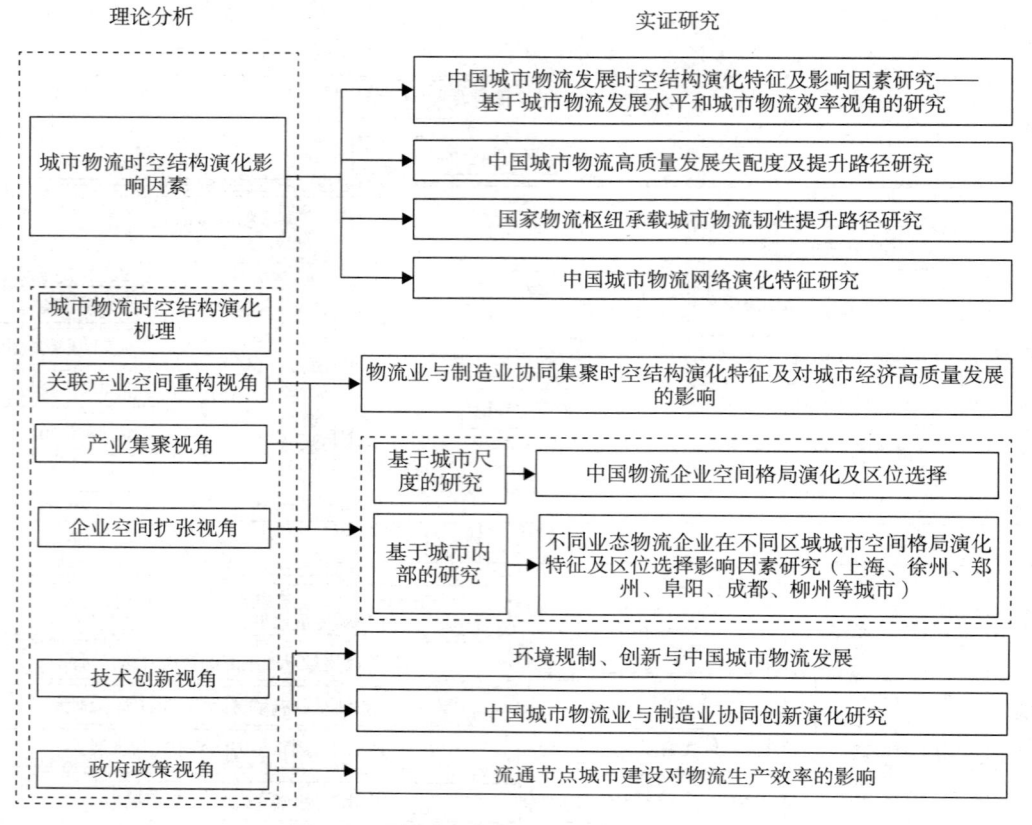

图 1-2　理论分析与实证研究内容逻辑关系

第 2 章：城市物流发展时空结构演化概念界定及理论基础。界定城市物流、产业空间结构、城市物流发展时空结构等概念，从要素流动理论和空间结构演化理论两个方面介绍城市物流时空结构演化研究的理论基础。

第 3 章：中国城市物流发展时空结构演化机理分析。本章内容包括三部分：城市物流时空结构演化的影响因素、城市物流时空结构演化的动力机制和城市物流时空结构演化机理分析。

(2)实证篇：分别基于统计数据和企业数据从中观行业和微观企业角度对城市物流时空结构演化特征及影响因素开展实证研究。

①基于统计数据的研究：

第 4 章：中国城市物流发展时空结构演化特征及影响因素研究——基于城市物流发展水平和城市物流效率视角的研究。在测算中国城市物流发展水平(284 个地级及以上城市)、城市物流效率(216 个地级及以上城市)的基础上，从不同尺度刻画城市物流发展水平、城市物流效率时空结构演化特征，采用全局和局部空间计量模型探究城市物流发展水平、城市物流效率影响因素。

第 5 章：中国城市物流高质量发展失配度及提升路径研究。在采用熵值法测度城市物流高质量发展水平的基础上，通过健康距离模型测度城市物流发展失配度，从组态视角采用定性比较分析法（QCA）探究城市物流发展失配的归因。

第6章：国家物流枢纽承载城市物流韧性提升路径研究。在采用熵权法等测算国家物流枢纽承载城市物流韧性的基础上，采用QCA方法探究城市物流韧性提升路径。

第7章：中国城市物流业与制造业协同创新演化研究。以物流业与制造业互相跨领域申请的专利作为两业协同创新的衡量指标，采用空间分析、社会网络分析、Logistic模型等方法分析物流业与制造业协同创新的演化阶段、空间分布、多主体协同创新网络特征。

第8章：环境规制、创新与中国城市物流发展。构造交互项模型和门槛模型验证环境规制和创新水平对城市物流发展水平的影响，对比环境规制和创新水平的交互效应在政府不同环境目标设定上对城市物流发展水平影响的差异性。

第9章：中国城市物流网络结构演化特征研究。基于修正的引力模型构建城市物流网络，运用复杂网络演化理论揭示我国城市物流网络的网络时间（生命周期）递进和空间（拓扑结构）扩散过程，并通过块模型分析城市群之间的物流网络关系。

第10章：产业协同集聚对区域经济高质量发展的溢出效应研究——基于物流业与制造业协同集聚的研究。从城市尺度测度物流业与制造业协同集聚度，刻画物流业与制造业协同集聚时空结构演化特征，采用空间计量模型探究物流业与制造业协同集聚对城市经济高质量发展的影响。

第11章：政府政策对城市物流生产效率影响研究——基于《全国流通节点城市布局规划（2015—2020年）》政策的研究。运用双重差分模型从地级市层面检验《全国流通节点城市布局规划（2015—2020年）》的实施对城市物流生产效率的影响。

②基于企业数据的研究：

第12章：中国物流企业空间格局演化及区位选择——基于地级市尺度的研究。基于工商注册数据，采用最邻近指数等方法刻画中国物流企业总体样本及分业态空间格局演化特征，采用地理探测器识别物流企业区位选择的影响因素。

第13章：城市物流企业空间格局演化及区位选择——基于不同区域、不同经济发展水平城市的研究。选取东部地区的上海市、徐州市，中部地区的阜阳市、郑州市，西部地区的成都市、柳州市为研究对象，刻画不同地区、不同经济发展水平城市物流企业时空演化特征，分析物流企业区位选择影响因素。

（3）结论篇：

第14章：主要结论及政策启示。针对理论分析和实证研究结果，提出推动中国城市物流高质量协调发展的政策建议。

1.3.3　创新点

1.研究内容方面

（1）理论分析方面，在分析城市物流时空结构演化影响因素和动力机制的基础上，从产业集聚、关联产业空间重构、企业空间扩张、技术创新和政府政策五个方面，结合案例研究等方法，系统、深入分析城市物流时空结构演化机理，在后续的实证研究中，相关章节对这五个方面对应开展实证研究,验证理论分析的可靠性。

(2)研究数据的选择方面,基于统计数据和企业数据两个维度(企业数据为工商注册数据,来源于天眼查、企查查等平台),从整体和城市个体两个角度研究中国城市物流发展时空结构演化特征及机理。将统计数据和企业数据相结合开展研究,研究结果相互印证、相互补充,能够更深入、全面地探究中国城市整体及城市个体物流业时空结构演化特征及机理。

(3)研究样本的选择方面,基于统计数据开展研究时,研究样本为284个地级及以上城市(受数据获取等因素影响,实证研究部分章节研究样本数量存在差异),时间跨度为2006—2020年,能够更全面反映城市物流时空结构演化特征,保证研究结论的可靠性。基于企业数据开展城市内部研究时,为了刻画不同地区、不同经济发展水平城市物流企业时空演化特征及企业区位选择影响因素的异质性,选取东部地区的上海市、徐州市,中部地区的阜阳市、郑州市,西部地区的成都市、柳州市为研究对象进行对比研究,总结不同地区、不同经济发展水平城市物流时空结构演化及物流企业区位选择的规律。

(4)对城市物流发展时空结构演化机理的验证方面,分别从城市物流发展水平和城市物流效率两个维度检验了城市物流发展影响因素;从城市物流高质量发展视角提出城市物流失配度提升和城市韧性水平提升的组合路径;从物流业与制造业协同集聚视角刻画产业协同集聚、协同创新时空结构演化特征,分析产业协同集聚对城市经济高质量发展的影响;检验技术创新、政府政策、环境规制等因素对城市物流发展的影响;基于企业微观数据刻画城市物流时空演化特征,探究物流企业区位选择的影响因素。

2.研究方法方面

(1)动态和静态研究相结合。城市物流时空结构的演化是一个动态过程,其影响因素和演化机制不是一成不变的,采用新经济地理学的动态分析方法研究城市物流时空格局随时间变化的特征,采用静态分析方法研究不同区域、不同城市在同一个时间断面上的物流业空间演化差异,全面揭示中国城市物流时空格局演化规律。

(2)在研究城市物流发展影响因素时,构建全局和局部空间计量模型,检验城市物流发展空间溢出效应和经济发展水平等因素对城市物流发展影响的异质性。

1.4 研究方法

(1)理论研究和实证研究相结合。理论研究在分析城市物流时空结构演化影响因素和动力机制的基础上,从产业集聚、关联产业空间结构重构、企业空间扩张、技术创新和政府政策等视角探究城市物流时空结构演化机理,实证研究围绕理论分析展开,从统计数据和微观企业数据两个维度研究城市物流时空结构演化特征及影响因素。实证研究以理论研究为依据,两者相互补充。

(2)定性分析与定量分析相结合。定性分析主要体现在对城市物流时空结构演化机理的探讨,定量分析则是通过经济地理、计量经济学等研究方法揭示城市物流发展时空结构演化规律、演化过程和影响因素。

(3)静态分析和动态分析相结合。城市物流发展演化是一个动态过程,演化的影响因素不是一成不变的,而是呈现区域异质性特征。采用动态分析的方法研究城市物流发展演化随时间变化的特征,采用静态分析的方法研究不同区域、不同城市在同一个时间截面上的差异。

(4)案例研究和实证研究相结合。城市物流时空结构演化的本质是物流企业的空间扩张,通过研究德邦快递、壹米滴答、顺丰等企业业务及空间扩张历史,归纳总结物流企业空间扩张规律,验证理论和实证研究结论。

第 2 章　城市物流发展时空结构演化概念界定及理论基础

2.1　概念界定

2.1.1　城市物流

作为现代经济体系的重要组成部分,城市物流通过实现生产和消费的高效衔接,服务于城市范围内及城市间生产要素和产成品的流通,完善的城市物流服务体系及网络能够显著提升经济社会运营效率,在推动区域经济转型升级、高质量发展过程中发挥着至关重要的作用[105]。国内外学者对城市物流的研究还不够系统,尚未形成完整的城市物流研究理论体系。从城市物流概念来看,不同学者对城市物流的边界、内容有不同的理解,尚未形成公认的统一概念。关于城市物流的定义,国外学者综合考虑了交通拥堵、交通安全和环境等物流发展的负外部性影响,认为城市物流是在城市区域范围内寻找高效的运输方式、运输路径以实现货物的高效运输、配送等作业的服务体系[106-108]。21世纪前后,我国学者也开始对城市物流进行较为系统、深入的研究,国内多数学者认为城市物流是服务城市内部和城市间生产生活所需的生产要素、产品的流动和交换过程以及废弃物处理过程[109-110]。城市物流所配置的资源不仅包括运输工具、交通线路,还包括信息资源及其他社会资源[111]。

本书中的城市物流是指服务于城市经济社会发展的区域物流服务体系,服务城市内外部生产、流通、消费等主体产生的生产要素、成品的交换和流动及生产生活产生的废弃物流动,城市物流服务体系的构成包括基础设施、市场主体、业务体系、政策体系等。本书中的城市是指地级及以上城市全市,包括城市的市区、郊区及下辖行政区域。本书中的城市物流发展反映的是城市地域范围内物流业要素配置水平和要素投入产出的转化能力。

2.1.2　产业空间结构

1.产业结构概念

产业结构是产业发展过程中形成的一种互通网络结构,经济发展是产业结构调整的主要动力。当区域经济处在初始发展阶段时,第一产业贡献了社会总产出的主要部分;随着经济的发展,第二产业消耗的社会资源的数量逐渐超过第一产业,成为社会总产出的主要贡献者;随着工业化的推进,经济社会资源持续投入第三产业,第三产业成为城市社会总产出的主要组成部分[112-113]。受区位、资源禀赋、产业发展阶段等因素的影响,区域间产业结构存在差异。一个区域的产业结构是否合理,对制定与实施相关产业发展战略、合理配置相关资源有着重要影响,若区域内的产业布局能够发挥其本身的资源禀赋优势,就有机会形成产业聚集,在循环累积因果效应带来的扩散和回流效应作用下,推动城市产业的进一步发展。

2.空间结构概念

空间是一个较为抽象的概念,空间的概念目前尚未形成统一的认识,现有概念主要从哲学或地理学的角度来阐释空间内涵。本书所涉及的空间是指地理学意义上的空间。空间结构的概念在学界也未达成共识,学术界较为认可的定义出自《人文地理学词典》[114],其认为空间结构涉及社会和自然的运行过程和结果,是空间组织的模式。本书涉及的空间结构是指经济活动的开展在一定地域范围内形成的组织关系和形式,体现了经济活动所需要素在空间中的关联、位置和组织形态等。

3.产业空间结构概念

产业空间结构是指产业内的要素、部门和环节在一定空间范围上的组合分布。具体来说,产业空间结构涉及三次产业及其内部各行业在一定地域范围内的空间投影[115]。产业空间结构中最重要的组成部分是产业结构和空间结构,对产业空间结构与二者进行关联性分析,有助于理解城市产业空间分布体系。

2.1.3 城市物流发展时空结构

1.城市空间结构

城市空间结构是城市地理学、城市规划、区域经济学等学科的核心概念。从城市地理学角度来看,城市空间结构指在城市区域内不同经济活动、物质要素的组合关系和区位特征的空间投影[116]。从城市规划角度来看,城市空间结构是城市内部的特殊形态,以及每一种形态的形成力之间相互作用的结果。从区域经济角度来看,城市空间结构是城市中的活动在区域中的相互关系和相互作用,以及城市中的活动在区域内的空间集聚组织[117]。综合来看,城市空间结构涉及3个关键概念:①城市形态,指城市的空间形态,包括城市资源禀赋、土地利用情况以及城市景观等;②城市结构,指在理性的组织原则下,城市相互作用网络与城市形态的表达方式;③城市组成要素的相互作用,指在开放的空间中,城市内部要素之间、内部与外部要素之间存在着相互制约和相互影响的关系。本书中的城市空间结构是指在一定时期内,城市内部及城市之间要素通过内在的经济、社会等方面的相互联系和作用而表现出的空间形态。

2.城市物流时空结构

物流业作为连接生产和消费的桥梁,是城市经济体系的重要组成部分,其在城市地理空间的分布上具有一定的规律性。城市物流时空结构是指在城市空间范围内物流要素的空间分布特征、物流活动的空间组织方式和形态,是物流活动在地理空间上的投影[118]。从经济学角度来看,城市物流时空是一种经济空间,反映了经济元素在特定空间范围内的结构关系。城市物流时空结构在城市经济社会发展的不同阶段具有不同的特征,针对城市所处的经济发展阶段,通过系统设计物流要素在城市空间范围内的合理配置,打通要素节点间通道,构建符合城市经济社会发展需求的多层次、多功能的城市物流服务体系和服务网络,形成合理的城市物流时空结构,能够较好地支撑城市经济社会的有序健康发展。从城市空间尺度分类来看,城市物流时空结构可分为两个层面:一是城市物流内部空间结构,是为了满足城市区划范围内生产生活的需要、城市功能的有序运行,物流要素在城市内部的分布形式和组织形态。二是城市物流外部空间结构,将城市视为区域经济体系的一个空间节点,通过与其他节点间的物流业务联系,形成区域物流运营体系。

3.城市物流发展时空结构

城市物流业发展水平与城市产业结构、产业布局、资源分布、经济社会发展所处阶段紧密关联。同一时点,不同城市受城市的产业布局、资源分布等因素的影响,物流需求规模、需求业务呈现出多样性特点,物流服务能力、服务质量亦呈现多样性特征,不同城市物流业发展水平异质性特征明显。伴随着各个城市产业结构的调整及人口数量的变化等,各个城市物流业在不同的时间发展呈现不同的发展特征、发展趋势,城市间的物流业关联也随着城市经济社会的发展发生变化。对同一个城市来说,随着时间的推移,城市经济社会发展水平会发生显著的改变,作为城市经济社会发展的重要组成部分,物流业发展水平也会发生相应的改变。城市物流业发展水平在时间和空间上所呈现的不同特征即本书所说的城市物流业发展时间结构的演变特征。

2.2 城市物流发展空间结构演化相关理论

2.2.1 要素流动相关理论

1.企业跨区域发展理论

企业跨区域发展研究关注企业在发展历程中进行空间扩张的过程,主要探讨企业组织结构的变化和一体化战略的实施。

(1)企业一体化战略。

企业一体化战略指企业利用现有的生产优势,生产与原产品同一领域不同阶段的产品。企业一体化战略包括横向一体化、纵向一体化和多元化3种类型。通过内部和外部发展实现企业战略扩张,内部发展是指通过利用自有资金或新募集资金建立新厂、新子公司等方式扩大企业现有生产规模,外部发展是通过兼并其他企业等途径扩大企业经营规模。

(2)企业跨区域发展的轨迹。

企业跨区域发展的轨迹是指从其原始区位(诞生地)开始,在空间上呈现出梯度转移、网络化发展的状态。

①原始区位。起始区位是影响企业生存和发展的重要因素,具有优越的起始位置可

以为企业成长提供有利条件。企业在创始地积累了足够的资源后,便会寻求外部扩张,进行跨区域发展。以浙江省的民营企业为例,得益于浙江省良好的地理位置和良好的商业环境,吉利、农夫山泉、传化等企业在浙江创立并成长。随着企业的成长和跨区域发展,它们也有可能离开其起始地,浙江温州地区的许多民营企业在发展到一定程度后将业务重心转移到长三角地区的中心城市(如上海、杭州)等地。企业的跨区域发展可能会导致其在创始地的生产和经营活动减少,对当地经济发展产生影响。

②企业跨区域发展的空间轨迹。企业成长方式(包括内部成长和外部成长)直接影响企业空间扩张轨迹,内部扩张是企业在现有的业务基础上通过业务延伸等方式实现企业成长,企业空间扩张一般选择关联业务的就近布局,呈现由近及远扩张趋势。外部扩张则通过收购、兼并等方式延伸产业链,空间布局也呈现由近及远特征。企业扩建扩张呈现由近及远的地理扩张特征的原因包括以下两个方面:从供给角度看,企业跨区域扩张的成本同距离直接相关,距离越近,成本相对较低。当企业初次实施跨区域扩张时,信息获取能力有限,因此选择在相对近的地区新建工厂,以降低运输和交易成本并得到原有工厂的支持。随着企业的发展和资源积累,管理和组织能力增强,企业有能力承担更高的跨区域发展成本,进而将业务拓展到更远的区域。从需求角度来看,企业为降低运营风险、提升运营效率,在开拓市场时采用由近及远的策略。

2.梯度转移理论

20世纪70年代,海特、克鲁默等学者提出了区域经济发展梯度转移理论[119]。该理论认为,区域产业结构决定区域经济的发展,而主导产业所处的发展阶段则决定了区域产业结构。影响区域产业梯度的决定性因素是区域的创新能力,高梯度地区具有较强的创新能力,在国家和地区间普遍存在着经济技术梯度的差异。该理论主张首先加快发展发达地区,在区域经济发展的不同阶段,生产要素实现从高梯度地区向低梯度地区的转移,进而实现生产要素在区域范围内的合理配置,实现区域经济的均衡发展。

2.2.2 空间结构演化相关理论

1.循环积累因果效应理论

循环积累因果效应理论最早由经济学家纲纳·缪达尔在《美国的两难处境》中提出,该理论认为社会经济制度会不断演进,演进的影响因素包括社会、政治、经济、文化、技术等。这些因素相互作用、相互影响,形成一种不平衡的因果关系并且不断循环变化。由于初始变化的影响持续改变,因此被称为循环积累。循环积累包括3个阶段:首先是初始变化,然后是一系列传导变化,最后再次作用于初始变化。经历这3个阶段完成一次循环,经济社会发展将呈现出进步或衰退的状态。

2.自组织理论

自组织理论的研究范围包括组织的系统结构和自组织发展过程,关注系统从低级到高级、从无序到有序的演化发展[120]。自组织理论是包含耗散结构理论、协同学、突变论、超循环论、分形理论和混沌理论等多种理论的理论体系,这些理论相互关联,共同构成了比较全面的复杂系统,即自组织理论。吴彤在《自组织方法论研究》[121]中提出,耗散结构理论研究自组织的条件环境,协同学研究自组织的动力,突变论研究自组织演变的途径,超循环论解释自组织各组成部分的结合形式和循环发展的过程与机制,分形理论和混沌理论则研究自组织的复杂性与图景问题等。自组织理论虽然源于复杂系统的数理研究,但其价值在于理论可以广泛运用,有很深的哲学意义和很强的现实应用价值,在生物科学、人类社会演进等领域都有所应用和验证。

3.增长极理论

1950年,法国经济学家佩鲁在《经济空间:理论的应用》中首次提出增长极理论。佩鲁发现,在区域经济发展过程中,区域中的某个地区的增长速度高于其他地区,这个地区经济的高速发展通过不同的通道、方式向周边地区扩散,进而带动整个区域经济的增长。佩鲁认为技术创新是经济发展的关键动因,某些特定区域的特定行业高强度的创新推动了这些行业的发展,通过乘数效应带动了关联产业的增长,这些特定区域的特定行业被称为增长极[122]。

增长极对关联产业及区域会产生支配效应、极化效应和扩散效应。支配效应是指一个经济体在具有优势的行业占据支配地位(这些行业称为推进型行业),推进型产业在产业基础及创新能力方面具有优势,通过对被推进型产业及其他经济体的影响推动区域经济的发展,在这个过程中,推进型产业带动区域经济增长的产出呈现成倍增长特征,这种成倍增长特征被称为乘数效应。极化效应是指在推进型产业发展的成长期,对周边地区资金等生产要素、资源产生较大的吸引力,生产要素、资源向推进型产业所在地集聚,要素的集聚推动增长极经济或推进型产业的进一步发展。扩散效应是指增长极的生产要素向周边地区扩散,特别是向前、后向关联产业扩散,通过带动周边地区产业发展,缩小区域间经济发展差距,通常情况下,极化效应和扩散效应在增长极区域同时存在。

4."点-轴"理论

"点-轴"理论最早由萨伦巴和马利士在"中心地理论"的基础上提出[123],是"中心地理论"和增长极理论的延伸。我国著名经济地理学家陆大道提出的"点-轴"渐进式理论模型对我国区域经济的发展起到了重要的指导作用[124]。"点-轴"理论中,点是指城市或人口集中地,轴是指通信、交通、能源、水利等基础设施通道。在区域经济发展过程中,具有良好区位优势、产业基础的"点"率先发展,逐渐形成区域经济发展的增长极,在极化和扩散效应的综合影响下,率先发展的增长极功能进一步强化,带动周边的"点"逐渐形成新的增长极,交通基础设施通道的逐步完善提升了增长极间要素、产品流通的能力,形成了"轴",形成以点带线的空间发展格局,"点-轴"系统的进一步发展吸引更多的要素集聚,依托产业集聚区和交通枢纽形成人口集聚区和产业集聚带。在极化和扩散效应的影响下,产业集聚带的产业发展水平进一步提升,同时,要素向产业经济带周边区域扩散,形成以线带面的空间发展格局。

5."核心-边缘"理论

1966年,弗里德曼提出了"核心-边缘"理论,用来分析发展中国家的空间规划,探讨城市空间相互作用和要素及产业扩散,解释区域经济空间结构的演变模式。该理论认为,任何经济系统都可以划分为核心区和边缘区,它们具有不同的属性[125]。核心区具有较好的产业发展基础和发展潜力、要素的吸引和承载能力,在区域经济(城市经济)系统中发挥着支配作用,边缘区的发展对核心区有较强的依赖性,区域经济系统的核心区不是唯一的,且呈现动态变化特征。

6.城市空间相互作用理论

城市空间相互作用理论是城市地理学的基础理论之一,用于研究城市之间的相互影响,它描述了城市之间要素的交流和互动[126]。城市空间相互作用将分散在地理空间上的城市整合成一个有机的整体,具有特定的结构和功能[127]。1957年,美国地理学家乌尔曼提出了城市空间相互作用的3个条件:互补性、中介机会和可转移性[128]。互补性是指城市间资源和要素存在互补关系,这是产生空间相互作用的前提;中介机会是指第三方城市的介入改变了原有的空间相互作用格局,减弱了两个城市之间的相互作用;可转移性则取决于要素在城市间流动的难易程度,要素的可转移性受资源量和城市距离的影响。1972年,海格特将城市空间相互作用划分为对流、传导和辐射3种形式[129]。对流主要指物质和人员在城市之间的流动;传导是指通过各类交易活动完成资金、生产要素和商品的流动;辐射指城市之间的信息流动、技术交流和创新思想的扩散。

第3章 中国城市物流发展时空结构演化机理分析

3.1 城市物流时空结构演化的影响因素

3.1.1 自然和区位条件

自然环境是社会生产力的重要组成部分,是经济社会发展的基础和必要条件[130],决定了区域经济社会发展的物质基础。自然环境中的区位、气候等因素直接决定了物流业发展的初始空间形态,制约了物流业发展的空间走势和形态。早期的物流集聚区的形成在一定程度上依靠集聚区所在地的地理优势,主要集中在东部沿海地区的经济发达城市,特别是上海、深圳、青岛、大连、广州等拥有良好港口资源的沿海城市,这些城市依托良好的港口资源,吸引了大量外向型工业企业落户并产生了大量的进出口物流业务,带动了港口物流的发展,而港口物流的发展进一步提升了外向型产业发展竞争力,逐步实现产业链的延伸和升级,带动了其他物流业态的发展,形成了新的物流集聚区。

3.1.2 交通物流基础设施

高水平建设的港口、机场、铁路货场、公路港等交通物流基础设施,完善的集疏运体系和实现不同运输方式高效衔接的基础设施是物流集聚形成的必要条件[131],也是物流业健康可持续发展的基础保障。交通可达性水平直接决定了物流业务开展的可能性和业务运营成本,功能完备的交通物流基础设施是开展物流业务的基础条件。港口、机场、铁路货场、公路港等基础设施的建设奠定了物流产业发展的基础,特别是多种交通运输方式汇集的枢纽设施提升了区域交通可达性和交通网络中心性水平,集聚了大量物流企业并形成了物流集聚区。2018年国家发展改革委和交通运输部联合印发《国家物流枢纽布局和建设规划》以来,国家物流枢纽城市建设覆盖了全国120余个城市,通过国家物流枢纽的建设,补足了国家物流枢纽布局城市基础设施短板,打通了物流通道梗阻,高质量打造的基础设施协同网络提升了区域物流协同集聚水平,初步构建了"通道+枢纽+网络"的现代物流运行体系,显著提升了物流业运营效率,高效支撑区域经济高质量发展。从东部沿海地区来看,港口城市经济发展水平普遍高于其他沿海城市,截至2022年底,我国有7个港口进入全球集装箱吞吐量港口排名前10位,其中,上海港连续13年稳居全球集装箱吞吐量第一位。此外,上海市供应链、运输、仓储等业态发展水平均高于周边地区,良好的交通物流基础设施为沿海城市物流业高质量发展奠定了扎实的基础。

3.1.3 市场需求

物流业是典型的派生需求产业,主要服务于制造业、商贸流通等产业,承担了原材料、中间产品和产成品等的跨区域运输等业务[132-134]。集中且多样化的市场需求是物流集聚形成的核心动力,市场需求形式和空间分布的变化决定着物流业服务业态和空间格局。2022年,我国全年社会物流总额达347.6万亿元,同比增长3.4%,其中,工业品物流总额309.2万亿元,占89.18%。工业的快速发展为物流业带来大规模、多样化且持续性的物流服务需求,而产业链上不同环节、不同节点企业在空间布局上的分散化、多中心化进一步强化了工业对物流业服务的多样化需求,除了基础的运输、仓储等功能性服务外,产业链、供应链较长的工业企业在转型升级的过程中,链长企业更多关注自身核心竞争优势的建立。出于对供应链效率、成本等的考虑,大型工业企业对供应链管理等综合性的一体化服务需求快速增长,物流服务需求呈现综合性、复杂性特征。从商贸流通行业来看,伴随着城镇化水平的快速提升,传统零售行业从人、货、场等维度重构消费场景,新模式、新业态快速发展,社区团购、生鲜电商、跨境电商、社交电商、直播电商等业态快速成长,电子商务对传统商贸流通业的渗透率持续提升。由商务部发布的《中国电子商务报告(2021)》显示,2021年,我国实物商品网上零售额达10.8万亿元,占社会消费品零售总额的24.5%,连续9年占据全球零售市场销售额第一位。电子商务的快速发展对物流服务提出新的要求:一是对物流企业信息化水平提出新要求,物流企业与电商企业的信息协同共享成为服务的基本要求;二是对物流企业运输及配送业务运力、时效、运营能力等提出新的要求,物流企业如何根据电商企业柔性供应链转型做好运力的匹配和运营成为物流企业服务能力提升、成本控制的关键;三是对物流企业仓储作业提出多库协同运营的要求,物流企业在搭建仓储体系的基础上通过提升仓配能力从而提高综合服务能力。综合来看,电商企业多样化的服务需求及高标准的服务质量要求,推动了京东、菜鸟、"三通一达"等企业为代表的物流企业物流服务体系的构建及服务质量的提升,在一定程度上提升了城市物流业发展水平。

3.1.4 龙头企业的带动引领作用

物流产业发展的主体是物流企业,大型龙头物流企业在某个区域开展业务将为行业发展带来最前沿的业务运营体系、企业管理经验和技术应用平台,这不仅能够提升区域物流服务能力,而且能够引领和带动更多的上下游专业化物流企业集中。上下游企业通过为龙头物流企业提供配套服务,逐步提升服务能力的同时,实现企业规模的扩张,龙头企业在物流产业发展的过程中发挥着至关重要的作用。普洛斯作为一家全球知名的供应链管理、新型物流基础设施投资及运营公司,通过物流园区、工业园区建设和运营搭建覆盖范围广泛的基础设施网络,为大型工业、电子商务等行业企业定制高标准仓储设施及智能化厂房,依托这些基础设施节点,为服务对象提供整合供应链服务,开展零部件组装、流通加工、仓储管理及配送作业等业务。普洛斯作为物流行业的龙头企业,为行业发展带来先进的技术及管理经验的同时,吸引了大量上下游运输等功能性物流服务商的集聚,为工业企业、商贸流通企业提供全产业链的综合性物流服务。

3.1.5 人力资源和教育体系

伴随着关联产业的快速发展和转型升级,物流业数字化转型持续推进,物流业务由传统的运输、仓储、装卸搬运等功能性、劳动密集型业务向信息化、智能化的数字化管理、智慧物流方向转变,物流集聚进一步推动了物流行业的数字化转型。高水平的人力资源水平成为物流企业的核心竞争力[135],成体系的物流工程与管理类人才培养是推动物流数字化转型的关键。物流集群的形成和发展不仅需要从事基础功能性业务的操作工人,也需要从事管理、技术等岗位的工程师,丰富的人力资源和系统的物流人才培养教育体系是实现物流业高质量发展的保障,物流业发达地区丰富的人力资源能够进一步强化物流集聚区知识和技术的外溢效应,加快产业转型升级步伐[136]。

3.1.6 现代化的技术支撑体系

现代物流业的发展呈现集群化、网络化、智能化等发展趋势,其中,物流园区等物流产业集聚区是物流企业、物流要素的集中场所,大量要素(特别是现代化的物流装备等)的集中使用需要高水平的信息技术、自动化技术、智能化技术的支撑。不同区域间的物流集群间存在业务上的协同运作,高效的业务协同需要实现基础设施、信息资源、人才和技术的有效共享。通过大数据挖掘及传感器技术的广泛应用,多品种、小批量、大规模订单的仓储管理工作成为可能,而机器人和自动化技术的应用进一步提升了仓库应对非均匀时间分布的大规模订单拣货等任务。大数据分析技术可以帮助企业应对供应链不同节点数据孤岛问题,通过对供应链上各节点供应关系、仓储管理等数据的分析,可以提高供应链仓储等业务的协同,降低供应链运营成本;此外,大数据技术可以通过对道路拥堵数据的分析改善交通路网运营效率。仿真技术在物流行业的应用则大幅提升了物流基础设施建设的目的性和使用效率,通过仿真技术的应用,可以对企业所需的大量物流节点(仓库)、库存等数据进行模拟运营,分析未来经营过程中潜在的问题和风险,进而提出优化的策略并应用到企业运营实践中,大幅提升企业物流效率。

3.1.7 公共服务和政策支持体系

物流产业的高质量发展同政府的引导、支持密切相关,各级政府通过制定行业中长期发展规划和短期的实施意见,合理配置物流基础设施,规范物流市场主体运营,引导物流业有序发展。2009年国务院出台《物流业调整和振兴规划》以来,各级政府连续出台不同类型的政策和措施为物流业发展提供政策支持,通过调整资源在物流业的配置推动物流产业规模持续壮大和产业结构的合理化,切实提升了物流业发展质量。产业政策对物流集聚的影响是全方位的,地方政府在物流集群的形成和成长过程中发挥着至关重要的作用。在物流集聚区成长初期,主要通过要素支持(土地供给)、政策引导(出台引导物流企业入驻物流集聚区的政策措施)、公共服务(在物流集聚区内完善工商、税务等公共服务功能)等方式推进物流企业向集聚区集中,规范物流业发展。物流园区作为物流要素、企业集聚的节点,是区域物流业务活动开展的重要载体。由中国物流与采购联合会和中国物流学会发布的《第六次全国物流园区(基地)调查报告》(2022)显示,截至2021年,全国物流园区总数为2553家,较第五次调查增长了55.9%,其中,投入运营的园区数量为1906家,占园区总量的74.66%。物流园区的快速发展为物流产业集聚发展提供了良好的基础设施。

3.2 城市物流时空结构演化动力机制

城市物流空间结构演化是在影响城市物流发展和城市间物流活动各类因素的综合作用下实现的。从微观层面上看,城市物流空间结构的演化是企业空间扩张的过程,物流企业的空间扩张包括新建服务设施、收购兼并关联企业、公司注册地的迁移等形式;从中观层面上看,城市物流时空结构演化是支撑物流业发展的人、地、钱、技、数等要素在城市不同区域间、不同城市间的动态配置,物流业空间结构的演化是产业升级和产业转移的过程;从宏观层面上看,城市间工业、商贸流通等产业发展差异产生的各种"流"推动物流业空间结构的演化和重构。

物流企业在城市地理空间内的区位选择、转移(空间扩张)是城市物流发展空间演化的直接表现形式。工业、商贸流通等产业发展(集聚、扩散、再集聚、再扩散的循环累积过程)带来的原材料、中间产品、产成品在不同区域间的流动,人口在城市的集聚带来的消费需求是城市物流空间结构演化的根本动力。物流企业的空间扩张是企业根据市场经济运行规律和企业战略发展方向为提升企业竞争力、实现利益最大化等目标而做出的经营决策。以下从产业转移的视角分析城市物流发展空间结构演化的动力机制。

3.2.1 区域间产业发展梯度差异是物流企业空间扩张的基础

不同区域在区位、资源禀赋上存在差异,这导致经济发展、产业布局上存在梯度差异,特别是主导产业的梯度差异,它是推动产业转移的前提条件。改革开放以来,我国东中西部地区间、东部地区中心城市和普通城市间在制造业等产业布局上普遍存在级差,东部地区中心城市的产业布局由劳动密集型等产业逐步升级到技术密集型、知识密集型产业,在这个过程中,劳动密集型等产业转移到周边城市或中西部等产业梯度较低区域,带动了产业承接地的物流服务需求的增加。为了降低交易成本,物流企业通过在产业承接地新建服务设施等方式延伸服务网络,实现物流业务跨区域扩张。

3.2.2 市场需求是物流企业空间扩张的根本动力

市场需求规模的持续扩大是物流产业形成并发展的根本动力,完善企业服务网络、拓展新的业务市场是物流企业扩张性空间转移的核心诱因。物流企业采用扩张性的产业转移方式,新建物流服务能力,完善服务网络,提升物流服务质量。物流服务市场需求的变化体现在以下几个方面:一是制造业企业通过产业转移方式实现空间布局重构,产业承接区域产生的物流服务需求催生物流企业新建或延伸服务网络,此外,制造业产业链企业在不同区域布局,产业链上企业间原材料、中间产品的交换和流通产生了大量的整车和零担货物运输需求,推动了公路货物运输的快速发展,提供一体化供应链服务的合同物流服务商则通过整合产业链上下游企业间的物流链,提升供应链运营效率;二是电子商务的快速发展带来的快递业务需求的飞速增长,快递企业需要通过建设中转场、营业网点等方式搭建服务网络,满足不同地区消费者的服务需求;三是城镇化的快速推进,人口在城镇区域快速集中,催生了城市配送等业态的快速发展;四是位于区域中心城市的专业批发市场等业态发展催生了省域或市域范围内的零担物流服务需求,区域网物流企业通过市场下沉等方式在乡镇建设营业网点,通过提升网络覆盖率提升企业服务能力和竞争实力。

3.2.3　成本压力和竞争环境是物流企业空间扩张的诱因

东部地区和中西部地区、东部地区中心城市和非中心城市间土地、人力资源等要素价格存在显著差异,导致物流企业运营成本存在显著的区域差异,特别是东部地区,旺盛的物流服务需求集聚了大量的物流企业,"市场拥挤效应"带来高昂的土地和用工成本,激烈的市场竞争环境(特别是以个体户为主的公路货运市场的无序竞争)给中小物流企业运营和盈利能力造成较大挑战,这些区域逐渐形成产业扩散的离心力,竞争力不足的物流企业将业务迁移到新兴物流市场。此外,产业集聚导致的交通拥堵、环境污染(噪声、空气污染等)等负的外部性推动政府出台规制性政策,引导物流企业向物流业后发地区扩张。

3.2.4　政府引导是物流产业空间扩张的重要推力

政府通过合理的制度安排、引导企业经营行为,推动要素在空间上的合理配置。产业承接地政府通过制定产业发展规划、持续完善交通物流基础设施、完善承接产业转移的体制机制(给予新进入物流企业政策扶持、增加用地指标供给等)、优化营商环境、提高公共服务水平等措施打造产业发展政策洼地,增强对大型物流企业的吸引力,吸引物流企业在本地投资,推动本地物流业的转型升级。此外,货车白天禁止驶入城区等政府强制性行政措施的实施以及城市发展空间规划和行业发展专项规划的调整导致物流企业退出城区,逐渐向城市周边区域转移,形成新的产业集聚区,推动了物流企业向城市郊区或其他城市扩散。

3.3　城市物流时空结构演化机理分析

在城市发展的不同阶段,受城市经济社会发展空间不平衡的影响,物流业也存在空间发展不均衡性的特征,在"市场接近效应""生活成本效应""市场拥挤效应"等效应的综合作用下,城市内部不同区域、不同城市间对物流企业的"集聚力"和"分散力"形成的合力推动了物流企业区位的变化,表现为物流要素"集聚—扩散—再集聚—再扩散"的循环往复运动,推动了不同类型、不同层次的物流要素在城市内、城市间的动态配置,推动了城市物流空间结构的演化和重构,逐渐形成与城市生产力布局、居民居住区空间结构相适应的城市物流分工体系。以下从产业集聚、关联产业空间重构、物流企业空间扩张、技术创新和政府政策5个方面深入分析城市物流时空结构演化的内在机理。

3.3.1 产业集聚对城市物流时空结构演化的影响

物流产业集聚是指物流企业和仓储、运输等功能性业务在城市中央商务区、工业园区、专业批发市场等区域地理空间上的集中过程和趋势,最终在某个地理空间上形成特定的产业组织。产业集聚是市场资源配置机制引导要素在一定地理空间范围内流动与交换的过程[137],是以市场需求为导向、以要素流动和配置为基础、以技术创新为关键动力的要素集中过程。产业集聚对城市物流时空结构演化的影响机理见图3-1。

1.城市物流业集聚扩散阶段特征

物流要素在空间上呈现不均匀分布特征,导致区域物流业发展的不平衡,物流产业要素(物流企业)在不同区域的集聚和扩散循环是区域物流业发展不平衡的直接表现,物流要素通过集聚、扩散、再集聚、再扩散的循环往复运动实现不同类型、不同等级的物流要素在不同区域的合理分配,形成合理的区域物流分工体系,以下从分散、集聚、集聚扩散、协调发展4个阶段说明我国城市物流产业集聚扩散发展阶段及特征。

(1)分散阶段。改革开放前,国有的储运企业服务于不同流通系统的生产资料和消费品的流通,国有储运企业是这个阶段物流企业的主要表现形式,城市物流活动呈现以计划性的运输和仓储为基础业务的初始发展状态,专业的第三方物流企业尚未出现。

(2)集聚阶段。改革开放后,随着商贸流通行业的放开和沿海外向型产业的发展,国有储运企业逐步向专业的第三方物流企业转变,业务类型也由简单的仓储、运输等基础功能性服务向综合运输、仓配一体等业务转型,而以德邦等企业为代表的民营物流企业的成立和成长进一步完善了物流市场服务体系。同时,伴随着大量交通基础设施的建设,分散的物流要素逐渐向港口等基础设施集中,在"市场接近效应"的影响下[138],不同业态的物流企业为了降低生产和交易成本,提高运营和服务效率,倾向于向交通基础设施、关联产业(制造业、商贸流通等)集聚区域集中,形成物流业发展集聚区,城市物流呈现极化发展特征。随着产业专业化分工进一步细化,制造业、商贸流通行业企业加快物流外包进程,专业化的物流服务需求快速增长,在"市场接近效应"和"生活成本效应"的综合作用下,带动物流要素进一步向集聚区域集中,强化了这些区域的集聚力。集聚力这一自我增强的内在动力进一步强化这些区域对企业的吸引力,物流业发展呈现极化发展特征。

随着物流企业集聚数量的持续增加,物流企业通过集聚获得规模报酬,物流业与关联产业间、物流企业间的交易成本和物流企业运营成本均呈现降低态势。一方面,随着制造业产业链结构重构、商贸流通产业新业态的出现和发展,物流服务需求呈现多样化的特征,关联产业多样化的需求偏好对物流服务提出更高的质量和功能要求,物流业集聚区呈现专业化分工趋势。此外,差异化的服务创新能够提升物流企业竞争力,为了增加市场份额,在多样化需求引致规模报酬递增的吸引下,物流业企业在空间上呈现专业化的集聚特征,运输、仓储、货代、快递快运等业态呈现在不同区域集聚的空间分布特征。另一方面,物流企业通过在空间上的集聚,企业间的竞争、合作、互补与协作关系进一步强化,竞争关系的存在倒逼企业提高创新水平,从总体上提升了集聚区的创新意识,而协作关系的存在能够使集聚区内企业实现产业要素的共享,延伸服务链条的同时,降低企业运营成本,提升企业竞争能力。

(3)集聚扩散阶段。随着城市化的推进,城市边界加速采用圈层式、放射式等方式向外扩张[139],城市功能区结构持续重构,逐渐形成"多中心、组团式"的城市功能区布局,在这个过程中,有着派生需求特征的物流业呈现产业升级和伴随生产力布局转移的空间分布重构特征。受"市场拥挤效应"的影响,中心城区的物流企业集聚区竞争加剧,要素成本上升导致运营成本快速上升,城市周边地区物流业集聚力增强,城市周边地区物流业发展进入极化发展阶段,功能性物流要素从城市中心城区扩散到城市周边地区,技术、人才等高端要素在中心城区的集聚则推动中心城区物流业发展进入新的极化发展阶段,物流企业类型由功能性向综合性企业转变,中心城区物流业发展呈现集聚和扩散效应共存发展特征。通过极化和扩散效应、循环累积因果效应的综合作用,城市物流业呈现整体升级发展与空间重构的特征,其中,物流企业总部倾向于布局在科技、金融等生产性服务业集聚的中心城区,通过横向产业联动实现物流产业结构升级,而运输、仓储等功能性业务则伴随着生产力布局的空间布局调整而重构,逐渐向城市近郊和远郊、周边城市、距离较近且产业发展梯度较低的区域转移,逐渐形成中心城区综合性企业总部、城市郊区功能性业务的圈层布局结构,最终实现城市物流业空间结构的重构。

(4)协调发展阶段。党的十八大之后,东部地区中心城市产业转型升级进程加快,劳动密集型等产业逐渐向城市群、中西部地区产业梯度较低的区域转移,带动了功能性物流企业的空间扩张。中心城市大量物流企业的集聚带来的"市场拥挤效应"增加了物流企业的竞争压力和运营成本,降低了企业的盈利能力,竞争能力不强的中小物流企业通过融入大型物流企业运营体系等方式实现区位的重新选择。全网型的快递和快运企业的快速发展进一步强化了中心城市的枢纽地位,中心城市逐渐形成大型物流企业总部集聚区,辐射能力持续提升,通过要素扩散等方式对周边城市物流产业发展的带动作用持续增强,轴辐式的要素转移带动重要交通通道节点城市物流业的快速发展,形成次一级的物流节点,城市物流发展呈现多中心、多层次的功能空间分工格局,城市间物流联系更加紧密,城市物流业发展呈现协调化、网络化的发展特征。

2.物流产业集聚的外部性分析

当物流产业集聚达到一定水平时,产业集聚的外部性开始凸显,物流产业集聚的外部性包括正的外部性(溢出效应)和负的外部性(拥挤效应)两个方面。正的外部性通过产业集聚实现规模报酬递增,表现为MAR(马歇尔-阿里-罗默)外部性、Jacobs(雅各布斯)外部性和Porter(波特)外部性3种形态[140-143]。MAR外部性是通过大量物流企业在某一区域的集中形成企业间技术交换、知识流动和人员流动,进而实现运营信息、创新技术的扩散和溢出,降低集聚区内企业技术创新和运营成本,提升集聚区内企业整体竞争

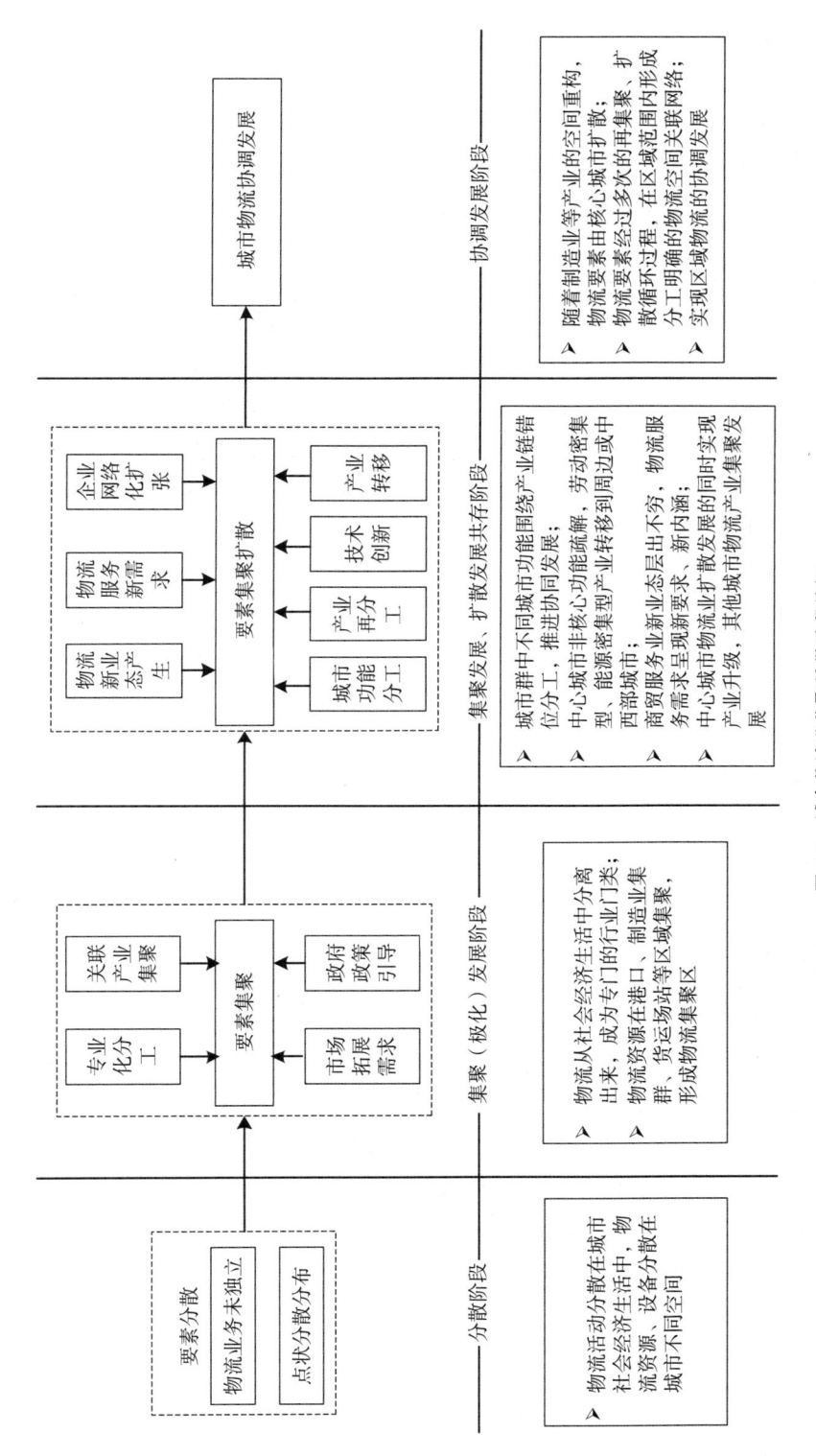

图 3-1 城市物流业集聚扩散阶段特征

实力。Jacobs 外部性表现为不同行业企业间的外部性,物流服务是派生性需求,物流产业的分布具有典型的与生产力布局相匹配特征,关联产业需求多样化的演变倒逼物流企业进行技术、管理、运营创新,供应链服务更深度地融入关联产业链,产业的融合推动产业间知识的流动和溢出,实现产业的协同效应,降低产业链成本,提升产业链运营效率。Porter 外部性表现为外部竞争环境对物流企业创新形成倒逼机制,通过同一产业内企业的竞争促进知识溢出,推动企业自主创新,实现外部竞争效应的内部化,最终提升行业自主创新能力。

产业集聚正的外部性通过共享机制、匹配机制和学习机制推动城市物流业的升级发展。共享机制通过要素的集聚实现集中共享,提升要素利用效率。从具体行业来看,运输企业的集聚能够形成大的运力池,优化以个体户为主的、市场主体导致的运输市场的无序竞争格局,提升运力的利用效率;集中的优质仓储等资源能够为关联行业提供更高水平的流通加工、仓储及配送服务能力,强化对大型电商、分销、连锁经营企业的吸引力。匹配机制主要通过劳动力的匹配提升要素利用效率,物流集聚区对劳动力的需求既有初级的装卸搬运、司机等岗位,也有企业管理、信息系统应用与开发、技术装备应用与维护等高级劳动力岗位的需求,物流集聚强化了对劳动力的吸引力,降低了企业对劳动力的搜寻成本,反过来也降低了劳动力的就业成本。学习机制反映的是产业集聚带来的知识和技术溢出,集聚区内的企业通过相互学习增强物流产业的内生增长动力。此外,通过劳动力间的知识和技术溢出,提升了劳动力的专业技能,进一步提升了劳动力与就业岗位间的匹配程度。

物流产业在城市区域集聚产生负的外部性,这是由产业的拥挤导致的集聚不经济现象,主要表现在以下几个方面:一是产业集聚带来的生产成本上升。随着城市的发展,人口、产业等要素在城市核心区域的集中带来土地供应不足、劳动力成本上升等问题。物流产业的集聚需要大量的仓库、停车场等运营场所,但城市核心区域土地价格由于土地供给需求的不平衡快速上升,仓库、停车场等场所创造的价值无法补足土地价格上升带来的运营成本增加。此外,大量就业人口在城市的集聚带来交通成本和其他生活成本的增加,企业人工成本持续上升。二是产业结构和价值链锁定。从物流集聚区产业横向分工来看,集群内物流企业服务差异化不足,服务内容、服务水平和质量呈现同质化特征,同质产品的扎堆导致物流企业通过恶性竞价等方式获取业务,市场无序的竞争格局阻碍行业的可持续发展和产业的升级,最终导致部分物流企业集聚区域基础功能性服务的业务和价值链角色锁定。三是物流企业的过度集中对自然环境和社会环境带来不利影响。运输服务是物流业最核心的服务,但公路货物运输存在高能耗、高污染、高排放特征,生态环境部发布的《中国移动源环境管理年报(2022 年)》显示,重型货车运输业务带来大量的碳氢化合物(HC)、氮氧化物(NO_x)、颗粒物(PM)等空气污染物的排放,城市内物流集聚区的日常运营带来的噪声、尾气排放等直接影响了周边居民的生活。

3.城市物流时空结构重构演化

在物流产业集聚溢出效应和拥挤效应的叠加作用影响下,物流产业呈现产业升级和产业空间重构的双重特征,原有的产业集聚区域在溢出作用的影响下呈现产业结构升级特征,物流企业业务类型由功能型业务转型为集开展供应链服务方案设计、大数据分析、企业战略制定及执行等功能为一体的物流企业总部,相对高级的生产要素和物流企业总部向金融、科技等生产性服务业集中区域聚集,形成新的物流集聚区。在物流产业集聚负的外部性影响下,当物流企业运营成本上升超过交易成本下降时,在原有的集聚区域不再适合开展运输、仓储等功能性业务,物流集聚区域内基础的生产要素、提供功能性物流服务的企业向总生产成本更低的城市郊区或其他城市转移扩散,形成新的物流产业集聚区。产业集聚推动城市物流空间结构演化机理见图3-2。

3.3.2 关联产业空间重构对城市物流时空结构演化的影响

1.制造业空间结构重构对城市物流时空结构演化的影响

由国家发展改革委和中国物流与采购联合会发布的"2022年全国物流运行情况通报"数据显示,2022年,工业品物流总额达309.2万亿元,占社会物流总额的88.95%,工业品物流包括原材料、半成品等生产资料和产成品的物流活动,是社会物流的重要组成部分。波特认为企业参与市场竞争的一系列活动集合称为价值链,企业价值链包括基础性活动(包括生产、销售、物流等)和支撑性活动(研发、人力资源等)[144],价值链相关活动在垂直一体化业务模式的企业内部开展,随着专业化分工在全球和区域内的推进,制造业企业在更加关注自身核心业务的同时,会将价值链基础性活动中具有服务性质的业务(物流等)外包出去,降低企业交易和运营成本,这种基于价值链分工深化的业务外包产生了大量的物流服务需求,催生了一批提供运输、仓储等功能性业务的物流企业。专业化的物流业务服务能力降低了制造业企业的运营成本,进一步推动制造业企业价值链优化,以核心制造业企业物流业务整体外包为代表的产业链物流业务外包成为趋势,在这个过程中,具有全网络、综合性服务能力的物流企业快速成长,反过来促进了制造业的转型升级。

1949年到改革开放前,我国经济社会发展快速恢复,初步建成现代工业体系。改革开放以来,在经济全球化推动全球价值链重构的大背景下,各级政府通过系统制定产业发展政策、完善交通基础设施网络、提升人力资源水平等措施,持续完善工业产业发展软硬件环境,不同城市利用自身的区位、资源禀赋、产业发展基础等比较优势逐渐参与到全球价值链分工,承接制造业生产等环节[145],逐渐形成了完备的现代化产业体系。在此基础上,不同类型的产业发展要素在经济发展水平不同的城市集聚力和扩散力影响下在区域间呈现"集聚—扩散—再集聚—再扩散"的循环往复运动,在循环累积因果效应的影响下,实现要素在不同城市间的优化配置,推动城市经济结构的调整和重构,城市间通过竞合关系逐渐形成产业的协作发展,推动产业转型升级和空间合理化布局,最终形成基于产业链不同价值环节的区域产业分工格局。物流是经济活动的派生需求,城市物流空间结构的演化遵循生产力布局时空分布演化规律,生产力布局调整是物流要素在城市布局调整的根本动力。

以下结合新中国成立后物流业发展阶段,从产业转移的角度分析物流关联产业(重点分析制造业)空间结构重构对城市物流发展空间结构演化的影响,制造业产业升级和空间结构重构对城市物流时空结构演化的影响机理见图3-3。

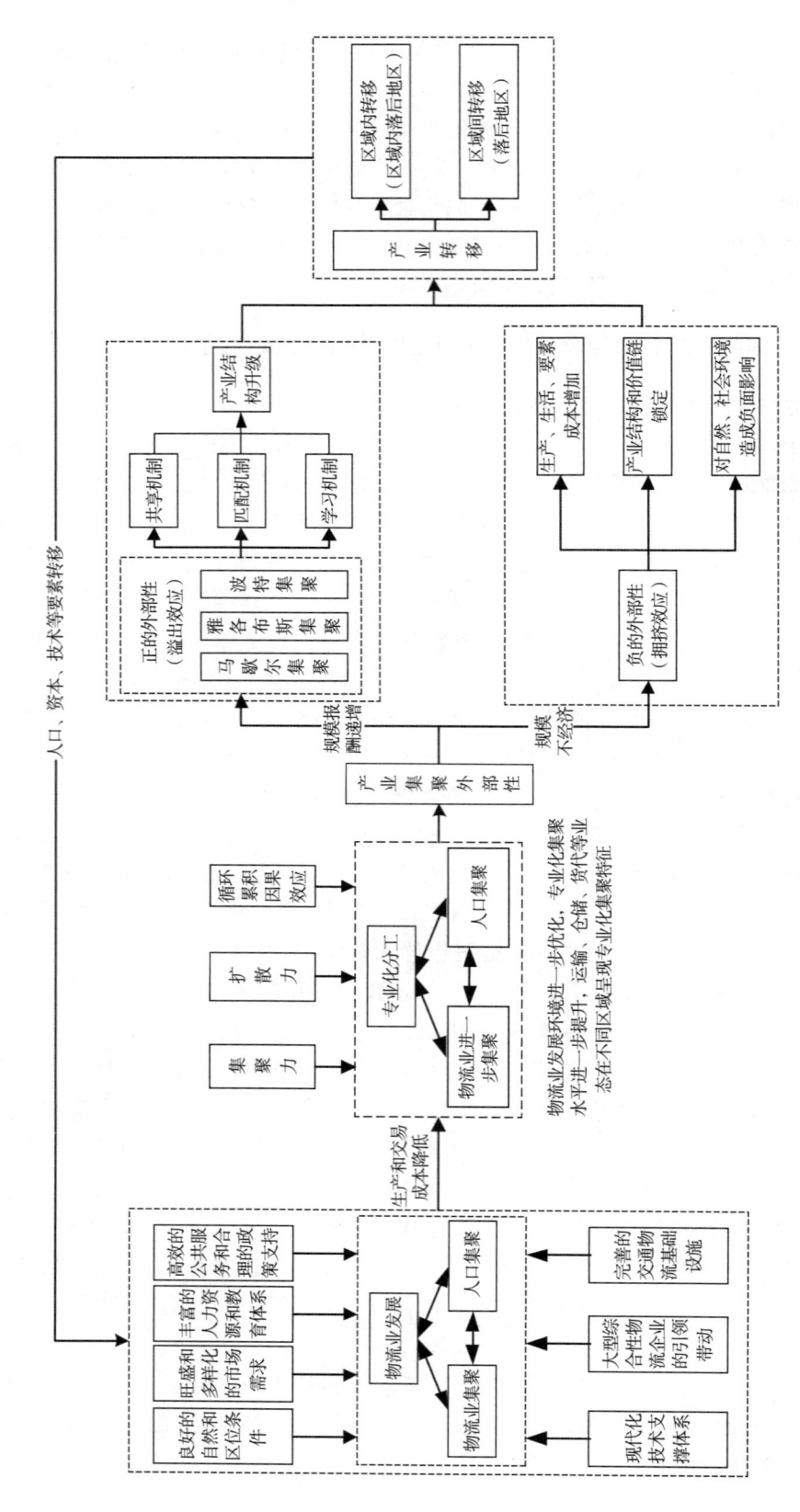

图 3-2 产业集聚推动城市物流空间结构演化机理

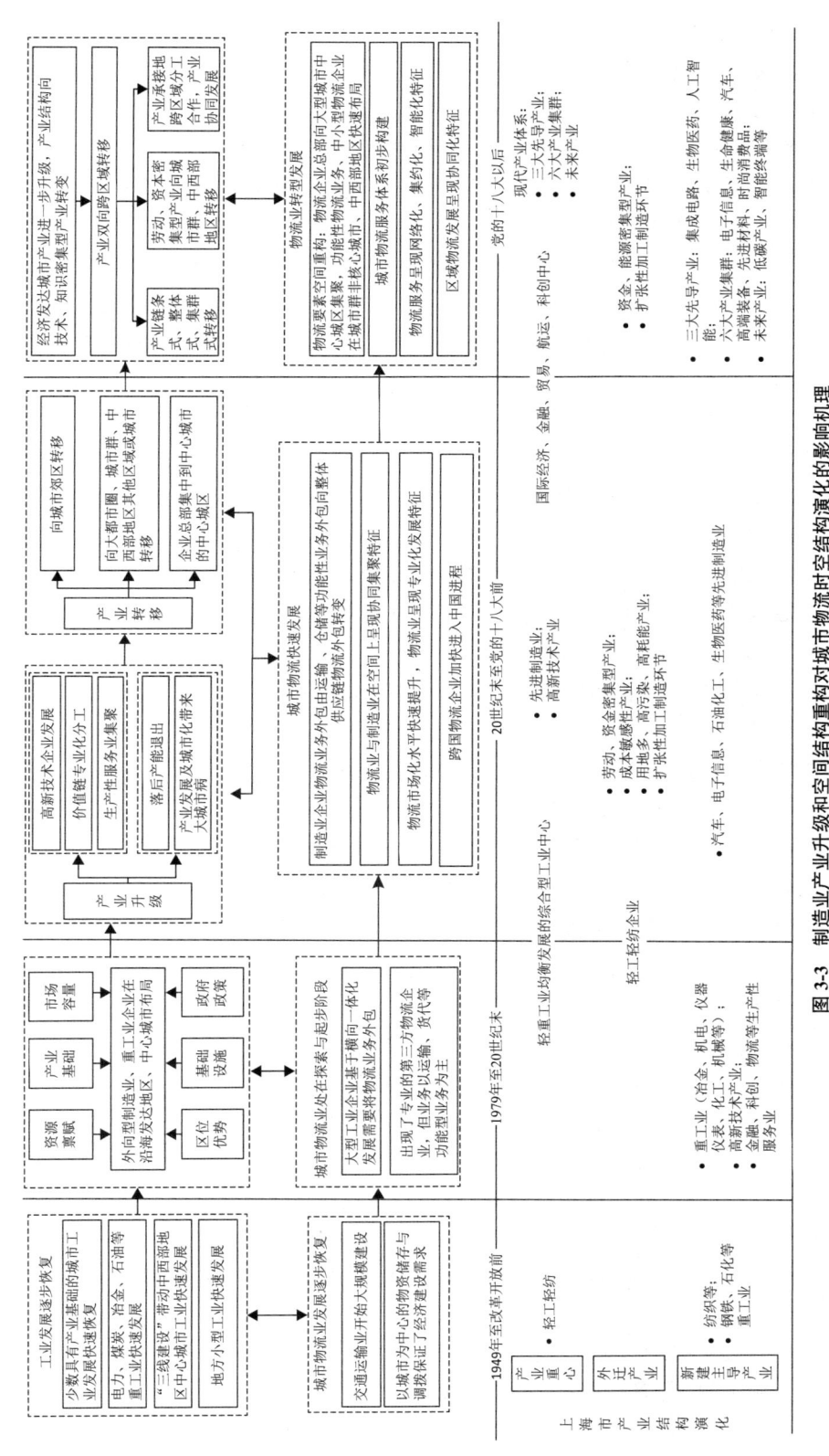

图 3-3 制造业产业升级和空间结构重构对城市物流时空结构演化的影响机理

(1)1949年至改革开放前。

新中国成立后,社会经济生活快速恢复,工业产业规模持续发展壮大,工业发展具有以下特征:一是以上海为代表的具有一定产业基础的中心城市经济快速恢复,轻工轻纺等产业规模持续增长;二是苏联援建项目建设快速推进,以电力、煤炭、冶金、化工等为代表的重工业快速发展,奠定了我国现代产业体系建设的基础;三是"三线建设"项目的推进带动了中西部地区中心城市工业的快速发展,改变了中西部地区工业严重落后的局面;四是以地方集体经济为代表的小型工业企业快速发展。从城市物流发展来看,伴随着经济的恢复,城市物流业逐渐恢复,重工业等产业的发展产生了运输等业务的服务需求,带动了交通基础设施的大规模建设,逐渐形成公路、铁路为主的运输服务体系。而以城市为中心的物资存储和调拨保障了经济社会的有序运营,为仓储业的发展奠定了基础。

(2)1979年至20世纪末。

改革开放后,伴随着经济全球化的快速推进,优越的区位优势、完善的交通基础设施网络、良好的产业发展基础、大量人口增长带来的市场空间和廉价劳动力、先行先试的政策体系为东部地区融入全球产业链奠定了良好的基础,吸引了大量"三来一补"产业、跨国公司在沿海地区布局,国内企业通过为"三来一补"产业提供配套零部件快速成长,形成了以上海、深圳、广州、苏州等城市为代表的外向型、劳动密集型制造业集聚区[146-147],在循环累积因果效应的作用下,各类要素集聚到这些区域,逐渐在出口加工区等区域形成产业集聚区。伴随着工业产业集聚区的形成,城市物流业发展处在探索和起步阶段,跨国公司的进入倾向于将物流等非核心功能性业务外包,大型工业企业横向一体化转型也出现了专业化的物流服务需求,带动了物流企业向工业集聚区集聚,促进了物流业的发展,但这个阶段的物流服务需求主要集中在运输、仓储等功能性业务,物流企业由无序的空间分散状态向港口等基础设施、工业园区、商贸批发市场等区域周边集中转变,城市物流业呈现极化发展特征,在东部沿海地区逐步形成功能性物流集聚区。

(3)20世纪末至党的十八大前。

随着全球价值链专业化分工的深化和中国经济市场化进程的推进,中国制造业进一步深度融入全球产业链,在这个过程中,沿海发达地区产业呈现由低端向高端跃迁的产业升级特征,在广度和深度上更深层次融入全球产业链,部分产业出现主导全球产业链发展的趋势,而劳动密集型、资本密集型、能源密集型产业在大城市的集聚导致土地、劳动力等生产要素供给紧张且价格快速提升,资源环境约束的增强进一步给企业带来经营效率下降、运营成本上升等突出问题,东部地区逐渐失去在劳动密集型、资本密集型产业的竞争优势,低端的落后产能从经济发达的沿海城市退出成为必然。此外,政府的产业政策调整加速了这一进程,西部大开发等政策的实施显著改善了中西部地区的交通基础设施和营商环境,为承接产业转移打好了坚实的基础。在落后产能转移的过程中,出于提升供应链响应速度、降低运营成本、扩张市场等考虑,转出企业更倾向于转移到产业转出地邻近的城市郊区、大都市圈、城市群等区域[148],以便能够更深入地嵌入关联产业集群[149],在更小的区域范围内形成生产网络,最终实现低端产业的再布局。在落后产能再布局的同时,产业转出地实现产业转型升级:一是研发、设计、品牌、人力资源等产业发展高端要素进一步向城市中心集聚,在中心城区形成总部经济区;二是落后产能的转移为高附加值的产业释放了更多的土地等资源[150],而充足的人力资源储备、完整的产业配套、良好的营商环境为高附加值产业的发展奠定了良好的基础,带动汽车、装备制造、电子信息等先进制造业的快速成长。

伴随着沿海经济发达地区的产业升级及产业空间重构,城市物流业快速发展,城市物流发展呈现以下特征:一是为了降低交易和服务成本,提升服务响应速度,物流业空间布局呈现同制造业空间布局一致的协同集聚特征,而制造业的迁移也带动了物流企业的空间分布的调整,在城市郊区、大都市圈等区域形成新的物流企业集聚区;二是物流企业发展呈现专业化分工深化特征,工业品物流等业态快速发展,专业化细分市场快速成长[151],整车物流、专线等业态逐渐成熟,为制造业企业提供整车和零担物流服务;三是物流业务外包由功能性业务外包向基于产业链的供应链服务整体外包转型,要求物流企业能够围绕产业链核心企业提供整体的供应链物流服务,培育了一批以安得智联、日日顺供应链、安吉物流等企业为代表的综合服务能力强、服务网络完整的本土大型物流企业;四是跨国大型制造企业在中国投资的制造基地带动跨国物流企业加快进入中国市场的步伐,跨国物流企业的入驻为中国物流行业带来先进的技术及管理经验,提升了中国物流企业经营水平和盈利能力,推动了物流业产业结构调整,催生了一批以怡亚通供应链、新宁物流为代表的综合性物流服务企业,为深圳、昆山等跨国公司集聚区内企业提供集中采购、入厂物流、供应链金融等一体化供应链管理服务。

(4)党的十八大之后。

党的十八大后,经济发达城市城区资源环境约束、土地等要素资源紧缺且价格高昂等问题给企业带来成本增长和利润下降压力,以上海、深圳、广州等为代表的经济发达城市产业结构调整进一步加速,更高要求的土地政策和产业更新政策的出台加快了这些城市产业升级步伐,部分产业附加值较低的企业选择进一步外迁到其他城市,而这些城市的产业逐渐向产业链高附加值环节攀升,产业类型由资本、劳动密集型向技术、知识密集型转变,实现产业升级。产业转移呈现链条式、整体式和集群式特征,产业专业化分工带来的产品内分工增强了企业间的相互联系和依赖,龙头企业为了贴近市场、降低成本,会将企业转移到中西部地区,产业链龙头企业空间转移后,产业链上关联企业会跟随龙头企业重新布局,实现产业链的整体转移。部分企业为了扩充产能,将生产功能延伸到城市郊区且与总部间关系紧密,逐渐形成"中心城区总部+郊区制造基地"的空间布局。部分产业承接地为了更好地承接产业转移,相邻区域围绕某一产业链强化针对不同环节的招商,加快推进产业集群建设,通过与相邻地区合作搭建完整的产业配套体系和政策体系,实现区域内基于产业链的分工协作,提升了对产业转出的企业整体转移的吸引力,最终实现跨区域的集群发展。此外,汽车制造、新能源、装备制造等高端制造业企业为了更好地推进市场扩张,开始向沿海经济发达城市周边、中西部地区产业配套能力强的区域转移。

这个阶段的跨区域产业转移呈现双向转移特征,中西部地区主要承接东部地区劳动密集型、资本密集型产业的转移,而中西部地区的部分企业为了充分利用东部地区充足的科技及人才资源,则将处于价值链较高位置的技术研发、市场营销等环节向东部经济发达地区转移,甚至将企业总部迁到东部地区,进一步强化了技术、知识密集型企业在东部地区的集聚,推动东部地区产业结构的进一步调整升级,以上海、深圳等为代表的经济发达城市布局人工智能、集成电路、智能终端等高新技术产业,提升了这些城市的产业能级,推动中国制造业价值链、产业链攀升。通过这个阶段的产业资源要素的双向转移,东部和中西部地区均实现了产业结构的持续优化提升。

物流业在这个阶段呈现显著的转型发展特征,由于承接跨国公司、大型工业企业的整体物流外包业务,传统的功能性物流服务商转型为具有一体化供应链物流服务能力的综合性物流服务商,服务的广度和深度均得到不同程度的提升,实现了物流产业结构的调整和升级。物流业发展呈现以下特征:一是物流要素空间重构持续推进,研发设计、供应链金融、决策咨询等物流高端要素集聚到东部地区中心城市,这些城市实现了物流产业升级,怡亚通供应链、中远海运、安吉物流、京东物流等企业总部布局在北京、上海、深圳等核心城市的中心城区,而大型物流企业在各个区域的分公司、功能性物流企业、中小型物流企业则为了满足客户服务需求,完成在中小城市及中西部地区城市的布局。二是城市物流服务体系逐步完善,快递快运、城市配送、冷链等业态快速发展,能够较好地满足城市经济社会发展、居民生活的物流服务需求,此外,物流业在中小城市也呈现集聚发展态势,物流企业逐渐向物流园区等区域集中。三是物流服务呈现网络化、集约化、智能化特征,以德邦、安能、壹米滴答为代表的全网型的快运企业,以顺丰、京东、"三通一达"为代表的快递企业快速发展,这些企业完成了覆盖全国的中转场建设和终点服务网点的布局,为小微企业、消费者提供门到门的零担快运服务,实现了在全国的网络化运营。智能分拣、智慧仓储等智能化设施设备的应用则大幅提升了这些企业的运营效率,满帮集团、福佑卡车等网络货运平台的出现则提升了物流业整体运营效率,推进了物流业集约化发展水平。四是区域物流发展呈现协同化特征,东部地区中心城市的中心城区和郊区、中心城市和周边城市(特别是长三角、珠三角等城市群)实现了物流要素在不同区域的合理配置,高端生产要素集中到了中心城市(中心城区),功能性要素则扩散到城市群的非核心城市,物流企业在中心城市呈现"总部(核心城市中心城区)+功能型业务(郊区及城市群非核心城市)"的空间格局,实现了区域物流业的协调发展。而大量的中西部城市仍处在工业化发展的中期阶段,工业产业和物流业还处在极化发展、极化发展向扩散发展转变的阶段,物流服务供给以仓储、运输等功能性业务为主。

2.物流业与制造业融合发展对城市物流业发展的影响

(1)融合发展机理框架。

物流业和制造业作为两个独立系统,在满足一定的融合条件下和融合驱动力的推动下,经过自组织和他组织过程,最终达到产业融合状态。物流业与制造业融合发展机理见图3-4。

图 3-4 物流业与制造业融合发展机理

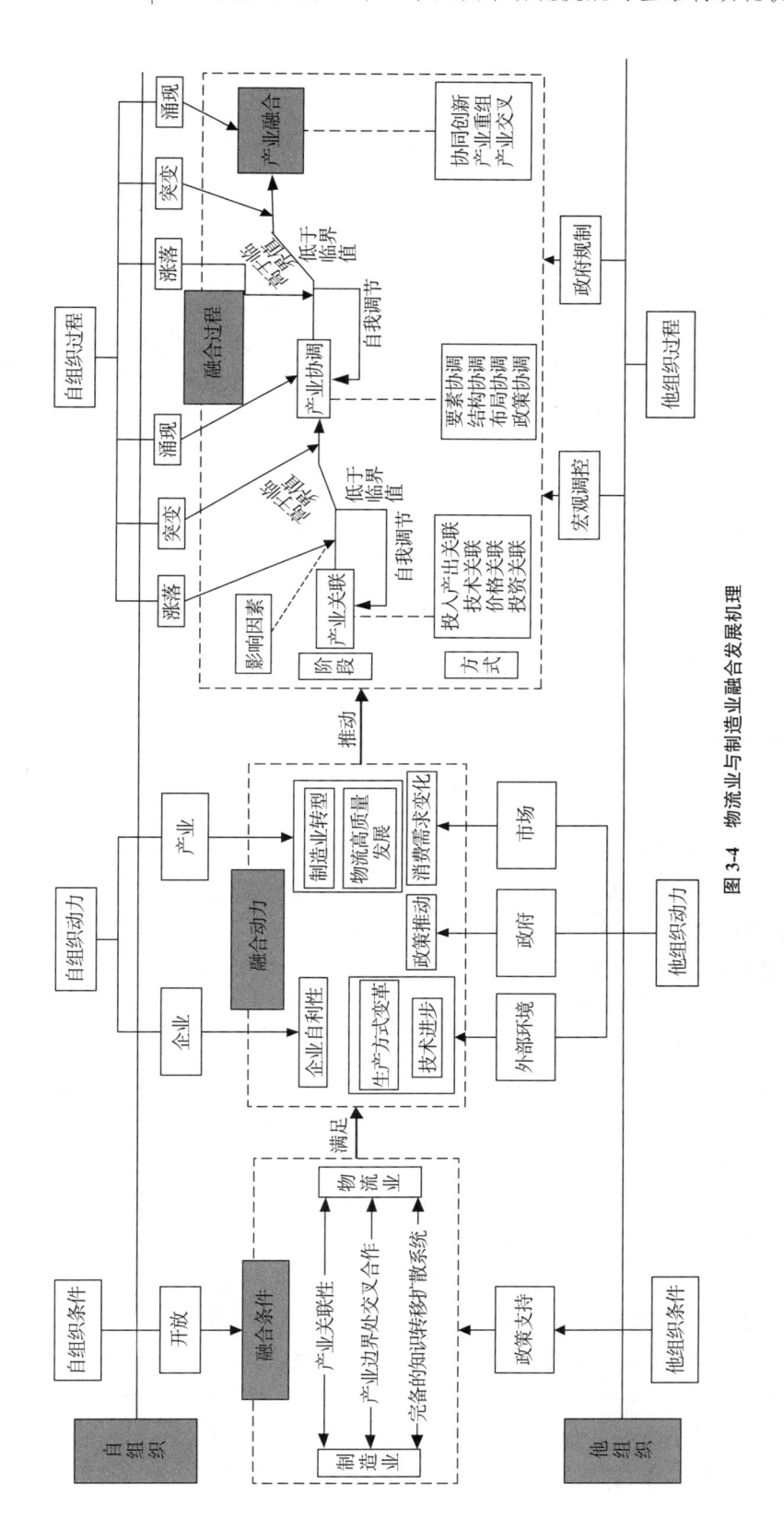

（2）融合条件。

①产业关联性。

物流业与制造业融合的本质是两个产业将各自价值链中的价值活动进行分解，然后各自选取其中的一些价值活动单元，将其重新整合成一条新的价值链的过程。两业深度融合的基本条件就是价值链分解后的价值活动存在高度相关的部分，两业可以通过这些高度相关的价值活动单元进行深度融合。

制造业的价值链分解可以大致分为上游的采购、研发，中游的生产，下游的产品销售和售后服务等环节。物流业的价值链可以分解成基础活动和增值活动，基础活动主要是仓储和运输等功能性业务，增值活动则是根据客户需求提供的个性化的服务，如供应链金融服务等。从价值链活动单元来看，物流业与制造业的价值链分解后存在高度的价值活动单元重合，这是两业进行价值重新整合、深度融合的基本前提。从制造业产业链上下游物流服务需求来看，物流企业能够通过运输、仓储等基础业务将制造业企业上下游企业串联起来，物流服务的延伸（价值增值活动等）则会提升物流业与制造业融合深度。

②产业边界处的交叉合作。

物流业与制造业均是以自组织的形式在市场经济发展过程中形成的独立产业形态，各自具有产业内相对稳定的技术路线和专业的产业知识，这促使两个产业沿着各自的发展轨迹独自发展。制造业产业链、供应链体系在运作过程中隐藏着大量的物流活动，为物流业与制造业产业的交叉合作奠定了基础。需要在产业边界处实现技术、知识上的交叉合作，才能打破原本相对稳定且独立的技术路线和专业知识，形成物流业与制造业在技术、知识等方面的融合。

③完备的知识转移与扩散机制。

产业的融合发展还需要完备的知识转移与扩散机制做保障，完备的知识转移与扩散机制不仅能够为物流业与制造业在技术、知识合作方面的数量和质量提供保障，还为二者的知识转移和扩散的渠道、秩序、行为主体规范等提供"物质"保障，保证物流业与制造业的共性技术和知识能够转移和扩散，发挥作用。

（3）制造业与物流业融合发展的组织形式。

系统和组织的进化主要是由来自内部的自组织和来自外部的他组织两种力量综合实现的，以下从自组织和他组织两种形式分析物流业与制造业的融合组织形式。

①自组织。

物流业与制造业的融合系统是一个有机的复杂系统，物流业与制造业的融合并不是简单的合作，也不是简单的投入产出关联，而是两个子系统组成的一个整体，整体又作为一个系统，经过复杂的自组织过程不断地演变发展。从产业链的角度来看，物流业与制造业的融合是彼此在供应链上的资源共享，融合系统所产生的一些功能是两个子系统独立运作所无法产生的。在两业的融合发展过程中必然会带来产业链分工的重构，形成新的产业体系和业态，这种"创造性的破坏"在优化原有产业体系的同时实现产业链上企业收益方式的调整，创造新的收益增长点[152]。

A. 涨落。耗散结构理论认为系统的有序是由随机涨落导致的，系统的突变形成了有序的自组织结果,而系统突变的形成源于系统具有随机涨落的特征。系统的这种随机涨落特征是系统内部稳定性的自我干扰和破坏,是系统不断演化的驱动力、触发器。系统的涨落是开放系统所具有的属性,由于系统与外部环境不断地进行物质、能量的交换,例如物流业与制造业市场的供求关系、政策等影响两业融合系统涨落的因素变化,会导致系统的状态发生微涨落,微涨落若没有超过临界点,系统则会进行自我调节,涨落回归到初始的状态。但当微涨落达到临界点,系统出现不平衡状态,通过非线性的作用机制产生巨涨落,系统则会演化成一个新的形态。

B. 突变。两业融合系统突变的基础是企业的突变,随着企业的业务体系逐渐完善,产业数量和规模持续增加,企业间竞争的加剧带来行业的突变,行业的突变则会进一步推动行业之间的关联模式发生改变。技术突变也会对两业融合系统产生重大的影响。技术在演化过程中的突变会引起技术范式的变化[153],而产业在生命周期内经历的形成、成长、成熟和衰退均在技术范式的调整期内发生。

C. 涌现。物流业与制造业两个子系统在非线性机制的作用下,相互融合产生的两业融合子系统会呈现融合系统的整体涌现性。对于物流业与制造业两个子系统而言,不同的融合方式可能会带来不同形式的融合涌现,可以根据两业融合的广度和深度差异,将两业深度融合系统的涌现分成三类。第一类是缺乏价值创造力的涌现,主要是指制造业与物流业的融合广度和深度均较低,从投入产出关联来看,制造业下属的子行业中与物流业融合的行业数量不多(即融合的广度窄),并且物流业和制造业在对方生产过程中的中间投入值不高(即融合的深度不深)。第二类是价值创造力低层次的涌现,这种类型的涌现包括两种情况:一是两业融合的深度深但是广度窄,另一种是两业融合的广度广但深度浅。第一种情况表明物流业与制造业在彼此生产过程中的中间投入值较高,但是制造业的子行业涉及的数量不多。第二种情况则是物流业与制造业的子行业融合的行业数量较多,涉及大多数的制造业子行业,但是彼此之间中间投入的值较小。第三类涌现则是两业融合的广度广、深度深,表明无论是从制造业子行业的数量还是从中间投入的值来看,两业的融合关系都达到了深度融合。物流业与制造业融合系统的涌现过程,是两个子系统中的企业通过价值创造活动提升产业价值的过程。涌现的本质是两业融合过程中表现出的整体大于局部之和的一些功能和结构的变化。

②他组织。

物流业与制造业融合系统是一个开放的系统,其对环境的依赖性较强。作为国民经济的重要组成部分,物流业与制造业的融合系统受到政策法律、社会文化、经济结构、自然资源等环境因素的影响,这些环境因素都直接或间接受到政府的影响,政府作为第一部门,承担着资源配置、收入分配和宏观调控的职能。资源配置职能的实现主要通过税收、法律法规制度等方式进行资源的调集和配置。宏观调控则主要是运用政策、计划等方法对市场经济资源进行配置和优化,进而对整个社会经济的运行进行干预。显然,政府在履行宏观调控、资源配置的职能时,必然会对物流业、制造业以及两业融合的系统产生影响。物流业与制造业的融合,涉及两个不同的产业,政府通过政策调节、营商环境优化等措施降低两业融合过程中的行业壁垒,为两业融合创造条件。但是政府对两业深度融合系统的干预应在市场失灵的前提下实施,两业的融合系统的发展历程是以市场调节为主的过程。

(4)融合的阶段和方式。

目前学术界关于产业之间的协同、融合的阶段划分,还没有统一的界定,参考国内外相关研究[154-155],将物流业与制造业的融合发展阶段划分为初级、中级和高级阶段,分别对应的是产业关联、产业协调和产业融合3个阶段。物流业与制造业不同融合阶段的融合形式见图3-5。

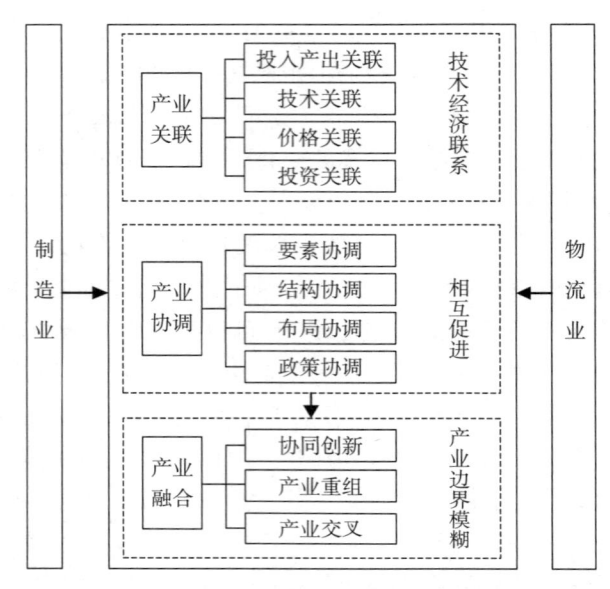

图 3-5 物流业与制造业不同融合阶段的融合形式

①初级阶段——产业关联。

物流业与制造业融合的初级阶段是两个产业的产业关联。产业之间的关联指的是要素、产成品等在产业之间的流通,打破了产业的边界,在信息、技术、市场资源等方面进行互动合作。在这个阶段,物流业与制造业的产业关联主要体现在业务关联,制造企业在推进横向一体化的过程中,逐渐将运输等物流基础性业务外包给物流企业,实现物流业与制造业的业务联系。

②中级阶段——产业协调。

产业融合发展的中级阶段为产业协调阶段,产业协调主要是指两个产业在互动过程中的相互促进推动融合系统从低级到高级、从无序到有序的过程[156]。对于物流业与制造业而言,两业协调发展是两业在互动的过程中,形成的一种互相适应、互相促进的良性关联状态。制造业的规模、质量的提升会带来新的物流业务需求,制造业需求变化推动物流业发展的同时也会形成反馈效应,物流业通过高质量的服务降低制造业物流成本,助推制造业规模扩大、竞争力提升和价值链地位的攀升。制造业价值链的攀升进一步推进制造业横向一体化进程,对物流业提出了更高的全产业链一体化服务需求,推动物流业提质增效、转型发展,最终形成物流业与制造业互相促进、可持续的良性循环[157]。

从协调发展的内容来看,两业协调发展主要包括要素、布局和政策3个方面的协调。要素方面的协调主要是指物流业与制造业在投入的要素上互为支撑,主要体现在物流业为满足制造业服务需求配置的车辆、仓库、信息系统等要素;布局上的协调表现为物流业与制造业在空间上呈现协同集聚特征,为了降低交易成本,提升服务质量,物流企业将服务设施布局在制造业集聚区域周边;政策上的协调主要表现为政府为了推动物流业与制造业的协调制定了一系列的支撑和引导政策(图3-6)。

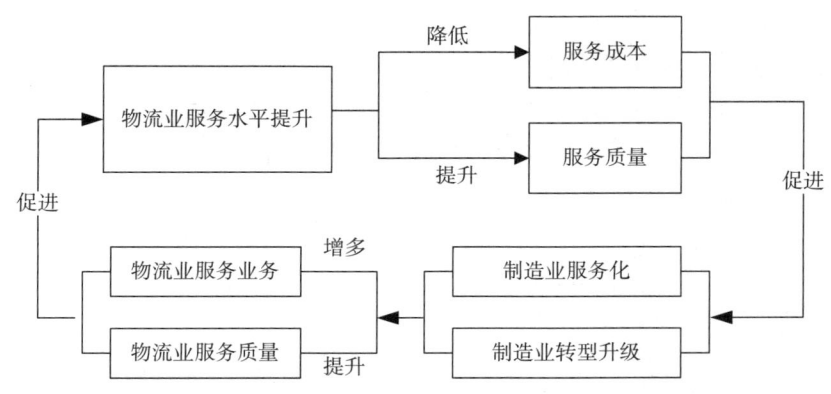

图 3-6　物流业与制造业协调发展良性互动系统

③高级阶段——产业融合。

物流业与制造业的产业融合是指两个行业打破自身的产业边界,逐步融入其他产业、产生新业态的过程。物流业与制造业的产业融合体现在两个方面:一是物流业全面融入制造业产业链中,物流企业通过为汽车制造、电子信息制造等行业提供集中涵盖零部件和原材料集中采购、仓配一体、入厂物流(定时配送等)、销售物流、逆向物流、供应链金融等业务的供应链一体化服务,通过物流链衔接制造业产业链分布在不同区域的不同角色,将设施设备、系统和服务全面嵌入制造业产业链,形成覆盖制造业全产业链的供应链服务,物流业深度融入制造业产业链、供应链。以河南新宁现代物流股份有限公司为例,该公司在服务电子信息产业发展的过程中,服务内容覆盖了原材料采购物流、生产物流和成品物流的全产业链,实现了同生产企业的深度融合(河南新宁物流供应链一体化服务模式见图3-7)。二是制造业服务化是制造业转型升级的重要方向,制造业企业在推动制造业服务化的过程中,通过完善物流服务链打通产业链,提升供应链管理服务的整体能力和水平,是制造业服务化的重要方向。

(5)物流业与跨国制造企业融合发展阶段分析——生产型供应链服务视角。

生产型供应链服务是指从原材料采购到产品销售的供应链全程运作中,企业可选择性地将全部或部分非核心业务外包给供应链服务企业,在帮助企业实现供应链效率提升、总成本领先的基础上,供应链服务企业协调整合供应链上下游实现供应链协同运作,通过服务创新帮助生产企业实现供应链价值增值。生产型供应链服务业伴随着加工贸易产业的发展逐步完善,得益于发达国家产业链转移,跨国公司充分利用各国的比较优势,在全球范围内重新布局生产、营销和研发活动。跨国公司的供应链布局节点通常包

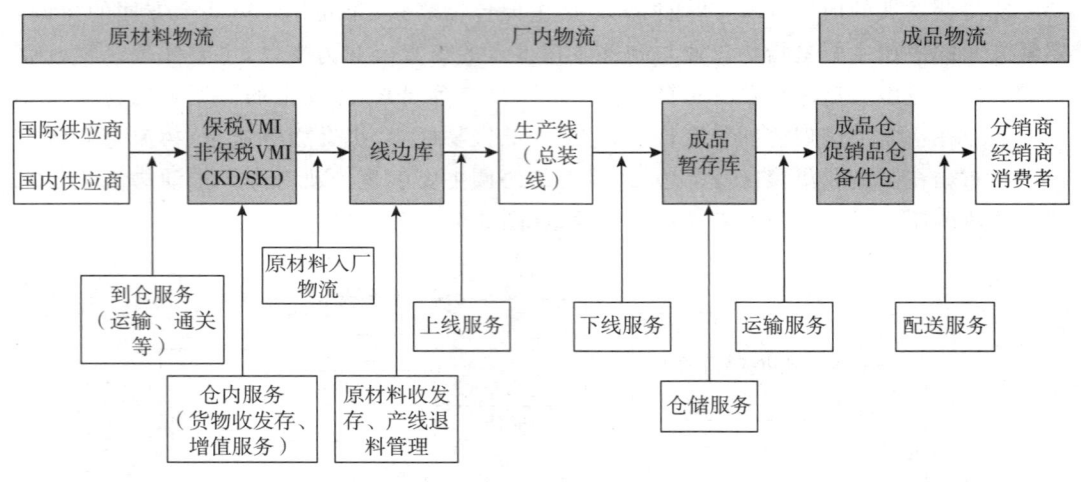

图 3-7 河南新宁物流供应链一体化服务

VMI—供应商管理库存；CKD—全散件组装；SKD—半散件组装。

括总部(区域总部)、结算中心、物流基地、研发中心、生产基地、采购中心等。这些节点在地理位置上可以是合一的,也可以是全球分布的。例如,跨国公司的区域总部经常同时具有结算中心、研发中心、信息中心等部门,而采购中心、物流基地和生产基地经常布局在一起,或者在地理位置上邻近。

跨国公司在我国的发展从设立生产基地开始,逐步地将研发、分销等业务转移到国内,对于供应链服务需求也从单纯的零部件、原材料进口货代服务扩展到全球供应链服务,供应链服务业发展包括以下几个阶段：

①供应链信息节点阶段(2000 年前)。

跨国企业在我国设立生产基地初期,零部件(原材料)进出口、仓储、入厂及上线物流等业务由跨国公司自己负责,国内生产基地仅仅作为跨国公司的信息节点为跨国公司提供生产相关信息。

②生产配套服务阶段(2000 年至 2004 年)。

随着跨国公司在我国的业务快速发展,生产基地出现成本上升、场地不足等问题,越来越多的制造企业将物流业务外包,物流企业为制造企业提供原材料仓库管理、入厂物流及物料上线等服务,生产型供应链服务业发展初现端倪。

③供应链协同阶段(2004 年至 2010 年)。

随着全球化的推进,跨国公司将更多的管理职能转移到国内,对生产型供应链服务业提出了更高的要求,需要通过供应链协同满足跨国公司需求。供应链协同阶段的业务协同分为 3 个层次：第一层次是采购物流、销售物流的协同,供应链管理企业介入生产企业采购物流环节,构建供应链上生产企业、供应链管理企业、供应商协同机制,在共同设定安全库存基础上实现生产型供应链生产、物流等方面的协同；第二层次是采购协同,生产型供应链服务商在提供原有物流服务的基础上,将服务内容拓展到上游采购环节,为生产企业提供原材料、零部件的采购及物流服务；第三层次是跨区域的供应链协同阶段,随着东部沿海地区企业向中西部地区转移,供应链服务发展成为全国性服务,为生产型企业提供跨区域的供应链服务,服务内容上依然以采购、采购物流、生产物流及销售物流为主,并包含部分的分销服务。

④全球供应链服务贸易阶段(2010年至今)。

全球供应链管理服务贸易是针对跨国公司专业化运营的需要,为跨国公司提供涵盖采购、生产、分销体系架构搭建及执行、贸易等服务内容的全球供应链服务整体解决方案及完整的商业体系落地方案。

3. 商贸流通业发展对城市物流时空结构演化的影响

除了制造业关联的产业链重构对城市物流时空结构演化会产生影响外,商贸流通业的发展和空间分布调整也会影响城市物流时空结构的演化。流通业是处于生产和消费的中间环节,流通业包含了物流业,同时也涉及商品在流向终端消费市场过程中的批发、零售等业务。改革开放后,零售模式变革持续推进,基于连锁商超的零售模式,基于批发市场的多级分销模式,基于电子商务交易的批发和零售等模式快速发展。服务于全国性连锁商超的配送中心主要布局在全国性的中心城市[158],为连锁超市门店提供仓配服务。批发市场则根据其功能分布在不同类型城市:一级批发商主要集中在全国中心城市、枢纽城市,形成服务全国的专业型、综合型的批发市场,这些城市成为全国或区域性的商品集散地;二级及以下层级的批发商则集中在区域中心城市,服务于更低层级的批发商和零售商,最终形成覆盖全国的多级批发分销体系,为了更好地服务该分销体系,以区域网、专线为代表的物流业态快速发展,区域物流服务网络逐渐形成。电子商务的快速发展则带动了快递和以京东、菜鸟为代表的仓配行业的快速成长。反过来,快递、快运等业态的快速发展提升了商贸业的交付能力,促进了商贸流通业的发展。我国商贸流通业的发展经历了计划经济时期、探索发展期、快速成长期和全面发展期4个阶段(图3-8)。

(1)1949年至改革开放:计划经济时期。

新中国成立后,伴随着经济社会有序的恢复运营,我国商贸流通业也逐渐恢复。为了保证经济的稳定运行,这一阶段的商贸流通业流通体制以计划经济的满足分配的目标为核心[159],以供销社和国营百货商店为主要流通渠道,实施"统购统销+统购包销"的工农业商品流通政策,虽然这些措施和体制机制具有显著的计划经济特征,但是在新中国成立初期困难的经济社会发展起步阶段起到了保证工业生产能够正常开展,居民基本的生活消费需求能够得到满足,同时尽可能做到了分配的公平合理,有效支撑了经济社会的有序恢复。这个阶段的物流业务开展以城市为中心,主要业务是满足经济建设需求的物资调拨和储运,仓储和运输等物流业务由各级物资储运和商业储运公司按照计划开展。

(2)1979年至20世纪末:探索发展期。

这个阶段商贸流通业的发展重点是促进流通现代化,推动流通业适度有序开放等,初步形成了基于市场调节的流通机制和流通体系,商贸流通业发展具有以下主要特点:第一,突破了"重生产、轻流通"的理论误区,明确了商贸流通业在国民经济社会发展中的重要地位,丰富了现代流通理论,推进了流通行业体制机制改革,保证了商贸流通业的有序发展。第二,以1992年为重要时间节点稳步推进商贸流通业的对外开放,国务院批准在沿海城市允许零售企业采用中外合资方式经营,沃尔玛、家乐福等跨国零售企业纷纷进入中国,带来大型连锁超市、仓储式商场等新型流通业态,这些企业的进入带来先进的管理理念和经营方式加速了我国流通现代化建设进程。第三,打破了计划经济时期商品流通地域限制,逐渐形成全国市场。第四,产地、销地批发市场建设快速推进,20世纪80年代中叶,满足城市居民消费的服装批发市场、服务农产品流通的产销地批发市场建设快速推进,在北京、上海、武汉、广州等大城市形成大量的大型专业市场。

为了更好地服务商贸流通业发展需求,城市物流处在探索和起步阶段,物流业发展初具雏形,物流业发展呈现以下特点:第一,"物流"概念引入中国,物流业受到各级政府的重视。第二,各级政府持续推进物流基础设施补短板工作,启动了大量港口、铁路、公路等交通基础设施建设工程,物流基础设施水平显著提升,先进的物流技术装备也得到了初步应用。第三,跨国商贸零售企业的进入加速了跨国物流企业进入我国,国外先进的物流装备和技术,前沿的管理理念和管理体系引入国内,围绕连锁经营企业的配送等业态开始发展,一大批新型物流企业快速成长。第四,国内第三方物流企业开始出现,顺丰、德邦等企业的成长推动了物流业的专业化、网络化发展。

(3)21世纪初至党的十八大:快速成长期。

进入21世纪,中国加入世界贸易组织(WTO)后,流通领域全面对外放开,各级政府制定了一系列促进流通业发展的政策措施,商贸流通业处在快速发展期。第一,流通领域对外开放水平持续提升,2004年后,流通领域对外资全面放开,大量外资流通企业完成了在国内的战略布局,连锁商超等销售终端快速扩张,对我国传统流通企业产生较大冲击的同时推动了我国现代流通业发展,连锁商超、连锁便利店、购物中心等新型业态快速发展。第二,以永辉、联华为代表的本土流通企业快速崛起,本土化的经营策略和先进管理经验的导入推动这些企业快速成长,在国内竞争激烈的零售市场夺得一定的市场占有率。第三,流通现代水平持续提升,电子数据交换技术、销售时点系统(POS)、管理信息系统等现代信息技术的导入和应用提升了企业运营效率。第四,电子商务等新型流通商业模式快速成长,2003年淘宝的创立标志着我国正式进入电子商务时代,这种业态大幅缩短了传统流通业产业链条,在培育了新的消费方式的同时降低了流通成本。第五,以专业批发市场为中枢的多层级商贸分销体系基本形成,以服装、五金、日用百货等为代表的不同规模的专业批发市场完成在不同城市的布局,其中,一级批发商(区域总经销商)布局在一线城市,逐渐形成服务区域批发商的专业批发市场,二、三级批发商则集聚在区域中心城市、交通枢纽城市,服务于县级批发商、市级零售商,而县级批发商则集中在交通条件较好的县城,服务于县城和乡镇零售企业,最终形成多层级、服务能力完善的多级批发分销服务网络。

这个阶段的城市物流也进入快速发展时期,为了更好地满足商贸流通业发展需求,物流新业态快速成长,物流业综合服务能力快速提升,物流业发展呈现以下特征:第一,物流市场逐步对外资开放,2005年底,允许外商设立独资的分公司开展物流业务,外资企业通过并购等方式快速进入中国市场,外资企业占据了物流产业链的高端位置,为制造、商贸流通等跨国公司提供涉及国际物流、供应链管理等综合性的物流服务,大量高端的物流人才集中到这些企业,给本土物流企业带来较大的竞争压力,同时,外资物流企业主要布局在长三角、珠三角等经济发达区域,加剧了中国区域物流发展的不平衡。此外,外资物流企业的进入带来先进的行业管理经验、技术装备,对本土物流企业的发展具有一定的示范作用,带动了中国物流业的整体升级发展。第二,服务连锁经营等业态的仓配等服务快速成长,沃尔玛、联华等内外资商贸流通企业的快速扩张带来了大量的快消品等产品的仓配服务需求,大型的配送中心建设及围绕配送中心开展的仓配业务快速成长。第三,以"四通一达"为代表的加盟制民营快递企业快速发展,2007年后,快递企业纷纷与淘宝签订合作协议,业务转型为以电商件为主,快递业发展进入快车道,以"四通一达"为代表的快递企业为提升服务质量,采用加盟方式推进快递中转场和服务终端的建设,快速完成了服务网络的搭建。同期,京东通过建设区域仓的方式开始自营物流业务,为自营产品及平台第三方卖家提供仓配一体化服务,提升物流服务水平的同时降低服务成本。第四,区域网(区域快运)、专线物流企业快速成长,伴随着批发市场分销服务体系的建设,以河南宇鑫物流、山东宇佳物流为代表的区域网物流企业通过搭建完整的省内服务网络将服务渠道下沉到县、乡镇等区域,完整的服务网络保障了区域网物流企业的服务能力和质量。此外,服务于跨区域的产成品零担货物运输的快运企业快速成长。第五,以传化公路港为代表的物流园区快速发展,传化公路港的出现为解决物流业运行过程中存在的车货无法有效匹配、物流企业集聚发展水平不高等问题提供了解决方案,通过车货匹配平台、服务专线公司货运档口、车后服务市场(车辆维修、加油服务、保险服务等)的建设及工商税务等行政服务职能的整合,显著提升了公路港物流企业集聚能力和水平。

(4)党的十八大之后:全面发展期。

党的十八大之后,商贸流通业进入了高质量发展阶段,打通了流通渠道的各个环节,初步构建了现代化的商贸流通服务体系。这个阶段商贸流通业的发展具有以下特征:第一,流通网络服务体系建设逐步完善,多主体、多业态、覆盖全国的商品流通网络逐渐形成。第二,传统商贸流通企业数字化转型速度加快,通过互联网等工具推进传统商业模式的创新,沃尔玛、永辉等连锁经营企业纷纷开发线上业务,通过对接闪送平台实现交付,推动传统零售业务的转型,实现线上线下业务的协同。第三,电子商务等新型流通业态交易额呈爆发式增长,2022年,网上实物商品零售额达11.96万亿元,占社会消费品零售总额的27.2%,电商业态呈现多样化发展趋势,社交电商、直播电商等新业态快速发展。线上企业探索线下销售渠道的延伸,线下的企业则尝试线上销售的转型,线上线下融合成为商贸流通企业转型发展的趋势,进而实现全渠道的销售网络建设。消费者个性化、多样化的消费需求则进一步推动人货场消费场景的重构,推动商贸流通业的数字化转型,以盒马为代表的新零售企业在搭建业务体系时围绕人货场消费场景变革,较好地实现了线上线下消费的高效融合。第四,受电子商务等新型流通业态的冲击,专业批发市场在商贸流通体系中的核心地位逐渐弱化,广州、杭州等地的服装等产品批发市场通过引入直播等新型业态推进转型,多样化、多业态的发展趋势日益明显。第五,商贸流通国际化进程加快，商贸流通企业探索通过速卖通、亚马逊等互联网平台拓展外销业务，"一带一路"倡议的推进，"中欧班列"服务网络的延伸和完善进一步加快了流通国际化进程，提升了国内商贸流通企业参与国际商贸流通产业重构竞争力。

　　伴随着商贸流通业的全面发展，与之关联的物流业也进入转型发展的关键时期，这个阶段服务于商贸流通业的物流业发展具有以下特征：第一，全网型快运企业在资本的加持下快速成长。服务于分销商、零售商等商贸流通企业的零担货物运输需求快速增长，随着市场竞争的加剧和服务质量要求的提升，区域网快运企业在资本的支持下通过联盟等模式快速成长为具备覆盖全国服务能力的全网型快运企业，而德邦等老牌快运企业则加快了营业网点的布局，服务网络持续完善，服务能力持续提升。2015年，陕西卓昊物流、湖北大道物流等6家区域网物流企业在资本的支持下，采用联盟方式成立壹米滴答供应链集团有限公司，通过搭建区域网之间的干线网络连接区域网，此后，通过整合其他区域网企业完成全国组网，快运服务覆盖了全国。德邦则通过合伙人制快速推进终端网点建设，保证了网点服务质量的同时，提升了服务网络覆盖范围。第二，快递业飞速发展且呈现量质齐升特征。党的十八大后，伴随着电子商务的快速发展，我国快递业务量由2012年的56.85亿件增长到2022年的1105.81亿件，快递业务收入由2012年的1055.3亿元增长到10566.7亿元，快递业务量和快递业务收入均呈现快速增长特征。同时，快递企业为了进一步提升服务质量，特别是为了更好地服务"双11""618"等电商大促，快递企业对中转场进行了大规模的升级改造，大大提升了中转场的处理能力和服务质量，其中，民营加盟制快递企业逐渐收回中转场的经营权，通过高强度的设备和资金投入提升中转场运营能力。此外，以百世收购汇通、极兔收购百世等为代表的企业并购、重组加速了快递业市场格局的重构，快递行业市场集中度持续提升，头部企业规模不断扩大。在这个阶段，电商行业增速放缓、快递企业服务同质化带来了激烈的行业竞争，快递业发展告别了"以价换量"的低价竞争阶段，进入了存量竞争的高质量发展阶段。第三，快递、快运企业双向跨界转型快速推进，推动了快递和快运业务的融合。顺丰、"三通一达"等快递企业纷纷跨界快运，而德邦物流则更名为德邦快递涉足大件快递业务。全网型的快递和快运基于"多级分拨体系"的业务运营模式基本一致，这一特征大大降低了双向跨界转型的难度，加快了快递和快运行业的融合进程。第四，电子商务企业仓配服务持续完善。以菜鸟、天猫、京东等为代表的仓配一体化服务企业通过持续优化仓储网络推动仓库等基础设施的市场下沉，进一步缩短同消费者之间的距离，通过提升物流服务质量提升客户满意度。以美团、朴朴、叮咚买菜等为代表的社区团购、生鲜电商平台则通过区域仓、前置仓的建设为消费者提供次日达或当日达服务，高效的仓配一体化服务大大提升了消费者消费体验。第五，区域网企业持续深耕区域市场并推进业务转型。区域网企业在业务量被电商渠道冲击的背景下加快了业务转型，一是通过进一步的服务网络的下沉提升服务能力，二是通过拓展大票零担业务延伸服务范围，在此基础上，借助蚁链等平台完善"区域网＋专线"服务体系，逐步提升目的地落地配服务能力。第六，物流信息化水平快速提升。为了更好地支撑业务运营体系高效运转，快运、快递企业纷纷自研管理信息系统，通过"信息化平台＋智能化硬件＋数字化运营"提升企业精细化运营

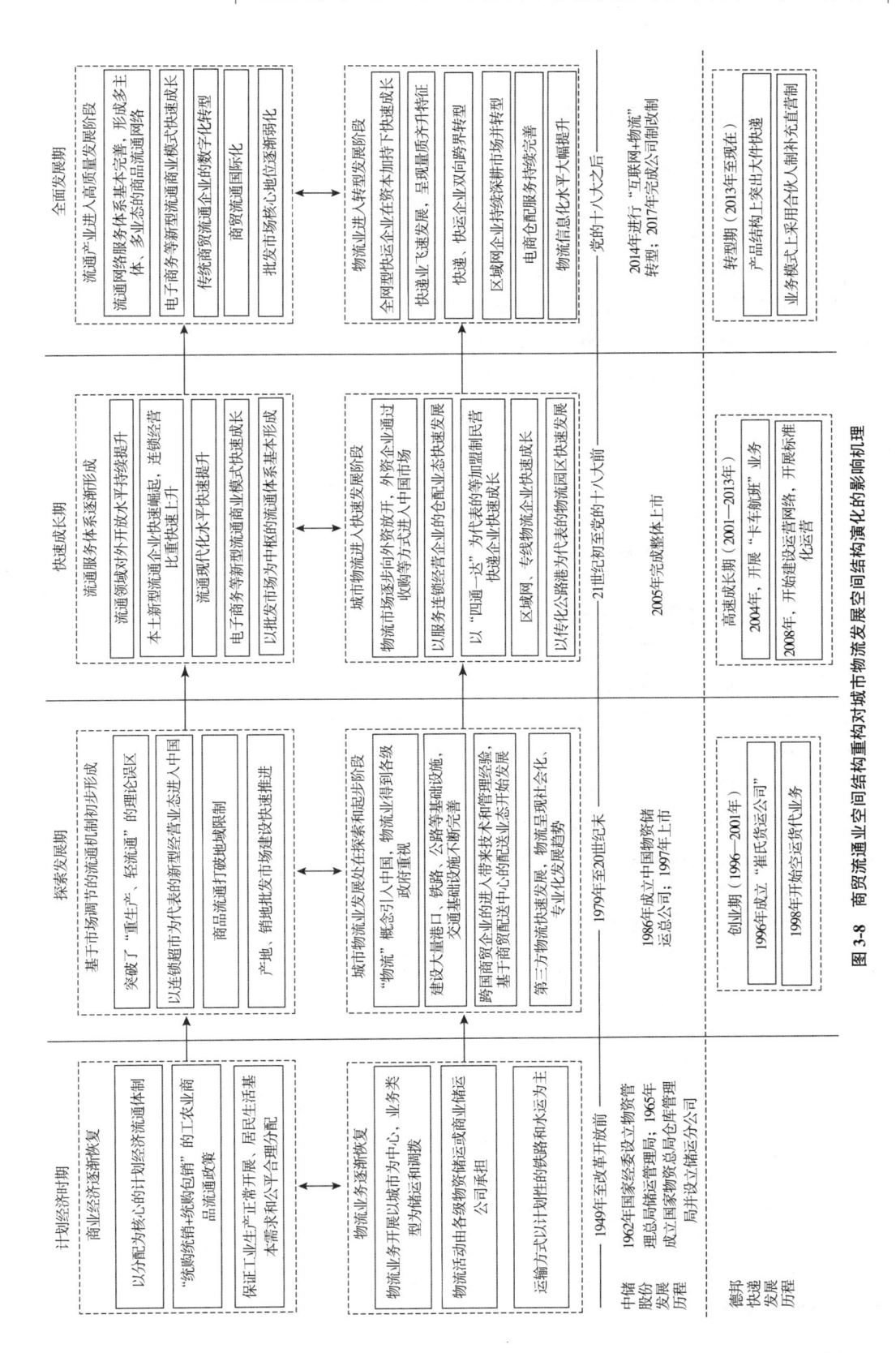

| 理论篇 ▶ 第3章 中国城市物流发展时空结构演化机理分析 |

计划经济时期

商业流通业逐渐恢复
- 以分配为核心的计划经济流通体制
- 突破了"统购包销"的工农商品流通政策
- 保证工业生产正常开展，居民生活基本需求和公平合理分配

物流业务逐渐恢复
- 物流业开展以城市为中心，业务类型为储运和调拨
- 物流活动由各级物资局或商业储运公司承担
- 运输方式以计划性的铁路运输和水运为主

———— 1949年至改革开放前 ————

中储股份发展历程
- 1962年国家经委设立物资管理总局储运局；1965年成立国家物资总局仓库管理局并设立储运分公司

探索发展期

商贸流通空间结构重构机制初步形成
- 基于市场调节的流通机制初步形成
- 突破了"重生产、轻流通"的管理误区
- 以连锁超市为代表的新型经营业态进入中国
- 商品流通打破地域限制
- 产地、销地批发市场建设快速推进

城市物流业发展处在探索和起步阶段
- "物流"概念引入中国，物流业得到政府重视
- 建设大量港口、铁路、公路等基础设施，交通基础设施不断完善
- 跨国商贸企业的进入带来先进技术和管理经验，基于商贸流通中心的配送生态开始发展
- 第三方物流快速发展，物流呈现社会化、专业化发展趋势

———— 1979年至20世纪末 ————

- 1986年成立中国物资储运总公司；1997年上市

德邦快递发展历程
- 创业期（1996—2001年）
- 1996年成立"崔氏货运公司"
- 1998年开始经营货运业务

快速成长期

流通服务体系逐渐形成
- 流通领域对外开放水平持续提升
- 本土新型流通企业崛起，连锁经营比重快速上升
- 流通现代化水平快速提升
- 电子商务等新型流通商业模式快速成长
- 以批发市场为中枢的流通体系基本形成

城市物流业进入快速发展阶段
- 物流市场逐步向外资开放，外资企业通过收购等方式进入中国市场
- 以服务连锁经营企业的仓配生态快速发展
- 以"四通一达"为代表的等加盟制民营快递企业快速成长
- 区域、专线物流企业快速成长
- 以干线化公路运输为代表的物流园区快速发展

———— 21世纪初至党的十八大前 ————

- 2005年完成整体上市

高速成长期（2001—2013年）
- 2004年，开展"卡车航班"业务
- 2008年，开始建设运营网络，开展标准化运营

全面发展期

流通产业进入高质量发展阶段
- 流通网络服务体系基本完善，形成多主体、多业态的商品流通网络
- 电子商务等新型流通商业模式大快速成长
- 传统商贸流通企业的数字化转型
- 商贸流通国际化
- 批发市场核心地位逐渐弱化

物流业进入大转型发展阶段
- 全网型快运企业在资本加持下快速成长
- 快递业飞速发展，呈现量质齐升特征
- 快运、快递企业双向跨界转型
- 区域网企业持续深耕市场并持续完善
- 电商仓配服务持续完善
- 物流信息水平大幅提升

———— 党的十八大之后 ————

- 2014年进行"互联网+物流"转型；2017年完成公司制改制

转型期（2013年至现在）
- 产品结构上采用大件快递
- 业务模式上采用合伙人制补充直营制

图3-8 商贸流通业空间结构重构对城市物流发展空间结构演化的影响机理

水平。

3.3.3 物流企业空间扩张对城市物流时空结构演化的影响

物流活动具有典型的地理空间特征，单一功能、单节点的物流服务无法满足客户跨区域的综合性物流服务需求，物流企业作为物流活动的组织者和实施者，通过跨区域的空间扩张和业务延伸构建空间服务网络[160]，通过不同区域网络节点的配合与协作，实现综合型物流服务的供给[161]。物流服务网络也具有显著的空间特征，在物流企业为客户提供跨区域的综合性业务的过程中，逐渐形成覆盖某个区域的区域网络和覆盖全国的全域网络[162]。区域网络由位于不同区域的业务网点、功能节点根据标准化的作业流程开展业务，通过运输将业务网点关联起来，形成具有一定功能差异和等级差异的垂直型或水平型空间和功能组织结构。物流服务网络中，业务网点的经营是独立的，但网点间的业务连接由上一级功能节点统一组织，以实现节点间业务的协调运作。通过物流网络的建设实现物流企业空间上的扩张，强化了区域间的物流联系，实现不同等级物流要素跨区域的配置，进而形成合理的城市物流分工体系，促进城市物流的协调发展。

1. 物流企业空间扩张的动因

(1) 拓展市场。

通过业务扩张拓展市场是物流企业空间扩张的核心动力，物流企业的空间分布具有显著的与生产力布局一致的特征，随着物流企业客户数量的增加及客户空间分布的调整（制造业等企业由中心城市或中心城区向城市郊区及周边城市转移），客户服务需求呈现跨区域、多样化的特征，为了满足客户不同空间尺度、不同层次的业务需求，物流企业需要通过空间扩张和业务延伸实现运营体系的网络化和服务产品的多样化，在这个过程中，物流企业实现了由单一功能（单一网点）向跨区域经营的综合性物流企业转变。此外，伴随着电子商务的快速发展，消费者对物流服务水平提出了更高的要求，快递、快运等企业为了拓展市场，需要通过大量的中转场和营业网点建设完成服务网络的构建，进而保证服务时效和质量。

(2) 降低交易和运营成本。

随着客户空间分布和业务需求的调整，物流企业利用现有的运营网络、业务体系满足客户服务需求会导致交易成本大幅上升，为满足客户跨区域的多样化服务需求，物流企业通过新建服务设施、新增服务能力提升客户响应速度，投资产业链上下游企业延伸服务链和产业链实现外部关联业务的内部化，在此基础上为客户提供一体化的供应链管理服务，在降低交易成本的同时提升服务质量。此外，物流企业跨区经营可以通过兼并产业链企业等方式扩大市场份额、提升企业规模，在此基础上实现规模经济，规模经济带来的成本下降进一步提升企业竞争实力。

(3) 降低经营风险。

物流企业在为客户提供服务的过程中存在由市场不确定性和不稳定性带来的经营风险，特别是竞争激烈的公路运输市场，以个体户为主体的市场结构导致市场的无序竞争，给运输企业的业务带来较大的不确定性，物流企业可通过在新的业务区域设置营业网点实现收货和配送作业的自营等空间扩张方式延伸服务网络,为客户提供覆盖更多区域的运输服务,通过外部市场内部化降低市场经营风险。此外,物流企业还可以通过延伸产业链完善服务体系,实现多样化服务的范围经济,从而降低市场恶性竞争等因素导致的经营风险。

2.物流企业空间扩张方式

物流企业空间扩张包括横向一体化扩张、纵向一体化扩张和混合一体化扩张等方式。物流企业空间扩张推动城市物流协调发展的机理见图3-9。

(1)横向一体化扩张。

横向一体化扩张主要是在原有的业务体系框架内通过新建营业网点等方式拓展企业服务的空间范围,进而提升企业规模的扩张方式。德邦、壹米滴答、顺丰等全网型的快递和快运企业,河南宇鑫等区域网快运企业的空间扩张属于典型的横向一体化业务扩张模式。全网型的快递和快运企业通过中转场和营业网点的建设打造覆盖省域、全国的物流服务网络,通过营业网点实现货源组织和货物"最后一公里"交付作业,中转场是这两个行业服务网络中重要的业务组织节点,中转场的重要职能是货物集散和转运,通过干线和支线运输将分布在不同区域的营业网点和中转场衔接起来,最终形成服务全国的业务体系。而以服务专业批发市场为主要特征的区域网物流企业则通过将网点布局到乡镇等更低行政等级的区域强化服务深度,通过网点下沉提升服务质量及对客户的响应速度。快递、快运等行业企业在推进横向一体化扩张的过程中,逐渐形成覆盖全国的服务网络,货源组织和处理能力均得到不同程度的提升,实现企业规模快速扩大,标准化的产品和服务则进一步加快了网络建设步伐,标准化的产品和服务的单位成本随着企业规模和业务量的增长持续下降,规模经济效应则进一步提升企业竞争能力。

(2)纵向一体化扩张。

物流企业纵向一体化扩张是指通过投资、收购产业链上游或下游企业延伸业务体系,同这些企业的关系由合作关系转变为企业内部的平行部门或事业部,实现外部业务的内部化,由于被投资或收购的企业在空间分布上同现有企业存在差异,在纵向一体化扩张过程中,企业也实现了空间的扩张。近年来,大量物流企业通过纵向一体化扩张业务体系,逐渐实现单一业务向综合性物流服务体系过渡。例如,顺丰于2018年、2019年和2021年投资并控股DHL(敦豪)、夏晖、新邦物流、嘉里物流等企业实现业务的多元化布局,投资对象涉足供应链、冷链物流、零担快运等业态,迅速成长为综合性供应链服务企业,同时,通过这些投资行为进一步完善了不同业态空间布局网络,通过涉足国际供应链将业务延伸到东南亚等区域,既补充了顺丰的业务体系,也延伸了顺丰的服务范围,提升了服务能力。京东物流则通过收购跨越速运和德邦快递,将业务延伸到快运领域,形成"仓配+快递+快运+冷链"的物流服务体系,实现了业务和空间扩张。

(3)混合一体化扩张。

物流企业的混合一体化的扩张过程中存在横向一体化和纵向一体化两种方式。顺丰、怡亚通供应链等企业的成长就是典型的混合一体化空间扩张的过程,在这些企业的发展过程中,通过横向一体化在新的服务区域布局服务设施,通过纵向一体化实现业务

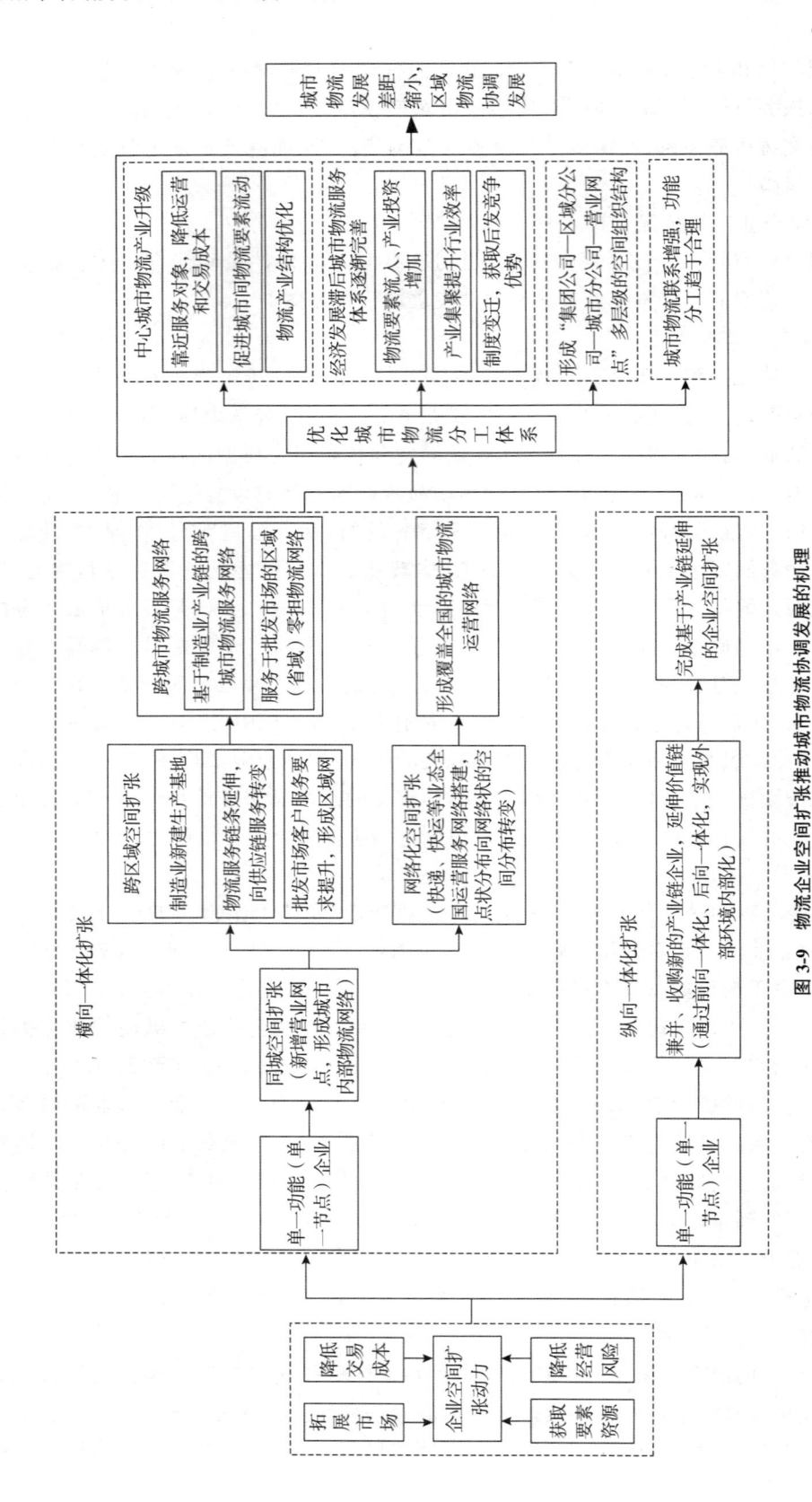

图 3-9 物流企业空间扩张推动城市物流协调发展的机理

的延伸,打造新的运营服务体系,最终实现多业态的跨区域运营。

3.物流企业空间扩张对缩小城市物流发展差距的作用

城市间物流发展水平差距的缩小需要加快后发区域的产业增长,且增长速度要高于物流业发展的先发区域。资金不足和制度落后是中西部地区等物流业后发区域产业发展缓慢的主要原因,物流企业的跨区域扩张能够给中西部地区带来这两个关键要素的转变,进而缩小同沿海发达地区间的差异。

(1)通过跨区域扩张增加后发区域产业投资,提高存量资本利用率。

首先,物流企业业务由东部发达地区扩张到中西部地区能够显著增加中西部地区物流业发展资金,通过投资产生的乘数效应提升中西部地区物流业发展水平,缩小同东部地区间的差异。其次,东部地区物流企业的跨区域扩张能够盘活中西部地区存量物流资源,近年来,中西部地区各级政府高度重视物流业发展,投入大量资源建设物流园区等基础设施,但在基础设施建设过程中存在规划不合理、重建设轻运营等问题,物流基础设施低水平重复建设,导致大量基础设施利用率远远低于预期,而大量固定资产的投入由于无法变现增值变成沉淀资产造成资源的浪费。东部地区物流企业通过投资、兼并等方式获得这些沉淀资产的运营权,依靠自身成熟的运营体系、管理经验、先进的技术水平等优势提升这些资产的利用率,进而盘活中西部地区的存量资产。最后,物流企业的跨区域扩张能够提升后发区域物流服务能力,增强对关联产业招商引资的吸引力,对于完善中西部地区产业体系发挥着重要的基础支撑作用。

(2)推动后发地区制度调整,获得后发优势。

首先,发达地区的物流企业通过空间扩张给后发区域带来的先进的管理理念、技术和运营体系,通过知识和技术的外溢提升后发区域物流企业运营能力,将中西部地区丰富的人力资源、土地等优势转化为产业发展优势。其次,从政府角度看,先发地区物流企业到后发地区的投资能够促进政府主管部门优化产业发展体制机制,营造良好的产业发展环境,为后发地区物流业发展打下基础。

4.物流企业空间扩张对城市物流协调发展的影响

根据物流企业服务范围覆盖区域,可以将物流企业在国内的空间扩张划分为以下3个阶段:第一阶段是物流企业的本地扩张,伴随着城市化的推进,制造业、商贸流通企业向城市郊区转移,物流企业随之进行空间扩张。第二阶段,物流企业服务覆盖区域由单一城市向多个城市发展,具备覆盖更大区域的物流服务能力。服务于制造业企业的物流企业通过业务延伸为制造业企业提供原材料入厂、产成品销售物流等服务,通过衔接制造业产业链上不同角色的物流链形成一体化的供应链服务能力;服务于批发市场等业态的物流企业则通过在县(乡镇)等区域建设营业网点等方式搭建省域服务网络服务于中小批发商;服务于工业企业的零担物流企业则通过扩充专线线路等方式提升服务能力。第三阶段,物流企业由区域网向全国网络转变。服务于制造业的供应链管理企业通过投资、收购关联业务企业,进一步向前和向后延伸业务,打通制造业企业上游原材料供应、下游产成品销售物流链,为制造业提供覆盖全产业链的一体化供应链服务,此外,通过新建服务设施为制造业企业不同生产基地提供一体化供应链管理服务,最终构建跨区域的全产业链服务网络,实现混合一体化的空间扩张;区域网的物流企业则通过进一步下沉运营网点、产业联盟等方式完善全国服务网络;专线物流企业则通过专线联盟、专线平台企业打通发货人到收货人的服务链条,提升企业服务能力。

物流企业作为微观市场主体,其跨区域空间扩张是城市物流时空结构演化的直接表现,在"市场接近效应""生活成本效应""市场拥挤效应"的综合作用下,同一个城市的不同区域、不同城市间对物流企业的"集聚力"和"分散力"形成的合力推动了物流企业区位的变化,表现为物流要素"集聚—扩散—再集聚—再扩散"的循环往复运动,推动了不同类型、不同层次的物流要素在城市间的合理配置,推动了城市物流空间结构的演化,逐渐形成与城市生产力布局、区域生产力布局结构相适应的城市物流、区域物流分工体系。

伴随着东部沿海地区中心城市产业升级,高端的生产性服务业集聚到中心城区,技术密集型、知识密集型制造业、商贸流通业则逐渐布局到城市郊区或周边城市,劳动密集型、资本密集型、能源密集型企业则转移到产业梯度较低的中西部地区。伴随着制造业等产业空间结构的重构,东部地区中心城市中心城区物流业在循环累积因果效应的影响下持续升级,而运输、仓储等功能性物流企业为了扩张市场、降低交易和运营成本,选择向靠近客户的中西部地区扩张,推动了中西部地区城市物流业的发展。物流企业通过空间扩张逐渐在企业总部与分支机构间形成等级化的功能分工,大型的物流企业集团公司总部、战略管理中心、研发中心、营销中心集中到上海、广州、北京、深圳等城市的中心城区,形成了物流业总部经济集聚区;大型物流企业集团(快递、快运等全网型物流企业)为了更好地做好战略实施和业务管理,一般会按照经济区域(省域等)将运营网络划分为多个运营区域,并在这些区域的中心城市设立分公司(一般是交通枢纽、区域经济中心城市、省会城市等区域物流中心城市),由分公司负责集团公司的战略执行和业务管理;物流企业运营体系的高效运作需要业务操作体系的有效支撑,业务操作设施和场所一般分布在生产力布局区域周边(制造业企业、批发市场等)、区域交通枢纽(快递、快运企业中转场)和靠近消费者区域(快递、快运企业的营业网点),最终形成与城市经济空间结构相匹配的城市物流分工体系,城市物流实现协调发展。

5.物流企业空间扩张阶段

物流企业空间扩张受业务体系、客户区位等因素的综合影响,根据物流企业业务覆盖空间范围可以将物流企业空间扩张划分为初创、跨区域经营、全网型服务和跨国服务4个阶段。以下以顺丰(快递企业)和德邦(2018年前主营业务为快运)两家企业为例分析我国快递和快运企业空间扩张阶段。第一阶段,初创阶段。在这个阶段,物流企业服务覆盖的空间范围主要局限在某个城市或跨城市的服务区域(仅提供点到点的运输服务),企业业务单一,如顺丰在成立之初主要承接香港与深圳间的邮件业务,德邦的前身"崔氏货运"主要开展的是以广州为中心的航空货代业务。第二阶段,跨区域经营阶段。市场需求是物流企业跨区域扩张的根本动力,随着物流企业客户和业务量的增多,客户对物流服务的空间覆盖范围需求持续扩大,需要物流企业服务覆盖更大的空间区域,物流企业通过在区域内重要节点城市设立分公司等方式延伸服务网络,通过干线运输将节点城市连接起来,搭建区域服务网络。在这个阶段,顺丰将业务范围延伸到广东省其他城市,业务类型也由香港与内地间的邮件业务延伸到广东省内、广东省内与省外主要城市间的快递服务;德邦则通过开通"卡车航班"公路零担精准产品进入公路货运市场,业务覆盖了华南区域。第三阶段,全网型服务阶段。为了满足客户跨区域的服务需求,物流企业在搭建区域服务网络的基础上,在各省(区、市)设立分公司,在主要枢纽城市建设中转场等基础设施,依托标准化的快递、快运产品,采用直营或加盟的方式加快终端服务网点建设,最终形成覆盖全国的快递、快运服务网络。在全国服务网络的建设过程中,德邦等企业为了更好地开展全国业务,将企业总部从广州、浙江等区域迁入上海。物流企业在推进扩建扩张的同时,持续推进业务体系的建设和优化调整,快递企业纷纷布局快运、供应链、冷链等业务,而快运企业则进一步细分业务市场,德邦介入大件快递市场并于 2018 年更名为"德邦快递"。第四阶段,跨国服务阶段。随着跨境电商业务的快速成长,跨境快递服务需求快速增长,以顺丰为代表的快递企业通过收购国际物流企业、建设国外营业网络等方式将业务范围延伸到东南亚等区域,具备了较强的跨国物流服务能力。

按物流业发展时间阶段来看,我国民营零担物流行业发展经历了 4 个阶段(图 3-10):第一个阶段是 2005 年以前,零担物流企业处在初创阶段,业务覆盖范围主要是本地;第二阶段是 2005 年至党的十八大之前,零担物流企业处于快速成长阶段,业务覆盖区域也由企业初创地延伸到周边区域,实现跨区域的业务运营;第三阶段是党的十八大至 2020 年,这个阶段零担物流企业处在全面发展期,通过在全国建设中转场和终端营业网点,搭建全国服务网络,业务覆盖区域延伸到全国;第四阶段是 2020 年之后,随着制造业、商贸业等产业业务模式的调整,物流服务市场需求呈现个性化特征,零担物流进入市场整合期,以个体户为主的市场主体结构将发生深度变革,业务逐渐集中到全网型企业,市场集中度持续提升,同时,全网型的快递快运企业需要根据制造业柔性化、电商包裹大型化等趋势调整业务结构,更好地推动与关联产业的融合发展。

3.3.4 技术创新对城市物流时空结构演化的影响

技术创新是产业集聚发展的内生动力,是产业转型升级的核心支撑要素。作为典型的市场指向型产业,物流产业的初始集聚形态是运力、仓储等功能性要素及市场主体的集聚,靠近市场便于提供服务,实现成本最小化是集聚的原动力,当物流企业服务对象转移到新的区域或者有成本更低的区位出现时,提供初级物流服务的企业会转移到新的区域并形成新的产业集聚区,但在这个过程中,物流企业服务能力并未出现显著提升,物流业整体也未出现升级特征。物流产业集聚过程中存在同质性产品的激烈竞争,部分企业基于市场竞争需求进行技术、运营和管理方面的创新实践,而集聚区丰富的物流要素资源、完善的外部协作体系能够大大降低企业技术创新的成本,这些企业则能够在激烈的市场竞争中脱颖而出,企业规模、服务能力、技术水平均得到不同程度的提升,成为行业龙头企业。此外,相同业务类型物流企业的集聚,特别是以个体户为市场主体的运输企业的集聚,企业运营过程中面临的货源信息与运力供给信息不匹配等问题逐步凸显,催生了以传化公路港为代表的平台型企业开发车货匹配平台提升运输满载率。随着移动互联网的普及,基于公路港节点的车货匹配平台升级为以运满满、货车帮等企业为代表

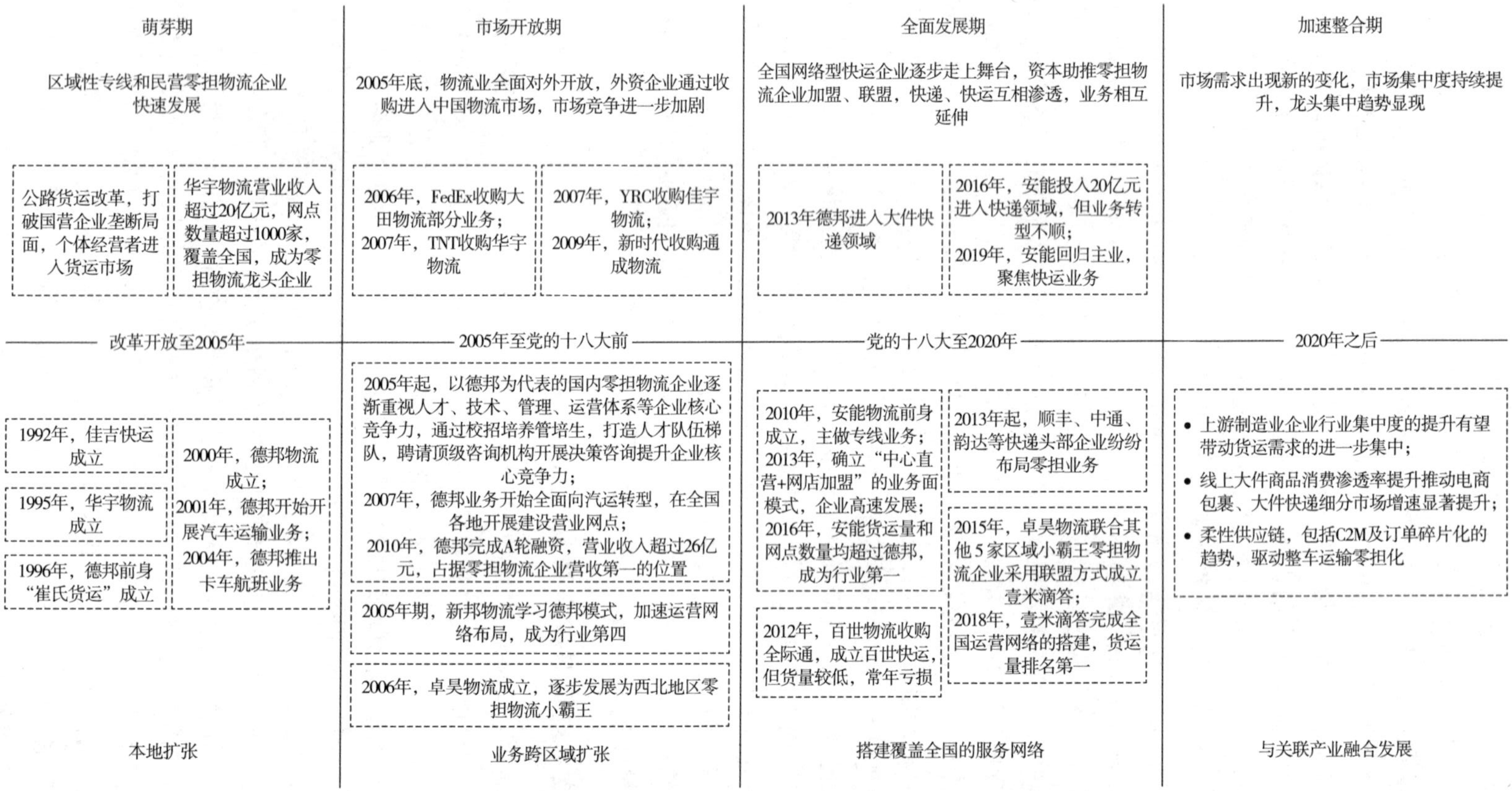
萌芽期
区域性专线和民营零担物流企业快速发展
公路货运改革，打破国营企业垄断局面，个体经营者进入货运市场
华宇物流营业收入超过20亿元，网点数量超过1000家，覆盖全国，成为零担物流龙头企业
改革开放至2005年
1992年，佳吉快运成立
1995年，华宇物流成立
1996年，德邦前身"崔氏货运"成立
2000年，德邦物流成立；2001年，德邦开始开展汽车运输业务；2004年，德邦推出卡车航班业务
本地扩张
市场开放期
2005年底，物流业全面对外开放，外资企业通过收购进入中国物流市场，市场竞争进一步加剧
2006年，FedEx收购大田物流部分业务；2007年，TNT收购华宇物流
2007年，YRC收购佳宇物流；2009年，新时代收购通成物流
2005年至党的十八大前
2005年起，以德邦为代表的国内零担物流企业逐渐重视人才、技术、管理、运营体系等企业核心竞争力，通过校招培养管培生，打造人才队伍梯队，聘请顶级咨询机构开展决策咨询提升企业核心竞争力；2007年，德邦业务开始全面向汽运转型，在全国各地开展建设营业网点；2010年，德邦完成A轮融资，营业收入超过26亿元，占据零担物流企业营收第一的位置
2005年期，新邦物流学习德邦模式，加速运营网络布局，成为行业第四
2006年，卓昊物流成立，逐步发展为西北地区零担物流小霸王
业务跨区域扩张
全面发展期
全国网络型快运企业逐步走上舞台，资本助推零担物流企业加盟、联盟，快递、快运互相渗透，业务相互延伸
2013年德邦进入大件快递领域
2016年，安能投入20亿元进入快递领域，但业务转型不顺；2019年，安能回归主业，聚焦快运业务
党的十八大至2020年
2010年，安能物流前身成立，主做专线业务；2013年，确立"中心直营+网店加盟"的业务面模式，企业高速发展；2016年，安能货运量和网点数量均超过德邦，成为行业第一
2012年，百世物流收购全际通，成立百世快运，但货量较低，常年亏损
2013年起，顺丰、中通、韵达等快递头部企业纷纷布局零担业务
2015年，卓昊物流联合其他5家区域小霸王零担物流企业采用联盟方式成立壹米滴答；2018年，壹米滴答完成全国运营网络的搭建，货运量排名第一
搭建覆盖全国的服务网络
加速整合期
市场需求出现新的变化，市场集中度持续提升，龙头集中趋势显现
2020年之后
• 上游制造业企业行业集中度的提升有望带动货运需求的进一步集中；
• 线上大件商品消费渗透率提升推动电商包裹、大件快递细分市场增速显著提升；
• 柔性供应链，包括C2M及订单碎片化的趋势，驱动整车运输零担化
与关联产业融合发展

FedEx—联邦快递；TNT—荷兰TNT快递公司；YRC—耶路全球物流公司；CZM—顾客对工厂，即用户需求驱动的生产模式。

图3-10　我国民营零担物流企业发展历程

的网络货运平台企业,改变了原有的车辆、货主企业向公路港集中的业务模式,显著提升了公路货运行业运营规范性的同时,优化了要素在城市地域范围内的布局,大幅降低了车辆空载等问题。

技术创新及技术变革带来的管理创新加速了物流产业结构的调整和产业组织形式的变革,服务于第三方物流的第四方物流平台企业快速成长,物流产业市场主体实现由功能性服务向功能性服务、综合性服务和服务平台等业态共存的跃迁,传统的物流园区功能也由单纯的要素集聚转变为产业运营组织中心,实现了各类物流要素的整合和衔接,大幅提升了产业运营效率,加快了物流专业化集聚进程。城市化的快速推进进一步加快了物流产业空间格局的调整,运输、仓储等基础性功能服务逐渐向城市边缘区域转移,物流产业集聚的原始区域则通过技术创新带来的产业升级带动相对高级的生产要素(产业资本、人力资本、技术、创新资源等)等的集聚,进而实现产业要素在空间上的分化(图 3-11)。

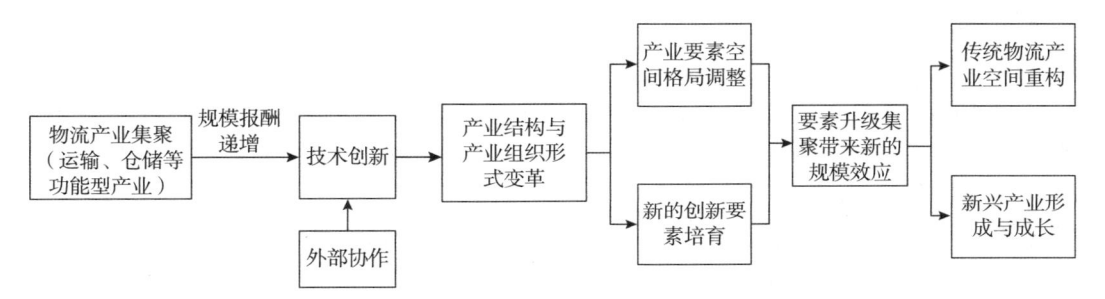

图 3-11 技术创新推动城市物流空间结构演化机理

3.3.5 政府政策对城市物流时空结构演化的影响

政府政策是产业发展重要的外生变量,政府主要通过制定产业发展规划、土地供给支持、完善交通基础设施、出台支持物流企业集聚发展的政策措施等方式,通过"看得见的手"干预产业发展,或者通过影响"看不见的手",弥补"市场失灵"带来的产业无序发展,在不同城市、城市不同区域创造短期的外生比较优势,引导产业向规划区域有序转移,进而影响物流企业空间布局[163-164],最终影响城市物流发展。

政府政策推进城市物流业的发展和演化表现为产业规模增长效应、产业结构调整效应、产业发展均衡效应和产业发展安全效应 4 个方面。第一,政府政策通过明确物流业为主导产业等方式优化物流业发展环境,促进物流业发展,2009 年国务院出台《物流业调整和振兴规划》以来,明确了物流业在国民经济与社会发展中的重要地位,各级政府主管部门密集出台支持物流业发展的政策措施,大量资源要素投入物流业中,带动了物流业的高速发展。在这个过程中,东部地区由于拥有良好的区位优势、完善的交通基础设施网络、良好的经济发展基础,在政府政策的支持和引导下,大量的资本、人才、技术等要素集聚到这些区域,城市物流得到充分发展,而中西部地区城市物流业发展则明显滞后于东部地区。第二,政府通过编制行业发展规划、出台转型政策措施推动物流产业结构调整,实现产业结构的高度化。区域物流产业发展存在"路径依赖"等特征,而政府政策通过产业发展重心调整、制度创新、政策引导等方式,引导物流业转型升级,在提升区域物流业运营效率的同时实现物流产业结构的调整。第三,政府通过政策引导实现区域间物流产业发展的均衡协调。经济发达城市会通过制定产业政策引导、推动功能性物流企业向城市郊区或周边城市转移,同时通过政策支持物流企业总部在中心城区的集聚;物流业后发地区则通过制定产业发展扶持政策吸引要素流入,完善后发地区物流服务体系,进而形成区域间物流业的错位、互补、协调发展。第四,在美西方国家推进逆全球化进程加快和加强对中国产业发展打压的背景下,全球产业链重构加速推进,产业链、供应链的韧性和安全问题凸显,中国政府通过制定一系列的产业发展引导和扶持政策保障物流有序运行,强化物流业发展对"双循环"的支撑作用。

从政策类型来看,地方政府通过出台产业政策优化营商环境,完善产业发展基础,引导市场主体在产业部门内不同区域投入产业要素,进而实现产业的发展,常见的政府产业政策包括激励性(引导性)政策和规制性政策两种类型[165]。在城市物流产业发展的不同阶段,均存在市场机制不完善导致的市场失灵问题[166],产业发展存在信息不完全和不对称等问题导致产业重复低效率投资,产品和服务供给结构性矛盾突出;此外,金融市场等关联要素的不完全,导致产业要素投入产出效率不足,进一步加剧了低水平的产能过剩等问题。而激励性(引导性)产业政策的出台,通过完善物流基础设施、强化金融等市场要素供给、通过体制机制改革优化营商环境等措施推动物流产业结构的合理化和高级化,引导不同类型的产业要素在中心城区(研发、管理等高级要素)和郊区(运输、仓储等功能性要素)的合理配置,推进中心城区产业升级和产业转移的同时,带动郊区等后发地区物流产业发展。同时,城市物流发展给中心城区带来的交通拥堵、环境污染(废气、噪声等)严重影响了城市的可持续发展,政府通过出台规制性的政策(特定时段城市货车禁行、国三排放柴油货车退出市场等)强制功能性物流服务退出中心城区,向城市郊区转移。在激励性政策、规制性政策等政府政策的综合作用下,实现不同等级、功能的物流要素在城市不同区域的配置,最终形成与城市空间结构相匹配的多层级、多功能、多业态的城市物流服务体系(图 3-12)。

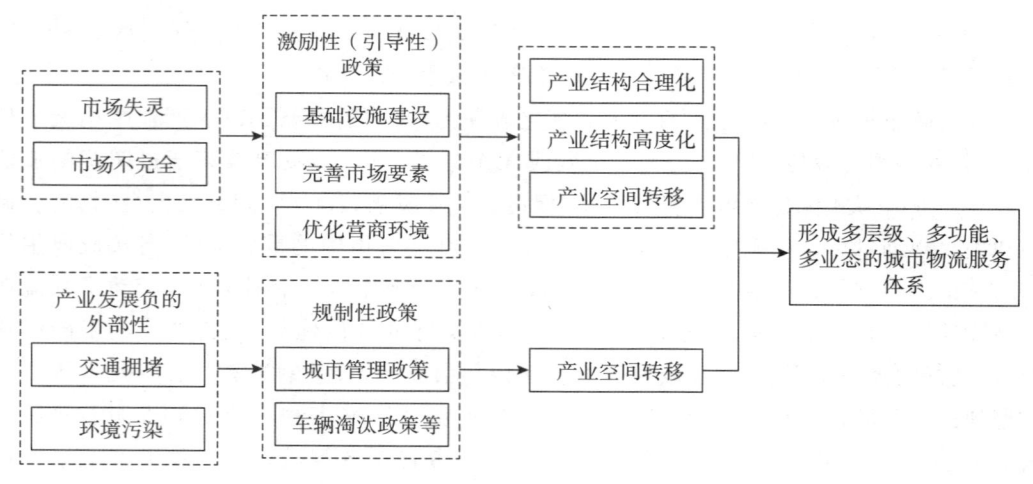

图 3-12 政府政策推动城市物流时空结构演化机理分析

实 证 篇
——中国城市物流发展时空结构演化特征及影响因素研究

该篇内容包括10个章节,基于统计数据和企业数据(企业数据为工商注册数据,来源于天眼查、企查查等平台)两个维度研究中国城市物流时空结构演化特征及影响因素等,检验理论分析结果。

基于统计数据的研究包括两个部分:一是研究城市物流发展时空结构演化特征及影响因素。主要研究城市物流发展(从城市物流发展水平和城市物流效率两个角度)时空结构演化及其影响因素;从城市物流发展失配、城市物流韧性两个角度探讨城市物流高质量发展提升路径;分析环境规制、创新、政府政策等因素对城市物流发展的影响;在构建城市物流网络的基础上分析城市物流网络演化特征。二是研究城市物流与制造业协同集聚、协同创新时空演化特征,分析城市物流业与制造业协同集聚对区域经济高质量发展的影响。

基于企业数据的研究包括两个部分:一是基于城市尺度研究全国物流企业总体、不同业态的物流企业时空结构演化特征及影响因素;二是研究上海、郑州等6个不同区域、不同经济发展水平的城市内部不同业态物流企业时空结构演化特征及物流企业区位选择的影响因素。

第4章 中国城市物流发展时空结构演化特征及影响因素研究
——基于城市物流发展水平和城市物流效率视角的研究

4.1 引言

自2009年国务院印发《物流业调整与振兴规划》以来,各级政府高度重视物流业发展,陆续出台了大量支持、引导物流业高质量发展的政策措施,优化了物流业发展环境,规范了物流业运营秩序,大量要素的投入推动了城市物流的快速发展,综合性交通枢纽、物流园区等基础设施建设快速推进,交通物流基础设施网络持续完善,市场主体持续壮大,服务能力持续提升,大量要素的投入推动城市物流的快速发展。但是近年来城市物流的发展具有典型的要素投入驱动型特征,部分城市物流业仍处在粗放型发展阶段,物流园区等基础设施存在低水平重复性建设等问题,导致城市物流效率处在较低水平。

近年来,国内外学者在测度城市物流发展水平和城市物流效率的基础上,对城市物流发展空间结构演化及其影响因素开展了大量的研究。其中,物流发展水平的测度主要选择反映物流产业发展规模的增加值、从业人员等指标,采用主成分分析法、熵权法等方法进行综合评价,总体上反映的是城市物流存量资源规模特征,而城市物流发展效率侧重评价城市物流系统投入和产出情况,反映的是城市物流资源的配置水平和能力。随着我国经济由高速发展阶段向高质量发展阶段的转变,以要素投入、规模扩张为主要特征的粗放增长模式逐渐转化为追求高质量和高效益的增长模式,城市物流发展的重点从数量的增长导向型向质量效益提升的发展导向型转变[167-168]。

现有文献为本章内容研究的开展奠定了基础,但是,目前对于城市物流空间结构演化的研究,特别是从城市物流发展水平和物流效率视角综合开展中国城市物流空间结构演化的系统研究仍然值得继续深入:一是现有文献多是对交通枢纽城市或某个区域城市物流空间结构及其演化的研究,对中国城市物流发展总体的空间结构演化特征缺乏整体性、系统性研究;二是现有研究主要从规模和效率单一视角研究城市物流发展时空结构演化,缺乏从多角度开展城市物流时空结构演化特征及影响因素的研究;三是对城市物流效率时空结构演化特征、影响因素的空间溢出效应尚未开展深入研究。因此,本章拟从反映城市物流发展规模的城市物流发展水平和反映城市物流发展质量的城市物流效率两个维度研究城市物流发展时空结构演化及其影响因素。其中,对城市物流发展影响因素的研究采用全局空间计量模型(空间杜宾模型)和局部空间计量模型(时空地理加权回归模型)两个模型分析城市物流发展总体空间溢出特征和不同样本城市在不同时期影响机制的异质性。

4.2 研究方法及数据来源

4.2.1 城市物流发展时空结构演化研究方法

1.改进的熵权法

作为客观赋值法的一种,熵权法被广泛地应用到产业发展水平评价研究中[169]。为解决传统熵权法在开展综合评价过程中存在的出现极值、负值或零值的问题,我们采用改进的熵权法评价中国城市物流业发展水平,改进的熵权法开展综合评价步骤如下:

①原始数据标准化:

$$x'_{ij} = \frac{U_{ij} - \min(U_{ij})}{\max(U_{ij}) - \min(U_{ij})} + A \tag{4-1}$$

式中,U_{ij} 为评价指标原始值,A 为坐标平移量,取 $A = 1 \times 10^{-10}$。

②计算 x'_{ij} 的权重 p_{ij}:

$$p_{ij} = \frac{x'_{ij}}{\sum_{i=1}^{m} x'_{ij}} \tag{4-2}$$

式中,m 为城市数量。

③计算第 j 个指标的熵值 e_j:

$$e_j = -(\ln m)^{-1} \sum_{i=1}^{m} p_{ij} \ln p_{ij} \tag{4-3}$$

④计算各指标权重 w_j:

$$w_j = \frac{1 - e_j}{k - \sum_{j=1}^{k} e_j} \tag{4-4}$$

式中,k 为评价指标个数。

⑤计算城市物流发展水平综合评分 z_i:

$$z_i = \sum_{j=1}^{k} x_{ij} w_j \tag{4-5}$$

式中,z_i 为第 i 个城市物流发展水平综合评分。

2. SBM 模型(基于松弛变量的测度模型)

传统的 DEA(数据包络分析)模型在考虑对未达到效率前沿面决策单元的效率进行改进时假设投入(产出)变量是同比例缩减(增加)的,但对无效的决策单元来说,其与效率前沿的差距除等比例改进部分外,还包括松弛改进的部分,针对这个问题,Tone 于2001年提出解决传统 DEA"松弛"问题的 SBM 模型[170],SBM 模型是一种非径向、非角度的 DEA 方法,模型如下:

$$\min\rho = \frac{1 - \frac{1}{m}\sum_{i=1}^{n}\frac{s_i^-}{x_{io}}}{1 + \frac{1}{s}\sum_{r=1}^{s}\frac{s_i^+}{y_{io}}} \quad (4\text{-}6)$$

$$\text{Subject to } \boldsymbol{x}_0 = \boldsymbol{X\lambda} + S^-; \boldsymbol{y}_0 = \boldsymbol{Y\lambda} - S^+; \boldsymbol{\lambda} \geqslant 0, S^- \geqslant 0, S^+ \geqslant 0$$

式中，ρ 为城市物流效率值，n 为决策单元（DMU）数量，i 表示第 i 个 DMU，s_i^-、s_i^+ 分别代表第 i 个 DUMU 的投入和产出；$\boldsymbol{x}_0$ 和 $\boldsymbol{y}_0$ 分别代表该 DMU 的投入和产出向量；$\boldsymbol{X}$ 和 $\boldsymbol{Y}$ 分别代表 DUMU 的投入和产出矩阵；s^- 和 s^+ 分别代表投入产出松弛变量；$\boldsymbol{\lambda}$ 为权重向量；当 $\rho = 1$ 时，代表决策单元是有效的，否则，决策单元是无效的。

借鉴刘明和杨路明[171]、刘宏伟等[172]的研究，选择交通运输、仓储与邮政业资本存量，从业人员数和公路里程作为投入变量，交通运输、仓储和邮政业增加值，货运量为产出变量。其中，资本存量（K）采用 Goldsmich(1951)提出的永续盘存法计算，公式如下：

$$k_{it} = (1 - \delta)k_{i,t-1} + \frac{I_{it}}{P_{it}} \quad (4\text{-}7)$$

式中，k_{it} 表示城市 i 第 t 年的交通运输、仓储和邮政业资本存量；$k_{i,t-1}$ 表示城市 i 第 $t-1$ 年的交通运输、仓储和邮政业资本存量；δ 表示折旧率，借鉴单豪杰[173]的研究，δ 取值10.96%；I_{it} 表示城市 i 第 t 年的交通运输、仓储和邮政业固定资产投资额，P_{it} 表示城市 i 第 t 年固定资产投资价格指数。

3. 区位熵

区位熵（location quotient，LQ）用来研究某一产业要素在区域内的分布情况，反映该产业相对专业化程度，也可以反映某一产业的集聚水平。本章用物流业从业人员数计算各城市物流业区位熵，检验不同城市物流业的专门化程度，物流业从业人员数用交通运输、仓储和邮政业从业人员数来代替。计算公式如下：

$$\text{LQ}_j = (\frac{Q_{ij}}{Q_j}) / (\frac{Q_{it}}{Q_t}) \quad (4\text{-}8)$$

式中，LQ_j 表示城市 j 物流业区位熵，Q_{ij} 表示城市 j 的产业 i 的就业总人数，Q_j 表示城市 j 所有行业的就业总人数，Q_{it} 表示产业 i 全国范围内总就业人数，Q_t 表示全国总就业人数。LQ_j 值越大，说明该城市物流产业集聚度水平越高，一般而言，$\text{LQ}_j > 1$，说明城市 j 的物流产业在全国具有竞争优势，$\text{LQ}_j < 1$，说明城市 j 的物流产业在全国竞争中处于劣势。

4. 水平集聚区位熵

水平集聚区位熵（horizontal cluster location quotient，HCLQ）用来弥补运用区位熵评价产业集聚度时未考虑区域内某一产业绝对规模的缺陷，通过实际就业（或产值等）和预期就业的差值来衡量就业的绝对规模对产业地理集中的影响[62]。计算公式如下：

$$\text{HCLQ}_{ij} = Q_{ij} - \widehat{Q}_{ij} \quad (4\text{-}9)$$

式中，HCLQ_j 表示城市 j 的产业 i 的水平集聚区位熵，$\widehat{Q}_{ij}$ 表示 $\text{LQ}_j = 1$ 时的城市 j 的产业 i 的就业人数，$\widehat{Q}_{ij} > 0$ 表示城市 j 的产业 i 的产业集中度高于全国平均水平。

此外，为了消除城市面积对物流产业集中程度的影响，引入就业密度指标。公式如下：

$$\mathrm{LED}_{ij} = \frac{Q_{ij}}{A_j} \tag{4-10}$$

式中，LED_{ij} 表示城市 j 产业 i 的就业密度，A_j 表示城市 j 面积。

5.标准差椭圆

标准差椭圆（standard deviational ellipse，SDE）是分析、揭示经济属性要素空间分布方向特征的常用方法之一，使用标准差椭圆方法能够从全局角度整体刻画经济要素在空间分布上的中心性、方向性、展布性等空间方向特征，识别区域经济要素中心位置移动方向等趋势[174-176]。

6.探索性空间数据分析

探索性空间数据分析（exploratory spatial data analysis，ESDA）方法主要运用地理信息系统等空间分析技术通过空间自相关分析等指标分析数据的空间分布特征，揭示事物空间关系[177-178]。

4.2.2 数据来源及说明

研究样本包括 284 个地级及以上城市（由于部分城市数据缺失，在进行城市物流效率研究时，研究样本为 216 个城市），研究样本未包含自治州、港澳台地区和省直管县。本研究使用 2006—2020 年的中国城市面板数据（由于数据缺失，在进行城市物流效率研究时，研究时间跨度为 2007—2020 年），数据来源主要是 2007—2021 年的《中国城市统计年鉴》、2007—2021 年的《中国区域经济统计年鉴》，缺失数据查找各省市统计年鉴、国民经济和社会发展统计公报补足，由于缺失部分城市的价格指数数据，GDP 等经济变量用各省公布的国内生产总值指数等指数进行平减，平减指数数据来源于历年的《中国统计年鉴》。

4.3 中国城市物流集聚演化特征分析

4.3.1 基于 LQ 的物流集聚时空结构演化分析

1.空间集聚特征分析

本节采用区位熵指数来反映城市物流产业集聚情况，物流集聚度较高的区域主要分布在胡焕庸线以东区域，位于西侧的有西宁、兰州、银川、乌鲁木齐、呼和浩特等省会城市，接近胡焕庸线的有呼伦贝尔、乌兰察布、榆林、中卫等城市。东部地区 LQ>1 的城市数量最多，中部地区次之，西部地区最少，同其他区域相比，东部地区物流业发展在全国具有更强的比较优势。从 LQ>1 的城市所处的具体区位来看，京津冀城市群、长江中游城市群、长三角城市群、山东半岛城市群、哈长城市群等区域城市物流业集聚水平较高，城市群中的核心城市物流集聚水平高于其他城市。

2.演变过程分析

从落在不同范围区位熵值的城市数量来看(图 4-1),LQ>1 的城市数量由 2006 年的 58 个(占比 20.4%)上升到 2007 年的 65 个(占比 22.9%),2008—2017 年,数量一直保持在 58～66 区间范围内,2018—2019 年,LQ>1 的城市数量出现下降趋势,2019 年减少到 48 个(占比 16.9%),2020 年,LQ>1 的城市数量较 2019 年增长了 7 个,达到 55 个。LQ>2 的城市数量由 2006 年的 10 个(占比 3.5%)下降到 2011 年的 6 个(占比 2.1%),2006—2010 年期间,数量稳定保持在 9～10 区间范围内,2011—2020 年期间,数量有所减少并在 6～8 区间范围内浮动。除 2011—2012 年外,LQ>3 的城市数量在 1～4 范围内浮动。

从核心城市的变化来看,研究期间,LQ>2 的城市数量为 24 个,其中包括直辖市 2 个、省会城市 10 个、其他地级市 13 个。筛选和排除出现次数为 1～2 次的数据后,LQ>2 的城市有以下 2 种情况:①物流集聚程度较高且保持稳定的城市,包括乌鲁木齐(15 次)、秦皇岛和沈阳(11 次)、防城港和齐齐哈尔(10 次)、广州和太原(9 次)、营口(8 次)、上海、海口和舟山(6 次),这些城市多是位于沿海港口城市或国际国内物流大通道上的交通枢纽城市,地理位置条件优越,物流需求量和中转量较大;②集聚程度较高但有所下降的城市,主要有南昌(5 次)、徐州(3 次),产业结构较为单一、交通基础设施有待完善等因素是这些城市物流集聚度下降的可能原因。

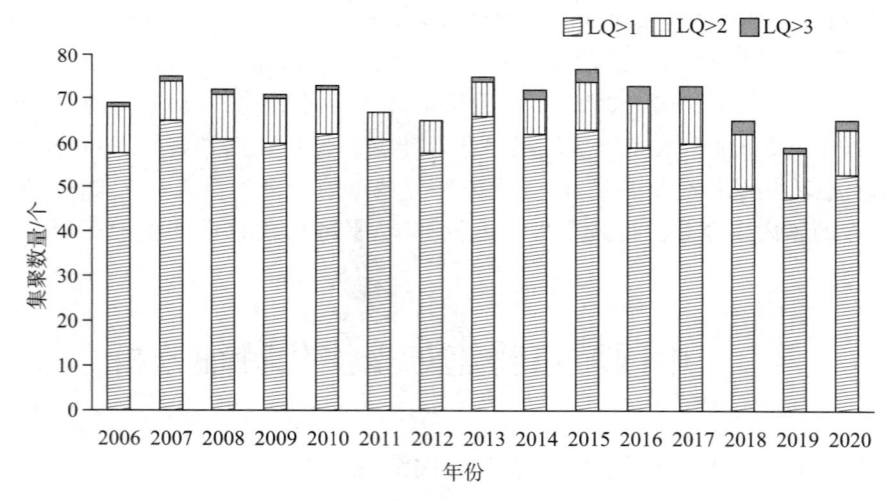

图 4-1 2006—2020 年中国城市物流集聚总体演变情况

4.3.2 基于 HCLQ 和 LED 的物流集聚时空结构演化特征分析

1.空间集聚特征分析

从空间格局总体特征来看,与 LQ 值相比,HCLQ 表示的物流集聚层级划分更加明晰,以核心城市为中心形成的区块式集聚形态更加显著。从整体上看,东部沿海地区的物流集聚较为稳定。物流产业的发展离不开"硬件"和"软件"两个基础条件,优越的地理位置、完善的交通基础设施网络、较强的经济发展实力产生的强劲物流服务需求是城市物流业发展的硬件条件,丰富的人力资源、完善的物流配套服务以及政府支持性政策等软环境是物流业高质量集聚发展必不可少的软件支撑要素,东部沿海地区具备良好城市物流高质量发展的软硬件条件,物流集聚水平较高且比较稳定。与LQ、HCLQ值相比,LED表示的物流集聚空间格局更加稳定,表现为组团式的集聚形态。以北京、上海、广州、深圳等为代表的一线城市,物流就业密度远高于其他城市且比较稳定。这些城市是我国的经济、政治中心,共同特征是经济发展水平高、地理位置优越、交通区位优势明显、物流需求量和中转量大等,创造了大量的物流服务岗位需求,此外,大量大型的物流企业总部在这些区域的集聚吸引了大量高技术人才的集中,直接提升了物流就业密度。

2.演化过程分析

通过观察不同指标值的物流集群数量的累积变化,可以更准确地了解物流集群在研究期间的演变情况(图4-2、图4-3)。结果显示,HCLQ值和LED值的快速增长区间范围介于1~6之间,代表着集中程度越高的物流集群越稳定。总的来看,物流集群在演变中不断发展、成熟并保持相对稳定,集聚水平和集聚程度持续提高,与LQ值的研究结果基本相符。

从核心城市的演化来看,在HCLQ>4的城市中,直辖市和省会城市共11个,占比85%,而LED>10的城市中,一般地级市占比38.4%,具体而言:①以HCLQ值表示的物流集聚水平较高且稳定的城市有北京、上海和广州(15次)等一线城市;以LED值表示的同类城市为北京、上海、广州、深圳、南京、武汉和厦门(15次),除一线城市外,其他城市均为经济发展较高的省会或副省级城市。②以HCLQ和LED两个指标表示的物流集聚水平较高且比较稳定的城市有较大差异,前者为沈阳(12次)、哈尔滨(11次)、西安和乌鲁木齐(10次)、武汉(7次)、南京(8次)、昆明(6次)、深圳(7次)、南昌(4次),后者为天津(13次)、西安(12次)、太原(10次)。

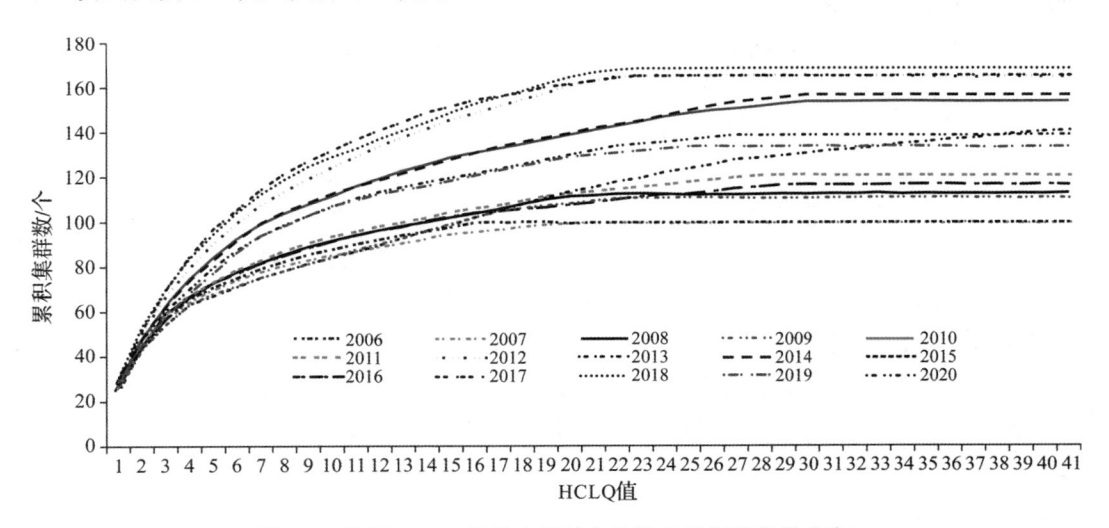

图4-2 基于HCLQ值的中国城市物流集群累计数量分布

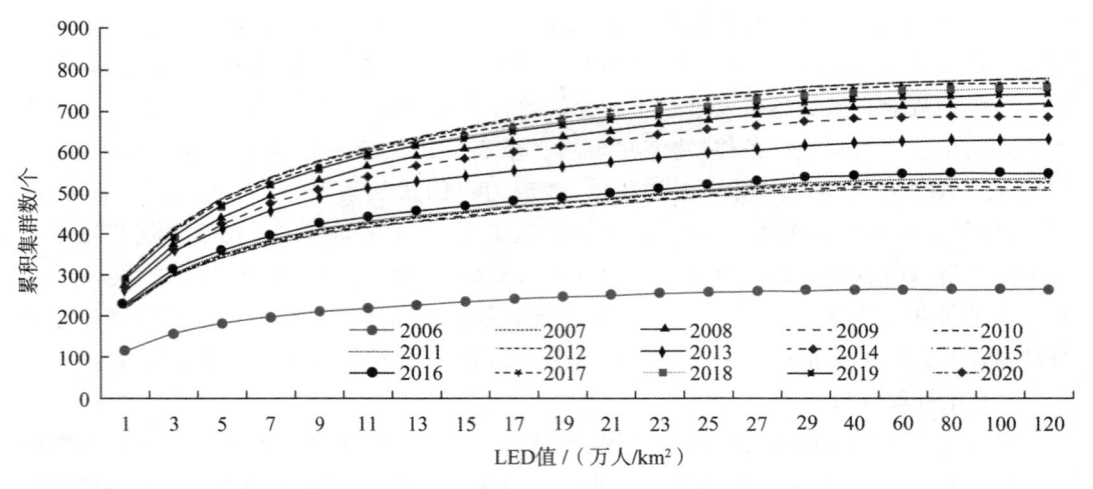

图 4-3 基于 LED 值的中国城市物流集群累计数量分布

4.4 中国城市物流发展时空格局演化特征分析

4.4.1 基于城市物流发展水平的研究

1.中国城市物流发展水平总体特征分析

综合考虑数据的可获取性、代表性及研究设计的需要,选择物流业从业人员、公路通车里程和货运量3个指标综合评价我国城市物流发展水平。为更好地反映物流要素在单位面积上的配置、产出情况,借鉴刘思婧(2018)[24]的研究,将以上3个指标分别除以各个城市的国土面积,测算物流业就业密度、货运密度和公路密度,在此基础上,采用改进的熵权法测算284个样本城市2006—2020年的物流业发展水平。

2006—2020年全国和东、中、西三大经济板块、省会及直辖市城市物流平均发展水平描述性统计结果见表4-1、图4-4,结果显示,我国城市物流发展水平平均值由2006年的0.041增加到2020年的0.079,增幅达92.68%,城市物流发展水平总体呈上升趋势,但仍处在较低水平。受新冠疫情影响,全国及东、中、西部地区2020年城市物流发展水平较2019年均出现了不同程度的下降。进一步分析东、中、西三大经济板块内城市物流发展水平差异发现,2006—2020年,我国城市物流平均发展水平空间分布呈现明显的经济发展差异,具体表现为东部最高、中部次之、西部最低的不平衡空间结构特征,其中,东部地区城市物流业平均发展水平高于全国平均水平,中部地区略低于全国平均水平,西部最低。从分区域城市物流发展水平时间演化情况来看,2006—2020年,西部地区城市物流发展水平平均值增幅高于其他地区,达到了115.15%,东部地区增幅低于全国平均水平。

表 4-1 2006—2020 年我国城市物流业发展水平描述性统计

指标名称	2006	2007	2008	2009	2010	2011	2012	2013	2014	2015	2016	2017	2018	2019	2020	2020年较2006年变化/%
最大值	0.417	0.451	0.505	0.530	0.567	0.620	0.617	0.661	0.683	0.735	0.780	0.706	0.739	0.728	0.766	83.69
最小值	0.004	0.004	0.003	0.004	0.006	0.006	0.005	0.008	0.008	0.007	0.007	0.007	0.007	0.006	0.005	25.00
全国平均值	0.041	0.044	0.047	0.051	0.055	0.060	0.064	0.069	0.070	0.071	0.072	0.077	0.079	0.080	0.079	92.68
东部平均值	0.052	0.056	0.059	0.062	0.067	0.072	0.077	0.082	0.082	0.084	0.084	0.088	0.091	0.093	0.092	76.92
中部平均值	0.038	0.040	0.042	0.046	0.050	0.055	0.059	0.065	0.066	0.066	0.066	0.071	0.072	0.074	0.073	92.11
西部平均值	0.033	0.036	0.039	0.043	0.046	0.052	0.055	0.059	0.061	0.063	0.066	0.070	0.072	0.073	0.071	115.15
省会及直辖市平均值	0.103	0.108	0.116	0.122	0.129	0.142	0.151	0.166	0.169	0.173	0.177	0.184	0.194	0.195	0.196	90.29
全国变异系数	1.002	0.993	1.002	0.953	0.938	0.947	0.930	0.940	0.931	0.952	0.965	0.915	0.935	0.918	0.943	−5.89
东部变异系数	0.954	0.932	0.921	0.876	0.844	0.867	0.830	0.913	0.891	0.877	0.860	0.842	0.869	0.864	0.884	−7.34
中部变异系数	0.555	0.540	0.561	0.561	0.575	0.584	0.581	0.558	0.588	0.613	0.611	0.638	0.644	0.626	0.639	15.14
西部变异系数	1.389	1.396	1.420	1.357	1.357	1.332	1.344	1.282	1.274	1.324	1.366	1.228	1.241	1.216	1.258	−9.43
省会及直辖市变异系数	0.905	0.912	0.925	0.894	0.896	0.896	0.880	0.871	0.852	0.865	0.876	0.789	0.789	0.780	0.803	−11.27

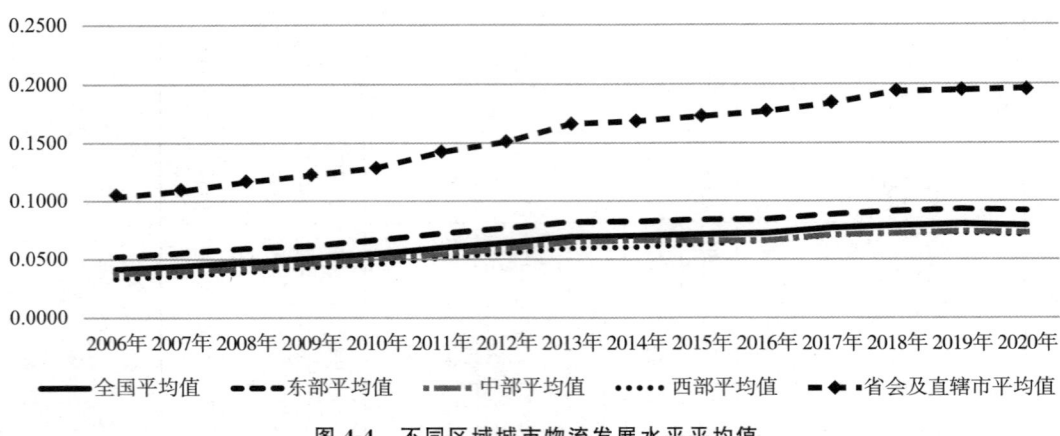

图 4-4　不同区域城市物流发展水平平均值

2006—2020年总体样本及东、中、西三大经济板块、省会及直辖市城市物流发展水平变异系数见图4-5,结果显示,全国城市物流发展水平变异系数由2006年的1.002下降至2020年的0.943,减少了5.89%,说明城市间物流发展水平差异呈缩小化态势。分地区来看,西部地区变异系数最大、东部次之、中部最小,且东部和中部地区变异系数均低于全国,说明西部地区城市间物流发展水平差异最大,中部地区城市间物流发展水平差异最小。从变异系数的时间演化趋势来看,全国、东部地区和西部地区呈现下降的态势,其中,西部地区下降最多,中部地区城市间物流发展水平差异呈增大趋势,由2006年的0.555增加到2020年的0.639,增幅达15.14%。省会及直辖市城市间物流发展水平变异系数低于全国平均水平且在研究期间呈下降趋势,城市间物流发展水平差异呈缩小态势。

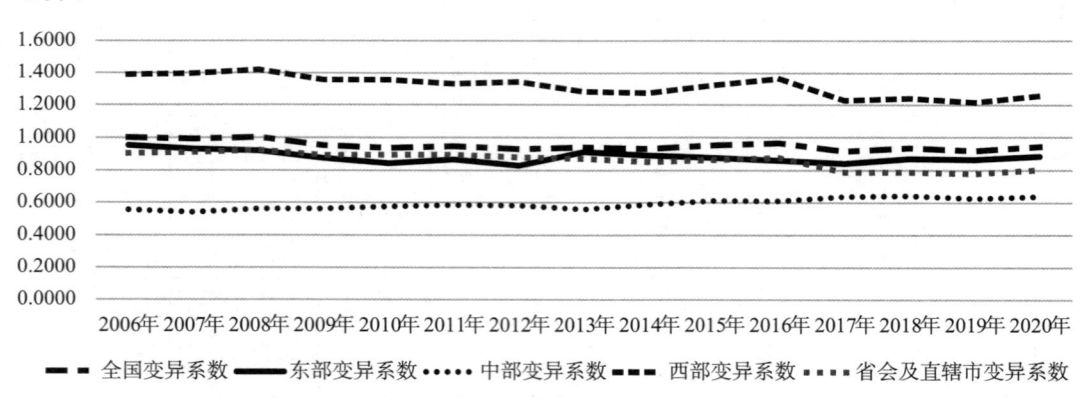

图 4-5　不同区域城市物流发展水平变异系数

2.中国城市物流发展空间结构演化特征分析

(1)总体分异特征分析。

为进一步分析我国城市物流发展水平总体空间分布特征,应用ArcGIS10.2软件绘制中国城市物流发展水平标准差椭圆。2006—2020年中国城市物流发展水平标准差椭圆参数变化见表4-2。

①空间结构重心演化特征。

标准差椭圆分析结果显示,研究期间,中国城市物流发展水平空间结构整体呈现"北（偏东）—南（偏西）"的走向,重心移动方向整体呈现向西南方向移动的态势,重心位置经历了"河南省驻马店市新蔡县—河南省信阳市"的变化,重心坐标位置由2006年的(114.59,33.3)移动到2020年的(114.03,32.45)。以成渝城市群为代表的西南地区,以武汉为代表的长江中游城市群,以及以郑州为代表的中原城市群经济的快速发展带动了这些区域城市物流的飞速发展。随着我国与东盟等国家合作的进一步深化,西部陆海新通道等支撑国际大循环的国际物流通道建设进一步提速,通过高水平的对外开放推动西南地区经济社会的快速发展,而东北地区经济发展速度出现的较大的下滑导致物流业增速放缓,以上区域产业发展的综合作用推动了城市物流发展重心向西南地区移动。

②空间范围演化特征。

研究期间,标准差椭圆面积总体呈现缩小态势,分时段来看,标准差椭圆面积呈现先缩小后增大再缩小的变化特征。从旋转角(θ)变化来看,旋转角由2006年的23.07°下降到2020年的22.04°,表明城市物流发展空间结构总体呈现较稳定的"北（偏东）—南（偏西）"的空间走向。从长短轴来看,2006—2020年,短半轴长度由2006年的679.64 km上升到2020年的701.99 km,短半轴长度总体呈缓慢上升趋势,城市间发展水平差异呈现扩大化趋势;长半轴长度由2006年的1093.74 km下降到2020年的1022.72 km,长半轴长度总体呈缓慢下降趋势,说明城市物流发展在空间分布在主要方向上集聚性越来越强,但集聚增长幅度不大。从扁率来看,研究期间,扁率由2006年的0.234下降到2020年的0.186,说明中国城市物流发展水平的"北（偏东）—南（偏西）"空间走向呈减弱趋势,空间布局结构仍以"南—北"方向为主导,"东—西"方向的影响较小。

表4-2 典型年份中国城市物流发展水平标准差椭圆参数

年份	面积/km²	中心点经度/(°)	中心点纬度/(°)	短半轴/km	长半轴/km	转角/(°)	扁率
2006	2335144.01	114.59	33.30	679.64	1093.74	23.07	0.234
2007	2314717.30	114.59	33.30	677.70	1087.28	22.75	0.232
2008	2259317.25	114.53	33.17	670.58	1072.53	23.28	0.231
2009	2213115.99	114.33	33.01	673.11	1046.64	23.35	0.217
2010	2195091.98	114.35	32.95	671.56	1040.52	23.09	0.216
2011	2204300.33	114.30	32.91	676.85	1036.70	23.00	0.210
2012	2184925.51	114.27	32.87	673.22	1033.14	22.57	0.211
2013	2247052.40	114.24	32.86	685.72	1043.14	22.55	0.207
2014	2241107.28	114.25	32.72	679.91	1049.28	21.88	0.214
2015	2245611.87	114.17	32.66	683.53	1045.82	21.83	0.209
2016	2267869.64	114.08	32.68	689.06	1047.70	22.00	0.206

续表

年份	面积/km²	中心点经度/(°)	中心点纬度/(°)	短半轴/km	长半轴/km	转角/(°)	扁率
2017	2278041.11	113.98	32.60	690.34	1041.45	22.34	0.203
2018	2278627.47	114.00	32.62	698.09	1039.05	22.18	0.196
2019	2254423.74	114.03	32.50	695.74	1031.49	22.00	0.194
2020	2255339.52	114.03	32.45	701.99	1022.72	22.04	0.186

(2)基于不同研究尺度的演化分析。

为进一步分析不同城市物流发展水平差异,采用系统聚类方法对2006年样本城市物流发展水平进行聚类分析,结合自然间断点分级法分类结果,将城市物流发展水平分为5类,分别是高水平、较高水平、中等水平、较低水平和低水平。

①省域尺度城市物流空间结构演化特征分析。

我国城市物流发展时空演化总体呈现从东部地区向中西部地区蔓延、扩展的趋势。2006—2010年,城市物流发展水平达中等及以上发展水平的城市主要位于中部和东部地区,包括北京、上海、天津、重庆4个直辖市和山东、江苏、安徽、河南等省份的省会城市及次中心城市。2010—2020年,物流发展水平较高的城市由东部地区省会和经济中心城市扩展到中西部地区的省会和经济中心城市。2006年,低水平发展城市呈大面积连片分布特征,随着中国经济社会的快速发展,带来大量的物流服务需求,同时,中国加入WTO后,物流业的全面放开吸引了大量外资企业进入,带来了大量资本、技术等要素及管理经验,带动了城市物流业的快速发展,低发展水平城市数量快速减少,2020年,低发展水平城市主要分布在东北、西北地区和沿海地区的内陆城市,在中部地区呈现零散分布特征。

②城市尺度空间结构演化特征分析。

从城市尺度来看,2006年,城市物流发展处在低水平的城市数量为225个,占样本城市总量的79.23%。2020年,低发展水平的城市数量为118个,占样本城市的41.55%,低发展水平城市数量快速下降。随着城市经济社会的快速发展,城市物流基础设施逐步完善,省会、区域经济中心城市物流不同业态均得到快速发展,其他城市快递、快运等业态也得到充分发展,带动城市物流发展由低水平向更高水平升级。中等及以上发展水平的城市数量由2006年的13个增加到2020年的67个,空间分布由直辖市、省会城市零星点状分布向长三角、珠三角、京津冀、山东半岛、中原城市群、长江中游城市群等区域城市连片分布转变,城市类型包括省会、副省级城市及各省次中心城市等。东部沿海地区和中部地区城市物流发展呈现多点多级的"组团式"空间分布格局,西部地区呈现单点单级空间布局特点,城市物流发展在不同区域呈现明显的"中心—外围"空间分布特征。

研究期内,物流发展达到中等以上水平的城市包括以下几种类型:一是发展水平较高且稳定的城市,包括北京、上海、天津、重庆、广州、南京、沈阳、济南、成都等城市,这些城市多为省会城市、直辖市,经济较为发达且具有良好的区位优势,这类城市物流发展水平整体处在较高水平且比较稳定。二是交通枢纽城市,物流业发展潜力较大,包括西安、郑州、青岛、宁波、舟山、厦门、大连、武汉、成都、南昌、太原等城市,这些城市处在全国、区域交通枢纽位置,依托交通物流枢纽吸引制造业、商贸流通业要素集聚,通过延伸城市产业链供应链重构城市产业空间分工,优化城市产业结构。三是唐山、徐州、衡阳、泉州等工业发展水平较高的城市,装备制造、现代化工、轻工轻纺等产业的快速发展为这些城市带来大量的物流需求,物流发展水平持续提升。四是以芜湖、洛阳、临沂、佛山等为代表的区域次中心城市,这些城市一般位于各大城市群核心城市周边,通过完善的交通网络与城市群核心城市建立密切联系,城市群核心城市的产业转移带动了这些城市制造业等产业的快速发展,带来大量的物流服务需求,推动城市物流的高质量发展。

(3)基于不同演化阶段的演化分析。

从演化阶段来看,城市物流发展经历了极化发展和扩散发展两个阶段。2009年以前,我国城市物流发展处于极化发展阶段,物流资源向直辖市、省会城市及其他经济发展水平较高、地理位置优越、产业基础好、具有交通资源优势的城市集聚,这些城市逐渐成为区域物流发展的增长极,从城市所处区域来看,长三角、京津冀、长江中游等城市群的核心城市物流发展水平较高。2010年以后,我国(特别是东部地区)核心城市物流发展呈现由极化发展阶段向扩散发展阶段转变态势,城市物流发展由区域物流极核发展向周围区域蔓延,核心城市物流资源沿着交通轴线向核心城市周边发展条件较好的城市扩散,逐渐形成多个次一级的物流业发展核心区,集群化特征明显。京津冀、长三角、珠三角等主要城市群中的次中心城市物流业快速发展,由物流业发展较低水平提升到中等及以上水平,在上海、深圳、广州等区域核心城市的带动作用下,这些城市的城市物流与核心城市呈现协同发展特征,长三角、珠三角等城市群中的城市物流发展已进入协同均衡发展的新阶段。2005年后,东部地区的轻纺等劳动密集型产业开始由沿海发达城市向沿海省份内陆城市和中西部地区产业基础较好的城市转移,带动了长江中游城市群、中原城市群城市物流的快速发展。同东部地区城市物流进入协同发展的新阶段相比,大部分的中、西部地区核心城市物流发展仍处在极化发展阶段或者极化发展阶段向扩散发展阶段转变的过程中,少数城市物流发展水平较高的区域集中在省会城市、区域枢纽城市或者区域经济中心城市,大部分城市仍处在低水平发展阶段。

3.中国城市物流发展空间结构演化自相关分析

为进一步分析中国城市物流发展空间相关性特征,我们测算了2006—2020年中国城市物流发展水平全局Moran's I 指数(莫兰指数),结果见表4-3。结果显示,研究期间,Moran's I 指数均显著大于零,说明中国城市物流发展水平存在显著的空间自相关关系,在空间分布上呈现集聚特征。从时间演化上来看,Moran's I 指数呈现先上升后下降的特征,城市物流发展水平空间相关性呈现先增强后减弱态势。

表 4-3　中国城市物流发展水平全局 Moran's I 指数

时间	Moran's I 指数	P 值	z 值
2006	0.046	0.034	2.117
2007	0.053	0.014	2.457
2008	0.054	0.012	2.512
2009	0.051	0.018	2.356
2010	0.056	0.010	2.580
2011	0.050	0.021	2.307
2012	0.053	0.013	2.474
2013	0.042	0.052	1.943
2014	0.040	0.061	1.872
2015	0.040	0.060	1.884
2016	0.034	0.099	1.648
2017	0.045	0.042	2.034
2018	0.038	0.077	1.769
2019	0.047	0.032	2.139
2020	0.038	0.076	1.775

4.4.2　基于城市物流效率的研究

1.中国城市物流效率总体特征分析

采用 SBM-DEA 测算 216 个样本城市 2007—2020 年物流产业效率,2007—2020 年全国和东、中、西三大经济板块、省会及直辖市城市物流效率描述性统计结果见表 4-4、图 4-6,结果显示,我国城市物流效率平均值由 2007 年的 0.402 增加到 2020 年的 0.482,增幅达 19.90%,城市物流效率呈现先上升、后下降、再上升的波动上升特征,但仍处在较低水平。进一步分析东、中、西三大经济板块内城市物流效率发展差异发现,2007—2020 年,我国城市物流平均效率空间分布呈现明显的经济发展差异烙印,具体表现为东部最高、中部次之、西部最低的不平衡空间结构特征,这个结果同城市物流发展空间结构演化特征一致。其中,东部地区城市物流业平均效率高于全国平均水平,中部地区略低于全国平均水平,省会及直辖市城市物流效率远高于全国平均水平,但部分年份省会及直辖市城市物流效率低于东部地区城市,银川、西宁、昆明、重庆等西部省会城市较低的物流效率是导致出现这个结果的主要原因。从分区域城市物流效率时间演化情况来看,研究期间,中部地区城市物流效率平均值增幅最高、西部次之、东部最低,东部地区增幅低于全国平均水平。

表 4-4　2007—2020 年我国城市物流业效率描述性统计

指标名称	2007	2008	2009	2010	2011	2012	2013	2014	2015	2016	2017	2018	2019	2020	2020年较2007年变化/%
最大值	1	1	1	1	1	1	1	1	1	1	1	1	1	1	0
最小值	0.063	0.060	0.085	0.080	0.088	0.084	0.089	0.061	0.055	0.063	0.062	0.059	0.061	0.075	19.05
全国平均值	0.402	0.402	0.418	0.426	0.420	0.432	0.434	0.418	0.407	0.405	0.439	0.453	0.457	0.482	19.90
东部平均值	0.229	0.232	0.247	0.244	0.230	0.230	0.224	0.229	0.224	0.224	0.226	0.232	0.231	0.246	7.42
中部平均值	0.569	0.576	0.591	0.573	0.547	0.532	0.517	0.547	0.549	0.553	0.514	0.512	0.505	0.509	−10.54
西部平均值	0.494	0.482	0.500	0.517	0.511	0.520	0.524	0.499	0.498	0.512	0.557	0.556	0.526	0.568	14.98
省会及直辖市平均值	0.242	0.239	0.239	0.232	0.225	0.222	0.227	0.225	0.229	0.226	0.225	0.229	0.225	0.241	−0.41
全国变异系数	0.490	0.495	0.477	0.448	0.440	0.428	0.433	0.450	0.459	0.442	0.404	0.411	0.428	0.423	−13.67
东部变异系数	0.367	0.372	0.374	0.375	0.367	0.376	0.376	0.369	0.343	0.333	0.368	0.409	0.449	0.458	24.80
中部变异系数	0.177	0.190	0.209	0.203	0.178	0.173	0.166	0.181	0.146	0.147	0.153	0.190	0.223	0.233	31.64
西部变异系数	0.482	0.511	0.559	0.541	0.484	0.461	0.441	0.490	0.426	0.439	0.415	0.464	0.496	0.508	5.39
省会及直辖市变异系数	0.304	0.315	0.353	0.360	0.356	0.380	0.382	0.367	0.365	0.345	0.362	0.349	0.348	0.371	22.04

图 4-6　不同区域城市物流效率平均值

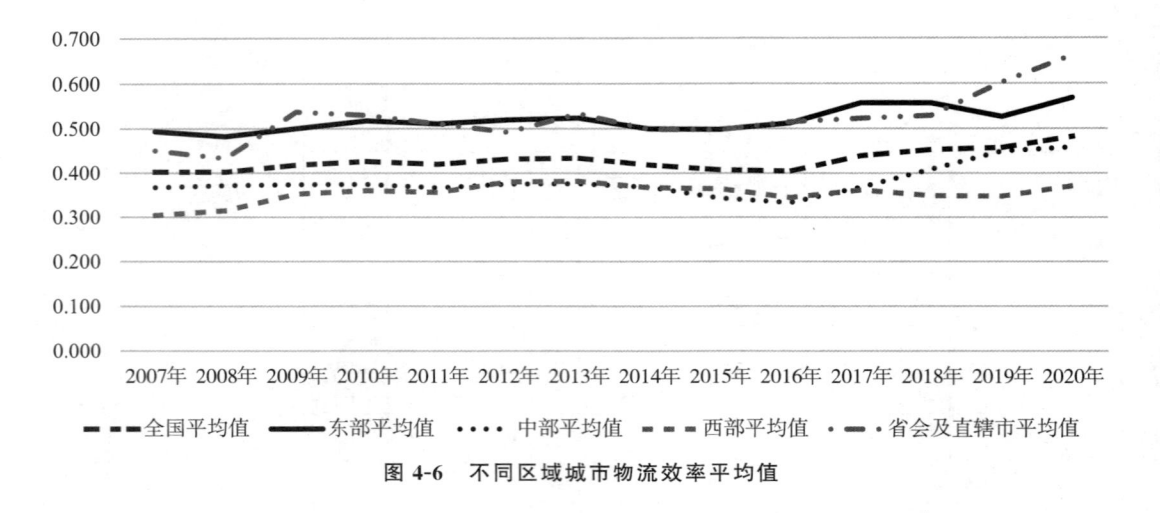

研究期间,总体样本及东、中、西三大经济板块、省会及直辖市城市物流效率变异系数见图4-7,结果显示,全国城市物流效率变异系数由2007年的0.569减少为2020年的0.509,降低了10.54%,样本城市物流效率的差异呈缩小化态势;分地区来看,西部地区变异系数最大、中部次之、东部最小,且东部和中部地区变异系数均低于全国变异系数,说明西部地区城市间物流效率差异最大,东部地区城市间物流效率差异最小。从变异系数的动态演化趋势来看,全国、东中西部地区均呈现下降态势,其中西部地区下降幅度最大,西部地区城市间物流效率差异缩小幅度大于其他区域,省会及直辖市城市间物流效率变异系数低于全国平均水平且在研究期间呈下降趋势,城市间物流效率差异呈缩小态势。

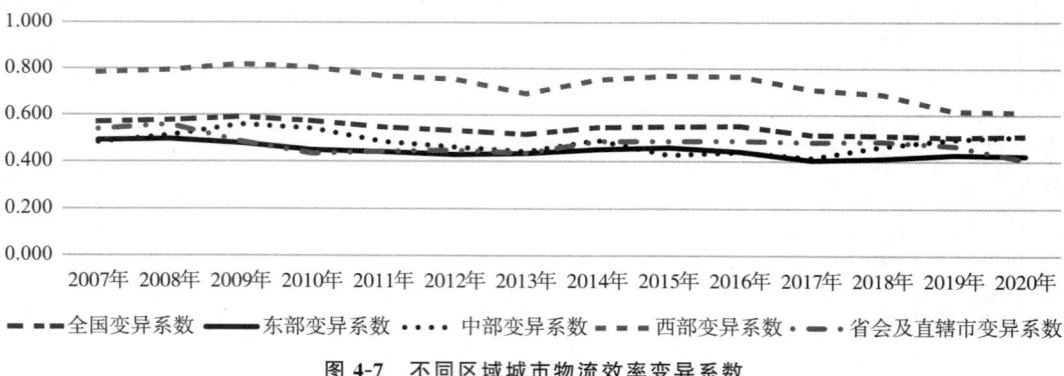

图 4-7　不同区域城市物流效率变异系数

2.中国城市物流效率时空结构演化特征分析
(1)总体分异特征分析。

为进一步分析我国城市物流效率总体空间分布特征,运用ArcGIS10.2软件绘制中国城市物流效率标准差椭圆,2007—2020年中国城市物流效率标准差椭圆参数变化见表4-5。

①空间结构重心演化特征。

中国城市物流效率标准差椭圆结果显示,研究期间,中国城市物流效率空间结构也呈现"北(偏东)—南(偏西)"的空间走向,重心位置经历了"安徽省阜阳市太和县—河南省周口市项城市和沈丘县"的变化,重心移动方向整体呈现向西南方向移动的态势,空间走向和重心移动方向同城市物流发展空间结构演化特征一致。

②空间范围演化特征。

研究期间,标准差椭圆面积总体呈现下降态势,分时段来看,标准差椭圆面积呈现先上升再下降的变化特征。从空间旋转角变化来看,旋转角由2007年的14.32°下降到2020年的9.20°,表明城市物流效率空间结构总体呈现较稳定的"北(偏东)—南(偏西)"的空间走向,整体空间走向同城市物流发展水平一致,但方向性弱于城市物流发展水平。从长短轴来看,2007—2020年,短半轴长度呈现先上升再下降特征,由2007年的708.64 km波动上升至2015年的768.14,然后下降到2020年的713.60 km,城市间效率差异呈现先扩大后缩小态势;长半轴长度由2007年的1058.94 km下降到2020年的953.51 km,长半轴长度总体呈下降趋势,说明城市物流效率空间分布在主要方向上集聚性越来越强。从扁率来看,研究期间,扁率由2007年的0.198下降到2020年的0.144,说明中国城市物流效率的"北(偏东)—南(偏西)"空间走向呈减弱趋势,空间布局结构仍以"南—北"方向为主导,"东—西"方向的影响较小。中国城市物流效率标准差椭圆演化特征同城市物流发展水平基本一致,说明中国城市物流发展空间结构总体特征基本稳定。

表4-5 2007—2020年中国城市物流效率标准差椭圆参数

年份	面积/km²	中心点经度/(°)	中心点纬度/(°)	短半轴/km	长半轴/km	转角/(°)	扁率
2007	2357318.18	115.50	33.40	708.64	1058.94	14.32	0.198
2008	2376346.76	115.49	33.47	713.58	1060.09	14.83	0.195
2009	2458911.91	115.13	33.46	764.28	1024.15	9.47	0.145
2010	2454262.74	115.14	33.44	760.78	1026.92	9.69	0.149
2011	2442658.74	115.17	33.59	761.61	1020.95	9.78	0.145
2012	2460758.71	115.12	33.65	760.04	1030.64	12.29	0.151
2013	2427243.35	115.10	33.59	753.23	1025.79	12.90	0.153
2014	2426978.80	115.05	33.37	757.79	1019.51	10.40	0.147
2015	2467461.74	114.99	33.36	768.14	1022.55	9.82	0.142
2016	2414595.38	115.11	33.36	749.91	1024.97	10.34	0.155
2017	2366304.61	115.13	33.22	739.44	1018.69	10.27	0.159
2018	2289656.33	115.17	33.35	724.96	1005.38	10.77	0.162
2019	2126553.12	115.20	33.43	714.24	947.77	9.32	0.141
2020	2137502.19	115.27	33.41	713.60	953.51	9.20	0.144

(2)基于不同研究尺度的演化特征分析。

为进一步分析不同城市物流效率差异,采用系统聚类方法对2007年216个地级及以上城市物流效率进行聚类分析，结合自然间断点分级法分类结果，将城市物流效率分为5类，分别是高水平、较高水平、中等水平、较低水平和低水平。

从省域尺度来看，2010年前，城市物流效率达中等及以上水平的城市主要位于中部和东部地区，包括上海、山东、江苏、安徽、河南、福建、辽宁等省份。2010—2020年，物流效率较高的城市逐渐扩展到陕西、广西等西部省份。2020年，物流效率达到中等及以上水平的城市在东部沿海地区和部分中部地区呈现多点多级的"组团式"空间分布格局，同城市物流发展空间分布特征不一致，城市物流效率在不同区域未呈现显著的"中心—外围"空间分布特征，核心城市物流效率并未显著高于周边城市。

从城市尺度来看，2007年，城市物流效率处在较低和低水平的城市数量为135个，占样本城市总量的62.5%。截至2020年，较低和低水平的城市数量为100个，占研究样本城市的46.3%，较低和低效率城市数量快速下降，2020年，较低和低效率城市主要分布在中西部地区和东部沿海省份内陆城市。同城市物流发展水平对比发现，直辖市、省会城市和各省次中心城市物流发展水平普遍高于其他城市，但城市物流效率未呈现以上特征，北京、重庆、西安、哈尔滨等城市物流效率始终维持在较低水平。产生这个结果的可能原因是：城市物流发展水平主要反映的是物流要素配置的规模特征，而城市物流效率反映的则是要素配置的有效性，反映的要素投入产出的质量特征，要素配置的不同组合会带来效率的差异。这些城市配置了大量的物流要素，但由于人、地、钱、技、数等要素的配置存在短板等，导致要素配置未达到最佳的组合状态，要素投入转化为产出的能力不足；此外，大型企业总部及区域总部位于这些城市，大幅增加了这些城市物流业从业人员数，但产出未在这些城市集中体现，最后导致物流要素大量集聚但城市物流业效率处在较低水平。

研究期间，中等及以上效率的城市数量由2007年的81个增加到2020年的116个，增幅达43.21%，空间分布由直辖市、省会城市零星点状分布向长三角、珠三角、京津冀、山东半岛、中原城市群、长江中游城市群等区域城市连片分布特征转变，城市类型包括省会、副省级城市及各省次中心城市等。研究期内，物流发展达到中等以上水平的城市包括以下几种类型：一是效率较高且稳定的城市，包括上海、广州、深圳、乌鲁木齐、厦门、唐山、舟山等城市，每个城市每年物流业效率均在中等水平以上。这些城市多为省会城市、省副中心城市、工业城市或交通枢纽城市，经济较为发达且具有良好的区位优势，物流服务需求旺盛，完善的交通基础设施，大量的人才、技术、资本等要素的集聚，吸引了大量大型物流企业集聚，先进的管理经验和较强的资源整合及运营能力提升了物流业综合服务能力的同时，促进了物流业与关联产业的融合发展，提升了城市物流效率，这类城市物流效率整体处在较高水平且比较稳定。二是苏州、徐州、佛山、衡阳、泉州、东莞等工业发展水平较高的城市，装备制造、信息技术、轻工轻纺等产业的快速发展为这些城市带来大量的物流需求，物流效率持续提升。三是以芜湖、洛阳、临沂、佛山等为代表的区域次中心城市，这些城市一般位于省会城市周边，具有完备的交通基础设施网络，区域核心城市的产业转移带动了这些城市工业、商贸流通等产业的发展，带来大量的物流服务需求，而通过同区域核心城市的协同，进一步提升了物流业服务高质量供给的能力，提升了城市物流效率。

3.中国城市物流发展空间结构演化自相关分析

2007—2020年中国城市物流效率全局 Moran's I 指数结果见表 4-6,结果显示,Moran's I 指数均显著大于零,说明中国城市物流效率存在显著的空间自相关关系,在空间分布上呈现集聚特征。从时间演化上来看,Moran's I 指数呈现波动上升的特征,城市物流效率空间相关性总体呈现增强态势。

表 4-6　中国城市物流效率全局 Moran's I 指数

时间	莫兰指数	P 值	z 值
2007	0.086	0.000	7.538
2008	0.107	0.000	8.476
2009	0.092	0.000	7.372
2010	0.149	0.000	11.684
2011	0.161	0.000	12.618
2012	0.177	0.000	13.793
2013	0.150	0.000	11.748
2014	0.156	0.000	12.214
2015	0.137	0.000	10.810
2016	0.151	0.000	11.814
2017	0.148	0.000	11.584
2018	0.155	0.000	12.148
2019	0.160	0.000	12.504
2020	0.208	0.000	16.131

4.5　中国城市物流发展影响因素分析

4.5.1　基准模型的构建

现代物流业作为国民经济、社会发展的基础性、先导性产业,物流服务需求属于国民经济、社会发展的派生性需求。综合来看,物流业的发展受区域经济、社会进步、科技创新等因素的综合影响,可以将物流业的发展过程看作物流服务的生产过程,基于此,借鉴钟祖昌[131]、魏修建[179]、王圣云[180]、刘秉镰[181]等的研究成果,选择经济发展水平等影响物流业发展的因素,基于柯布-道格拉斯生产函数构造城市物流发展(效率)影响因素模型:

$$Y_{it} = E_{it}^{\beta_1} S_{it}^{\beta_2} C_{it}^{\beta_3} G_{it}^{\beta_4} T_{it}^{\beta_5} U_{it}^{\beta_6} A_{it} \tag{4-11}$$

式中,$i=1,\cdots,n$;n 为样本数量;$t=1,\cdots,T$;T 为研究时间跨度;Y_{it} 分别表示城市 i

在第 t 年的物流发展水平(LDL)或物流效率(LE),E_{it}、S_{it}、C_{it}、G_{it}、T_{it}、U_{it} 分别表示经济发展水平、产业结构、消费水平、政府支持力度、技术水平、城镇化水平,β_1、β_2、β_3、β_4、β_5、β_6 分别表示各自变量的弹性系数。

变量说明如下:经济发展水平,用国内生产总值与常住人口比值(PGDP)来衡量。产业结构,用第三产业占 GDP 比重(STR)来衡量。消费水平,用社会消费品零售总额(CON)来衡量。政府支持,采用政府财政支出占国内生产总值的比重(GOV)来表示政府支持力度。技术水平,采用发明专利授权量(PAT)来衡量。城镇化水平,采用城镇人口占城市常住人口比重(URB)来衡量。

根据前文对中国物流业发展水平和效率的空间自相关性检验结果可知,城市物流业发展水平、城市物流效率均存在显著的空间自相关性,应建立空间回归模型分析城市物流发展水平、城市物流效率的影响因素,若采用一般计量模型,会导致估计偏误。下面从全局和局部两个角度建立空间计量模型,分析中国城市物流发展水平(效率)的影响因素。全局回归模型假设因变量和自变量之间的关联关系在整个区域内是平稳的,不会随着时间和空间变化;局部回归模型认为自变量和因变量之间的关系会随着时间和空间变化。

4.5.2 模型构建

1. 全局空间计量模型构建

(1)空间杜宾模型。

为了考察城市物流发展(效率)影响因素的空间溢出效应,对(4-11)式两端取对数,并将去对数后的模型扩展为空间杜宾模型:

$$\ln Y_{it} = \alpha + \beta \ln X_{it} + \rho \sum_{j=1}^{N} W_{ij} \ln Y_{it} + \theta \sum_{j=1}^{N} W_{ij} \ln X_{it} + u_i + \lambda_t + \varepsilon_{it} \quad (4\text{-}12)$$

式中,X_{it} 表示解释变量的集合;$\sum_{j=1}^{N} W_{ij} \ln Y_{it}$ 表示因变量空间滞后项;$\sum_{j=1}^{N} W_{ij} \ln X_{it}$ 表示自变量空间滞后项;u_i、λ_t 和 ε_{it} 分别表示空间效应、时间效应和随机扰动项;W 表示空间权重矩阵。

(2)空间权重矩阵。

借鉴国内外相关研究成果,设定空间邻接、地理距离、经济距离和经济地理 4 种空间权重矩阵。

设定空间邻接权重矩阵 W_1 为一阶空间邻接权重矩阵,两个城市之间如果有共同的边,认为这两个城市具有邻接关系,空间邻接权重矩阵中元素定义如下:

$$\omega_{1ij} = \begin{cases} 1 & \text{空间单元 } i \text{ 和 } j \text{ 邻接} \\ 0 & \text{空间单元 } i \text{ 和 } j \text{ 不邻接} \end{cases} \quad i \neq j \quad (4\text{-}13)$$

采用空间邻接权重矩阵时,假定不相邻的空间单元之间不存在空间联系和各空间单元间的空间联系强度相同,这些假定同现实不符。因此,基于空间单元间的距离定义城市间的空间联系,地理距离空间权重矩阵元素定义如下:

$$\omega_{2ij} = \begin{cases} 1/d_{ij} & i \neq j \\ 0 & i = j \end{cases} \quad (4\text{-}14)$$

式中,ω_{2ij}表示两个空间单元之间的空间联系为两个空间单元地理距离的倒数,d_{ij}为空间单元i和j的地理距离,以欧式距离代表空间单元的地理距离。

空间邻接权重矩阵($\boldsymbol{W}_1$)和地理距离空间权重矩阵($\boldsymbol{W}_2$)只能反映空间单元间的地理临近特征,无法反映空间单元间经济社会发展的交互性和关联性。为了更好地反映空间单元间经济社会发展关联,基于空间单元经济距离构建经济距离空间矩阵($\boldsymbol{W}_3$)。经济距离空间权重矩阵元素定义如下:

$$\boldsymbol{W}_{3ij} = \begin{cases} 1/\text{abs}(\text{pergdp}_i - \text{pergdp}_j) & i \neq j \\ 0 & i = j \end{cases} \quad (4\text{-}15)$$

式中,$\boldsymbol{W}_{3ij}$是以两个空间单元平均GDP之差绝对值的倒数表示的经济距离空间权重矩阵,数值越小,空间联系强度越大,反之亦然。pergdp_i和pergdp_j分别表示城市i和j研究期间GDP的平均值。

为进一步验证结果的稳健性,参考余泳泽[182]、李婧[183]的研究成果,构建既能反映空间单元经济差异,又能反映空间单元地理临近特征的经济地理空间权重矩阵,公式如下:

$$w_{4ij} = \boldsymbol{W}_2 \,\text{diag}\left(\frac{\bar{y}_1}{\bar{y}}, \frac{\bar{y}_2}{\bar{y}}, \cdots, \frac{\bar{y}_n}{\bar{y}}\right) \quad (4\text{-}16)$$

式中,$\boldsymbol{W}_2$为地理空间权重矩阵,$\bar{y}_i = \dfrac{1}{t_1 - t_0 + 1}\sum_{t_0}^{t_1} y_{it}$表示研究期内第$i$个城市的平均GDP,$\bar{y} = \dfrac{1}{t_1 - t_0 + 1}\sum_{i=1}^{n}\sum_{t_0}^{t_1} y_{it}$表示研究期内所有样本城市的GDP均值。

2.局部空间计量模型构建

全局空间面板计量模型能揭示自变量对各样本城市物流发展的平均影响,无法反映自变量对不同城市在不同时期影响的差异性,进一步采用局部回归模型分析城市物流发展影响因素的异质性特征。局部回归模型不同于全局回归模型,该模型允许因变量和自变量间的关系随空间变化而变化。

考虑到中国城市物流发展水平(效率)具有很强的时间变化特征和空间差异特征[184],参考Huang等[185]的研究,构建考虑时间和空间非平稳性的中国城市物流发展水平(效率)影响因素时空地理加权回归模型(Geographically and temporally weighted regression model,GTWR)。

$$Y_i = \beta_0(\mu_i, v_i, t_i) + \sum_{k=1}^{n} \beta_k(\mu_i, v_i, t_i) X_{ik} + \varepsilon_i \quad (4\text{-}17)$$

式中,Y_i表示物流业发展水平时,i取值为面板数据年份数15(2006—2020年)与单元数(284个城市)的乘积;Y_i表示城市物流效率时,i取值为面板数据年份数13(2007—2020年)与单元数(216个城市)的乘积;(μ_i, v_i, t_i)为样本i的时空坐标,(μ_i, v_i)为样本i的地理经纬度坐标;X_{ik}为解释变量,n为解释变量个数;ε_i为残差。$\beta_0(\mu_i, v_i, t_i)$为截距项;$\beta_k(\mu_i, v_i, t_i)$为第k个解释变量在样本点i处的回归系数,估算公式如下:

$$\beta(u_i, v_i, t_i) = [X^T \boldsymbol{W}(u_i, v_i, t_i) X]^{-1} X^T \boldsymbol{W}(u_i, v_i, t_i) y \quad (4\text{-}18)$$

式中,$\boldsymbol{W}(u_i, v_i, t_i)$为样本点$i$的时空权重矩阵,$\boldsymbol{W}(u_i, v_i, t_i) = \text{diag}(\alpha_{i1}, \alpha_{i2}, \cdots,$

α_{in});对角线元素 α_{ij} 为样本 i 的时空权函数在观测点 j 处的权重。采用常用的高斯函数建立时空权函数,公式如下:

$$\alpha_{ij} = \exp[-(d_{ij}^{ST})^2/h_{ST}^2] \tag{4-19}$$

式中,d_{ij}^{ST} 为 i 样本和 j 样本间的时空距离,h_{ST} 表示时空带宽,最优带宽根据最小交叉验证的 CV 值来选择。借鉴 Huang[185] 的研究成果,按照样本 i 和样本 j 之间的时间距离 d_{ij}^T 与空间距离 d_{ij}^S 的函数组合构成时空距离 d_{ij}^{ST},公式如下:

$$d_{ij}^{ST} = \sqrt{\lambda[(u_i-u_j)^2+(v_i-v_j)^2]+\mu(t_i-t_j)^2} \tag{4-20}$$

式中,λ 是平衡时间距离和空间距离的比例因子,$\lambda=0$ 表示不存在空间效应,模型设定为 TWR 模型;$\mu=0$ 表示不存在时间效应,模型设定为 GWR 模型;当 $\lambda \neq 0$,且 $\mu \neq 0$ 时,则为 GTWR 模型。

4.5.3 中国城市物流发展水平和城市物流效率影响因素分析

1.中国城市物流发展水平和城市物流效率影响因素的全局空间计量分析

(1)模型选择。

以地级及以上城市为研究样本,研究城市物流发展水平(效率)空间差异及其影响因素。由于每个城市所处的地理区位、经济发展水平、产业结构、基础设施等各不相同,一般采用固定效应模型检验城市物流发展(效率)空间差异影响因素及空间溢出效应,Hausman 检验结果也验证了以上想法。在空间计量模型的选择上,基于空间邻接权重矩阵 W_1、地理距离空间矩阵 W_2、经济距离空间权重矩阵 W_3、经济地理空间权重矩阵 W_4 采用 Anselin 提出的拉格朗日乘子(LM)检验来判断空间计量模型是否存在空间滞后项和空间误差项,检验结果显示,LMspatiallag 和 robustLMspatiallag 的值分别为534.5634和21.1265且都通过 1% 的显著性水平检验,拒绝了无空间滞后项的原假设,LMspatialerror 和 robustLMspatialerror 的值分别为 635.8512 和 8.1981 且都通过 1% 的显著性水平检验,拒绝了无空间误差项的原假设。根据 Elhorst[186] 的建议,进一步采用 Wald 和似然比检验(LR)判断空间杜宾模型能否简化为空间滞后模型和空间误差模型,检验结果显示 Wald 和 LR 的值分别通过了 1% 的显著性水平检验,说明空间杜宾模型不会退化为空间滞后模型和空间误差模型,采用空间杜宾模型研究中国城市物流发展的空间效应更为有效。综合以上分析,选择空间杜宾模型作为最终的分析模型。

(2)中国城市物流发展(效率)影响因素实证分析结果。

采用 stata16 对式(4-12)进行估计,测算各影响因素对中国城市物流发展(效率)的影响,结果见表 4-4。由前文分析可知,城市物流发展受所处区位的影响,应选择空间固定效应模型。此外,城市物流发展受政府政策等因素的影响,近年来,各级政府制定和实施了大量的促进城市物流发展的政策措施,且不同的阶段政策关注点存在差异,因此需要选择时间固定效应控制时间变化的影响。综上,选择时间空间双固定效应模型结果分析城市物流发展(效率)的影响因素及其空间溢出效应。

表 4-7 结果显示,中国城市物流发展水平和城市物流效率的空间滞后项系数 ρ 均在 1% 显著性水平下为正,表明中国城市物流发展水平和城市物流效率存在显著的正向空

间溢出效应,相邻区域的城市物流发展水平和城市物流效率的提升会带动本区域的城市物流发展水平和城市物流效率的提升。经济发展水平、产业结构、技术水平、城镇化水平对城市物流发展水平和城市物流效率的影响具有相反的作用方向,而消费水平和政府支持力度对城市物流发展水平和城市物流效率均具有显著的促进作用。产生这种结果的可能原因是:城市物流发展水平和城市物流效率代表城市物流发展的不同方面,物流发展水平侧重反映物流产业发展的规模,反映的是存量城市物流资源规模特征,而物流发展效率侧重反映物流系统投入和产出情况的对比,反映的是城市物流资源的配置能力。

由于空间杜宾计量模型中回归系数不能准确反映解释变量的真实边际效应[187],借鉴 Rios[188]和 Chen 等[189]的做法,将影响作用采用偏微分方法分解为直接效应、间接效应和总效应。直接效应是指本地影响因素对本地因变量的影响,间接效应即溢出效应,是本地影响因素对相邻城市因变量的影响,总效应是指本地影响因素对所有区域的综合影响。四种空间权重矩阵下,基于时空双固定空间杜宾模型的中国城市物流业发展水平和城市物流效率影响效应直接效应、间接效应和总效应分解详见表 4-8。

表 4-8 结果显示,4 种空间权重下,影响因素对城市物流发展水平和城市物流效率的影响及溢出效应存在异质性。由于经济地理空间权重矩阵 W_4 能够更真实地反映各城市的经济空间联系,下文基于经济地理空间权重矩阵结果进行分析。

经济发展水平对城市物流发展水平直接效应在 5% 显著水平下均为正值,对城市物流发展效率的直接效应在 1% 显著水平下均为正值,对应系数分别为 0.054 和 0.143,说明经济发展水平对本地物流业发展水平和物流效率具有显著的促进作用。经济发展水平较高的区域一般具有完善的交通基础设施网络、较好的工业和商贸流通业发展基础,物流服务需求旺盛,集聚了大量的技术先进、管理水平较高且能够提供综合性物流服务的大型物流企业,进一步带动了人力资源、技术装备等要素的集聚,提升了城市物流发展水平的同时,提高了要素投入转化为产出的能力,提升了城市物流效率。间接效应结果显示,经济发展水平对城市物流发展水平和城市物流效率的溢出效应均不显著,经济发展水平对周边区域城市物流发展水平和效率的影响不明确。

以第三产业占 GDP 比重表征的产业结构对城市物流发展水平直接效应在 1% 显著性水平下为负,对城市物流效率的直接效应在 1% 显著性水平下为正,系数分别为 -0.112 和 0.184,说明产业结构对本地物流业发展水平具有抑制作用,但对本地物流效率具有提升作用。产生这种结果可能的原因:物流业服务对象主要是工业物流,国家发展改革委和中国物流与采购联合会联合发布的《2022 年全国物流运行情况通报》数据显示,工业品物流总额占社会物流总额的比重为 88.95%,工业品物流是社会物流的核心组成部分,工业品服务需求仍然集中在运输、仓储等基础功能性业务,需要大量的要素投入以保证工业品物流服务的有效供给。近年来,随着电子商务的快速发展及传统商贸流通企业的转型升级,第三产业物流总额占社会物流总额比重持续提升,工业品物流总额占社会物流总额的比重则持续下降。此外,以京东、天猫为代表的电商企业,以永辉超市等为代表的传统商贸流通企业,投入大量的资本、技术、设备提升仓库、配送等环节运营服务能力,智慧物流软硬件在电商物流行业的应用广度和深度的进一步提升,大幅提高了电商

表 4-7 基于时空双固定的空间杜宾模型的中国城市物流发展影响因素估计结果

变量	LnLDL（发展水平）				LnLDE（效率）			
	邻接权重矩阵 W_1	地理距离权重矩阵 W_2	经济距离权重矩阵 W_3	经济地理权重矩阵 W_4	邻接权重矩阵 W_1	地理距离权重矩阵 W_2	经济距离权重矩阵 W_3	经济地理权重矩阵 W_4
LnPGDP	−0.050** (−2.07)	−0.052** (−2.05)	−0.069*** (−2.83)	−0.053** (−2.13)	0.154*** (4.43)	0.142*** (3.99)	0.162*** (4.59)	0.141*** (3.94)
LnSTR	−0.119*** (−4.30)	−0.109*** (−3.92)	−0.114*** (−4.10)	−0.105*** (−3.71)	0.206*** (4.75)	0.179*** (4.16)	0.206*** (4.72)	0.190*** (4.39)
LnCON	0.118*** (4.62)	0.069*** (2.65)	0.107*** (4.32)	0.095*** (3.68)	0.023 (0.51)	0.031 (0.64)	0.069 (1.53)	0.050 (1.04)
LnGOV	0.047*** (3.43)	0.059*** (4.27)	0.052*** (3.83)	0.053*** (3.86)	0.109*** (3.76)	0.106*** (3.35)	0.115*** (3.94)	0.104*** (3.33)
LnPAT	0.033*** (5.14)	0.022*** (3.40)	0.031*** (4.96)	0.025*** (3.89)	−0.054*** (−5.30)	−0.042*** (−4.03)	−0.049*** (−4.87)	−0.043*** (−4.16)
LnURB	−0.094** (−2.31)	−0.090** (−2.18)	−0.085** (−2.12)	−0.065 (−1.56)	0.150* (1.96)	0.080 (1.00)	0.148* (1.86)	0.127 (1.60)
WLnPGDP	0.064 (1.10)	0.022 (0.37)	0.097** (2.37)	−0.009 (−0.06)	−0.011 (−0.13)	0.059 (0.62)	−0.021 (−0.32)	0.050 (0.56)
WLnSTR	0.037 (0.50)	−0.042 (−0.50)	0.023 (0.45)	−0.287 (−1.13)	−0.094 (−0.75)	0.119 (0.85)	−0.072 (−0.91)	−0.101 (−0.76)
WLnCON	−0.008 (−0.14)	0.089 (1.46)	0.012 (0.26)	0.270* (1.73)	0.104 (1.30)	0.007 (0.07)	−0.082 (−1.01)	−0.049 (−0.44)
WLnGOV	0.111*** (2.83)	−0.042 (−0.98)	0.023 (0.82)	−0.043 (−0.37)	0.129*** (2.80)	0.143** (2.00)	0.126*** (2.69)	0.164** (2.18)

续表

变量	LnLDL(发展水平)				LnLDE(效率)			
	邻接权重矩阵 W_1	地理距离权重矩阵 W_2	经济距离权重矩阵 W_3	经济地理权重矩阵 W_4	邻接权重矩阵 W_1	地理距离权重矩阵 W_2	经济距离权重矩阵 W_3	经济地理权重矩阵 W_4
WLnPAT	−0.040*** (−2.66)	0.007 (0.40)	−0.004 (−0.34)	0.001 (0.02)	−0.017 (−0.80)	−0.027 (−0.93)	0.023 (1.12)	−0.0241 (−0.75)
WLnURB	0.115 (1.12)	0.164 (1.42)	−0.009 (−0.10)	0.311 (1.04)	0.865*** (5.97)	0.666*** (3.06)	0.503*** (2.95)	0.646*** (2.98)
Spatial-rhoρ	0.307*** (7.65)	0.582*** (16.70)	0.217*** (9.22)	0.713*** (11.49)	0.128*** (3.89)	0.328*** (7.52)	0.175*** (5.66)	0.886*** (9.04)
Variance-sigma2_e	0.028*** (46.06)	0.026*** (45.71)	0.028*** (46.08)	0.028*** (45.91)	0.063*** (38.87)	0.062*** (38.72)	0.063*** (38.84)	0.062*** (38.76)
Log-L	284.556	241.490	201.591	269.791	292.097	249.031	309.132	277.332
N	3976	3976	3976	3976	2808	2808	2808	2808

注：*** 表示在 1% 水平下显著。

行业物流环节运营效率,各物流节点对基层操作员工的需求大幅降低。此外,随着多式联运、共同配送等集约化的运输方式的快速推广,提升了车辆的运营效率。综合来看,电子商务等业态的快速发展减少了对传统物流要素的依赖和投入,最终导致产业结构显著负向影响城市物流发展水平,显著正向影响城市物流效率。

消费水平对城市物流发展水平直接效应和间接效应均在5%显著性水平下为正,对应系数分别为0.101和1.166,说明消费水平对本地和周边区域的物流业发展水平均具有提升作用。居民消费水平的提升产生了大量围绕消费品的物流服务需求,消费品物流服务的持续完善推动大量要素的集聚,提升了城市物流发展水平。此外,生鲜电商、社区团购等新兴商业业态的快速发展带动了城市配送、即时配送等物流业态的快速成长,现代信息技术、智能化硬件在仓配等行业的大量应用则进一步提升了物流新业态的运营能力,进而带动城市物流发展水平的提升。消费水平对城市物流效率的直接效应和间接效应均不显著,说明消费水平对本地和周边区域城市物流效率的影响均不明确。

政府支持对城市物流发展水平和效率的直接效应在1%显著水平下均为正值,对应系数分别为0.054和0.110,说明政府支持对本地物流业发展水平和效率均具有提升作用。在间接效应中,政府支持对城市物流效率存在显著的正向影响,但对城市物流发展水平的影响不显著。近年来,各级政府通过持续出台不同类型的政策措施优化物流业发展营商环境,通过财政等支持引导城市物流业高质量发展,显著提升了本地物流发展水平和运营效率。此外,由于相邻区域城市间对物流要素的引进存在竞争关系,周边区域会模仿本地出台类似的甚至更有吸引力的政策措施强化对物流要素的吸引力,提升了周边区域城市物流业运营效率。

技术水平对城市物流发展水平直接效应在1%显著性水平下为正值,对城市物流发展效率的直接效应在1%显著性水平下为负值,对应系数分别为0.024和-0.046,说明技术水平对本地物流业发展水平具有促进作用,但对本地物流效率具有抑制作用。间接效应方面,技术水平对城市物流发展水平和城市物流效率溢出效应均不显著,说明技术水平对周边区域城市物流效率的影响均不明确。一般认为,先进的技术创新改变了行业的生产方式和人们的生活方式,进而提升资源的利用效率和产业的生产效率,从而提升物流业发展水平。而技术水平对本地物流业发展效率具有抑制作用,究其原因,可能与物流业长期的粗放式发展方式及行业特征有关,物流业在多数城市仍表现出显著的人力资本密集特征,先进技术的应用不充分,对行业效率的提升作用不明显。此外,物流业技术创新水平仍处在提升阶段,无人机、无人车等技术研发的巨额投入带来的产出更多停留在小范围应用层面,并未真正转化为物流业效率提升的动力,造成了技术进步在现阶段未能有效促进物流效率的提升。

城镇化水平对城市物流发展水平直接效应和间接效应均显著为正且分别通过了10%和1%的显著性检验,说明城镇化水平对本地和周边区域城市物流发展水平均具有显著的促进作用。城镇化水平对城市物流效率的直接效应和间接效应作用均未通过显著性检验,城镇化水平对本地和周边区域的城市物流效率影响不明确。产生这个结果的可能原因:城镇化水平的提升推动大量人口集聚到城市区域,为满足城市新增人口生产、生活需求,大量的物流要素集聚到城市区域以服务新增人口产生的生产、生活物流服务需求,要素的大量及快速集聚带来了城市物流发展水平的提升。此外,本地居民的消费和周边城市具有一定的相似性,带动了周边城市相关产品的需求,提升了周边城市物流发展水平。大量物流要素向城市集聚的同时,城市物流要素的配置并未达到最优的配置水平,导致城镇化水平对城市物流效率的影响不明确。

综上,从全局空间计量模型的直接效应分析,经济发展水平和政府支持对本地区城市物流发展水平和城市物流效率均具有显著的促进作用,产业结构和技术水平对本地区城市物流发展水平和城市物流效率的影响是相反的。从空间溢出效应来看,消费水平对周边地区物流业发展水平具有显著的空间溢出效应,政府支持对周边地区物流业效率具有显著的空间溢出效应。

表 4-8 基于时空双固定空间杜宾模型的中国城市物流发展影响因素直接效应、空间溢出效应和总效应

变量	LnLDL(发展水平)			LnLDE(效率)		
	直接效应	间接效应	总效应	直接效应	间接效应	总效应
LnPGDP	0.054** (2.22)	−0.170 (−0.32)	−0.224 (−0.43)	0.143*** (4.10)	0.142 (1.05)	0.285** (2.30)
LnSTR	−0.112*** (−4.71)	−1.373* (−1.67)	−1.486* (−1.82)	0.184*** (4.99)	−0.091 (−0.54)	0.093 (0.55)
LnCON	0.101*** (3.88)	1.166** (2.24)	1.266** (2.46)	0.052 (1.06)	−0.054 (−0.39)	−0.001 (−0.01)
LnGOV	0.054*** (3.68)	−0.056 (−0.16)	−0.002 (−0.01)	0.110*** (3.28)	0.282*** (2.97)	0.392*** (4.66)
LnPAT	0.024*** (3.29)	0.077 (0.48)	0.101 (0.65)	−0.046*** (−3.87)	−0.052 (−1.08)	−0.098** (−2.12)
LnURB	0.146* (1.96)	1.001*** (3.12)	1.147*** (3.53)	−0.060 (−1.54)	0.997 (0.92)	0.938 (0.87)

注:*、**、***分别表示在10%、5%、1%水平下显著。

2.中国城市物流发展水平和城市物流效率影响因素的局部空间计量分析

(1)局部空间模型诊断。

运用 stata 软件、ArcGIS10.8 软件和 Huang 等[185]开发的 GTWR 工具包,分别从空间、时间、时空 3 个维度构建地理加权回归模型、时间加权回归模型和时空地理加权回归模型。模型参数设定如下,KernelType 选择 Adaptive,带宽类型选择 BandwidthType 选用 AICc(校正的赤池信息量准则),时空距离参数比值为 1。3 种模型结果检验见表 4-9,结果显示,无论是基于城市物流发展水平还是基于城市物流效率,GTWR 模型表现出了更好的拟合度。就 R^2 而言,GTWR 模型＞GWR 模型＞TWR 模型;而对 ResidualSquares,sigma 和 AICc,GTWR 模型＜GWR 模＜TWR 模型。GTWR 模型的拟合优于其他模型,因此,选择GTWR模型结果进行分析。

表 4-9 城市物流发展水平和城市物流效率的局部空间计量模型参数估计对比

参数	城市物流发展水平局部空间计量模型			城市物流效率局部空间计量模型		
	TWR 模型	GWR 模型	GTWR 模型	TWR 模型	GWR 模型	GTWR 模型
R^2	0.7238	0.8115	0.8138	0.2689	0.5712	0.5864
R^2 Adjusted	0.7234	0.8113	0.8136	0.2675	0.5703	0.5856
Residual Squares	479.208	326.983	323.024	772.617	453.211	437.073
Sigma	0.3354	0.2771	0.2754	0.5055	0.3871	0.3802
AICc	2874.44	1435.56	1345.520	4521.44	3120.49	2973.07
Spatio-temporal Distance Ratio	—	—	1.0000	—	—	1.0000
Trace_of_SMatrix	44.3620	117.09	326.983	31.1924	114.131	131.499

GTWR 模型所有解释变量都有特定的回归系数,用于分析影响因素在不同时期不同区域对城市物流发展水平和物流效率的影响,所有指标的回归系数均显著(受篇幅限制,未单独列出各影响因素的回归系数)。

对于城市物流发展水平,6 个解释变量分别在 284 个城市 2006—2020 各年都有特定的回归系数,用于反映不同时期不同区域各影响因素对城市物流发展水平的影响,所有指标的回归系数均显著。对于城市物流效率,6 个解释变量分别在 216 个城市 2007—2020 各年都有特定的回归系数,用于分析不同时期不同区域各影响因素对城市物流效率的影响,所有指标的回归系数均显著。将经济发展水平、产业结构、消费水平、政府支持、技术水平、城镇化水平各影响因素的系数的最小值、1/4 分位数、中位数、3/4 分位数、最大值、平均值和标准差等进行统计性描述分析,结果见表 4-10 和表 4-11。

表 4-10 和表 4-11 结果显示,经济发展水平、产业结构、消费水平、政府支持、技术水平、城镇化水平等因素对不同时间不同区域的城市物流发展水平和城市物流效率表现出不同的作用方向和作用强度。就单一影响因素而言,对各城市物流发展水平和城市物流效率的影响也存在时空非平稳性。在 6 个影响因素中,产业结构、技术水平、城镇化水平对城市物流发展水平的回归系数的平均值均为负值,经济发展水平、消费水平和政府支持的回归系数平均值均为正值。对于城市物流效率,仅有技术水平对城市物流发展效率呈现出负值,其他影响因素的回归系数均为正值,这和全局空间计量模型直接效应系数基本相符,验证了全局空间计量模型和局部空间计量模型结果的一致性和稳健性。

表 4-10 城市物流发展水平的时空地理加权回归模型回归系数结果统计

变量	最小值	1/4 分位数	中位数	3/4 分位数	最大值	平均值	标准差
LnPGDP	−0.8864	−0.3552	0.2122	0.0703	0.5087	0.1999	0.2366
LnSTR	−0.9473	−0.1867	−0.0240	0.1215	0.8227	−0.0331	0.2587
LnCON	−0.2035	0.2604	0.3649	0.4509	0.8634	0.3568	0.1515
LnGOV	−0.0129	0.1701	0.3129	0.4797	0.9214	0.3268	0.1775

续表

变量	最小值	1/4 分位数	中位数	3/4 分位数	最大值	平均值	标准差
LnPAT	−0.2503	−0.0693	−0.0299	0.0445	0.2513	−0.0120	0.0875
LnURB	−2.2210	−0.8099	−0.4601	−0.2393	0.4890	−0.5608	0.4826

表 4-11 城市物流效率的时空地理加权回归模型回归系数结果统计

变量	最小值	1/4 分位数	中位数	3/4 分位数	最大值	平均值	标准差
LnPGDP	−0.4548	0.1133	0.2731	0.4508	1.4400	0.2890	0.2595
LnSTR	−1.1312	−0.1889	0.0515	0.3722	1.3057	0.0817	0.4162
LnCON	−0.8165	−0.2177	0.0202	0.2475	0.7772	0.0128	0.3107
LnGOV	−0.6291	−0.1609	0.0392	0.1497	0.6030	0.0016	0.2136
LnPAT	−0.2683	−0.0607	−0.0049	0.0456	0.2310	−0.0113	0.0829
LnURB	−1.2091	−0.0398	0.3116	0.6849	2.0350	0.3618	0.5166

(2)影响因素对中国城市物流发展影响的时空异质性分析。

①经济发展水平对中国城市物流发展水平和城市物流效率影响的时空异质性分析。

从时间变化趋势看(图 4-8),各年经济发展水平对城市物流发展水平和城市物流效率的平均回归系数为正,这与全局空间杜宾模型直接效应回归结果一致;经济发展水平对城市物流发展水平的促进作用有上升趋势,而对城市物流效率的促进作用有下降趋势。此外,对城市物流发展水平和城市物流效率来说,研究期间经济发展水平回归系数分散性逐步增大,表明经济发展水平对各城市物流发展水平和城市物流效率影响的空间差异性呈扩大特征。从空间分布来看,经济发展水平对城市物流发展水平和效率的影响作用都有正有负,正值作用区域占据主导。其中,经济发展水平对城市物流发展水平和效率抑制作用最强的区域主要集中在山东半岛城市群;经济发展水平对城市物流发展水平促进作用最强的区域是东南沿海地区,东南沿海地区经济发展水平相对较高,物流需求的快速增加带来大量要素的集聚,在经济发展的推动下,反映物流产业规模的城市物流发展水平持续提升。经济发展水平对城市物流效率促进作用最强的区域在西南和西北内陆地区,随着成渝城市群建设的快速推进,成渝城市群与东盟、"一带一路"沿线国家贸易关联度持续提升,西部陆海新通道、中欧班列的建设进一步强化了成渝城市群的产业竞争优势,提升了西南地区城市物流效率。西北地区在"一带一路"建设的推动过程中,围绕中欧班列高质量运营,重点推动物流通道和节点建设(铁路货场等),有限的物流资源配置效率得到持续提升。

②产业结构对中国城市物流发展水平和城市物流效率影响的时空异质性分析。

从时间变化趋势看(图 4-9),研究期间,产业结构对城市物流发展水平影响的平均回归系数为负,对城市物流效率影响的平均回归系数由正转负,这与全局空间杜宾模型直接效应回归结果基本一致;产业结构对城市物流发展水平的抑制作用有减弱趋势,而对城市物流效率的促进作用逐步转变为抑制作用。此外,从回归系数的分散性来看,产业

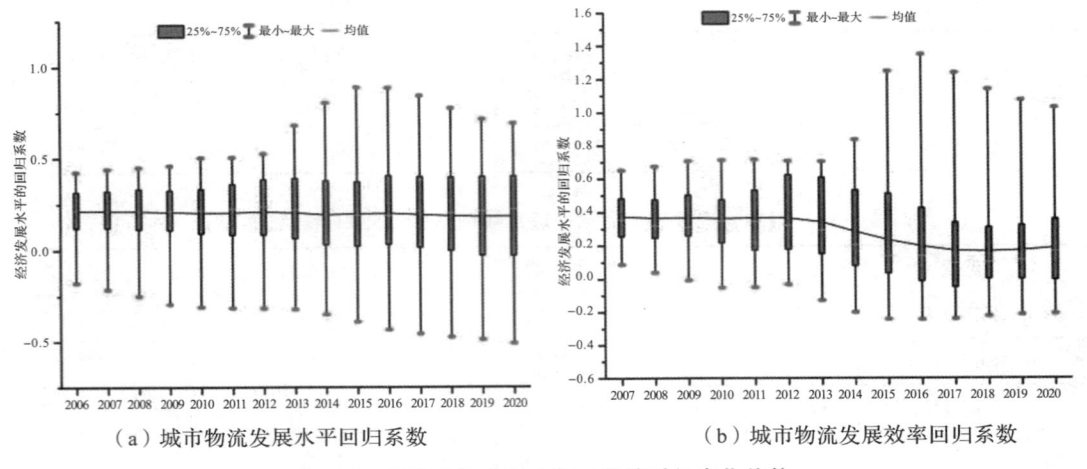

图 4-8 经济发展水平回归系数的时间变化趋势

结构对城市物流发展水平回归系数的分散性基本保持不变，对城市物流效率回归系数的分散性逐步增大，表明产业结构对各城市物流效率影响的空间差异性在扩大。从空间分布来看，产业结构对城市物流发展水平和城市物流效率的影响方向有正有负，产业结构对城市物流发展水平和城市物流效率的影响在不同区域间呈现异质性特征。在环渤海城市群，产业结构对城市物流发展水平和城市物流效率的抑制作用最强，产业结构对城市物流发展水平和城市物流效率的强促进作用区域则分散在西南和西北内陆地区。

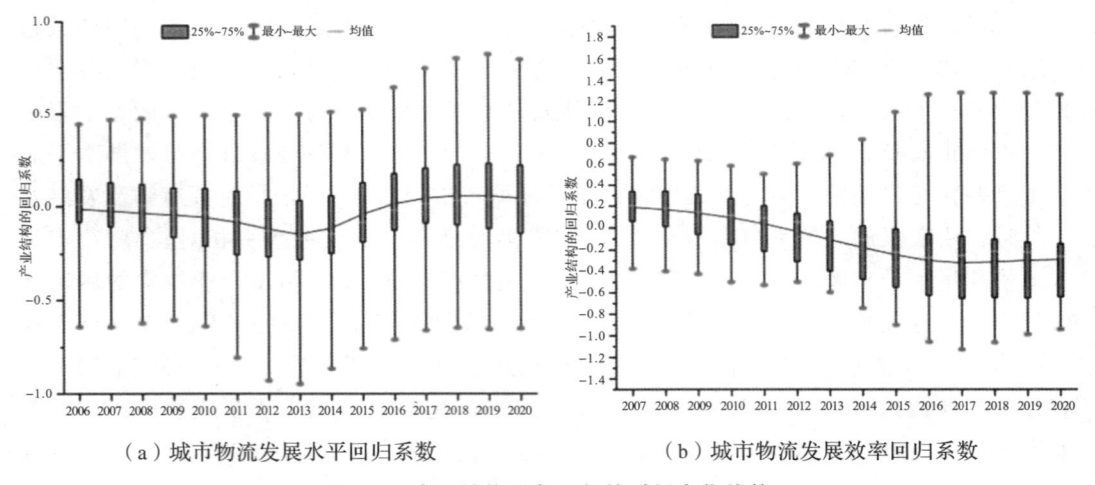

图 4-9 产业结构回归系数的时间变化趋势

③消费水平对中国城市物流发展水平和城市物流效率影响的时空异质性分析。

从时间变化趋势看(图 4-10)，消费水平对城市物流发展水平和城市物流效率影响的平均回归系数均为正，这与全局空间杜宾模型直接效应回归结果部分一致；消费水平对城市物流发展水平的促进作用先减弱后增强，而对城市物流效率的促进作用先增强后减弱。此外，对城市物流发展水平和城市物流效率来说，研究期间消费水平回归系数的分散性都先增大后减小，表明消费水平对各城市物流发展水平和城市物流效率影响的空间差异性先增大后减小。从空间分布来看，消费水平对城市物流发展水平作用均为正，而对城市物流效率的影响有正有负，但不同城市的物流发展水平和城市物流效率的正负向影响具有差异。消费水平对城市物流发展水平和城市物流效率的影响均具有强促进作用的区域集中在环渤海城市群和东北地区部分城市，消费水平对城市物流发展效率的强抑制作用区域主要分布在长江经济带沿线城市。

（a）城市物流发展水平回归系数

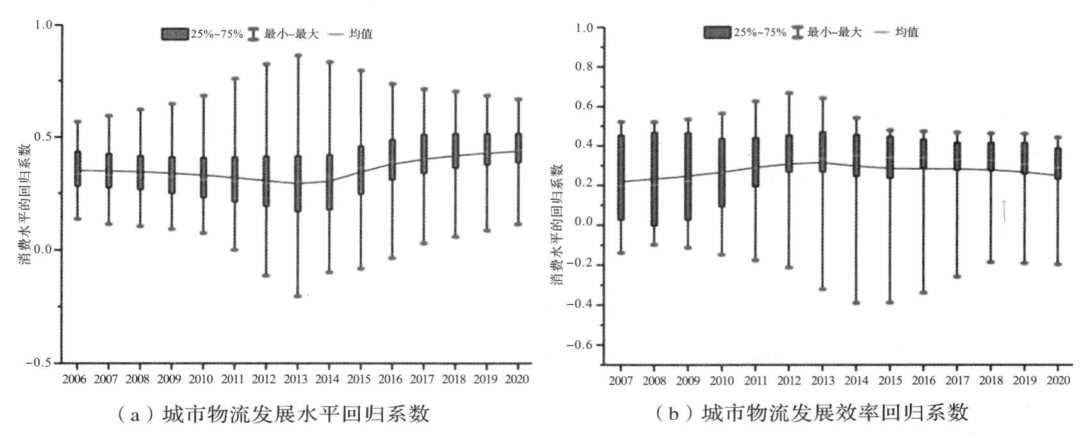

（b）城市物流发展效率回归系数

图 4-10　消费水平回归系数的时间变化趋势

④政府支持对中国城市物流发展水平和城市物流效率影响的时空异质性分析。

从时间演化趋势看（图 4-11），政府支持对城市物流发展水平影响的平均回归系数均为正，而对城市物流效率影响的平均回归系数均为负，这与全局空间杜宾模型直接效应回归结果部分一致；政府支持对城市物流发展水平的促进作用呈现先平稳后减弱特征，而对城市物流效率的抑制作用保持平稳。此外，对城市物流发展水平和城市物流效率来说，政府支持回归系数的分散性在研究期间逐渐减小，表明政府支持对各城市物流发展水平和城市物流效率影响的空间差异性有缩小趋势。产生这个结果可能的原因：随着物流业对经济的支撑性、战略性和先导性作用凸显，各级政府对物流业发展均表现出不同程度的重视，在一定程度上消除了政府支持对城市物流发展水平和城市物流效率的空间差异。从空间分布来看，政府支持对城市物流发展水平作用方向均为正，而对城市物流效率的作用方向则有正有负，但对不同城市的物流发展水平和城市物流效率的正负向影响具有差异。政府支持对城市物流发展水平和城市物流效率的影响均具有强促进作用的区域集中在西南内陆地区，政府支持对城市物流效率的强抑制作用区域主要分布在东部沿海城市。可能的原因是成渝城市群的建设，政府大量资本投入交通物流基础设施建设中，完善了物流基础设施体系的同时，提升了物流产业运营效率。而东部沿海城市已经具备了较为完善的交通物流基础设施，在此基础上，持续的投入并未高质量转化为产出，甚至出现了投入冗余，影响了城市物流效率的提升。

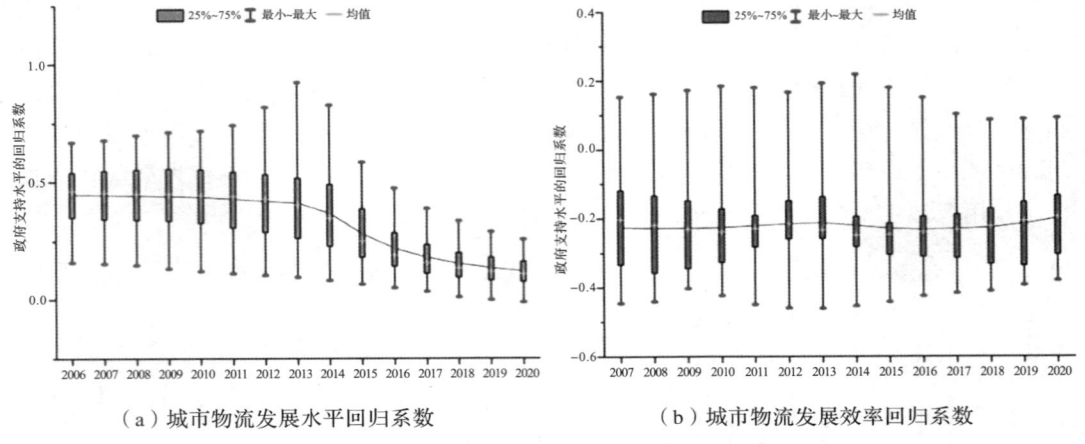

（a）城市物流发展水平回归系数　　　　　　（b）城市物流发展效率回归系数

图 4-11　政府支持回归系数的时间变化趋势

⑤技术水平对中国城市物流发展水平和城市物流效率影响的时空异质性分析。

从时间变化趋势看(图 4-12)，技术水平对城市物流发展水平和城市物流效率的平均回归系数有正有负，这与全局空间杜宾模型直接效应回归结果部分一致；技术水平对城市物流发展水平的抑制作用逐步减弱，而对城市物流发展效率的作用由抑制转为促进。此外，对城市物流发展水平和城市物流效率来说，技术水平回归系数的分散性在研究期间呈现由大变小态势，表明技术水平对城市物流发展水平和城市物流效率影响的空间差异性呈先增大后缩小趋势。产生这个结果可能的原因：随着电商等产业的发展，前沿的物流技术在不同城市均得到不同程度的应用，城市间物流技术的应用差距呈现缩小化趋势。从空间分布来看，技术水平对城市物流发展水平和城市物流效率的作用方向均有正有负，但对不同城市的物流发展水平和物流效率的正负向影响具有差异。技术水平对城市物流发展水平强促进作用区域集中在东部沿海，而强抑制作用区域主要集中在环渤海城市群，对城市物流效率的强促进作用区域集中在西南内陆地区，而强抑制作用区域集

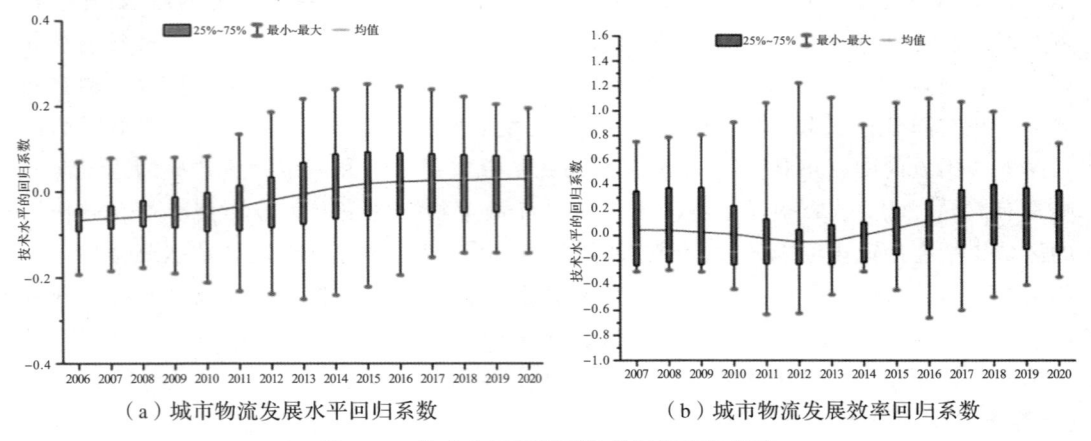

（a）城市物流发展水平回归系数　　　　　　（b）城市物流发展效率回归系数

图 4-12　技术水平回归系数的时间变化趋势

中在东南沿海城市。可能的原因：不同地区物流产业基础、产业集聚度的差异导致物流技术应用强度和侧重点不同，在东南沿海物流集聚度高，技术水平的提高促进了物流发展水平的提高，但由于沿海城市物流产业发展基础远高于中西部地区，大量的技术投入并未显著提升产业发展效率。

⑥城镇化水平对中国城市物流发展水平和城市物流效率影响的时空异质性分析。

从时间变化趋势看(图 4-13)，城镇化水平对城市物流发展水平的平均回归系数为负值，对城市物流效率的平均回归系数有正有负，这与全局空间杜宾模型直接效应回归结果部分一致；城镇化水平对城市物流发展水平的抑制作用有增强趋势，而对城市物流效率的作用由抑制转为促进。此外，对城市物流发展水平和城市物流效率来说，研究期间，城镇化水平回归系数的分散性由大变小，表明城镇化水平对各城市物流发展水平和城市物流效率影响的空间差异性呈先增大后缩小趋势。从空间分布来看，城镇化水平对城市物流发展水平和城市物流效率的作用方向均有正有负，但对不同城市的物流发展水平和效率的正负向影响具有差异。城镇化水平对城市物流发展水平强促进作用区域集中在西北内陆地区，强抑制作用区域集中在东南沿海城市群，对城市物流效率的强促进作用区域集中在东南沿海地区，强抑制作用区域集中在西北内陆地区。可能的原因是东南沿海地区城镇化水平较高，城镇化水平的提升伴随着城市空间的迅速扩张和居民消费模式的变化，增加了运输距离和物流网络的复杂性，城镇化水平的提高促进了物流效率的提高却抑制了物流发展水平的提升。

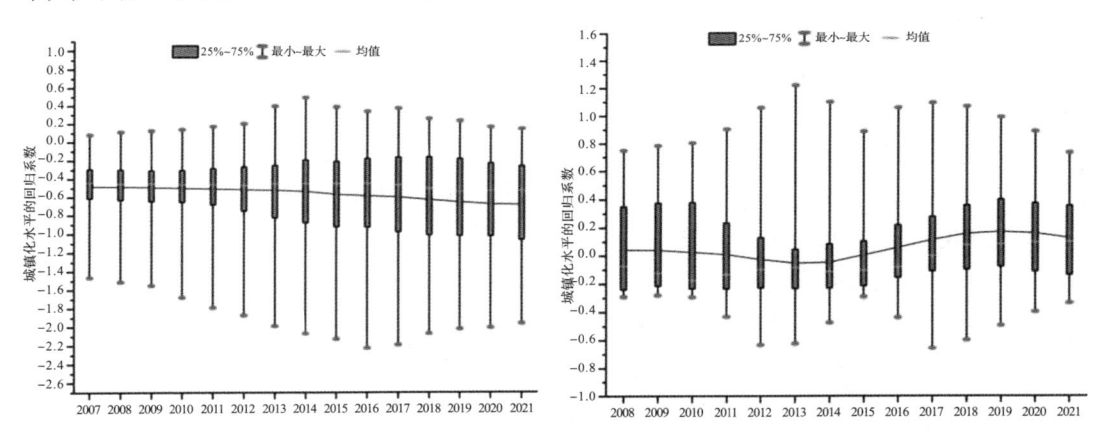

图 4-13 城镇化水平回归系数的时间变化趋势

4.6 研究结论及政策建议

4.6.1 研究结论

1.城市物流快速发展，但区域发展不平衡问题依然存在

从城市物流发展水平和城市物流效率平均值来看，研究期间，我国城市物流发展水

平总体呈上升趋势(城市物流发展水平稳步上升,城市物流效率呈现先上升、后下降、再上升的波动上升趋势),但总体处于较低水平。东、中、西三大区域对比来看,城市物流发展存在明显的经济发展差异烙印,呈现东部最高、中部次之、西部最低的不平衡空间结构特征,三大区域城市物流发展总体上均呈现上升态势。

2.城市物流发展空间结构演化呈现区域异质性特征

从城市物流发展空间走向来看,城市物流发展水平和城市物流效率空间结构均呈现"北(偏东)—南(偏西)"的空间走向,空间结构的重心整体呈现向西南方向移动的态势。城市物流发展水平和城市物流效率时空结构演化均呈现区域异质性特点。

从城市物流发展水平来看,城市物流发展空间结构演化区域异质性特征明显,东部沿海地区城市物流发展呈现多点多级空间格局,中西部地区呈现单点单级空间格局特征;东部沿海地区和中部地区核心城市物流业呈现极化发展向均衡扩散发展转变态势,区域物流进入均衡协调发展的新阶段;大部分的中、西部地区城市物流发展仍处在极化发展阶段或者极化发展阶段向扩散发展阶段转变的过程中。从城市物流效率来看,城市物流效率空间结构演化区域异质性特征明显,同城市物流发展空间分布特征不一致,城市物流效率在不同区域未呈现显著的"中心—外围"空间分布特征,核心城市物流效率并未显著高于其他城市。

3.中国城市物流发展存在显著的空间溢出效应

全局空间计量模型结果显示,中国城市物流发展水平和城市物流效率均存在显著的正向空间溢出效应,相邻区域的城市物流发展水平和城市物流效率的提升会带动本区域的城市物流发展水平和城市物流效率的提升。经济发展水平、消费水平和技术水平对本地区城市物流效率和城市物流发展水平表现出显著的促进作用;空间溢出效应结果显示,消费水平对周边地区物流业发展水平具有显著的空间溢出效应,政府支持水平和城镇化水平对周边地区物流业发展效率具有显著的空间溢出效应。

4.各影响因素对城市物流发展水平(效率)的影响在不同城市、不同时间存在差异

基于 GTWR 模型的局部空间计量分析结果表明,各因素对城市物流发展水平和城市物流效率均存在显著影响,且影响存在时空异质性,局部空间计量模型结果同全局空间计量直接效应结果部分一致。从时间变化趋势看,产业结构对城市物流发展水平和效率的影响作用均有正有负,且空间差异性逐年增大;经济发展水平、消费水平、政府支持对城市物流发展水平影响作用为正,对城市物流发展效率的影响有正有负;技术水平、城镇化水平对城市物流发展水平和城市物流效率的影响均有正有负,且空间差异性有逐渐减小趋势。从空间分布来看,各因素对城市物流发展水平和城市物流效率的强促进和抑制作用区域差别较大。其中,消费水平对城市物流发展水平和城市物流效率促进作用最强的区域集中在环渤海城市群和东北地区部分城市,对城市物流发展效率的强抑制作用区域集中在长江经济带沿线城市;政府支持对城市物流发展水平和城市物流效率促进作用最强的区域都集中在西南内陆地区,对城市物流发展效率的强抑制作用区域集中在东部沿海城市。

4.6.2 政策建议

一是进一步完善城市物流发展协调机制。建立、完善城市物流发展空间协调机制，构建分工明确、布局合理、竞争有序的城市物流分工协作体系。打破行政区域划分造成的行政壁垒，推进区域合作，构建区域物流协调发展机制，重点协调物流基础设施、产业布局，最终形成分工明确、布局合理、竞争有序的城市物流分工协作体系，实现区域物流的均衡、协调发展。二是提升城市群物流基础设施互联互通水平。进一步完善城市群中中小城市物流基础设施，提升物流基础设施互联互通水平，完善城市间立体交通网络体系，推动不同运输方式之间的有效衔接。三是充分发挥物流中心城市在城市物流空间结构演化中的重要作用。在推进物流中心城市建设时，不能盲目定位、建设高等级的物流中心城市，应根据区域实际情况，注重物流中心城市的梯度建设，在不同区域采取不同的发展策略，最终实现区域内城市间物流的平衡、协调发展。

第 5 章　中国城市物流业高质量发展失配度及提升路径研究

5.1　引言

党的十九大报告明确提出"我国经济已由高速增长阶段转向高质量发展阶段"。物流业在支撑我国经济高质量发展，畅通国内国际双循环，推进全国统一大市场建设的进程中发挥着至关重要的作用，物流业高质量发展是服务新发展阶段的战略要求。2010年以来，受经济下行压力等因素的影响，我国社会物流总额持续增长的同时，产业规模增速呈现持续放缓特征，增幅由2010年的15%减少到2019年的3.5%（受新冠疫情影响，2020和2021年社会物流总额平均增幅为6.2%）。在国内外经济发展形势剧烈变动的情况下，我国物流产业供给和需求结构特征均发生了显著的变化，物流业处在向高质量发展转型的关键时期，物流业发展呈现由要素投入驱动向产业结构调整、新旧动能转换和深化改革驱动转变特征。当前，我国物流业发展依然呈现资源错配、供给与需求不匹配等问题，物流基础设施空间分布不均衡、物流与交通基础设施衔接不足、物流网络建设存在大量的断点和堵点、物流服务能力结构性过剩、资源环境压力日益严峻、制度障碍带来额外的交易成本等问题的存在是制约我国物流业高质量发展的主要因素。科学界定物流业高质量发展内涵，刻画城市物流高质量发展失配时空演化特征，探究城市物流业发展偏离高质量发展方向的决定因素，可以为我国物流业高质量发展提供决策参考。

现有文献主要从高质量发展内涵、发展水平评价、发展路径等方面对我国物流业发展开展了大量的研究，但对区域物流发展失配尚未开展系统研究，国内文献对失配度的研究主要集中在旅游业[190]、公共服务[191]等方面。物流业高质量发展概念及内涵界定方面，何黎明[192]、汪鸣[193]、高志军等[194]认为物流业高质量发展是满足新发展阶段经济社会发展的内在要求，是现代经济体系建设的基础保障，物流业高质量发展具有高效协同、创新融合、开放共享、环境友好等特征。物流业发展水平评价方面，现有文献在构建指标体系的基础上采用熵值法等客观赋值方法进行综合评价和测度全要素生产率两类方法评价物流业高质量发展水平。戴德宝等[195]、林双娇和王健[196]、宋二行和周晓唯[197]、贺向阳等[198]采用主成分分析法、熵值法等方法测度区域物流发展水平，结果显示物流业发展水平总体处在较低水平且存在显著的区域差异特征。曹允春等[199]、龚雪和荆林波[200]、于丽英等[201]基于DEA-Malmquist模型测算我国区域物流业全要素生产率并以此指标反映区域物流业高质量发展水平，研究发现全要素生产率呈现显著的区域差异。

物流业发展机理与路径方面，丁俊发[202]从打好基础、挖掘新动能、提升供应链现代化水平、完善服务体系等方面提出"十四五"期间物流业发展路径。汪鸣[203]从构建现代服务体系、完善国际物流、健全应急物流体系等方面提出"十四五"期间构建物流发展新格局的主要任务。骞令香等[204]、李朋林等[205]、张珺等[206]、杨守德[207]采用回归分析方法研究发现技术创新、区域经济发展水平、资源利用率、物流业绿色转型等因素影响物流业高质量发展水平。曹允春等[199]、卢美丽[208]、高华和马晨楠[209]在测算中国省级物流产业效率的基础上，采用定性比较分析法（QCA）从组态视角探究省级物流业效率影响因素，在此基础上提出提升省域物流业效率的路径。

通过文献梳理发现，现有文献主要从省域尺度对我国物流业发展水平及影响因素开展研究并获得有一定现实意义的研究结论。但现有文献主要存在以下研究不足：一是对城市物流发展不平衡问题的成因尚未开展实质性研究，鲜有文献开展城市物流发展失配度的研究；二是在研究尺度上主要从省域尺度开展研究，对不同省份来说，区域内城市间物流业发展存在显著差异，而城市是现代经济发展的主要载体，需要从城市尺度识别物流要素配置效率差异的关键因素，提升研究结论的针对性和有效性；三是对物流业发展影响因素的识别主要采用回归分析的方法，然而区域物流发展差异这一现象发生的原因不仅是单一因素所导致的，而是在一系列因素的共同作用下发生的，因此将各影响因素视作单独的变量来研究现象发生的归因存在一定的不足，此外，回归分析往往会存在内生性问题等缺陷导致回归结果稳健性不足，而QCA能够较好地解决这些问题。

综合来看，我国物流业在快速发展过程中存在资源投入失配，要素利用率不高等问题。那么，城市尺度的物流业发展失配呈现什么样的特征？导致城市物流发展失配的主要因素是什么？城市物流高质量发展的路径是什么？为探究这些问题，我们以我国284个城市物流业发展为研究对象，构建城市物流高质量发展失配评价指标体系，运用健康距离模型测算城市物流发展失配水平，利用障碍度诊断模型识别影响城市物流发展失配的障碍因子，利用QCA探究城市物流高质量发展的组合路径，希望能为城市物流业的效率提升与区域协调发展提供决策参考。

5.2 研究方法与数据来源

5.2.1 城市物流高质量发展失配度评价指标体系构建

城市物流系统是在城市这一特定地域范围内，涵盖物流基础设施、物流服务主体、社会支持系统和生态环境系统等子系统的综合性系统。城市物流发展失配是由于城市物流发展各子系统及子系统之间在发展过程中受外部因素的干扰，偏离了其发展阶段的最优配置状态。城市物流发展失配度的基本内涵：在多重因素综合作用下，城市物流发展现状偏离了特定发展阶段物流发展最优状态的趋势和程度。

现有文献在评价物流业高质量发展时，主要是围绕新发展理念，从产业规模、基础设施、经济发展、关联产业发展、创新发展、信息化水平、绿色发展等维度选择合适的指标构建评价指标体系,在此基础上,采用熵权法等方法测度区域物流业发展水平(主要从省级尺度测度物流业高质量发展水平)[6,210-211]。物流业高质量发展的内涵丰富,不仅同物流产业结构、服务供给、组织水平等产业内部因素相关,同时受关联产业发展、资源环境约束、技术创新水平等因素的影响。借鉴相关研究成果,根据新发展理念,综合考虑指标体系构建的系统科学性和城市数据的可得性及连续性等因素,构建了包括"经济发展基础、基础设施建设、绿色发展成效、技术创新能力、对外开放水平"五大子系统21个指标的城市物流高质量发展失配度评价指标体系(表5-1)。其中,经济发展基础则包括产业规模和经济发展两个子要素,反映了区域经济与物流业发展总体情况;基础设施建设包括物流网络和政府支持两个子要素,反映了共享与协调理念;绿色发展成效包括生态环境一个子要素,反映了绿色与协调理念;技术创新能力包括技术投入和信息化水平两个子要素,反映了创新与共享理念;对外开放水平包括对外交流一个子要素,反映了开放与共享理念。

表5-1 城市物流高质量发展失配度评价指标体系

系统层	要素层	指标层	编号	属性	指标解释
经济发展基础	产业规模	货运量(万吨)	A1	+	包括公路、铁路、水路和航空业货运量
		邮政业务收入(万元)	A2	+	邮政行业业务总收入
		交通运输、仓储和邮政业从业人员数(万人)	A3	+	年末城镇单位交通运输、仓储和邮政业就业人员数
	经济发展	人均GDP(万元/人)	A4	+	GDP/总人口
		第二产业占GDP的比重(%)	A5	+	第二产业增加值/GDP
		人均社会消费品零售额(万元/人)	A6	+	社会消费品零售总额/总人口
基础设施建设	物流网络	年末邮政局(所)数	B1	+	城市邮政局(所)数量
		公路里程数(千米)	B2	+	达到规定的技术等级公路里程数
		年末实有城市道路面积(万平方米)	B3	+	城市内道路铺装面积
	政府支持	固定资产投资(万元)	B4	+	全社会固定资产投资
		地方一般公共预算支出(万元)	B5	+	地方一般公共预算支出
绿色发展成效	生态环境	工业废水排放量(万吨)	C1	−	工业企业废水排放总量
		工业二氧化硫排放量(吨)	C2	−	工业企业二氧化硫排放总量
		工业烟尘排放量(吨)	C3	−	企业排放的烟尘和工业粉尘总量
		建成区绿化覆盖率(%)	C4	+	城市建成区绿化覆盖率

续表

系统层	要素层	指标层	编号	属性	指标解释
技术创新能力	技术投入	科学事业费支出(亿元)	D1	+	地方财政科学事业费支出额
		每万人在校大学生数(人)	D2	+	在校大学生数量/总人口
	信息化水平	互联网宽带接入用户数(万户)	D3	+	年末互联网宽带接入用户数
		移动电话年末用户数(万户)	D4	+	移动电话年末用户数
对外开放水平	对外交流	进出口总额(万)	E1	+	进出口总额
		外商直接投资(万美元)	E2	+	当年实际使用外资金额

5.2.2 数据来源

以我国284个地级及以上城市为研究样本,相关数据来源于2006—2021年的《中国城市统计年鉴》、各省市统计年鉴及城市经济社会发展统计公报,缺失数据采用线性插值法补足。

5.2.3 研究方法

1.熵权法

采用改进的熵权法计算我国城市物流高质量发展水平,计算步骤见第4章4.2.1项下"改进的熵权法"。

2.健康距离模型

赵林等[191]、张新成等[212]将健康距离模型应用到经济社会发展失配度的研究,本章采用该模型测度我国城市物流高质量发展失配度。在物流业发展过程中,系统内部因子在受到外部影响后会偏离最优的状态,导致同系统的最优状态产生相对距离。相对距离越大,物流业实际运行状态与最佳运行状态之间的偏离越严重,失配度越大;反之,则失配度越小。失配度测算公式如下:

$$\text{HD}(A,B) = \sum_{j=1}^{n} \left| \frac{B(x_{bj}) - A(x_{aj})}{A(x_{aj})} \right| \times w_j \tag{5-1}$$

式中,HD(A,B)表示系统A至系统B的相对健康距离,即失配度;系统B为某个城市相关指标的实际运行状态,x_{b1},x_{b2},x_{b3},…,x_{bj}为评价指标体系中每个指标的实际值;系统A为最佳运行状态,采用最值法从系统B中选取各指标的最大或最小值作为系统A各指标的标准值,其中,正向指标取最大值,负向指标取最小值;w_j为第j项指标的权重,由熵权法计算得到。

3.障碍度诊断模型

障碍度模型是用来诊断影响事物发展障碍因素的模型[213],本章采用该模型探究城市物流高质量发展失配的障碍因素。因子贡献度(F_j)是第j项指标对总目标的贡献度,指标偏离度(I_j)指与最优状态之间的差距,指标层与要素层对总目标的障碍度是指各指标、各要素对城市物流高质量发展的制约程度,具体计算步骤如下:

(1)确定 F_j 与 I_j：
$$F_j = W_j$$
$$I_j = 1 - X_{ij}$$
(5-2)

(2)第 j 项指标对城市物流高质量发展的障碍度 P_j：
$$P_j = \frac{F_j \times I_j}{\sum_{j=1}^{n} F_j \times I_j}$$
(5-3)

(3)要素层对城市物流高质量发展的障碍度 U_k：
$$U_k = \sum_{k=1}^{q} P_{ij}$$
(5-4)

式中，q 为第 k 个要素层包含的指标个数。

4.定性比较分析法（QCA）

QCA 能够探究多种因素共同作用与结果之间的因果关系，与假设自变量单独起作用的回归分析不同，定性比较分析法可以将多个解释变量组合在一起，形成多个变量组合的影响路径。该方法基于集合理论，具有因果非对称性的特点，可用于探究复杂的因果关系问题[214]。QCA 拥有定性与定量相结合的特点，定性主要体现在能够根据常识或在现有文献研究成果的基础上指定特定的条件变量是否属于集合，定量则体现在通过对变量数据的分析与处理，得到不同的变量组合及路径。本章使用 fsQCA3.0 软件探究影响城市物流高质量发展的组合路径。

作为一种集合分析法，QCA 需要对原始数据赋予可解释的集合意义，需要对数据进行校准，将每个变量转换为 0～1 区间内的集合隶属度。借鉴施耐德和威格曼的研究成果[215]，分别选取样本的 95％、5％分位数作为"完全隶属""完全不隶属"的锚点，选取 50％分位数作为交叉点对原始数据进行校准。

对条件变量进行必要条件分析的标准如下：

一致性检验：
$$\text{Consistency}: (X \leqslant Y) = \sum \min(x_i, y_i) / \sum x_i$$
(5-5)

覆盖率检验：
$$\text{Coverage}: (X \leqslant Y) = \sum \min(x_i, y_i) / \sum y_i$$
(5-6)

式中，X 为条件变量集合，Y 为结果变量集合。当一致性结果大于 0.9 且覆盖率结果大于 0.5 时可以认为该条件变量通过了一致性检验，但仍需进一步进行 X-Y 散点图检验，才能确认该条件变量确实是必要条件。

5.3 城市物流高质量发展水平分析

5.3.1 总体特征分析

运用熵权法测度 2005—2020 年 284 个城市的物流业高质量发展水平，全国及分区域城市物流发展水平均值和标准差结果见表 5-2 和表 5-3。结果显示,全国城市物流发展平均水平由 2005 年的 0.336 增长到 2020 年的 0.476(2019 年均值为 0.478,2020 年均值同 2019 年基本持平,说明了我国经济发展高质量、有韧性的显著特征),增幅达 41.67%,总体呈现上升趋势,特别是 2012 年前,城市物流高质量发展水平呈现快速增长态势,但产业发展仍处在较低水平。分区域看,东中西部地区平均城市物流发展水平均呈现上升趋势,东部地区的发展水平最高,这与东部地区良好的区域经济发展基础、完善的物流及交通基础设施、较高的对外开放水平有着密切联系。标准差结果显示,全国城市物流发展标准差由 2005 年的 0.082 增加到 2020 年的 0.111,增幅达 35.37%,城市间物流业高质量发展水平差异呈现持续扩大态势。分区域来看,除 2017 年外,全国样本标准差均高于东中西部地区。从标准差变化幅度来看,中西部地区的标准差增幅较大,中部地区由 2005 年的 0.057 增加到 2020 年的 0.094,增幅达 64.91%,西部地区由 0.069 增加到 2020 年的 0.099,增幅达 43.48%,武汉、合肥、长沙、重庆、成都等区域核心城市与其他城市间物流业发展水平差距持续快速扩大是产生以上结果的主要原因。

表 5-2　2005—2020 年分区域物流高质量发展水平均值

区域	年份															
	2005	2006	2007	2008	2009	2010	2011	2012	2013	2014	2015	2016	2017	2018	2019	2020
全国	0.336	0.342	0.351	0.373	0.403	0.411	0.433	0.452	0.442	0.460	0.471	0.465	0.461	0.471	0.478	0.476
东部地区	0.395	0.406	0.408	0.434	0.458	0.467	0.490	0.520	0.498	0.515	0.531	0.521	0.520	0.527	0.536	0.536
中部地区	0.322	0.323	0.322	0.356	0.389	0.398	0.419	0.448	0.425	0.454	0.452	0.446	0.458	0.466	0.462
西部地区	0.284	0.287	0.283	0.319	0.354	0.359	0.380	0.409	0.394	0.412	0.419	0.413	0.408	0.420	0.423	0.422

表 5-3　2005—2020 年分区域物流高质量发展水平标准差

区域	年份															
	2005	2006	2007	2008	2009	2010	2011	2012	2013	2014	2015	2016	2017	2018	2019	2020
全国	0.082	0.090	0.095	0.089	0.083	0.088	0.091	0.090	0.091	0.089	0.095	0.093	0.095	0.095	0.103	0.111
东部地区	0.076	0.081	0.089	0.084	0.079	0.080	0.086	0.086	0.090	0.086	0.092	0.089	0.096	0.094	0.101	0.107
中部地区	0.057	0.063	0.065	0.063	0.059	0.064	0.068	0.065	0.067	0.068	0.072	0.073	0.073	0.075	0.086	0.094
西部地区	0.069	0.077	0.081	0.077	0.075	0.082	0.082	0.081	0.081	0.078	0.084	0.085	0.078	0.083	0.090	0.099

为了进一步探究我国城市物流发展水平分布特征,采用自然断裂点分类法将城市物流发展水平划分为 4 类,分别是低水平地区($Z<0.386$)、中等水平地区($0.386 \leqslant Z<0.464$)、较高水平地区($0.464 \leqslant Z<0.0.57$)及高水平地区($Z \geqslant 0.57$),由于样本量较大,仅展示各类发展水平的城市数量,结果见表 5-4。结果显示,2005 年,绝大部分城市属于低水平地区,高水平数量仅为 5 个,占样本城市的 1.76%,城市物流业整体总体呈现低发展水平特征。2013 年后,发展水平处于低水平地区的城市数量在 40~64 间波动,低水平地区城市主要分布在中西部地区且较为稳定,区位条件、经济发展阶段等因素的综合作用导致这些区域物流业发展始终保持在较低水平。2015 年后,中等水平地区数量持续减

少,相关城市物流业发展水平持续提升,发展水平进入较高发展水平区间。较高发展水平和高发展水平城市数量在研究期间总体上呈现波动增加特征,高发展水平城市主要分布在沿海经济发达地区和中西部地区的省会城市。

表 5-4　2005—2020 年我国城市物流高质量发展水平分布情况

年份	低水平地区/个	中等水平地区/个	较高水平地区/个	高水平地区/个
2005	215	44	20	5
2006	209	43	25	7
2007	205	40	31	8
2008	187	55	32	10
2009	135	89	47	13
2010	120	96	51	17
2011	82	122	54	26
2012	56	126	69	33
2013	71	123	62	28
2014	48	125	71	40
2015	40	126	74	44
2016	47	117	82	38
2017	59	103	86	36
2018	48	100	90	46
2019	53	85	94	52
2020	64	72	96	52

5.3.2　系统间发展水平差异分析

为进一步探究各子系统对城市物流高质量发展水平的影响,进一步测度城市物流高质量发展评价体系 5 个子系统得分,结果见表 5-5。结果显示,对外开放水平子系统得分始终排在第一,是推动城市物流高质量发展的最关键因素,高水平的对外开放吸引大量的外资企业进入,带来大量高水平的物流服务需求,对物流企业管理能力、技术水平、综合服务能力均提出了较高要求,提升了物流企业服务能力和运营效率,推动了物流业转型升级。绿色发展成效得分呈现波动上升特征,2010 年后,绿色发展成效得分快速上升,对城市物流高质量发展的影响持续强化,这与"十二五"以来环境友好型社会建设的持续推进密切相关。2010 年以来,交通运输、仓储和邮政业能源消费占全国能源消费总量的 8%～9%,交通运输领域碳排放量占全国温室气体排放的 9%～10%[216],交通运输领域是碳排放和移动源空气污染的主要来源,推动交通运输领域减污降碳、绿色发展是"十四五"及未来更长的时间内物流业高质量发展的关键任务。2017 年前,基础设施建设得分呈波动上升特征,大量的要素投入持续提升城市交通物流基础设施水平,为城市物流高质量发展奠定了良好的基础。经济发展水平和技术创新能力得分在研究期间出现较大震荡,但整体呈现上升趋势。区域经济的发展带来大量的物流服务需求,是物流业发展的根本动力,经济发展的波动直接影响城市物流发展。技术创新是推动物流业转型升级的决定力量,物流技术的应用推动物流业粗放式发展向集约化发展转型,加快物流业高质量发展进程。

表 5-5　2005—2020 年城市物流五大子系统发展水平

子系统	2005	2006	2007	2008	2009	2010	2011	2012	2013	2014	2015	2016	2017	2018	2019	2020
经济发展基础	0.349	0.345	0.369	0.420	0.422	0.430	0.462	0.448	0.414	0.455	0.474	0.467	0.467	0.469	0.477	0.457
基础设施建设	0.311	0.328	0.369	0.387	0.430	0.449	0.450	0.484	0.495	0.507	0.503	0.503	0.511	0.509	0.482	0.460
绿色发展成效	0.263	0.285	0.264	0.246	0.281	0.255	0.324	0.335	0.339	0.347	0.405	0.364	0.397	0.422	0.461	0.460
技术创新能力	0.363	0.346	0.335	0.366	0.432	0.456	0.413	0.459	0.474	0.462	0.444	0.470	0.428	0.444	0.451	0.505
对外开放水平	0.447	0.531	0.492	0.527	0.537	0.620	0.613	0.634	0.634	0.660	0.606	0.576	0.593	0.592	0.589	0.576

5.3.3　整体特征分析

利用健康距离模型计算 2005—2020 年全国 284 个城市物流发展失配度,运用系统 Q 形聚类分析法[21]将各城市物流业发展失配度分为 5 级,分别为高度匹配($0 \leqslant HD \leqslant 0.14$)、中度匹配($0.14 < HD \leqslant 0.36$)、低度失配($0.36 < HD \leqslant 0.49$)、中度失配($0.49 < HD \leqslant 0.55$)、高度失配($0.55 < HD$)。2005—2020 年样本城市物流发展失配度平均值、方差及极差结果见表 5-6,结果表明,我国城市物流发展失配度整体呈现下降趋势,2005—2020 年失配度均值从 0.543 下降到 0.46,降幅达 15.29%,以 2013 年为转折,失配度级别由中度失配转变为低度失配,城市物流发展整体呈现由失配向匹配转变趋势,但总体仍处在失配阶段。2005 年,6 个城市物流业发展为匹配状态,其余 278 个城市均处于失配状态,其中 174 个城市为高度失配,到 2020 年,有 43 个城市处于匹配状态,高度失配的城市数量快速减少,高度失配的城市数量减少为 52 个。此外,我国城市物流高质量发展失配度在整体上呈现极差化的特点,高度匹配地区与高度失配地区间的差异显著,2005 年失配度最低的北京市与得分最高的来宾市相差 12.4 倍,2020 年失配度最低的北京市与失配度最高的嘉峪关市相差 8.88 倍,虽然两极差距缩小,但差距仍然显著,城市间物流资源配置和利用效率存在显著差异且差距较大。从标准差来看,城市物流发展失配度由 2005 年的 0.071 增长为 2020 年的 0.105,增幅达 47.89%,城市间物流业发展失配度差异呈扩大化趋势。

表 5-6　2005—2020 年我国城市物流高质量发展失配度特征

指标	2005	2006	2007	2008	2009	2010	2011	2012	2013	2014	2015	2016	2017	2018	2019	2020
均值	0.543	0.542	0.528	0.524	0.535	0.515	0.512	0.508	0.483	0.482	0.473	0.467	0.475	0.484	0.470	0.460
标准差	0.071	0.072	0.085	0.087	0.084	0.087	0.089	0.090	0.085	0.089	0.092	0.088	0.088	0.090	0.093	0.105
极差	0.588	0.586	0.577	0.583	0.562	0.580	0.584	0.587	0.549	0.564	0.551	0.550	0.561	0.562	0.568	0.567

5.3.4　基于城市规模的失配度演化特征分析

按照城区常住人口数量将城市划分为 3 个等级[217]：100 万人及以上为大型城市，50 万～100 万人为中型城市，50 万人以下为小型城市。在此基础上计算不同类型城市物流业失配度均值和标准差，分析不同类型城市物流业发展失配度特征，结果见表 5-7 和表 5-8。结果显示，从整体来看，大型城市的失配度最低，其次是中型城市，小型城市的失配度最高。从城市物流发展水平评价结果来看，大型城市物流业发展水平远高于中小型城市，大型城市物流业发展呈现"高质量—低失配度"特征，说明大型城市物流业发展能够较好地满足城市经济社会发展需求，而小型城市物流业发展呈现"低质量—高失配度"特征。研究期间，不同规模城市物流发展失配度均呈现下降趋势，大型城市由 0.478 下降至 0.338，降幅达 29.29%，中型城市由 0.561 降至 0.495，降幅达 11.76%，小型城市由 0.590 降至 0.546，降幅达 7.5%。大型城市的失配程度降幅远高于中小城市，这得益于大型城市良好的营商环境、完善的物流基础设施和较高的经济发展水平，能够吸引更多的企业落户投资，带动物流业整体发展。但在 3 种类型的城市中，大型城市物流发展失配度标准差最高，中型城市次之，小型城市最小，大型城市间物流业发展水平差距远高于中小城市。从标准差时间演化趋势来看，大型城市失配度标准差呈波动上升特征（2020 年除外，标准差为 0.090），由 2005 年的 0.091 增加到 2019 年的 0.103，增幅达 13.19%，中小型城市失配度标准差增幅远高于大型城市，分别为 68.74% 和 80.84%，中小型城市间物流发展失配度差距扩大幅度远高于大型城市。从系统层面来看（结果见表 5-9），城市技术创新能力子系统的失配程度最高，是造成城市物流发展失配的主要原因[218]；小型城市在绿色发展成效上的失配程度低于大中型城市（大中小型城市绿色发展成效失配度分别为 0.345、0.25 和 0.187），大中型城市在追求经济增长过程中环境保护投入不足，导致绿色发展成效失配度较高。

表 5-7　2005—2020 年不同规模城市物流业发展失配度平均值

城市类型	2005	2006	2007	2008	2009	2010	2011	2012	2013	2014	2015	2016	2017	2018	2019	2020
大型城市	0.478	0.475	0.444	0.439	0.452	0.429	0.423	0.418	0.397	0.392	0.381	0.380	0.389	0.396	0.379	0.338
中型城市	0.561	0.562	0.553	0.550	0.557	0.538	0.535	0.531	0.506	0.506	0.498	0.490	0.497	0.507	0.491	0.495
小型城市	0.590	0.589	0.588	0.585	0.594	0.577	0.578	0.576	0.547	0.549	0.542	0.531	0.538	0.549	0.542	0.546

表 5-8 2005—2020 年不同规模城市物流业发展失配度标准差

城市类型	2005	2006	2007	2008	2009	2010	2011	2012	2013	2014	2015	2016	2017	2018	2019	2020
大型城市	0.091	0.091	0.101	0.103	0.099	0.102	0.103	0.104	0.095	0.100	0.102	0.099	0.099	0.103	0.103	0.090
中型城市	0.024	0.022	0.028	0.028	0.027	0.030	0.029	0.031	0.029	0.033	0.035	0.037	0.038	0.038	0.041	0.040
小型城市	0.019	0.018	0.021	0.022	0.020	0.023	0.023	0.024	0.025	0.026	0.028	0.030	0.031	0.029	0.032	0.035

表 5-9 2005—2020 年城市物流发展子系统失配度

指标名称	2005	2006	2007	2008	2009	2010	2011	2012	2013	2014	2015	2016	2017	2018	2019	2020
经济发展基础	0.315	0.317	0.311	0.306	0.297	0.300	0.286	0.298	0.322	0.298	0.277	0.278	0.276	0.306	0.287	0.292
基础设施建设	0.285	0.242	0.225	0.224	0.241	0.237	0.234	0.233	0.220	0.220	0.221	0.225	0.226	0.227	0.235	0.241
绿色发展成效	0.297	0.267	0.262	0.249	0.261	0.245	0.235	0.228	0.226	0.225	0.231	0.249	0.278	0.262	0.279	0.291
技术创新能力	0.429	0.414	0.421	0.404	0.360	0.349	0.353	0.310	0.305	0.300	0.298	0.308	0.311	0.310	0.308	0.320
对外开放水平	0.351	0.354	0.327	0.322	0.372	0.315	0.302	0.304	0.281	0.302	0.308	0.331	0.314	0.307	0.306	0.311

5.3.5　失配度分阶段演化特征分析

我国城市物流发展失配度在时序演化上还存在明显的阶段性特征,参照已有文献[219],按失配度种类对应的城市数量将我国城市物流发展失配划分为 3 个阶段:第一阶段为高度失配阶段(2005—2011 年),此时高度失配为主要失配类型,高度失配城市占比最高。第二阶段为中度失配阶段(2012—2018 年),此时中度失配为主要失配类型。第三阶段为低度失配阶段(2019—2020 年),此时大部分城市处于低度失配状态,城市物流业失配程度均出现不同程度的改善。结果见表 5-10 和表 5-11。结果显示,在第一阶段,大部分城市物流发展处于高度失配状态,只有北京、上海、广州、深圳、天津、武汉、南京、沈阳、杭州、重庆、大连、哈尔滨处于匹配阶段,这些城市主要分布于中东部地区,高度失配的城市有 147 个,其中有 124 个城市位于中西地区,中西部地区城市物流发展失配现象明显。得益于 2009 年物流业跻身国家十大振兴产业序列,物流业发展得到空前重视,大量资源要素投入显著提升了城市物流发展水平,2010 年物流业发展高度失配的城市数量显著减少,中度与低度失配的城市数量显著增加。在第二阶段,中部地区的失配程度有所好转,大部分城市由高度失配类型转变为中度失配类型,高度失配的城市只剩下 12 个,处于匹配状态的城市增长为 7 个,分别为武汉、合肥、长沙、郑州、哈尔滨、太原、芜湖,东部地区的高度失配城市清零,大部分城市处于低度失配状态,而西部地区高度失配与中度失配城市数量相当,失配现象仍然明显,受制于经济水平相对落后、技术创新能力弱、要素投入不足等多种因素,西部地区物流业发展水平及资源利用水平同中东部地区仍存在较大差距。其中，2013年后高度失配的城市数量显著减少，这与国务院发布《物流业调整和振兴规划》以及"十二五""十三五"期间国民经济结构的调整为物流业发展带来良好机遇有关。在第三阶段，高度失配的城市仅剩下53个，主要位于西部地区，东中部地区大部分城市处于低度失配状态，中度失配的城市分别为20和27个，西部地区虽然失配状态仍明显，但匹配状态的城市增加为7个，分别是成都、重庆、西安、昆明、贵阳、南宁和乌鲁木齐，这些城市是西部地区重要的交通枢纽和经济增长极，在区域物流发展过程中发挥着至关重要的作用。

表 5-10 分区域分阶段城市物流发展失配分布情况

阶段	区域	高度匹配城市/个	中度匹配城市/个	低度失配城市/个	中度失配城市/个	高度失配城市/个
第一阶段	东部地区	2	7	30	38	23
	中部地区	0	2	8	30	60
	西部地区	0	1	7	12	64
第二阶段	东部地区	3	14	47	36	0
	中部地区	0	7	27	54	12
	西部地区	0	3	11	35	35
第三阶段	东部地区	4	21	49	20	6
	中部地区	0	9	48	27	16
	西部地区	0	7	15	31	31

表 5-11 分阶段物流业发展失配度排名前 20 名与后 20 名城市

	第一阶段				第二阶段				第三阶段			
	前 20		后 20		前 20		后 20		前 20		后 20	
	城市	失配度	城市	失配度	城市	失配度	城市	失配度	城市	失配度	城市	失配度
1	北京	0.058	来宾	0.632	北京	0.055	嘉峪关	0.614	北京	0.063	嘉峪关	0.630
2	上海	0.072	中卫	0.632	上海	0.080	金昌	0.603	上海	0.085	鹤岗	0.613
3	深圳	0.200	嘉峪关	0.629	深圳	0.123	七台河	0.597	深圳	0.121	双鸭山	0.605
4	广州	0.222	金昌	0.628	广州	0.157	鹤岗	0.592	广州	0.128	七台河	0.603
5	天津	0.244	吴忠	0.625	天津	0.204	固原	0.587	成都	0.146	金昌	0.600
6	武汉	0.310	七台河	0.616	杭州	0.240	陇南	0.587	重庆	0.202	伊春	0.593
7	沈阳	0.311	固原	0.612	武汉	0.241	伊春	0.587	武汉	0.210	吴忠	0.590
8	南京	0.313	陇南	0.611	南京	0.241	中卫	0.586	天津	0.212	石嘴山	0.586
9	杭州	0.316	平凉	0.610	重庆	0.246	双鸭山	0.585	杭州	0.220	辽源	0.582
10	重庆	0.332	鹤岗	0.610	成都	0.254	铜川	0.583	南京	0.232	来宾	0.582
11	大连	0.339	石嘴山	0.607	青岛	0.284	平凉	0.581	西安	0.233	乌海	0.580

续表

	第一阶段				第二阶段				第三阶段			
	前20		后20		前20		后20		前20		后20	
	城市	失配度	城市	失配度	城市	失配度	城市	失配度	城市	失配度	城市	失配度
12	哈尔滨	0.355	铜川	0.607	西安	0.288	石嘴山	0.580	青岛	0.241	黑河	0.579
13	青岛	0.364	贺州	0.607	合肥	0.293	吴忠	0.578	合肥	0.251	铜川	0.579
14	宁波	0.369	白银	0.606	宁波	0.298	来宾	0.576	郑州	0.257	六盘水	0.575
15	西安	0.370	崇左	0.606	苏州	0.303	临沧	0.574	长沙	0.273	陇南	0.574
16	成都	0.371	乌海	0.605	大连	0.310	乌海	0.573	昆明	0.274	丽江	0.572
17	济南	0.374	定西	0.605	沈阳	0.318	丽江	0.570	宁波	0.277	乌兰察布	0.571
18	长沙	0.381	广安	0.604	长沙	0.319	保山	0.569	苏州	0.282	固原	0.571
19	厦门	0.386	六盘水	0.604	郑州	0.322	张掖	0.568	厦门	0.283	中卫	0.570
20	苏州	0.390	双鸭山	0.601	厦门	0.324	定西	0.568	佛山	0.294	定西	0.570

5.4 城市物流发展失配度的成因解析

5.4.1 障碍因子分析

为进一步深入探究影响我国城市物流发展失配的具体因素,运用障碍度诊断模型从产业规模、经济发展、物流网络、政府支持、生态环境、技术投入、信息化水平、对外交流8个要素层21个指标对2005—2020年284个城市物流发展失配度进行障碍因子识别。结果显示,研究期间不同年份城市物流发展障碍因子基本相同,因此,仅选择2005年、2010年、2015年、2019年和2020年等5年进行障碍因子分析(受新冠疫情影响,2020年城市物流发展水平较2019年出现小幅波动,因此将2019年和2020年均作为典型年份进行分析),结果见表5-12和5-13。结果显示,从要素层面看,产业规模、经济发展、物流网络、生态环境、技术投入及信息化水平是造成我国城市物流发展失配的主要因素,其中,产业规模、经济发展、物流网络、信息化水平的障碍因子均呈现上升趋势,产业规模要素障碍因子占比最高,由2005年的17.69%增加到2020年的21.48%,成为城市物流高质量发展的主要障碍,是导致城市物流发展失配的最主要原因。生态环境要素障碍因子总体呈下降态势,但2020年障碍因子占比仅低于产业规模,是导致城市物流发展失配的次级因素。技术投入要素障碍因子在研究期间先上升后下降,随着技术研发和应用水平的提升,2015年后,技术投入对城市物流发展失配的影响逐步降低。

从具体指标来看,物流从业人员数、科学事业费支出、互联网宽带接入用户数、邮政业务收入、年末实有城市道路面积、工业烟尘排放量、工业二氧化硫排放量、人均GDP和社会消费品零售总额是主要的障碍因素。经济发展要素受制于人均社会消费品零售额及人均GDP,区域经济从以下几个方面影响物流业发展:一是经济发达地区能够保障交通等公共基础设施建设所需资金,持续完善的交通基础设施网络能够降低物流业运营成本,提升物流业运营效率,吸引更多的物流企业集聚;二是经济发展水平较高的区域一般具有较强的制造业发展实力和居民消费能力,带来大量的物流服务需求,进而推动物流业发展。产业规模主要受限于物流从业人员数,物流业的快速发展带来大量的从业人员需求,但物流业从业人员,特别是从事仓库、运输等作业的一线从业人员缺口呈扩大化趋势,在一定程度上制约了产业的发展。从业人员数不足的地区可通过建立跨地区联动的物流业人才基地及人力资源市场共享机制建设,加快自动化设施设备的应用等途径解决物流业发展从业人员不足的瓶颈[220]。生态环境要素主要受限于工业烟尘排放量及工业二氧化硫排放量,近年来,中西部地区工业化进程显著加快,大量污染物的排放给中西部地区环境保护带来较大压力,如何实现工业化发展和环境污染治理协同推进是中西部地区需要重点解决的问题。技术投入方面主要受科学事业费支出的制约,受制于财政收支等因素,中西部城市科学事业费支出同东部地区存在较大差距,如何提升有限的科学事业费支出使用效率需要引起中西部地区城市的重点关注。物流网络方面主要受制于年末实有城市道路面积,近年来,以城市配送这一物流新业态为代表的城市物流快速发展,对城市道路的依赖越来越高,而城市路网水平直接影响着城市配送等新业态的运营效率。信息化水平因素主要受互联网宽带接入用户数的限制,随着网络货运平台、软件即服务(SaaS)等业态的快速发展,对企业信息化水平提出了越来越高的要求,互联网宽带接入用户数直接影响城市物流发展水平。

表 5-12 主要年份八大要素对城市物流发展的障碍度比重

年份	产业规模	经济发展	物流网络	政府支持	生态环境	技术投入	信息化水平	对外交流
2005	17.69%	8.25%	11.16%	9.72%	24.50%	8.70%	12.23%	7.76%
2010	19.61%	10.31%	12.02%	6.74%	30.31%	4.78%	12.64%	3.59%
2015	20.40%	10.82%	9.03%	6.98%	18.44%	15.75%	12.82%	5.76%
2019	18.71%	12.68%	13.13%	5.58%	18.64%	13.01%	12.24%	6.01%
2020	21.48%	14.40%	13.55%	5.6%	15.47%	10.69%	13.19%	5.63%

表 5-13 主要年份城市物流发展失配度前7位障碍因子

年份	障碍因素1	障碍因素2	障碍因素3	障碍因素4	障碍因素5	障碍因素6	障碍因素7
2005	C3(10.63%)	D3(9.16%)	A2(8.69%)	C2(8.18%)	A4(5.48%)	C1(5.34%)	D2(5.06%)
2010	C3(13.68%)	C2(8.5%)	C1(7.99%)	D3(7.07%)	A3(7.02%)	A1(6.45%)	A2(6.13%)
2015	D1(13.42%)	A2(8.11%)	A3(7.97%)	C1(7.21%)	D3(7.2%)	C2(6.3%)	D4(5.62%)
2019	A3(11.2%)	D1(10.36%)	B3(7.44%)	D3(7.36%)	C2(6.82%)	C3(6%)	A4(5.43%)
2020	A3(12.09%)	D3(7.93%)	B3(7.42%)	D1(7.31%)	C3(7.07%)	A6(6.97%)	A2(6.88%)

注:各障碍因子字母代码释义见表 5-1。

5.4.2 单变量的必要条件分析

基于前文分析可知,单一障碍因子可以在一定程度上解释城市物流发展失配的原因,但城市物流发展是多重影响因素综合作用的结果,需要进一步分析各因素的组合对城市物流高质量发展的影响。借助 fsQCA3.0 软件,通过模糊集定性比较分析法,探究影响物流业高质量发展的条件组态及作用机制。

由于 QCA 方法无法处理时序性数据,选取 2020 年的要素层条件变量与城市物流发展失配度作为条件变量与结果变量开展实证研究(本章对 2005—2019 年数据进行相关检验,结果同 2020 年基本一致,说明研究结论的可靠性,限于篇幅原因,未报告 2005—2019 年结果),必要条件分析结果见表 5-14。当结果变量为失配结果时,低产业规模、低经济发展、低政府支持、低技术投入、低信息化水平、低对外交流的一致性均高于临界值 0.9,且覆盖率均大于 0.5,说明这 6 个条件变量可能是导致我国城市物流发展失配的必要条件。借鉴施耐德和威格曼、谭海波等[221]的做法,分别将这 6 个变量与结果变量绘制 X-Y 散点图,结果显示 1/3 以上的案例点分布在对角线以上,说明尽管这 6 个条件变量都通过了一致性检验,但仍然无法将其视为导致我国城市物流发展失配的必要条件。在结果变量为匹配结果中,所有条件变量的一致性均未通过阈值 0.9,说明单一变量同样无法作为造成我国城市物流发展匹配的归因。这一结果显示了我国城市物流业发展失配归因的复杂性,城市物流发展失配的变化是多个条件共同作用的结果,需要对其不同前因条件进行组态分析。

表 5-14 全国物流业高质量发展失配度单因素必要条件检测

条件变量	失配结果		匹配结果	
	一致性检验	覆盖率检验	一致性检验	覆盖率检验
低产业规模	0.938	0.867	0.615	0.490
高产业规模	0.449	0.575	0.834	0.920
低经济发展	0.933	0.886	0.600	0.491
高经济发展	0.464	0.574	0.861	0.917
低物流网络	0.874	0.862	0.613	0.521
高物流网络	0.515	0.607	0.838	0.851
低政府支持	0.933	0.887	0.602	0.492
高政府支持	0.466	0.576	0.862	0.918
低生态环境	0.569	0.688	0.690	0.719
高生态环境	0.768	0.742	0.701	0.583
低技术投入	0.921	0.840	0.637	0.500
高技术投入	0.452	0.591	0.796	0.897
低信息化水平	0.905	0.884	0.552	0.464

续表

条件变量	失配结果		匹配结果	
	一致性检验	覆盖率检验	一致性检验	覆盖率检验
高信息化水平	0.452	0.539	0.862	0.886
低对外交流	0.936	0.832	0.616	0.471
高对外交流	0.405	0.551	0.780	0.913

5.4.3 条件组态分析

以城市物流高质量发展失配度为因变量,以产业规模等8个要素为条件变量进行条件组态分析。基于校准后的真值表,以0.8作为一致性阈值,设定案例阈值为2,"不一致性的比例减少"(proportional reduction in inconsistency,PRI)一致性大于0.75[222],在反事实分析中假设8个条件变量的出现和缺失都有可能影响城市物流发展的失配程度,以仅出现在中间解的条件变量作为边缘条件,以同时出现在中间解与简单解的条件变量作为核心条件得到表5-15。结果显示,在失配结果中,解的一致性为0.977,表示在所有满足失配结果的5条路径的案例中,有97.7%的案例城市均呈现较高的失配度;解的覆盖度为0.796,表示这5条路径可以解释79.6%的案例城市物流业发展失配情况。在匹配结果中,解的一致性为0.986,表示在所有满足匹配结果的5条路径的案例城市中,有98.6%的案例城市呈现较高的物流业发展匹配度;解的覆盖度为0.702,表示这5条路径可以解释70.2%案例城市物流业发展匹配情况。解的一致性与覆盖度均高于阈值,验证实证结果有效。

表5-15 城市物流发展失配度前因条件组合路径

条件变量	失配结果					条件变量	匹配结果				
	组态1	组态2	组态3	组态4	组态5		组态1	组态2	组态3	组态4	组态5
低产业规模	●	●	●	●	●	高产业规模	●	●	●	●	U
低经济发展	○			●	●	高经济发展	●	●	○	○	○
低物流网络				○	○	高物流网络			●		
低政府支持	●	○	●	●	●	高政府支持	●	●	●	●	●
低生态环境			●	○	●	高生态环境		○			
低技术投入	●	●	●		●	高技术投入	○	○	○		○
低信息化水平	●		●	○	○	高信息化水平	○			○	
低对外交流	●	○	●	○	○	高对外交流	○	○	○	●	●
一致性	0.981	0.981	0.985	0.987	0.987	一致性	0.989	0.986	0.990	0.983	0.978
原始覆盖度	0.748	0.449	0.421	0.480	0.480	原始覆盖度	0.626	0.547	0.539	0.488	0.334
唯一覆盖度	0.192	0.032	0.003	0.002	0.002	唯一覆盖度	0.036	0.004	0.004	0.010	0.012

续表

条件变量	失配结果					条件变量	匹配结果				
	组态1	组态2	组态3	组态4	组态5		组态1	组态2	组态3	组态4	组态5
解的一致性	0.977					解的一致性	0.986				
解的覆盖度	0.796					解的覆盖度	0.702				

注：●表示核心条件存在，○表示边缘条件存在，U表示条件缺失，空格表示条件变量的存在对结果无关紧要。

1.失配结果归因的组合路径分析

表5-15结果显示，单个条件分析结果发现低产业规模在5条路径中均出现，表明产业规模小是导致城市物流发展失配的主要原因，这个结果同城市物流发展失配障碍因子分析结果一致。导致城市物流发展失配包括5条组合路径，结合组合路径特征归类为以下两种类型：

（1）全面组合型。对应组态1、3，该构型可理解为造成物流业高质量发展失配格局是所有变量共同作用的结果，其中产业规模小、政府投入不足、技术水平较低、信息化水平落后、对外开放不够是城市物流高质量发展的核心阻力，在所有组态中，该构型覆盖城市最多，典型城市包括朝阳、辽源、白山、鹤岗、双鸭山、伊春、七河、贺州、来宾、资阳、保山、铜川、普洱、嘉峪关、白银、武威、酒泉、定西、陇南、吴忠、固原等，主要位于经济发展水平不高的中西部及偏远地区，需求不足导致物流市场主体发育滞缓，投入不足导致交通物流基础设施落后，以上问题的综合作用导致这些城市物流业发展失配度较高，需要结合这些城市经济发展、所处区位等情况，结合"一带一路"倡议、现代流通体系建设等国家战略，精准定位、系统制定城市物流发展规划，重点围绕交通基础设施建设、培育壮大市场主体等工作，补齐短板，激发城市物流发展内生动力。

（2）发展滞后—环境污染型。对应组态2、4、5，该构型可理解为经济发展不足与绿色发展成效不好造成了物流业高质量发展失配格局，物流业产业规模小、经济发展基础薄弱、绿色发展不足是核心阻力，典型城市包括大同、晋城、朔州、乌海、抚顺、本溪、盘锦、铜陵、新余、枣庄、黄石、承德、运城、临汾、吕梁等，这些城市大多位于中部地区，城市经济和环境的协调可持续发展不足，其中，部分城市属于资源型城市，生态环境比较脆弱，这些城市的转型发展存在资源路径依赖特征，面临转型发展和减污降碳的双重压力。跳出原有产业发展惯性，充分发挥资源禀赋优势，探索基于资源的产业链绿色低碳延伸，提升产业链能级，构建符合可持续发展要求的现代绿色产业体系，实现经济与环境的协调发展是这些城市转型发展的主要方向。同时，要积极推进物流业的绿色化改造，加快推进与区域经济社会发展相适应的绿色物流基础设施和网络建设，引导物流业市场主体通过绿色技术、装备应用、绿色运营模式导入等开展绿色运营实践，实现物流业与关联产业的绿色协调发展。

2.匹配结果归因的组合路径分析

QCA具有"因果不对称性"的特点，因此以结果变量的否集（非失配）作为高质量发展匹配度展开分析，表5-15结果显示，单个条件分析发现，高政府支持在5条路径中均出现,表明政府支持是城市物流高质量发展匹配结果的重要影响因素。推动城市物流高质量发展匹配包括5条组合路径,结合组合路径特征归类为以下两种类型:

(1)全面发展型。对应组态1、2、3,在这3条组合路径中,产业规模、经济发展基础和政府支持的协同效应是形成城市物流高质量发展匹配格局的核心条件,即拥有良好的经济基础、扎实的产业基础和较好的政府支持,城市物流高质量发展将呈现匹配特征。技术投入和对外开放水平是城市物流高质量发展匹配的补充条件。典型城市包括北京、上海、天津、哈尔滨、长春、石家庄、太原、沈阳、杭州、宁波、温州、南京、苏州、合肥、福州、厦门、泉州、南昌、济南、青岛、郑州、武汉、长沙、广州、深圳、珠海等。这些城市主要分布在东部沿海地区和中部地区,以省会、副省级城市为主,城市物流发展呈现多要素匹配特征。

(2)组织—开放型。对应组态4、5,在这两条组合路径中,政府支持和对外开放水平的协同效应是城市物流高质量发展匹配格局的核心条件,经济发展基础是共同的补充条件,即较强的对外开放水平、较高的财政资源投入和良好的经济发展基础能够提升城市物流高质量发展匹配度。典型城市包括天津、唐山、邯郸、大连、徐州、赣州、济南、东营、潍坊、临沂、武汉、岳阳、重庆、昆明等,这些城市一般是区域核心、次核心城市,或者是区域枢纽城市,良好的经济基础保障了这些城市政府财政资金的投入,推动交通、物流基础设施条件的持续完善,健全的交通物流服务体系进一步强化了这些城市的枢纽功能,枢纽经济的打造推动了城市经济与物流业的协同发展,同时,这些城市具备较强的吸引外资或产品出口能力,进一步带动了物流业发展。

5.5 结论与建议

5.5.1 研究结论

本章在测算2005—2020年城市物流高质量发展失配度的基础上,刻画了城市物流高质量发展失配演化特征,探究了城市物流发展失配归因,得到以下研究结论:

(1)我国城市物流业高质量发展水平总体呈现上升趋势,但仍处在较低发展水平,城市物流存在显著的区域发展不平衡特征,东部地区发展水平远高于中西部地区。对外开放水平子系统发展水平最高,是推动城市物流高质量发展的关键因素,绿色发展成效得分快速上升,对城市物流高质量发展的影响持续强化。

(2)城市物流发展失配度总体呈现下降趋势,整体呈现由失配向匹配转变态势。东部与中部城市大部分处在低度失配状态,处于匹配状态的城市也主要分布在中东部地区,而西部地区则是高失配城市集中区域。

(3)障碍度诊断结果显示,产业规模、经济发展、物流网络、生态环境、技术投入及信息化水平是造成我国城市物流发展失配的主要因素,其中,物流产业规模是城市物流发展失配的最主要原因。

(4)单一障碍因子难以全面解释我国城市物流发展失配的成因,城市物流发展失配是多变量共同作用的结果。在引起失配的组合路径中,产业规模偏小是造成城市物流发展失配的主要原因,造成失配结果的组合路径包括"全面组合型"和"发展滞后—环境污染型"两种类型。在引起匹配的组合路径中,较大的产业规模和较强的政府支持是实现城市物流发展匹配格局的核心条件,产生匹配结果的组合路径包括"全面发展型"和"组织—开放型"两种类型。

5.5.2 政策建议

(1)以"全国一盘棋"的思路统筹物流业整体发展。深入推进"通道＋枢纽＋网络"现代物流服务体系建设,从整体上做好物流枢纽城市、物流通道建设规划,做好国家、省、市层面政策、制度的统一,高质量推进现代物流网络建设,有效支撑现代流通体系建设。针对不同城市在物流网络中所处地位,结合当地实际情况,有针对性地制定物流业发展规划、制定扶持政策,提升区域物流协调发展水平,提升政策制定和实施的有效性。具体来看,要围绕国家物流枢纽建设、做大做强物流市场主体、提升智慧化水平等重点工作进一步推动东部地区物流产业转型升级,强化这些区域对城市物流网络的引领带动作用,进一步提升溢出效果;对于中西部地区城市,充分利用各城市特有的经济资源禀赋,打好物流业发展基础,积极融入全国物流运营网络体系,提高其在整体网络中的参与度。

(2)推动物流业与关联产业融合发展。区域经济发展水平和对外开放水平是影响城市物流发展匹配度的核心变量,良好的经济发展基础和对外开放水平带来大量的物流服务需求,推进物流业与制造业、商贸流通等产业的协同集聚、融合发展能够显著提升物流业运营效率。通过延伸仓储、运输等功能性物流服务,推进物流业务向综合型供应链服务转型,进一步提升物流业融入产业链、供应链的广度和深度,显著提升供应链组织效率,服务构建自主安全可控的供应链体系的同时实现产业的协同发展。

(3)培育物流业高质量发展新动能。一是坚持创新驱动,强化技术创新对物流业高质量发展的引领作用。依托大数据、物联网等信息技术工具和手段打造提升物流业不同功能运营效率的服务平台,加大现代物流技术和设备的应用,加快推进现代物流业智慧化转型。二是强化区域合作,在完善城市物流服务体系的基础上,围绕都市圈、城市群产业链建设,健全物流服务链,构建服务全产业链的物流服务网络,提升城市间物流协同服务能力。

(4)推进城市物流绿色转型。"3060"目标的提出进一步强化了物流业发展的资源环境约束。沿海经济发达、物流产业发展基础好的城市应积极探索绿色物流发展规律,加快绿色物流技术的研发和应用,培育绿色物流发展新业态,探索可复制可推广的绿色物流发展模式。中西部物流业发展落后城市在物流业的发展过程中,要避免传统物流业高能耗、高排放、高污染的发展路径,做好绿色物流发展顶层设计,从基础设施建设、技术装备应用、市场主体培育等方面系统推进绿色物流发展。

第 6 章 国家物流枢纽承载城市物流韧性提升路径研究

6.1 引言

物流枢纽是物流设施设备集聚的场所和仓储、运输等物流业务的组织中心,是支撑物流业高质量发展、提升城市互联互通水平、保障承载城市产业链供应链安全和韧性的重要载体[223-225]。2018 年 12 月,国家发展改革委和交通运输部联合印发《国家物流枢纽布局和建设规划》,提出在全国 127 个城市布局 212 个国家物流枢纽。国家物流枢纽是国家顶层骨干物流网络的重要节点,是具有更强辐射能力、集聚能力和服务能力的综合性物流节点。国家物流枢纽建设能够增强承载城市物流要素集聚能力,通过枢纽的互联互通提升承载城市物流网络辐射能力,提升城市深度参与全国乃至全球产业链、价值链分工合作水平,推动物流枢纽从"通道经济"向"枢纽经济"转变。国家物流枢纽承载城市将通过深度融入全国现代物流服务体系和统一大市场,成为带动区域融入双循环格局的门户接口和产业链价值链中枢。

2019 年年底暴发的新冠疫情严重冲击国家流通网络的安全运行,给物流服务体系的有序运行带来严重冲击和空前挑战,枢纽城市在应对新冠疫情冲击的过程中表现出良好的物流韧性,物流"生命线"作用得到充分发挥,有效降低了新冠疫情对枢纽城市及区域经济的冲击。但各个城市在开展新冠疫情防控工作的同时,疫情导致的供应链循环中断、运输及城市配送渠道受阻、物流枢纽同物流业务和供应链组织的衔接不畅、生产端和消费端生产生活物资缺货严重与高库存水平风险并存等问题,严重影响了城市经济社会的有序运行,城市物流体系韧性亟待加强。如何在日益增长的风险和挑战中提升城市物流应对风险的能力、保持城市物流有序运行,减少各类危机对城市经济社会高质量发展带来的负面影响,成为提升城市风险治理水平、推进城市高质量发展亟待研究的课题。

韧性最早用来定义生态系统的稳定状态特征,指系统经历外部冲击后能够保持或恢复到初始状态的能力。近年来,韧性概念逐渐被生态学、地理学、经济学、管理学等学科吸收,成为经济地理的研究热点,相关学者对工程韧性、社会生态系统韧性、城市韧性评估等领域开展了大量研究[226-227]。城市作为区域经济社会发展的增长极,集聚了大量的资本、人力资源等要素,通过提升城市适应和抵御风险的能力提升城市韧性成为学术界、政府管理部门关注的领域[228]。国内外学者主要从城市整体韧性、经济韧性、产业韧性等角度对城市韧性水平进行了评价,常用的评价方法主要包括综合指标评价法[229-230]、遥感模型评价[231]等。城市整体韧性研究方面，Ouyang 等[232]、Riberiro 和 Gonvalves[233]、Xun 等[234]从自然、社会、经济、基础设施和生态环境等维度构建了评价城市韧性水平的指标体系。张明斗和冯晓青[235]、赵懋源等[236]、朱金鹤和孙红雪[237]分别从全国、城市群和省域等尺度在构建评价指标体系的基础上测度了城市韧性水平。城市经济韧性研究方面，张开和张琦[238]、陈胜利和王东[239]、李诗音等[240]、毛丰付等[241]、王晓等[242]、李连刚等[243]、孙红雪等[244]分别从全国、城市群和省域等尺度测算了城市经济韧性水平，分析了政策冲击、数字产业发展、产业结构、人力资本等因素对城市经济韧性的影响机制。产业韧性研究方面，余金艳等[245]、谢泗薪等[246]采用韧性测度模型和综合指标评价法分别测度了全球跨境电商物流、中国航空物流韧性水平，金凤花等[247]采用综合指标评价法测算了长三角城市群城市物流韧性水平。王庆伟等[248]、狄乾斌等[249]、王倩等[250]从不同尺度研究了旅游产业韧性及影响因素。

通过文献梳理发现，现有文献对城市韧性的研究主要集中在城市韧性、城市经济和产业韧性的总体评价及影响因素识别，少量文献研究了物流业不同业态及城市物流韧性，相关研究成果为本章内容的研究奠定了理论和实证基础。但现有研究存在以下不足：第一，现有文献开展物流产业韧性研究，但是从城市尺度对物流韧性尚未开展深入研究。物流业作为国民经济社会发展的支撑性、先导性产业，其韧性水平直接影响城市经济社会的高质量发展，特别是国家物流枢纽承载城市在现代物流体系的构建和运营以及在保障产业链供应链安全等方面发挥着至关重要的作用，亟待对关键枢纽城市物流韧性开展深入研究。第二，现有文献在采用综合评价指标法研究城市物流韧性时，评价指标的选择无法系统反映城市物流韧性特征，需要结合产业功能定位、产业体系结构等城市物流产业发展本质进一步完善城市物流韧性评价指标体系。第三，现有文献在探讨城市经济韧性、产业韧性的影响因素、影响机制时，主要采用回归分析的方法，然而城市经济韧性、产业韧性的差异是多重因素综合作用的结果，影响因素存在显著的组态效应[251]，城市物流韧性水平的提升是城市物流异质性主体相互影响、重组过程中形成的渐进式演化，不同城市物流韧性发展存在差异化特征，因此，需要探讨多因素综合影响下城市物流韧性提升的组合路径。

综上，基于产业韧性视角，本章在构建城市物流韧性综合评价指标体系的基础上，测度国家物流枢纽承载城市物流韧性水平，分析城市物流韧性水平提升的异质性组合路径，以期在丰富城市物流韧性研究的基础上，为提升城市物流韧性、推动城市物流高质量发展、提升城市治理水平提供理论和实践依据。

6.2 研究方法和数据说明

6.2.1 城市物流韧性评价指标体系构建

城市物流韧性是指城市物流系统在应对不确定性和风险冲击时，能够抵御或吸收外部冲击，保持其运作能力、长期适应能力和恢复到外部冲击前水平的能力，在此基础上实现发展演化、产业升级的能力。城市物流韧性是城市物流服务供给系统、物流服务需求系统、生态环境系统等系统动态交互、相互影响的复杂耦合系统,在应对自然灾害等风险冲击时,政府、企业、居民等利益主体通过多元协作应对风险时体现出来的适应和恢复能力。城市物流韧性水平不仅同城市物流基础设施布局、服务供给、产业组织和运营水平等内部因素相关,也受城市区位、经济社会发展阶段、关联产业产业链位置、资源环境、技术水平等因素的影响。

结合城市物流主要功能、物流韧性内涵,借鉴产业韧性、经济韧性评价相关研究成果,从抵御能力、恢复能力、升级能力和生态韧性4个维度构建包括28个指标的国家物流枢纽承载城市物流韧性评价指标体系(见表6-1)。抵御能力是指城市物流系统在应对外部冲击时维持现有业务体系结构和服务能力、保持业务有序运营的能力,经济韧性、物流服务供给能力、物流服务需求和物流产出能力是影响城市物流系统抵御能力的关键因素。其中,用产业结构、对外开放水平、人均可支配收入等指标反映城市经济韧性;用物流企业数量、物流业从业人员数、公路里程等指标表示城市物流基础服务供给能力;用社会消费品零售总额、第二产业增加值等指标表示城市物流服务需求;用物流业增加值等指标反映城市物流产出能力。恢复能力是指城市物流系统受到外部冲击后,恢复到外部冲击前的功能结构、服务能力的能力,固定资产投资、信息化水平是影响城市物流系统恢复能力的重要因素。升级能力是指城市物流系统转型升级、创新发展的能力,产业高质量发展潜力是影响城市物流升级能力的主要因素。A级物流企业是具有一定业务能力和规模的代表性企业,A级物流企业数量的多少在一定程度上反映了城市物流综合竞争实力的强弱,选择该指标反映城市物流高质量发展水平。此外,科学技术支出占GDP比重、大学生数量等指标能够反映城市创新能力,是城市物流高质量发展的基础。生态韧性能够反映城市绿色发展的能力和水平[252],城市物流发展过程中会给城市带来空气、噪声等污染,政府通过制定环境型的规制性政策引导城市物流绿色化发展,进而影响城市生态治理能力,选择城市建成区绿化覆盖率、工业废水排放量等指标作为反映城市生态治理水平的指标。

表6-1 国家物流枢纽承载城市物流韧性评价指标体系

系统层	要素层	指标层	编号	预期符号	指标解释
抵御能力	经济韧性	人均GDP(万元)	A1	+	GDP/总人口
		产业结构(%)	A2	+	第三产业增加值/GDP
		人均可支配收入(万元)	A3	+	居民人均可支配收入
		总就业人口(人)	A4	+	年末城镇单位就业人员数
		对外开放水平(万元)	A5	+	当年实际使用外资金额

续表

系统层	要素层	指标层	编号	预期符号	指标解释
抵御能力	物流服务供给能力	物流企业数量(家)	A6	+	根据天眼查数据整理的交通运输、仓储和邮政业企业数量(不包含个体户)
		物流业从业人员数(人)	A7	+	年末城镇单位交通运输、仓储和邮政业就业人员数
		公路里程(km)	A8	+	达到规定的技术等级公路里程数
		年末实有城市道路面积(km²)	A9	+	城市内道路铺装面积
		交通可达性	A10	—	借鉴周洲等[253]的研究,用加权平均旅行时间表示城市交通可达性,时间越长,交通可达性越差
	物流服务需求	社会消费品零售总额(亿元)	A11	+	社会消费品零售总额
		限额以上批发零售贸易业商品销售总额(亿元)	A12	+	限额以上批发零售贸易业商品销售总额
		进出口总额(亿元)	A13	+	进出口总额
		第二产业增加值(亿元)	A14	+	第二产业增加值
	物流产出能力	物流业增加值(亿元)	A15	+	全市交通运输、仓储、邮政业增加值
		货运量(万吨)	A16	+	公路、铁路、水路和航空业货运量总和
		邮政业务收入(亿元)	A17	+	全市邮政行业业务总收入
恢复能力	投资水平	固定资产投资(亿元)	B1	+	全社会全年固定资产投资额
	信息化水平	互联网宽带接入用户数(万户)	B2	+	年末互联网宽带接入用户数
		移动电话年末用户数(万户)	B3	+	年末移动电话用户数
升级能力	产业高质量发展潜力	A级物流企业数量(家)	C1	+	根据中国物流与采购联合会公布信息整理
		科学技术支出占GDP比重(%)	C2	+	地方财政科学事业费支出额/GDP
		每万人在校大学生数量(人)	C3	+	在校大学生数量/总人口
		专利申请量(项)	C4	+	专利申请量
生态韧性	生态治理能力	工业废水排放量(万吨)	D1	—	工业企业废水排放总量
		工业二氧化硫排放量(吨)	D2	—	工业企业二氧化硫排放总量
		工业烟尘排放量(吨)	D3	—	企业排放的烟尘和工业粉尘总量
		建成区绿化覆盖率(%)	D4	+	城市建成区绿化覆盖率

6.2.2 数据说明

2019年以来,国家发展改革委共批复了5批105个城市为国家物流枢纽承载城市,其中,广州、天津、成都、西安、重庆、郑州等城市获批不同类型的国家物流枢纽,剔除数据缺失较严重的城市,样本城市包括北京、上海、广州等66个城市。城市物流韧性评价指标体系相关数据来源于2006—2022年《中国城市统计年鉴》和各城市统计年鉴。

6.2.3 研究方法

1.熵权法

采用改进的熵权法计算国家物流枢纽承载城市物流韧性评价指标体系权重,计算步骤见第4章4.2.1项下"改进的熵权法"。

2. TOPSIS 综合分析法

TOPSIS(technique for order preference by similarity to an ideal solution)综合分析法是一种常用的多指标决策方法,可以在评价方案的优劣程度的基础上确定最优方案。步骤如下:

(1)数据无量纲化。

正向指标标准化公式:

$$k_{ij} = \frac{x_{ij}}{\sqrt{\sum_{i=1}^{n} x_{ij}^2}} \tag{6-1}$$

负向指标在取倒数后应用正向指标标准化公式 $k_{ij}^* = \frac{1}{k_{ij}}$ ($i=1,2,\cdots,n$),($j=1,2,\cdots,m$)。

$$K = \begin{pmatrix} k_{11} & \cdots & k_{1m} \\ \vdots & \ddots & \vdots \\ k_{n1} & \cdots & k_{nm} \end{pmatrix} \tag{6-2}$$

式中,k_{ij} 表示第 i 个方案下的第 j 项无量纲化后的数据($i=1,2,\cdots,n$),($j=1,2,\cdots,m$)。K 矩阵为对原始数据无量纲化处理后组成的新矩阵,将得到的矩阵乘以对应的指标权重得到加权矩阵。

(2)定义正负理想解。

正理想解:

$$k_j^+ = (k_1^+, k_2^+, \cdots, k_m^+) \tag{6-3}$$

负理想解:

$$k_j^- = (k_1^-, k_2^-, \cdots, k_m^-) \tag{6-4}$$

式中,k_j^+ 表示在第 j 项指标里的最大值($j=1,2,\cdots,m$)。

式中,k_j^- 表示在第 j 项指标里的最小值($j=1,2,\cdots,m$)。

(3)计算欧式距离。

与正理想解的距离:

$$L_i^+ = \sqrt{\sum_{j=1}^{m}(k_j^+ - k_{ij})^2} \tag{6-5}$$

与负理想解的距离：

$$L_i^- = \sqrt{\sum_{j=1}^{m}(k_j^- - k_{ij})^2} \tag{6-6}$$

式中，L_i^+ 表示第 i 个方案与最大值的距离（$i=1,2,\cdots,n$）。

式中，L_i^- 表示第 i 个方案与最小值的距离（$i=1,2,\cdots,n$）。

(4) 计算贴近度。

根据 L_i^+，L_i^- 计算得出最终得分：

$$S_i = \frac{L_i^-}{L_i^- + L_i^+} \tag{6-7}$$

式中，S_i 表示第 i 个方案的贴近度，S_i 越大则得分越高（$i=1,2,\cdots,n$）。

6.3 国家物流枢纽承载城市物流韧性分析

6.3.1 国家物流枢纽城市物流韧性水平特征分析

1. 总体特征分析

采用熵权-TOPSIS方法测算2005—2021年国家物流枢纽承载城市物流韧性水平，总体样本及分区域城市物流韧性水平平均值及标准差（S）结果见表6-2和表6-3。表6-2结果显示，国家物流枢纽承载城市物流韧性水平平均值由2005年的0.029增加到2021年的0.106，增长了265.52%，物流韧性水平整体呈快速上升趋势，但仍处在较低水平。分区域来看，东部地区城市物流韧性水平远高于中西部地区和总体样本，上海、广州、深圳等东部地区城市较高的物流韧性水平提升了东部地区城市整体均值；西部地区城市物流韧性略高于中部地区，西部地区的重庆和成都两个城市物流韧性水平远高于其他城市，提升了西部地区城市物流韧性的平均水平。从韧性水平增幅来看，东部最高（302.38%）、中部次之（236.84%）、西部最低（195.45%）。表6-3结果显示，研究期间，国家物流枢纽承载城市物流韧性标准差呈上升趋势，城市间韧性水平差异呈现扩大化趋势，分区域来看，城市间物流韧性水平差异东部最大、西部次之、中部最小，不同区域城市间物流韧性水平差异均呈现扩大化特征。

表 6-2　2005—2021 年分区域国家物流枢纽承载城市物流韧性水平平均值

区域	年份																
	2005	2006	2007	2008	2009	2010	2011	2012	2013	2014	2015	2016	2017	2018	2019	2020	2021
总体样本	0.029	0.032	0.035	0.037	0.038	0.044	0.050	0.054	0.062	0.063	0.066	0.072	0.077	0.087	0.090	0.102	0.106
东部地区	0.042	0.048	0.054	0.058	0.059	0.068	0.078	0.085	0.095	0.098	0.099	0.110	0.117	0.128	0.137	0.163	0.169
中部地区	0.019	0.020	0.021	0.022	0.024	0.026	0.029	0.032	0.035	0.038	0.041	0.045	0.049	0.054	0.059	0.061	0.064
西部地区	0.022	0.026	0.024	0.024	0.026	0.029	0.034	0.038	0.047	0.044	0.047	0.050	0.053	0.057	0.060	0.062	0.065

表 6-3　2005—2021 年分区域国家物流枢纽承载城市物流韧性水平标准差

区域	年份																
	2005	2006	2007	2008	2009	2010	2011	2012	2013	2014	2015	2016	2017	2018	2019	2020	2021
总体样本	0.026	0.031	0.035	0.039	0.037	0.043	0.050	0.053	0.058	0.061	0.062	0.070	0.073	0.085	0.088	0.119	0.122
东部地区	0.038	0.043	0.048	0.052	0.048	0.056	0.064	0.067	0.073	0.075	0.076	0.087	0.090	0.100	0.109	0.162	0.165
中部地区	0.007	0.008	0.008	0.010	0.011	0.013	0.016	0.018	0.019	0.023	0.026	0.030	0.034	0.038	0.044	0.044	0.046
西部地区	0.009	0.016	0.018	0.021	0.024	0.027	0.033	0.037	0.043	0.045	0.050	0.052	0.054	0.059	0.061	0.062	0.066

采用自然断裂点法将国家物流枢纽承载城市物流韧性水平分为5类,分别是:高水平($S \geq 0.151518$)、较高水平($0.080934 \leq S \leq 0.151537$)、中等水平($0.048872 \leq S \leq 0.080933$)、较低水平($0.0273 \leq S \leq 0.048871$)和低水平($S \leq 0.0272$)。城市数量分布见表6-4,结果显示,研究期间,低城市物流韧性水平城市数量持续减少,较低和中等韧性水平城市数量先增加后减少,较高和高水平城市数量波动上升。2005年,低水平城市数量达49个,占样本城市的74.24%,高水平城市仅上海市1个,韧性水平达0.161,在良好的城市经济韧性、旺盛的物流服务需求、较强的服务供给能力和较高的城市治理水平的综合作用下,上海市城市物流韧性水平远高于其他城市。2010年后,较高和高韧性水平城市数量均呈现快速增长态势,这两类城市主要分布在直辖市、省会城市和东部地区经济发达城市,其中,石家庄、福州、泉州、长沙、金华等城市实现由低水平到较高水平的跃升,成都、南京、宁波、武汉等城市实现由较低水平到高水平的跃迁。位于中西部地区的大同、营口、衡阳、南阳等城市物流韧性始终保持在低和较低水平。

表6-4 2005—2021年国家物流枢纽承载城市物流韧性水平城市数量分布

时间	低水平	较低水平	中等水平	较高水平	高水平
2005	49	10	3	3	1
2006	46	12	3	4	1
2007	41	16	3	4	2
2008	37	16	6	5	2
2009	33	19	7	5	2
2010	32	19	8	4	3
2011	29	17	10	6	4
2012	24	20	11	6	5
2013	19	15	17	8	7
2014	19	18	15	7	7
2015	17	19	16	7	7
2016	16	17	18	7	8
2017	14	16	17	10	9
2018	12	14	19	11	10
2019	11	14	17	14	10
2020	11	14	17	15	9
2021	10	14	16	15	11

2.要素层和系统层特征分析

城市物流韧性水平评价指标体系要素层和系统层平均得分见表6-5和表6-6。表6-5结果显示,研究期间,同城市物流韧性水平整体演化趋势一致,要素层8个指标得分均呈现增长态势。从具体指标来看,产业高质量发展潜力得分始终排在所有要素得分的第一位,是提升城市物流韧性水平的最关键因素。A级物流企业具有较完备的物流服务基础设施和较强的综合性物流服务提供能力,特别是能够提供商贸、物流、金融等综合性服务的供应链管理企业的集聚能够显著提升城市物流竞争实力,A级物流企业和供应链管理企业数量能够较好地反映城市物流高质量发展水平和产业升级潜力,能够显著提升城市物流韧性水平。2011年后,物流服务需求、经济韧性和物流服务能力等要素层指标得分位列第2位到第4位,是影响城市物流韧性水平的关键因素,其中,物流服务能力得分增长幅度低于其他指标,而物流服务能力反映了城市物流基础设施、要素配置水平,直接影响城市物流韧性,物流服务能力得分较慢的增长速度在一定程度上制约了城市物流韧性水平的提升。生态治理能力得分远低于其他指标,对城市物流韧性水平的提升影响较小。

表6-5　2005—2021年国家物流枢纽承载城市物流韧性水平要素层平均得分

时间	物流产出能力	经济韧性	物流服务能力	物流服务需求	投资水平	信息化水平	产业高质量发展潜力	生态治理能力
2005	0.004	0.010	0.011	0.007	0.001	0.004	0.011	0.003
2006	0.005	0.011	0.013	0.008	0.002	0.005	0.011	0.003
2007	0.005	0.012	0.014	0.010	0.002	0.005	0.013	0.003
2008	0.006	0.013	0.014	0.011	0.002	0.006	0.013	0.003
2009	0.006	0.014	0.015	0.011	0.003	0.007	0.015	0.003
2010	0.008	0.016	0.016	0.014	0.004	0.008	0.016	0.003
2011	0.009	0.018	0.017	0.017	0.004	0.009	0.018	0.003
2012	0.010	0.020	0.018	0.018	0.004	0.010	0.020	0.004
2013	0.011	0.022	0.020	0.021	0.005	0.011	0.022	0.004
2014	0.011	0.023	0.020	0.021	0.006	0.012	0.023	0.004
2015	0.012	0.023	0.021	0.021	0.006	0.012	0.025	0.004
2016	0.013	0.024	0.021	0.023	0.007	0.013	0.028	0.004
2017	0.015	0.026	0.022	0.024	0.007	0.014	0.032	0.004
2018	0.016	0.025	0.023	0.026	0.007	0.016	0.035	0.004
2019	0.017	0.026	0.023	0.028	0.007	0.016	0.037	0.004
2020	0.019	0.027	0.023	0.027	0.007	0.017	0.039	0.004
2021	0.021	0.030	0.024	0.031	0.008	0.017	0.039	0.004

同城市物流韧性整体水平和要素层指标演化特征一致,系统层指标得分在研究期间均呈现上升趋势(结果见表6-6),抵抗能力得分最高,是影响城市物流韧性水平的最关键因素。城市物流抵抗能力指标涵盖了物流服务供给能力、物流服务需求、物流产出和经济韧性等要素层指标,通过前文分析结果可知,这些指标都是影响城市物流韧性的关键

指标。升级能力得分在系统层指标中排名第2,升级能力代表了城市物流业高质量发展趋势,直接影响智慧物流、城市配送等新业态的发展,进而影响城市物流韧性水平。

表6-6　2005—2021年国家物流枢纽承载城市物流韧性水平系统层平均得分

系统层	2005	2006	2007	2008	2009	2010	2011	2012	2013	2014	2015	2016	2017	2018	2019	2020	2021
抵抗能力	0.032	0.038	0.041	0.045	0.047	0.053	0.060	0.066	0.074	0.075	0.077	0.081	0.087	0.090	0.094	0.097	0.105
恢复能力	0.005	0.006	0.007	0.008	0.010	0.011	0.013	0.015	0.016	0.017	0.018	0.019	0.020	0.022	0.023	0.024	0.025
升级能力	0.011	0.011	0.013	0.013	0.015	0.016	0.018	0.020	0.022	0.023	0.025	0.028	0.032	0.035	0.037	0.039	0.039
政府力量	0.003	0.003	0.003	0.003	0.003	0.003	0.003	0.004	0.004	0.004	0.004	0.004	0.004	0.004	0.004	0.004	0.004

6.3.2　国家物流枢纽承载城市物流韧性障碍因子识别

国家物流枢纽承载城市物流韧性评价结果显示,城市物流韧性水平整体处在较低水平,有必要进一步识别城市物流韧性的障碍因子。采用第5章中的障碍度模型,从要素层和指标层两个方面分析城市物流韧性障碍因子及障碍度,结果见表6-7和表6-8。

表6-7结果显示,物流服务需求、产业高质量发展潜力、物流产出能力、经济韧性和物流服务能力障碍度远高于其他指标,是制约城市物流韧性水平的关键障碍因素,是城市物流韧性处在较低水平的关键原因,其中,物流服务需求障碍度始终保持在20%以上,在所有因素中排名最高。信息化水平、投资水平和生态治理能力障碍度水平较低,特别是生态治理能力,障碍度始终小于1%,对城市物流韧性水平影响较小。从要素层因素时间演化特征来看,物流产出能力、经济韧性、物流服务能力、物流服务需求和投资水平障碍度均呈现先下降后上升态势,信息化水平、产业高质量发展潜力、生态治理能力障碍度整体呈现下降态势。提升物流服务需求数量和质量、物流产业高质量发展潜力、物流服务能力、物流产出能力和经济韧性是提升城市物流韧性水平的关键。

表6-7　国家物流枢纽承载城市物流韧性要素层障碍度分析

单位:%

时间	物流产出能力	经济韧性	物流服务能力	物流服务需求	投资水平	信息化水平	产业高质量发展潜力	生态治理能力
2005	18.815	15.670	15.642	21.282	3.153	6.643	18.644	0.151
2006	18.094	15.552	14.830	20.949	3.382	7.283	19.728	0.182
2007	18.212	15.520	14.901	20.904	3.369	7.258	19.660	0.175
2008	18.254	15.477	14.907	20.849	3.363	7.224	19.752	0.174
2009	18.319	15.489	14.915	20.971	3.303	7.149	19.685	0.170
2010	18.391	15.482	14.975	20.856	3.275	7.140	19.714	0.167

续表

时间	物流产出能力	经济韧性	物流服务能力	物流服务需求	投资水平	信息化水平	产业高质量发展潜力	生态治理能力
2011	18.484	15.429	15.006	20.791	3.302	7.090	19.726	0.172
2012	18.584	15.377	15.055	20.857	3.261	7.018	19.678	0.170
2013	18.753	15.271	14.999	20.823	3.221	7.017	19.744	0.173
2014	18.777	15.280	15.055	20.897	3.164	6.951	19.703	0.173
2015	18.825	15.297	15.084	20.983	3.104	6.974	19.560	0.173
2016	18.897	15.423	15.192	20.925	3.092	6.953	19.359	0.160
2017	18.896	15.348	15.326	21.068	3.125	6.910	19.173	0.155
2018	18.922	15.617	15.391	21.071	3.163	6.724	18.957	0.154
2019	18.939	15.659	15.561	21.011	3.148	6.700	18.827	0.154
2020	18.815	15.670	15.642	21.282	3.153	6.643	18.644	0.151
2021	18.662	15.650	15.753	20.981	3.180	6.726	18.895	0.153

为进一步从指标层了解影响城市物流韧性的障碍因子,采用第5章式(5-2)~(5-4)测算指标层障碍因子及障碍度,表6-8展示了2005年、2010年、2015年和2021年4个典型年份指标层障碍度排名前8的障碍因子及障碍度,结果显示,研究期间,除了排名在第8位的障碍因子发生改变之外(2005年和2021年排名第8的障碍因子为物流业增加值,2010年和2015年排名第8的障碍因子为互联网宽带接入数),排名前7的障碍因子未发生变化,分别为邮政业务收入、进出口总额、专利申请量、外商直接投资、A级物流企业数量、物流业从业人员数和社会消费品零售总额。从障碍因子障碍度排序来看,邮政业务收入和进出口总额始终排在指标层障碍因子的前两位,障碍度均超过10%且呈现增长态势,是制约城市物流韧性水平提升的最关键因素且对城市物流韧性水平的影响呈强化趋势。外商直接投资障碍度由2010年的排名第5调整为2021年的排名第3,超过了专利申请量和A级物流企业数量,专利申请量和A级物流企业数量障碍度排名则出现不同程度下降,专利申请量排名由第3位下降到第4位,A级物流企业数量障碍度由第4位下降为第5位,对城市物流韧性水平提升的影响减弱。外商直接投资金额在一定程度上反映了城市对外开放水平,外商直接投资(特别是制造业投资)在完善制造业产业链、提升制造业竞争实力的同时,全产业链物流服务需求的增加能够推动城市物流的转型升级。近年来,我国始终坚持推进高水平对外开放,但受美国贸易打压、逆全球化等因素的影响,部分城市外商直接投资增速呈现放缓趋势,外商直接投资对城市物流韧性水平影响的障碍度呈上升态势。物流业从业人员数和社会消费品零售总额障碍度始终排在第6和第7位,且障碍度呈上升趋势,对城市物流韧性水平的影响呈增长态势。

表 6-8 国家物流枢纽承载城市物流韧性障碍因子及障碍度分析

时间	1	2	3	4	5	6	7	8
2005	11.013 (A17)	10.599 (A13)	8.207 (C4)	7.912 (C1)	7.172 (A5)	6.066 (A7)	4.694 (A11)	4.081 (A15)
2010	11.434 (A17)	10.765 (A13)	8.328 (C4)	7.835 (C1)	7.329 (A5)	6.16 (A7)	4.669 (A11)	4.091 (B2)
2015	11.907 (A17)	11.184 (A13)	8.302 (C4)	7.573 (A5)	7.469 (C1)	6.147 (A7)	4.552 (A11)	4.059 (B2)
2021	11.891 (A17)	11.486 (A13)	8.115 (A5)	8.017 (C4)	6.698 (C1)	6.676 (A7)	4.375 (A11)	3.891 (A15)

注:各障碍因子字母代码释义见表 6-1。

6.4 国家物流枢纽城市物流韧性成因解析

6.4.1 单变量的必要条件分析

采用回归分析方法可以分析单一因素对城市物流韧性水平的影响,但城市物流韧性水平是城市经济社会发展水平等因素综合影响的结果,基于 2021 年数据采用定性比较分析方法(QCA,研究方法介绍见第 5 章 5.2.3)探究影响城市物流韧性水平的条件组态。在进行模糊集组态分析之前,需要对前因变量进行单变量分析。高城市物流韧性和低城市物流韧性的单因素必要性检验结果见表 6-9。结果显示,结果变量为高城市物流韧性时,高经济韧性、高物流服务需求、高物流产出能力、高信息化水平、高产业高质量发展潜力的一致性均高于 0.9,说明这 5 个条件变量可能是产生高水平城市物流韧性的必要条件;结果变量为低城市物流韧性时,低物流服务供给能力、低物流服务需求、低信息化水平、低产业高质量发展潜力的一致性均高于 0.9,说明这 4 个条件变量可能是导致低城市物流韧性的必要条件。借鉴王东方和张华荣[254]的研究,通过绘制通过一致性检验的条件变量与结果变量间的 X-Y 散点图,进一步检验这些变量是不是影响高(低)城市物流韧性的必要条件,结果显示,所有变量 1/3 以上的案例点均落在 X-Y 散点图对角线以上,说明不能将单一变量视为高(低)城市物流韧性的必要条件,以上结果表明影响城市物流韧性水平差异产生机制的复杂性,城市物流韧性水平的差异是多种因素综合作用的结果,要从多因素的组态分析视角探究城市物流韧性水平差异的归因。

表 6-9 城市物流韧性单因素必要性检验结果

条件变量	高城市物流韧性		低城市物流韧性	
	一致性	覆盖度	一致性	覆盖度
高经济韧性	0.938	0.916	0.435	0.561
低经济韧性	0.550	0.424	0.735	0.752

续表

条件变量	高城市物流韧性		低城市物流韧性	
	一致性	覆盖度	一致性	覆盖度
高物流服务供给能力	0.890	0.880	0.448	0.585
低物流服务供给能力	0.581	0.443	0.908	0.916
高物流服务需求	0.947	0.926	0.437	0.564
低物流服务需求	0.554	0.427	0.942	0.959
高物流产出能力	0.927	0.887	0.449	0.568
低物流产出能力	0.549	0.430	0.811	0.843
高投资水平	0.885	0.778	0.473	0.549
低投资水平	0.885	0.411	0.809	0.803
高信息化水平	0.931	0.888	0.454	0.571
低信息化水平	0.821	0.433	0.911	0.946
高产业高质量发展潜力	0.921	0.903	0.424	0.549
低产业高质量发展潜力	0.540	0.416	0.925	0.939
高生态韧性	0.656	0.534	0.725	0.779
低生态韧性	0.728	0.667	0.566	0.685

6.4.2 条件组态分析

为进一步探究多个条件变量不同的组合形式对城市物流韧性的叠加影响,分别以高(低)城市物流韧性为因变量,以经济韧性等8个要素层变量为条件变量进行城市物流韧性影响因素的条件组态分析。采用样本数据的95%分位数值、50%分位数值和5%分位数值为锚点对条件变量和结果变量数据进行校准,为了避免出现矛盾组态,将一致性阈值设置为1,案例阈值设置为1,不一致性减少比例的一致性大于0.75。反事实分析中,假设经济韧性等条件变量均会影响城市物流韧性,若条件变量同时出现在中间解和简单解中,将该变量视为核心条件,若条件变量仅出现在中间解中,将该变量视为边缘条件,QCA分析结果见表6-10,结果显示,产生高城市物流韧性的组合路径有5条,产生非高城市物流韧性的组合路径有4条。在高城市物流韧性结果中,解的覆盖率为0.8249,说明这5条组合路径能够解释82.49%的样本城市高物流韧性的归因;在非高城市物流韧性结果中,解的覆盖率为0.7263,说明这4条组合路径能够解释72.63%的样本城市非高物流韧性的归因。

1.影响高城市物流韧性的组合路径分析

表6-10组态H1~H5的结果显示,高的物流产业高质量发展潜力在所有路径中均有出现,且该变量是所有路径的核心条件,说明城市物流产业高质量发展潜力是高城市物流韧性水平的最关键因素。根据各组态特征,将产生高城市物流韧性的组合路径归纳

为以下3种类型：

(1)高质量发展驱动型。对应组态为H1~H3,高物流产出能力、高产业高质量发展潜力是这几条路径的核心条件,较高的城市物流高质量发展潜力和物流产出能力驱动城市物流韧性水平的提升,互补高经济韧性、高物流服务需求、高信息化水平可以产生高城市物流韧性。该类型样本城市以省会和沿海省份经济发达城市为主,典型城市包括长沙、宁波、合肥、重庆、郑州、南京、武汉、济南、厦门、大连、福州、泉州、温州、苏州、青岛、烟台等城市。物流产出能力方面:这种类型的城市具有良好的区位条件、经济发展基础、技术创新能力和完善的交通基础设施网络,为城市物流产出能力的提升奠定了基础,交通运输、仓储和邮政业增加值以及货运量等指标远高于中西部地区国家物流枢纽承载城市。从邮政业务收入来看,苏州、宁波、厦门、泉州、温州等城市(非省会、直辖市)拥有完善的快递服务基础设施,快递业与电子商务等关联产业协同发展水平较高,快递业发展充分,2021年邮政业务收入均达到100亿元以上,邮政业务收入远超中西部地区部分省会城市。物流业高质量发展潜力方面:从A级物流企业布局来看,截至2021年,武汉、苏州、宁波3个城市A级物流企业数量均在200家以上,其中,3A级物流企业数量占比均达67%以上,郑州、泉州、长沙和青岛等城市A级物流企业数量达100家以上,其他城市A级物流企业数量均在50家以上,A级物流企业(特别是3A级以上)具有较强的综合性物流服务能力,技术应用、信息化水平和管理水平远高于小微物流企业,能够在显著提升城市物流产出能力和效率的同时,为城市物流的高质量发展、城市物流韧性的提升奠定基础。从专利申请量、每万人在校大学生数量和科学事业费支出占政府预算支出的比例来看,该类型城市相关指标均排在样本城市前列,良好的科技创新能力能够有力支撑城市物流高质量发展。H3路径表明在固定资产投资不足的城市,政府通过推动综合性物流服务企业的集聚、强化科技创新能力建设,提升城市物流高质量发展潜力和物流产出能力,也可以促进城市物流韧性水平的提升,代表城市包括青岛和厦门,这两个城市固定资产投资在66个样本城市中分别排在32和26位,但城市物流韧性分别排在12和19位。

(2)全面发展驱动型。对应组态为H4,高经济韧性、高物流服务供给能力、高信息化水平和高产业高质量发展潜力是该路径的核心条件,互补高物流服务需求、高物流产出能力、高投资水平、高生态韧性等边缘条件,可以产生高城市物流韧性。该类型样本城市以一线城市和中西部地区核心城市为主,典型城市包括北京、上海、广州、深圳、成都、西安、合肥等城市,案例城市通过完善物流基础设施、提升物流服务能力、完善互联网等基础设施、提升信息化水平、集聚物流龙头企业、提升科技创新实力、提升物流业高质量发展潜力等方式完善物流业发展要素体系,改善物流业发展环境,通过多元化方式提升城市物流韧性。其中,北京、上海、广州和深圳是我国重要的一线城市,集聚了大量的生产要素和人口,经济社会发展水平远高于其他城市,吸引了大量的物流要素集中在这些城市,物流服务供给能力远高于其他城市,从A级物流企业数量来看,截至2021年,4个城市A级物流企业数量均超过100家,其中3A级物流企业占比均超过90%,超过25%的5A级物流企业布局在这些城市,显著提升了城市物流业总体竞争实力。合肥市作为长三角城市群的核心城市,是长三角区域重要的经济增长极,在打造立体交通体系的基础上强化同上海等城市交通基础设施的互联互通,推进同长三角城市群产业链供应链协同一体化发展,加强了同长三角城市群产业联系的同时,强化了合肥同长三角城市群间物流联系,高质量的物流服务供给能力、信息化水平、产业发展潜力为城市物流韧性的提升奠定了基础。西安市是中欧班列运营网络中重要的货物集散节点、集装箱集结中心,近年来,通过构建综合立体交通体系,提升国际港务区基础设施能级,完善国家级西安经济技术开发区等重点区域物流基础设施,提升物流业与制造业融合发展水平,西安市城市物流发展质量和物流韧性持续提升,先后入选陆港型、空港型、生产服务型国家物流枢纽,成为西北地区重要的国家物流枢纽承载城市。

(3)高发展潜力驱动型。对应组态为 H5,高信息化水平、高产业高质量发展潜力是该路径的核心条件,互补高物流服务供给能力、高物流服务需求、高投资水平等边缘条件,可以产生高城市物流韧性。该类型的典型城市包括金华和长春两个城市。金华市是我国重要的小商品集散地,商贸批发、电子商务等产业的快速发展带来了大量的商贸物流服务需求,快递业、零担等物流业态发展较为充分。近年来,通过完善华东国际联运港等重点区域物流基础设施(特别是多式联运基础设施),提升物流业与商贸流通业融合发展水平,综合性物流服务水平持续提升,超过 150 家 A 级物流企业布局在金华市,物流产业高质量发展潜力较大,先后入选商贸服务型、生产服务型国家物流枢纽。此外,金华市专利申请量、科学事业费支出占政府预算内支出、互联网接入数、移动电话用户数等指标在样本城市中均处于较高水平,为城市物流高质量发展、城市物流韧性水平的提升奠定了良好的基础。长春市是我国重要的老工业基地,具备完善的综合立体交通体系,一汽集团、中车长春客车厂等企业的快速发展带来大量围绕汽车、轨道客车产业链的零部件、整车物流服务需求,先后入选生产服务型、陆港型国家物流枢纽,其中陆港型国家物流枢纽是东北地区获批的首个该类型的国家物流枢纽。依托完善的铁路等基础设施,长春市具备较强的多式联运运营能力,中欧班列、海铁联运等项目的运营为东北亚国际多式联运中心建设奠定基础,良好的物流业高质量发展潜力和信息化水平的综合作用使长春市产生了较高的城市物流韧性。

2.影响非高城市物流韧性的组合路径分析

产生非高城市物流韧性的组合路径包括 NH1～NH4 4 个组态,低物流服务需求、低产业高质量发展潜力是所有组态缺失的核心条件,典型案例城市主要分布在中西部的非省会城市,这些城市拥有良好的区位优势,位于国内、国际物流大通道的主要节点,在这些城市布局国家物流枢纽对于完善城市物流基础设施,提升物流通道服务能力,保障产业链供应链安全具有重要意义。组态 NH1 和 NH2 显示,在缺乏物流服务需求、物流产出能力、投资水平产业、产业高质量发展潜力等城市物流发展生态中,城市物流韧性处在较低水平,典型城市包括营口、乌兰察布、银川、钦州、乌鲁木齐、商丘、衡阳、九江等。组态 NH3 显示,缺乏物流服务需求、物流产出能力和产业高质量发展潜力等城市物流发展生态,城市物流韧性处在较低水平,典型城市包括蚌埠、岳阳、宝鸡、酒泉、洛阳等。组态 NH4 显示,缺乏物流服务需求、投资水平和产业高质量发展潜力等城市物流发展生态,城市物流韧性处在较低水平,典型城市包括临沂、安阳等。

表6-10 国家物流枢纽承载城市物流韧性组态

条件变量	高城市物流韧性					条件变量	非高城市物流韧性			
	H1	H2	H3	H4	H5		NH1	NH2	NH3	NH4
高经济韧性	●	●	●	●	○	低经济韧性	○		○	○
高物流服务供给能力			●	●	●	低物流服务供给能力		○		●
高物流服务需求	●	●				低物流服务需求	○	○	○	○
高物流产出能力	●	●				低物流产出能力	○	○	○	○
高投资水平		●	○	●		低投资水平				
高信息化水平	●	●	●	●	●	低信息化水平	○	○	○	○
高产业高质量发展潜力	●	●	●	●	●	低产业高质量发展潜力	○	○	○	○
高生态韧性	○		●	○		低生态韧性	○	●	●	
一致性	0.999	1	1	1	1	一致性	1	1	1	1
原始覆盖度	0.578	0.711	0.339	0.481	0.306	原始覆盖度	0.438	0.568	0.625	0.243
唯一覆盖度	0.015	0.048	0.02	0.009	0.011	唯一覆盖度	0.065	0.003	0.061	0.01
解的一致性	0.9996					解的一致性	1			
解的覆盖度	0.8249					解的覆盖度	0.7263			

注:"●"表示该路径中存在核心条件,"●"表示该路径中存在边缘条件,"○"表示该路径中核心条件缺失,"○"表示该路径中边缘条件缺失,空格表示对该组态而言此条件存在或缺乏无关紧要。

6.4.3 稳健性检验

组态的稳健性检验采取调整一致性阈值和更换数据年份的方式进行检验。首先,将一致性阈值由0.80上调至0.85,pri一致性阈值由1下调至0.80,组态分析结果并未出现较大系统偏差。其次,分析了2006年、2010年和2015年影响城市物流韧性的路径,组态分析结果也未出现较大系统偏差。稳健性检验结果表明研究结论的可靠性。

6.5 研究结论与政策启示

6.5.1 研究结论

在构建城市物流韧性评价指标体系的基础上,本章采用熵权-TOPSIS方法测度国家物流枢纽承载城市物流韧性,采用定性比较分析法从组态视角探究城市经济韧性等8个前因变量对城市物流韧性的影响,研究结论如下:

(1)国家物流枢纽承载城市物流韧性水平整体呈上升趋势,但城市间韧性水平差异呈现扩大化趋势,分区域来看,东部地区城市物流韧性水平远高于中西部地区和总体样本水平,西部地区城市物流韧性略高于中部地区,城市间物流韧性水平差异东部最大,西部次之,中部最小。

(2)要素层中,产业高质量发展潜力得分始终排在所有要素得分的第一位,是提升城市物流韧性水平的最关键因素。2011年后,物流服务需求、经济韧性和物流服务能力等要素层指标得分位列第2位到第4位,是影响城市物流韧性水平的关键因素。系统层中,抵抗能力得分最高,是影响城市物流韧性水平的最关键因素。

(3)障碍因子识别结果显示,要素层中,物流服务需求、产业高质量发展潜力、物流产出能力、经济韧性和物流服务供给能力障碍度强度远高于其他指标,是制约城市物流韧性水平的关键障碍因素。指标层中,邮政业务收入和进出口总额始终排在指标层障碍因子的前两位,障碍度均超过10%且呈现增长态势,是制约城市物流韧性水平提升的最关键因素。

(4)QCA结果显示,高的产业高质量发展潜力在所有路径中均有出现,且该变量是所有路径的核心条件,说明城市物流产业高质量发展潜力是高城市物流韧性水平的最关键因素。产生高城市物流韧性的组合路径包括高质量发展驱动型、全面发展驱动型和高发展潜力驱动型3种类型。

6.5.2 政策启示

(1)单一的城市物流要素不是产生高城市物流韧性的前提,城市物流韧性水平的提升是城市物流系统内多种因素综合作用的结果。国家物流枢纽承载城市,特别是中西部地区欠发达城市,普遍存在城市物流基础设施较为薄弱、物流服务能力有待提升、物流高质量发展潜力有待加强等问题,城市物流韧性整体处在较低水平。在推进国家物流枢纽建设的过程中,这些城市应围绕获批的国家物流枢纽类型,充分发挥区位优势和与枢纽类型关联的物流业态发展基础,补足基础设施短板(特别是补足满足多式联运高效运营的基础设施短板)、培育龙头物流企业、提升物流服务能力,在带动城市物流高质量发展的同时提升城市物流韧性。对于韧性水平较高的东部地区城市,可以进一步强化产业发展基础、发展潜力,提升物流业与关联产业协同发展水平,提升城市物流运营效率,巩固和提升城市物流韧性水平。

(2)在影响高城市物流韧性的5条组合路径中,高物流产出能力出现在4条路径中,并且是其中3条路径的核心条件,是影响城市物流韧性水平的关键因素,物流产出能力受物流服务需求和供给的双重影响。国家物流枢纽承载城市应重点加强对服务能力强的大型综合性现代物流企业的引进和培育,发挥龙头企业在资源整合、技术应用、管理能力等方面的引领带动作用,提升物流业整体服务供给能力和运营效率,推进龙头物流企业与制造业、商贸流通业企业融合发展水平,在提升关联产业竞争实力的同时提升物流业产出能力。此外,应进一步强化城市科技创新能力和信息化建设,为提升物流业韧性、城市能级奠定基础。

第 7 章 中国城市物流业与制造业协同创新演化研究

7.1 引言

作为生产性服务业的物流业,与制造业的关系密切,对制造业的高质量发展起到重要的支撑作用。在经济发展的新阶段、新格局下,物流业与制造业(简称两业)的协同发展有利于提高两业联动水平,促进产业升级。近年来,两业融合发展趋势不断增强。中国物流信息中心相关数据显示,2020 年中国工业、批发和零售业企业物流外包比例为 69.7%,同比提高了 1.7%,社会化物流成为主流方向。制造企业的物流外包业务已经从单纯的售后服务延伸到生产、采购等环节,合作范围不断扩展,合作深度不断加深,逐渐实现外包服务一体化管理。但是,物流业与制造业的产业链依然存在协同不强、联动不足等问题,需要进一步推动两业的融合发展,而高质量的协同创新是两业实现深度融合的重要手段之一[255]。

物流业与制造业作为国民经济的重要组成部分,在制造业物流需求外包和物流业服务专业化发展的推动下,通过市场资源的优化配置提升协同发展水平。两业不断协同发展的过程是两个子系统不断从无序到有序形成协同效应的调整过程,是产业共生模式不断演化的过程,也体现了两业的共生关系。两业的协同发展本质上是协同创新问题。两业通过各种创新要素的投入对产业资源进行优化,产生新的运营模式、专利技术、组织方式等协同创新的成果,有利于打破两业之间的壁垒、促进供应链上下游的信息流通,最终创造新的供应链价值[256]。

近年来,关于物流业与制造业协同发展的定性研究主要聚焦在协同模式、动因、路径和机制等方面。国内外学者主要提出以下几种两业协同模式:共生互动[257-258]、内生、互补[259]、服务工业化和制造服务化[260-261];促进协同发展的动因则主要有技术创新、竞合压力、管制放松、市场需求等[262-264];在路径上,李文秀和夏杰长提出信息技术推广与应用等[265],刘佳等[266]基于价值链视角提出了价值链上下游在路径上的不同,上游以技术增强为主,下游则以服务为主,以此实现产业链一体化;在机制上,綦良群等[267]运用扎根理论揭示了全球价值链下两业融合机制。定量实证研究主要集中在协同度测算、协同效应和影响因素 3 个方面。测算协同度目前主要采用耦合协调度模型[268]、灰色关联法[269]、Logistics 模型[270]、共生度模型[271]等方法;协同效应方面,国外学者主要运用调查数据分析企业物流外包的绩效[272-273]。国内学者则多从产业层面分析两业的协同效应[274-275]。

微观层面的研究较少,如严若谷[103]基于我国大城市内部企业的微观选址行为分析两业的协同发展;关于两业协同发展的影响因素,学者们从交易特征与环境不确定性[276]、信息技术与信息共享[277]、政策环境[278]、契约环境[279]等角度展开了研究。

上述文献对物流业与制造业协同发展进行了较为全面且深入的研究,但是两业协同创新方面的研究成果极少,为数不多的文献多基于博弈方法进行分析。目前其他产业协同创新方面的研究主要是运用演化博弈理论对不同主体进行分析,如学习群体[280]、政府与公众[281]、产学研主体[282]等,分析的内容主要涉及主体特定行为的影响因素[283]、稳定性[284],协同创新发生的机理和演化过程也是学术界研究的主要内容[285]。

综上,学术界对物流业与制造业协同发展的研究已经较为成熟,但是对两业协同创新方面的研究极少,已有的少量文献主要采用博弈论方法进行研究,假设条件太多,较难反映现实问题。鉴于此,以我国284个地级市为研究对象,以物流业与制造业互相跨领域申请的专利作为两业协同创新的衡量指标,采用社会网络分析、Logistic模型等方法对两业协同创新的演化阶段、空间分布、多主体协同创新网络等进行研究。与以往研究相比,可能的边际贡献如下:第一,协同创新度量方面的创新。以两业互相跨领域申请的专利作为两业协同创新的度量指标,为两业协同创新测度提供了新的思路。第二,研究方法的新应用。相比于博弈模型的单一性,采用社会网络分析、Logistic模型等多种方法,丰富了两业协同创新的研究方法。第三,以地级市为研究尺度。囿于数据问题,目前采用地级市尺度开展两业协同的研究较少,以专利数据中的邮编匹配到地级市,能够从更小尺度刻画两业协同创新网络演化特征。

7.2 数据与研究方法

7.2.1 数据来源

本章基于物流业与制造业互相跨领域申请的专利开展研究,数据收集步骤介绍如下:一是物流企业授权的专利中分类号隶属于制造业的。具体做法如下:在专利申请(专利权)人中检索物流公司(公司名称中包含物流、运输、仓储、货运、快递、快运、速递等之一)的有效专利,然后以专利分类号筛选出物流企业在制造业领域的专利。专利分类号以国际专利分类号(IPC)为依据,在下载得到的物流公司专利分类号中,提炼总结代码B60-B67、E01、E06、F01-F28、H04、G01、G03、G09、G11、G16作为筛选条件。二是制造企业授权的专利中隶属物流领域的。具体做法如下:在专利主题中检索关键词物流(关键词中包含物流、运输、仓储、货运、快递、快运、速递、包装、装卸搬运等之一)的有效专利,然后在申请(专利权)人中删除物流企业,剩下的企业进行手动整理,挑选出属于制造领域的企业,主要选择与物流业联系程度较高的企业类型,如机械制造、电器、设备、电子、通信等企业,共筛选出9058家制造企业。最终,共筛选出同时满足两个条件的2006—2020年两业互跨领域申请专利20454条。

7.2.2 研究方法

1. 社会网络分析方法

借助 Ucinet 软件从网络规模(节点、边数)、网络密度、网络特征(中心度、平均距离、凝聚力指数)等指标对两业多主体协同创新网络的拓扑结构特征进行分析。

2. Logistic 模型

主要是依据种群的规模大小识别产业生命周期,具有较高的适用性。以此作为两业多主体协同创新网络的生命周期演化阶段的判别方法,采用网络的节点数和边数作为网络规模的表征指标,分析该网络的生命周期演化阶段。

7.3 物流业与制造业协同创新演化分析

7.3.1 规模特征

为更好地体现我国物流业与制造业协同创新发展的规模特征,将 2006—2020 年各地级市的两业协同创新的数量与位序分 3 个时间区间进行拟合得到位序-规模分布图(图 7-1)。结果显示,两业协同创新位序-规模表现出明显的长尾分布现象,与幂律分布函数的拟合度 R^2 均在 0.9 以上,具有无标度特性。2006—2010 年,两业协同创新专利数量排名前 20 的地级市累计完成占比 83.42% 的合作专利,呈现较大的极化分布特征。2011—2015 年,排名前 20 的地级市累计完成占比 71.97% 的合作专利,2016—2020 年该值为 68.32%,说明两业协同创新网络的无标度特性在减弱,极化效应逐渐变小,位于中间位序的城市数量增多。幂律分布函数的参数从 -0.074 变成 -0.028,表明研究期内两业协同创新网络结构持续优化,协同创新关系仅存在于少数节点的极化现象逐渐减少。

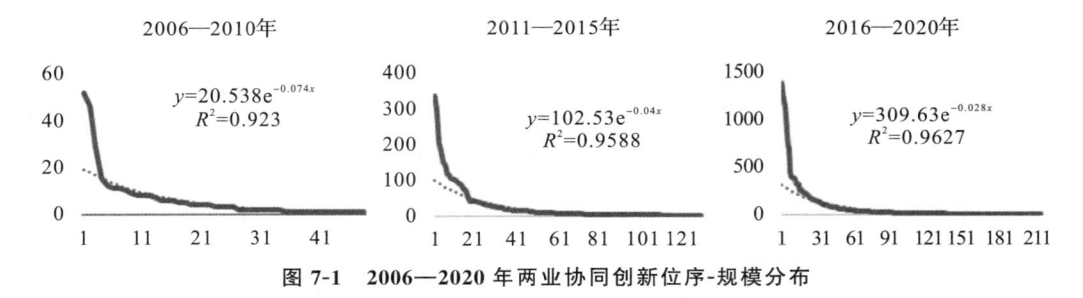

2006—2010年	2011—2015年	2016—2020年
$y=20.538e^{-0.074x}$ $R^2=0.923$	$y=102.53e^{-0.04x}$ $R^2=0.9588$	$y=309.63e^{-0.028x}$ $R^2=0.9627$

图 7-1 2006—2020 年两业协同创新位序-规模分布

7.3.2 演化阶段

以 2006—2020 年两业协同创新城市数及专利总数(图 7-2)为基础,结合两业发展的情况,进一步分析我国物流业与制造业协同创新演化过程和特征,将两业协同创新发展演化分为萌芽、快速发展和平稳发展 3 个阶段。

1. 萌芽阶段(2006—2009年)

从图7-2可以看出,该阶段我国两业协同创新的城市数量较少,专利总数也不多,表明主体活跃度不强。2006年有两业协同创新产生的城市只有7个,单个城市专利总数最大值仅为4,除贵阳外,其他6个均是一线城市,说明2006年两业联动发展基础较差,两业的创新合作未互相渗透,跨产业的专利发明数量极少。该阶段专利总数的平均增速为57.1%,城市数的年均增长率为113%。2009年产生两业协同创新数据的城市数量增长到24个,单个城市专利总数最大值仅为13,虽比2006年有所增长,但仍然有超过80%的城市两业没有协同创新的产生,因此,2006—2009年两业的协同创新处于萌芽阶段。

2. 快速发展阶段(2010—2015年)

2010年全国现代物流工作部际联席会议办公室发布了《关于促进制造业与物流业联动发展的意见》和《关于开展制造业与物流业联动发展示范工作的通知》,两业联动发展成为政府的重点关注领域。制造业物流外包的比例显著提高,2010年工业、批发和零售企业的对外支付物流成本比例为52.5%,同比增长3.3%,首次超过企业物流成本的一半,2020年该值则增长至69.7%。两业的合作已经从物流服务向生产、采购、售后等环节延伸,合作的广度和深度不断加大,这些都为两业协同创新发展提供了良好的产业发展基础。该阶段两业协同创新的城市数和专利总数均有所增长,专利总数的年均增长率达59.66%,城市数的年均增长率达27.53%。2015年有协同创新数据的城市数量达到102个,单个城市专利数最大值为北京和上海的91个。

3. 平稳发展阶段(2016—2020年)

2016—2019年,两业协同创新专利总数的年均增长率为49.55%,城市数的年均增长率为13.42%,相比快速发展期增速放缓,进入稳定发展期。2017年有协同创新数据的城市数量达到144,首次超过样本总城市数284的一半。2019年国家发展改革委联合15个部门印发《关于推动先进制造业和现代服务业深度融合发展的实施意见》,受政策实施时间不长、政策效应未充分显现等因素影响,2020年该政策对两业协同创新的城市数量和规模并未产生大的影响。2019年开始两业协同创新的城市数量和专利总数增长率呈放缓趋势,到2020年有协同创新数据的城市数量为178,单个城市专利数最大值为上海市的362。

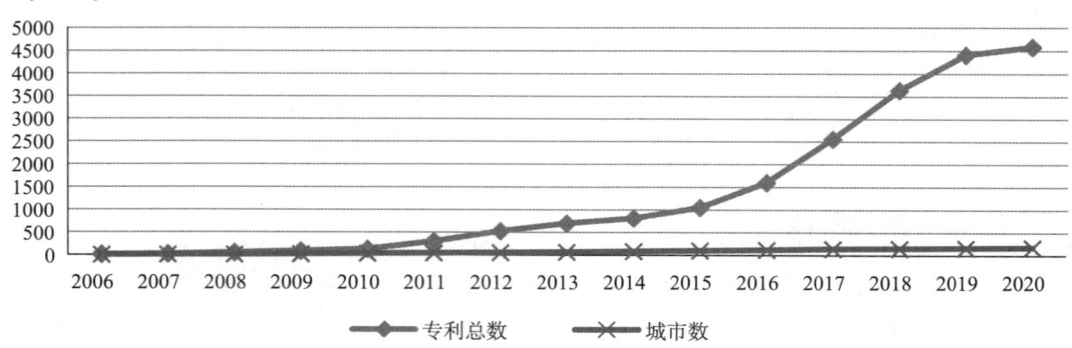

图7-2 2006—2020年我国两业协同创新城市数及专利总数

总体来看,虽然我国物流业与制造业 2006—2020 年在协同创新城市数量和专利总数上有较大的增长,但是研究期内,没有协同创新发生的城市数量占比依然较大,且协同创新数量超过最大值 50% 的城市数量极少,我国物流业与制造业的整体协同创新水平较低。

7.3.3 空间分布特征

对历年两业协同创新专利数量按照 0、大于 0 且小于当年最大值的 50%、大于当年最大值的 50% 将两业协同创新水平划分为 3 个等级。在两业协同创新的萌芽阶段,协同创新的城市数量和单个城市协同创新专利数量都较少,超过当年最大值 50% 的城市集中在上海、南京、北京、深圳等一线城市,空间分布上没有明显的集聚特征。协同创新专利数量介于 0 和当年最大值的 50% 的城市在萌芽阶段数量也不多,空间分布零散。协同创新专利数量为 0 的城市数量平均每年为 271 个,占比 95.4%。在快速发展阶段,协同创新专利数量超过当年最大值 50% 的城市增加了杭州、苏州等城市,空间分布上依旧没有明显的集聚特征。协同创新专利数量介于 0 和当年最大值的 50% 之间的城市数量增幅最大,从 2010 年的 31 个增长到 2015 年的 98 个,空间分布则从东部沿海逐渐扩散至中部地区。协同创新专利数量为 0 的城市总数年均占比为 76.8%。在平稳发展阶段,超过当年最大值 50% 的城市在数量和空间分布上没有明显变化。协同创新专利数量介于 0 和当年最大值的 50% 之间的城市数量从 2016 年 113 增长到 2020 年的 171,增速放缓。协同创新专利数量为 0 的城市总数年均占比为 46.1%。总体来看,增幅最大的是协同创新专利数量介于 0 和当年最大值的 50% 之间的城市数量,在研究期内从占比 2.1% 增长到 46.1%,与此同时协同创新专利数量为 0 的城市总数占比从 97.5% 下降至 38.03%。

表 7-1 展示了 3 个不同阶段的起始年和末年两业协同创新发展的标准差椭圆参数,结果显示,在萌芽阶段,两业协同创新发展的标准差椭圆长短轴之差平均为 1.95,椭圆的平均面积为 162.48。在快速发展阶段,标准差椭圆的年均扁率则上升至 2.38,面积为年均 161.70。到了平稳发展阶段,扁率上升至 3.03,面积则下降至 148.87。扁率变化趋势表明两业协同创新发展的方向性越发明显,椭圆面积的缩小表明两业协同创新发展在空间上的集聚特征越发明显。标准差椭圆的转角从 2006 年的 33.14° 变化为 2020 年的 31.41°,逐渐朝东部沿海方向转移,以东西方向为主。到 2020 年标准差椭圆的范围覆盖与长三角城市群、长江中游城市群基本吻合,说明在两业协同发展过程中,长三角城市群和长江中游城市群发挥着重要的作用。

表 7-1 典型年份两业协同创新水平标准差椭圆参数

阶段	时间	面积/km²	中心点经度/(°)	中心点纬度/(°)	短半轴/km	长半轴/km	转角/(°)
萌芽阶段	2006	166.43	113.26	28.63	6.78	7.82	33.14
(2006—2009 年)	2009	158.54	116.04	30.42	5.81	8.68	41.77

续表

阶段	时间	面积/km²	中心点经度/(°)	中心点纬度/(°)	短半轴/km	长半轴/km	转角/(°)
快速发展阶段（2010—2015年）	2010	162.72	116.29	30.05	6.22	8.32	36.51
	2015	160.68	116.60	31.69	5.95	8.60	39.21
平稳发展阶段（2016—2020年）	2016	158.99	116.53	31.16	6.08	8.32	31.34
	2020	138.75	116.76	30.92	5.01	8.82	31.41

表7-2展示了部分年份我国物流业与制造业协同创新的热点分析结果，结果显示，两业协同创新发展中的热点区和次热点区从珠三角区域逐渐向东部沿海区域转移，冷点区域从中部地区向西南地区扩散。对比部分年份的演化过程可以看出，两业协同创新发展在空间上呈现出"整体偏少，局部相对集中"的极不均衡现象。整体上两业协同创新的热点区域较少，且集聚在东部沿海的趋势较为明显，具有相对明显的规模优势，且表现出一定的空间集聚特征，而冷点区域并没有明显地转化为热点或次热点区域的趋势，空间分布上集聚在西南方向。

表7-2 典型年份两业协同创新热点分析结果

阶段	时间	重心	冷点区域	热点区域
萌芽阶段（2006—2009年）	2006	(113.26,28.63)湖南省长沙市	6个（集聚）河南	19个（集聚）西南地区
	2009	(116.04,30.42)安徽省安庆市	4个（集聚）河南湖北交界	57个（集聚）东部沿海、北部沿海
快速发展阶段（2010—2015年）	2010	(116.29,30.05)安徽省安庆市	0	60个（集聚）东部沿海、北部沿海
	2015	(116.60,31.69)安徽省六安市	16个（分散）	73个（集聚）东部沿海、北部沿海
平稳发展阶段（2016—2020年）	2016	(116.53,31.16)安徽省安庆市	24个（分散）	75个（集聚）东部沿海、北部沿海
	2020	(116.76,30.92)安徽省安庆市	62个（集聚）西北和西南地区的南部	81个（集聚）东部沿海、北部沿海

7.3.4 多主体协同创新网络特征分析

1.总体网络特征分析

专利是创新的种子，多主体合作专利能够体现协同创新网络的能力[286]。在前文两业协同创新数据库基础上，构建两业多主体协同创新网络，进一步分析两业多主体协同创新网络的特征。在前文提到的20454项专利中，筛选出两个及两个以上申请人，申请人为"公司""企业""厂""学校"等的专利，共获取两业联合发明专利1073条，以申请人为节点，构造两业多主体协同创新网络的二值邻接矩阵，采用Ucinet软件进行网络特征分析。

(1)网络规模。节点数代表网络中参与主体的数量,节点数越多,表明两业联合创新的主体越多。边数则表示网络中主体之间的联系关系,两个主体之间的一次合作构成一条边。合作专利中主体数量大于两个的,则两两组合成多条边,边数越多,表明主体之间协同创新发生的次数越多。从表7-3结果可以看出,两业多主体协同创新的网络节点数从2006年的2增加到2019年的230,后又下降到2020年的140。同期网络边数从2006年到2019年总体保持增长趋势,2020年下降到260。节点和边数的变化说明我国两业多主体协同创新网络规模扩张迅速,到2020年可能受到全球疫情的影响,出现较大幅度的下降。

(2)网络密度。网络密度代表网络中各节点之间的紧密程度以及网络对成员的影响程度。从表7-3可以看出,2009—2020年两业多主体协同创新网络的网络密度呈波动式下降趋势,表明随着两业多主体协同创新网络规模的扩大,网络中各主体之间的关系密切程度降低,同时协同创新网络对网络成员的影响也逐渐变小。

(3)网络特征。个体在网络中的权力大小可以用中心度来表示。研究期内,中心度的变化趋势起伏较大,总体上来看,2015年之前中心度值较大,之后呈明显下降趋势,表明随着两业多主体协同创新网络参与主体(节点数)的增加,个体在网络中的权力集中度被弱化。参与平均距离可以体现网络中任意两个主体之间的关系疏密程度,值越小表示主体之间的关系越疏远。两业多主体协同创新网络平均距离的变化起伏较大,无明显的上升或下降趋势,与2008—2012年相比,2013—2020年的平均距离更长。凝聚力指数用来表明网络成员之间的凝聚力,在平均距离基础上,该指数值越大凝聚力则越强。从表7-3的结果不难发现,两业多主体协同创新网络的凝聚力指数整体呈下降趋势,且与起始年份对比来看,凝聚力指数下降幅度较大。

综上所述,2006—2020年我国物流业与制造业多主体协同创新网络的规模扩张迅速,网络越发稠密。但网络特征值基本呈"下降"态势,表明两业多主体协同创新网络结构较为松散,未能形成较强的联结关系,没有建立起深入、融合、持续的强关系,且因为合作的弱关系拉长了网络节点之间的平均距离,影响网络节点之间的要素流动,导致网络节点之间的连通性不强,凝聚力较弱。

表7-3 网络拓扑结构

年份	网络规模		网络密度	网络特征		
	节点数	边数		中心度	平均距离	凝聚力指数
2006	2	4	2	0	1.000	1.000
2007	2	4	2	0	1.000	1.000
2008	3	12	4	0	1.000	1.000
2009	11	12	1.091	11.11	1.143	0.118
2010	16	26	1.625	5.24	1.000	0.092
2011	27	48	1.778	2.31	1.000	0.043

续表

年份	网络规模		网络密度	网络特征		
	节点数	边数		中心度	平均距离	凝聚力指数
2012	52	116	2.231	1.58	1.061	0.024
2013	77	182	2.364	3.59	1.415	0.025
2014	78	286	3.667	1.64	1.409	0.029
2015	81	180	2.222	1.11	1.244	0.021
2016	98	260	2.653	0.91	1.173	0.016
2017	151	340	2.252	0.65	1.329	0.012
2018	161	454	2.82	0.59	1.071	0.008
2019	230	590	2.565	0.43	1.216	0.007
2020	140	260	1.9	0.74	1.047	0.009

2.网络周期演化分析

网络演化核心变量之一就是网络规模,网络节点数、边数的数量越多,表明网络的规模越大,网络主体之间的合作关系越紧密,可利用的资源也越丰富。参考刘国巍、邵云飞的做法[286],采用网络规模作为两业多主体协同创新网络生命周期演化的刻度指标,选择Logistic模型分析两业多主体协同创新网络规模(节点数、边数)的演化周期,模型构建如下:

$$Y = A/[1 + B\exp(-kt)] \qquad (7-1)$$

式中,A 为观测值的上限,k 为增长率,B 表示常数。首先利用历史数据拟合得到参数值,计算估计出来的 Logistic 增长曲线的一阶导数 Y' 和二阶导数 Y'',根据 Y' 和 Y'' 的趋势来判别两业多主体协同创新网络生命周期,判别依据如表7-4所示。

表7-4 Logistic增长曲线生命周期判别依据

生命周期阶段	形成期	成长期	成长期	成熟期
Y'	递增	递增	递减	递减
Y''	递增	递减	递减	递增

设节点数为 $y1$,边数为 $y2$,从历史数据可以看出,$y1$ 和 $y2$ 变化趋势类似,网络节点数数量的增加,必然会带来新的连边,带动边数同步增加,因此 $y1$ 和 $y2$ 的相关性较高,不适合整合成一个综合指标来表示网络规模,故分别对两业多主体协同创新网络的节点数 $y1$ 和边数 $y2$ 进行拟合,采用对比分析的方法研究两业多主体协同创新网络的周期演化。将网络规模的上限值 A 设为500,采用 SPSS 拟合得到 $y1$ 和 $y2$ 的 Logistic 增长曲线,统计结果显示拟合的 R^2 分别为 0.902、0.886。计算两条 Logistic 增长曲线的一阶导数和二阶导数,结果如图7-3所示。

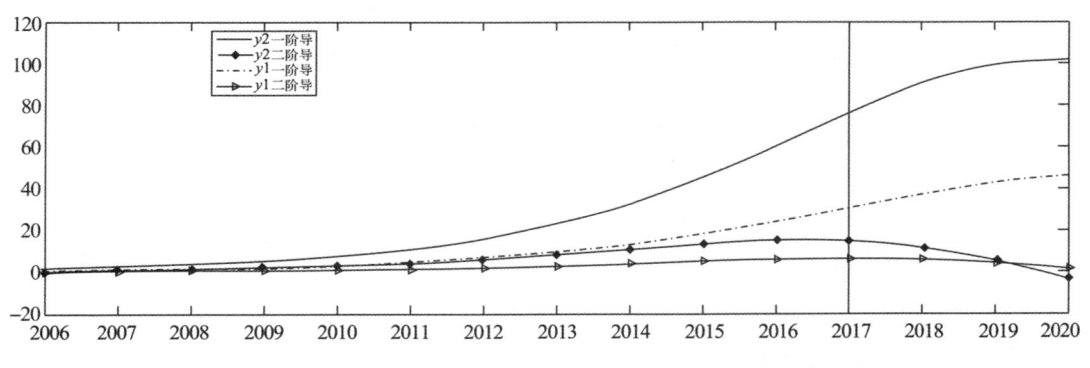

图 7-3　物流业与制造业多主体协同创新网络生命周期演化阶段

从图 7-3 可以看出，$y1$、$y2$ 的一阶、二阶导数在 2006—2017 年呈上升趋势，对照网络生命周期的判别依据，将 2006—2017 年判定为两业多主体协同创新网络的形成期。2018—2020 年，$y1$、$y2$ 的一阶导数持续上升，$y1$、$y2$ 的二阶导数则呈下降趋势，故判别 2018—2020 年两业多主体协同创新网络处于成长期。2019—2020 年，$y1$、$y2$ 的一阶导增长趋势较为平稳，同时二阶导下降趋势更明显，表明 2019—2020 年两业多主体协同创新网络虽依然处于成长期，但成长的速度有所下降。综上，我国物流业与制造业多主体协同创新网络于 2006—2017 年处于网络生命周期的形成期，2018—2020 年处于网络生命周期的成长期，但渐渐进入成长滞后期。

7.4　结论与讨论

7.4.1　结论

物流业与制造业协同发展问题是近年来研究的热点问题，但对两业协同创新发展的研究成果极少。以两业互相跨领域的授权专利作为两业协同创新的计量指标，本章结合社会网络分析等方法，系统全面地刻画了两业协同创新发展的演化特征，得到以下结论：

(1) 2006—2020 年我国物流业与制造业协同创新的城市数量和总数均有较大的增长，但没有协同创新发生的城市数量占比较大，而协同创新数量超过最大值 50% 的城市数量极少，总体来看我国两业的协同创新能力不强。空间分布上两业协同创新能力强的集聚在东部沿海少数一线城市，两业协同创新的空白地带集聚在西部地区，协同创新数量介于 0 和最大值的 50% 之间的城市从中部逐渐往西部扩散。时间分布上，两业协同创新主要经历了萌芽阶段（2006—2009 年）、快速发展阶段（2010—2015 年）和平稳发展阶段（2016—2020 年）。

(2) 两业协同创新空间分布格局受南北方向的影响最大。空间分布在主方向上没有产生明显的集聚特征，且空间分布格局不稳定。标准差椭圆的空间旋转角方向与长三角城市群、长江中游城市群发展方向基本符合，说明在两业协同发展中长三角城市群和长江中游城市群发挥着重要的作用。两业协同创新的热点区和次热点区从珠三角区域逐渐向东部沿海区域转移,冷点区域则从中部地区逐渐扩散到西部,冷热点区域在空间分布上均具有一定的集聚态势,但冷点区域并没有明显地转化为热点或次热点区域的趋势。

(3)研究期内,两业多主体协同创新网络规模扩张迅速。网络密度呈波动式下降趋势,网络中各主体之间的联系变弱。网络特征的分析结果表明两业多主体协同创新网络结构较为松散,主体之间未形成较强的联结关系,没有建立起深入、融合、持续的强关系,合作的平均距离变长,主体之间的连通性不强,凝聚力较弱。此外,Logistic 曲线拟合结果表明我国物流业与制造业多主体协同创新网络于 2006—2017 年处于网络生命周期的形成期,2018—2020 年处于网络生命周期的成长期,但渐渐进入成长滞后期。

7.4.2 政策启示

(1)做大物流需求市场,以需求促进两业的协同创新发展。做大做强区域经济,构建以市场为主导、企业为主体、政府为辅助的协同创新市场体系,以强大的经济实力和良好的创新环境促进物流市场的需求增长,进一步促进两业协同创新发展。积极响应国家"新基建"的相关政策,鼓励两业借助"新基建"的东风,以基础设施创新满足市场个性化的需求,促进两业协同创新的发展。

(2)加强地区间的合作,构建资源共享、合作互补的开放型协同创新网络。运用先进的信息技术加强两业的跨领域、跨地区沟通,加强两业对外交流沟通的开放程度,构建开放共享、资源互补的两业协同创新网络,增强东部沿海地区对中西部地区的创新溢出效应,以此减弱两业协同创新的极化现象。同时政府在制定相应的政策时,应注重本地与外部创新网络之间的互动,完善有利于本地的两业协同创新网络向区域型、国家型创新网络发展的传导机制。

(3)鼓励搭建技术协同研发平台,营造良好创新发展环境。政府可以通过补贴或资助等方式鼓励两业搭建技术协同研发平台,鼓励两业的技术合作,增加创新要素的流动、共享。建立合理的人才培养、引进和培训机制,营造良好的政策环境,让政策更好地服务、激发两业的协同创新。

第 8 章　环境规制、创新与中国城市物流发展

8.1　引言

中国经济高速发展带来的资源环境问题日益凸显,资源环境约束对经济高质量发展的影响将长期存在。耶鲁大学发布的《2020 年全球环境绩效指数(EPI)报告》中,我国环境绩效指数得分 37.3 分(总分 100),在 180 个国家中排名第 120 位,空气质量指数受 $PM_{2.5}$ 等因素的影响,得分 27.1 分,排名 137 位,较 2018 年排位大幅提升。伴随着经济的快速增长,我国物流业取得长足发展,但物流业呈现高投入、高能耗、高排放特征,2006—2020 年,我国物流业(用交通运输、仓储和邮政业相关指标代替)能源消耗占总能源消耗的比重由 2006 年的 7.30% 增加到 2017 年后的 9.24% 后逐渐下降到 2020 年的 8.29%(图 8-1),同期,物流业增加值占 GDP 比重由 5.55% 降为 4.01%,物流业单位增加值能耗由 2006 年的 1.72 万吨标准煤/亿元降低到 2020 年的 1.03 万吨标准煤/亿元,降幅达 40.12%,同期,单位 GDP 能耗由 1.31 万吨标准煤/亿元下降到 0.49 万吨标准煤/亿元,降幅达 62.60%,物流业单位增加值能耗绝对值及下降幅度均低于同期单位 GDP 能耗水平,物流业能源效率处在较低水平。同时,我国物流业发展过程中大量的空气污染物被排放,《中国移动源环境管理年报(2021)》显示,作为公路运输主要工具的柴油车排放的 NO_x 和 PM 占汽车总排放量的 80% 和 90%,是空气污染物的主要来源之一,能源的大量消耗和空气污染物的大量排放成为制约物流业高质量发展的重要壁垒。

图 8-1　2006—2020 年我国物流业增加值及能源消耗占全国比重情况

现有文献主要从以下几个方面研究环境规制、创新能力和区域物流业发展间的关系：一是创新对物流业发展的影响，多数研究成果发现创新能够显著促进物流业发展。技术创新通过影响服务质量[288]和企业运营效率[289]、推动产业集聚发展[290]等方式促进物流业发展。二是环境规制对技术创新的影响，学术界尚未形成统一共识，主要包括以下研究结论：第一种观点认为环境规制能够提升技术创新能力，代表性的观点是"波特假说"，该观点认为，政府环境规制通过激发企业开展技术创新以应对环境规制给企业带来的经营压力，通过"创新补偿效应""知识溢出效应"和"学习效应"抵消企业开展技术创新带来的成本增加，进而提升企业效率。大量文献验证了"波特假说"，说明环境规制能够约束企业的污染物排放，对推进产业绿色化进程具有积极作用，是矫正"市场失灵"的主要工具。第二种观点认为环境规制会导致企业投入大量资金应对环境规制给企业带来的负面影响，进而负向影响技术创新。第三种观点认为，环境规制与产业发展之间存在非线性关系[291-292]，环境规制达到一定值时，观点二的"波特假说"才成立，当环境规制未达特定值时，额外成本的出现增加了企业的财务负担，约束了企业的正常经营，导致产业发展受到影响。三是环境规制对区域物流发展的影响，学术界尚未形成统一的研究结论。一种观点认为环境规制会导致物流业运营成本的增加，进而影响区域物流发展[293-294]；另一种观点认为环境规制对区域物流发展的影响是非线性的，可能存在门槛效应[295-296]。

综上，国内外文献对于环境规制影响区域物流发展的研究存在以下不足：一是现有研究主要研究了环境规制、创新能力和区域物流发展两两之间的关系，对于环境规制影响区域物流发展的传导机制缺乏研究，导致相关政策建议难以有效落地。二是不同环境规制强度下，区域创新能力对区域物流发展的影响可能存在差异，现有研究尚未开展深入研究。三是对环境规制变量的选择上，现有文献主要选择投入或成本指标表示区域环境规制强度，但无法直接反映环境规制实施的效果。基于现有文献研究不足，本章拟在综合评价城市物流发展水平的基础上，采用门槛模型等方法探究环境规制、区域创新能力和城市物流发展间的关系。

8.2 理论分析及研究假设

学术界关于环境规制对产业发展的影响主要有3种观点。第一种观点是"遵循成本"效应，环境规制政策增加了企业污染治理成本，企业管理者短期内为确保企业生存会采取以下4种方式进行应对：一是减少污染要素的使用，从源头上减少污染物的排放；二是增购污染治理设备，从末端上减少污染物的排放；三是自觉补偿环境成本，维持现有生产方式并缴纳违规成本；四是寻找"污染避难所"，当应对环境规制的成本显著大于迁移成本时，企业会选择撤资或转移"避难"到环境规制较宽松的地区[297]，进而最大化自身经营利润，这将不利于绿色技术的创新[298-301]，抑制产业高质量发展。第二种观点是"波特假说"效应，适当强度的环境规制可以有效激发企业绿色技术创新动力，通过"创新补偿效应"抵消污染治理成本[302-304]，进而实现环境和效率的共同提升。第三种观点是环境规制与产业发展之间存在非线性关系[305],环境规制达到一定值时,观点二的"波特假说"才成立,当环境规制未达特定值时,额外成本的出现增加了企业的财务负担,约束了企业的正常经营,导致产业高质量发展受阻。

而当环境承载能力和要素红利趋于饱和时,创新能力对物流产业发展水平的影响可能存在两面性。首先,创新能力提升可能导致物流业发展水平下降。短期来看,我国物流企业目前用于研发的经费支出远低于高质量发展水平提高的成本需求,且研发经费中仅有小部分用于企业的绿色技术升级投入[306],低强度的投入对产业发展水平提升的影响不显著,而财务费用的增加可能导致物流业成本的增加,影响物流业运营效率。其次,创新能力提升有利于推进技术创新或结构转型[307]。从长期来看,企业由研发创新带来的竞争优势和不断改善的组织、管理水平降低了企业的综合运营成本,不断提高产业发展水平。此外,政府通过持续而多样的财政补贴和政策支持刺激企业开展技术创新,政府补贴在缓解企业流动性约束的同时丰富了企业资金来源,政府补贴和政策支持对企业开展科技创新和科学研究产生了深远的影响,激励企业改"避难"为绿色技术开发,推动环境治理技术和绿色生产效率的提高,最终促进物流业发展水平的提升。

我国现行的官员晋升直接同任职区域的经济发展水平关联,而环境规制对产业发展的非线性影响直接影响地方制定环境规制的强度和实施效果。如果一个区域制定了严格的环境规制目标和实施路径,企业可能会到周边区域寻找"污染避难所",资本等要素会转移到周边环境规制强度较低的区域,因此,地方政府会根据周边区域环境规制政策调整自身政策,最终出现"逐底竞争",不利于绿色发展的有序推进。对于行政等级较低的政府主管部门来说,如果上级政府未制定明确的环境规制目标,如未下达明确单位GDP能耗降低或者单位GDP碳排放强度降低等指标,下一级政府有可能会根据本地招商引资等目标引进双高行业企业,对企业绿色化转型的引导和支持也会降低,导致环境规制难以有效实施,绿色发展目标难以实现。相反,如果上一级政府制定明确且定量的环境规制约束性目标,且有效地组织考核等工作,下一级政府为了保证目标的实现,会制定更具可操作性的政策措施,通过推动企业创新,推进绿色化转型。因此,政府环境规制目标是否量化,直接影响环境规制和创新对城市物流发展水平的交互作用。

不同强度的环境规制约束下,创新能力对产业高质量发展影响可能会出现异质性结果。低强度的环境规制可能无法覆盖企业污染排放的负外部性,无法改变企业继续污染环境的策略选择,而过高的环境规制则有可能给企业带来严重的财务负担,影响企业的可持续运营[308]。同时,同样强度的科技创新投入对不同发展阶段的产业带来的边际效率提升也会有差别,产业发展初期的科技投入边际产出可能远高于产业发展成熟阶段,而产业不同发展阶段环境规制的约束强度呈现异质性特征,企业应对环境规制可能呈现不同态度,最终导致不同环境规制强度下,创新能力对高质量发展的影响呈现非线性特征。

对物流业来说,政府为了规范物流行业运营,降低污染物排放量,通常采用的环境规制手段包括命令控制型规制(特定时段城市货车禁行、国三排放柴油货车退出市场等)、以市场调控为手段的经济激励和约束规制(如政府推动运输结构调整、新能源车补贴等)

和隐性的环境规制（噪声污染等带来的居民投诉，迫使物流企业迁出城区）。物流企业为了就近满足客户服务需求，一般不会采用迁出等方式应对环境规制的约束，主要通过开展技术、组织、管理等创新工具，购置新能源车等方式满足环境规制要求，在这个过程中，环境规制对城市物流发展水平的影响是否符合"波特假说"，需要检验环境规制影响城市物流发展水平的传导机制。环境规制影响城市物流发展水平的传导机制见图 8-2。

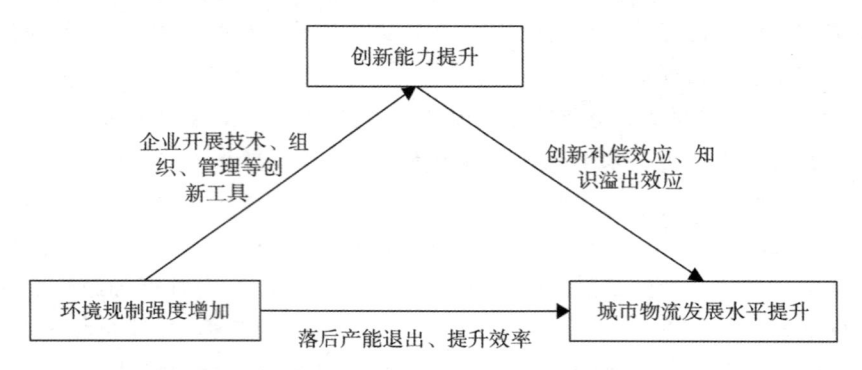

图 8-2 环境规制影响城市物流发展水平的传导机制

综合以上分析，本文提出如下研究假设：

H_1：环境规制通过创新能力影响城市物流业发展水平。

H_2：环境规制目标明确的区域，环境规制与创新对城市物流发展水平的交互效应更显著。

H_3：不同的创新水平下，环境规制对城市物流发展水平的影响存在显著差异。

8.3 模型构建及数据说明

8.3.1 模型构建

为了检验环境规制和创新水平对城市物流发展水平的影响，构建如下模型：

$$\text{LOG}_{it} = \alpha_0 + \alpha_1 \text{ER}_{it} + \alpha_2 \text{INN}_{it} + \alpha_3 \text{INN}_{it} \times \text{ER}_{it} + \lambda_{j1} Z_{jit} + \varepsilon_{it} \tag{8-1}$$

式中，i 为城市，t 为时间，LOG_{it} 为城市 i 第 t 年的物流发展水平，ER_{it} 为城市 i 第 t 年的环境规制强度，INN_{it} 为城市 i 第 t 年的创新水平，Z_{jit} 为控制变量，ε_{it} 为误差项，$\text{INN}_{it} \times \text{ER}_{it}$ 表示环境规制与创新水平的交互效应。

选择创新水平为门槛变量检验创新水平在环境规制对城市物流发展水平的影响机制中的门槛效应。借鉴 Hansen[309] 的研究成果，构建如下门槛模型：

$$\text{LOG}_{it} = \mu_i + \alpha_1 \text{ER}_{it} I(\text{INN}_{it} \leqslant \gamma) + \alpha_2 \text{ER}_{it} (\text{INN}_{it} > \gamma) + \alpha_3 \text{INN}_{it} + \lambda_{j2} Z_{jit} + \varepsilon_{it} \tag{8-2}$$

式中，$I(\cdot)$ 为指示函数，INN_{it} 为门槛变量，γ 为门槛值，Z_{jit} 为控制变量向量，ε_{it} 为误差项。指示函数 $I(\cdot)$ 取值标准为：若括号内结果为真，$I(\cdot)$ 取值为 1，反之，取值为 0。

8.3.2 变量选取

物流业发展水平（LOG_{it}）：选择交通运输、仓储和邮政业从业人员数、货运量和公路里程3个指标，采用熵权法测度样本城市物流发展水平。

环境规制（ER_{it}）：选择各样本城市$PM_{2.5}$的倒数表示环境规制强度，值越大表示环境规制强度越高。

环境目标表述（ET_{it}）：政府相关文件中是否明确表述生态环境目标，在一定程度上能够说明政府推进绿色发展的态度。本章根据样本城市政府工作报告中是否明确表述提出"$PM_{2.5}$浓度达标率（下降比例）"或"工业增加值能耗降低"等定量描述设定环境目标表述虚拟变量，如果出现明确的定量描述，该指标值为1，否则为0。

创新水平（INN_{it}）：选择专利授权数作为城市创新水平的代理变量[310]。

同时选择工业水平等变量为控制变量，变量描述性统计结果见表8-1。

表8-1 变量的描述性统计

变量标识	变量名称	变量说明	均值	最大值	最小值	标准差
LOG	物流业发展水平	采用熵权法测算	0.045	0.606	0.001	0.046
ER	环境规制	$PM_{2.5}$的倒数	0.279	0.781	0.213	0.044
ET	环境目标表述	根据政府工作报告整理	0.440	1	0	0.496
INN	创新水平	授权专利数量	0.029	0278	0.009	0.018
IND	工业发展水平	规模以上工业企业数量	6.583	9.841	2.996	1.110
STU	人力资本	普通高等学校在校学生数量	10.424	13.898	5.298	1.410
COM	社会消费水平	社会消费品零售总额	6.124	9.620	2.890	1.078
FDI	对外开放水平	实际利用外资额	9.702	14.941	0	2.528

8.3.3 数据来源

研究样本包括284个地级及以上城市，研究时间跨度为2008—2020年，数据来源于2009—2021年的《中国城市统计年鉴》、2009—2021年的《中国区域经济统计年鉴》，缺失数据通过查找各省市统计年鉴、国民经济和社会发展统计公报补足，$PM_{2.5}$数据来源于美国航空航天局（NASA）和华盛顿大学圣路易斯分校。

8.4 实证结果分析

8.4.1 交互效应检验

1.基准回归

采用广义最小二乘法估计式（8-1），结果见表8-2。结果显示，总体样本和ET值为1的样本回归结果中，无论是否加入创新和环境规制交互项，创新水平和环境规制均显著正向影响城市物流发展水平。在 ET 值为 0 的样本中,创新水平对城市物流发展水平的回归系数不显著,出现这种结果的可能原因是,由于没有明确的环境规制目标,地方政府未制定和实施严格的环境规制措施,未能严格规范企业的污染行为,也未激发企业通过创新推进绿色发展的动力,未能通过环境规制措施推动企业创新进而实现城市物流发展水平的提升。

Model2 交互项回归系数均显著为负,研究假设 H_1 得到验证,环境规制在创新对城市物流发展水平的影响机制中具有负向影响。进一步根据环境目标表述对样本城市进行分组检验,Model4 和 Model6 结果显示,当 ET 值为 1 时,交互项系数显著为负,而当 ET 值为 0 时,交互项系数不显著,环境规制对这类城市创新对城市物流发展水平的影响中作用不明确。控制变量方面,工业发展水平和人力资本水平对总体样本及分组样本城市物流发展水平均有显著的正向影响。

表 8-2　交互效应检验结果

变量	总体样本		ET=1		ET=0	
	Model1	Model2	Model3	Model4	Model5	Model6
INN	0.002*** (2.83)	0.009*** (3.23)	0.004*** (3.68)	0.016*** (3.44)	0.001 (0.44)	0.004 (1.29)
ER	0.097*** (5.70)	0.230*** (4.29)	0.090*** (3.05)	0.311*** (3.52)	0.105*** (5.42)	0.180*** (2.79)
ER×INN		−0.023*** (−2.63)		−0.040*** (−2.65)		−0.013 (−1.22)
STU	0.011*** (16.18)	0.011*** (15.70)	0.011*** (9.95)	0.011*** (9.59)	0.011*** (11.93)	0.010*** (11.54)
IND	0.007*** (6.69)	0.007*** (6.39)	0.004** (2.20)	0.003** (1.91)	0.011*** (7.96)	0.010*** (7.74)
COM	0.001 (0.95)	0.001 (0.33)	0.005*** (3.78)	0.005*** (3.74)	0.002 (1.44)	0.002 (1.52)
FDI	0.001 (0.50)	0.001 (0.36)	0.001 (1.00)	0.001 (0.88)	−0.001 (−0.29)	−0.001 (−0.34)
−cons	−0.167*** (−18.12)	−0.203*** (−12.63)	−0.185*** (−11.52)	−0.138*** (−4.90)	−0.154*** (−14.19)	−0.173*** (−9.10)
N	3135		1380		1755	

注:括号内为 t 值,**、*** 分别表示在 5%、1% 的水平下显著。

2.稳健性检验

为了检验结果的可靠性,选择二氧化硫排放量作为环境规制、科研综合技术服务业的替代变量,从业人员数作为创新水平的替代变量进行稳健性检验,结果见表 8-3。结果显示,核心变量及交互项回归系数同前文基本一致,验证了研究结论的稳健性。

表 8-3 稳健性检验

变量	环境规制稳健性	创新水平稳健性
SO_2	0.282*** (3.01)	
INN	0.009*** (4.55)	
$SO_2 \times INN$	−0.063*** (−3.58)	
ER		0.574*** (4.64)
RD		0.038*** (8.85)
RD×ER		−0.065*** (−4.27)
STU	0.011*** (15.25)	0.001 (1.44)
IND	0.005*** (4.32)	0.006*** (6.20)
COM	0.001* (1.69)	0.002*** (3.15)
FDI	0.001 (0.53)	6.29e−06 (0.02)
-cons	−0.156*** (−14.57)	−0.340*** (−9.89)

注：括号内为 t 值，*、*** 分别表示在 10%、1% 的水平下显著。

8.4.2 门槛效应检验

1.门槛回归

为了进一步检验不同创新水平下，环境规制对城市物流发展水平的影响，以创新水平为门槛变量对式(8-2)进行回归分析，结果见表 8-4 和 8-5。结果显示，环境规制对城市物流发展水平的影响存在以创新水平为门槛变量的多重门槛效应，当创新处在较低水平时，环境规制负向影响城市物流发展水平，当创新水平超过第二门槛值时，环境规制显著正向影响城市物流发展水平且影响程度呈增强态势。

表 8-4 门槛效应检验

门槛(门槛值)	F 值	P 值	BS 次数
单一门槛(10.785)	151.678	0.000	300
双重门槛(10.543、11.435)	38.309	0.000	300
三重门槛(10.949)	25.129	0.003	300

注:BS 次数为采用 Bootstrap 反复抽样次数。

2.稳健性检验

进一步采用替换核心解释变量方法检验门槛效应结果的稳健性,采用二氧化硫排放量为环境规制的代理变量回归式(8-2),结果见表 8-5,结果显示,替换环境规制变量后,仍然存在三门槛效应,证明了研究结论的稳健性。

表 8-5 门槛回归及稳健性检验

变量名	基准回归	稳健性检验
IND	−0.001 (−0.41)	−0.001 (−0.44)
STU	0.001 (0.55)	0.0001 (0.57)
FDI	0.001 (1.25)	0.0001 (1.26)
COM	0.009*** (12.83)	0.009*** (13.29)
EV		
EV_1	−0.009 (−0.56)	−0.004 (−0.42)
EV_2	0.048*** (2.85)	0.160*** (6.67)
EV_3	0.103*** (5.57)	0.316*** (9.86)
EV_4	0.173*** (8.16)	0.470*** (11.60)
-cons	−0.011 (−1.05)	−0.124 (−1.21)

注:括号内为 t 值或 P 值,*** 表示在 1% 的水平下显著。

8.5 研究结论和政策启示

8.5.1 研究结论

本章在构建交互效应和门槛效应检验模型的基础上,检验了环境规制、创新和城市物流发展水平间的关系,研究发现:(1)创新水平和环境规制显著正向影响城市物流发展水平,创新水平和环境规制强度的提升能够显著促进城市物流的发展。(2)环境规制和创新交互项显著负向影响城市物流发展水平,环境规制负向作用于创新对城市物流发展水平的影响。(3)创新水平在环境规制影响城市物流发展水平的作用机制中存在门槛效应,当创新处在较低水平时,环境规制负向影响城市物流发展水平,当创新提升到一定水平时,环境规制显著促进城市物流发展水平的提升。(4)政府相关文件中是否明确存在环境目标的定量表述直接关系到环境规制与创新交互项对城市物流发展水平的影响,当存在明确且定量的环境目标表述时,交互项显著负向影响城市物流发展水平,能够推动企业通过创新适应环境规制要求,当不存在明确且定量的环境目标表述时,交互项对城市物流发展水平的影响不明确。

8.5.2 政策启示

基于以上研究结论,提出以下政策建议:(1)环境规制能够显著促进城市物流的发展,但负向作用于创新对城市物流发展水平的影响。政府在制定环境规制政策时,要充分考虑环境规制对企业创新的影响,在政策制定和实施细节方面做好对企业技术、管理等创新的引导和补偿。在对地方政府官员的晋升考核中增加生态环境发展相关指标的权重,深入开展在任、离任绿色发展审计工作,增强地方政府对环境规制在区域经济发展中的认知。(2)高度重视创新对城市物流发展水平提升的关键作用,做好中小企业特别是初创企业创新性投入的引导和奖补工作,降低中小企业环境规制合规成本和经营风险,支持企业通过"创新补偿效应"提升竞争实力。此外,针对不同区域存在创新能力差异,有针对性地制定环境规制政策和措施。创新能力较强的区域一般具有较高的经济发展水平,可以通过提高市场准入门槛等方式制定更为严格的强制性环境规制政策,倒逼企业持续进行创新投入,通过创新推动城市物流高质量发展。对于创新能力不足的区域,环境规制政策应以激励性规制为主,引导和激励企业开展技术和管理创新,提升城市物流发展竞争力。(3)政府主管部门在制订年度工作计划时,特别是上一级政府主管部门在给下一级政府主管部门下达指标、任务时,应根据区域创新水平实际,确定合理的生态环境发展目标,在保证生态环境质量目标达成的同时,显著促进城市物流的发展。

第 9 章　中国城市物流网络演化特征研究

9.1　引言

我国加入 WTO 后,区域经济一体化的进程明显加快,经济活动生产要素在区域间的流动性持续增强。物流作为生产要素流动的载体之一,在区域之间的经济互动往来中起到十分重要的作用。2009 年国务院印发《物流业调整和振兴规划》以来,我国物流产业规模扩张迅速,但区域间物流业发展不平衡的问题依然存在,不同省、市之间的物流业发展水平存在较大差异。例如,2022 年海南省的货运总量为 30007 万吨,同期广东省的货运总量达到 351809 万吨,是海南省总量的 10 倍以上。区域的物流产业发展不是独立的,在政府的宏观调控和市场经济"无形之手"的共同作用下,区域间的物流要素伴随着区域经济一体化进程的加快而加速流动,区域间物流业发展的关联与互动稳步提升,物流空间的溢出效应也日益凸显。在政府和市场的双重作用下,我国城市物流网络逐渐发展壮大,网络内各节点城市的关联也超越了传统的线性联系模式,涌现出更加系统、复杂的网络结构特征。基于此,深入剖析我国城市物流网络的结构特征、生命周期演化阶段等,对于政府制定相关物流产业发展规划、城市空间布局调整等具有重要的理论指导意义和应用价值。

网络化的协同运营方式有助于有效整合产业资源,降低研发风险、提高运营效率[311-312]。产业协同网络是产业网络的主要研究问题,国内学者的研究主要关注产业内部各节点企业之间的竞合关系、创新合作关系以及战略联盟关系等[313-314],这些协同关系的嵌入对企业竞争力的提升有积极促进作用[315]。产业协同网络所具有的扩散、无标度等特征,以及协同网络中主体之间的联结规则也是近年来学者们关注的热点。产业演化理论源于达尔文的生物进化论,用于揭示产业发展生命周期过程中的演化机理、特征等。基于产业演化理论,学者们对产业网络演化的机理、特征等进行了探讨[316]。国内外学者从不同角度对于城市物流网络进行了较为深入的研究,国外学者的研究视角主要从企业(微观层面)入手,探究物流(快递)企业的运营网络布局。例如,Bowen[317]以美国联邦快递和联合包裹为研究对象,分析其快递网点布局构成的网络结构特征;Lee 等[318]分析韩国邮政的网络布局,通过构建数学模型优化其网络节点的选址和布局;DeKeizer 等[319]采用一种新的混合整数线性规划(MILP)模型和一种混合优化—仿真的方法来确定易腐产品在质量保证下成本最优的网络设计;Upchurch[320]等借助栅格处理技术对物流网络中要素的集聚、分散等特征进行了分析。国内学者对物流网络的研究视角相对更偏宏观。杨光华和谢小良[321]提出了加权网络和超网络相结合的方法，对物流加强网络中的货流和信息流进行鲁棒性分析。李全喜等[322]将经济、信息和能源消耗等多个因素综合考虑进传统的引力模型，构建了我国31个省级行政区的物流引力模型和区位物流地位模型，深入分析省域间的物流联系强度。龚梦和祁春节式[323]以江苏省13个地级市为例，提出了规划城市物流网络的理想模。赵芮和丁志伟[324]基于菜鸟运输市场网站的有向物流数据，借助社会网络分析法和GIS（地理信息系统）空间分析法，对中原城市群的物流网络结构特征和影响因素进行分析。李宛君等[325]基于大数据构建了我国电子商务快递物流网络，借助复杂网络等方法，对电商快递网络的空间流动规律性、结构特征、演化机理等进行深入探究。王钊等[161]基于经济地理学的空间视角，对城乡物流网络的内涵、构成要素与分析框架进行深入探索。刘妤和姚阳[326]从高质量发展视角出发，基于辐射理论分析了西藏地区的物流网络，确定轴心城市、辐点城市以及辐射范围，以进一步优化西藏的城市物流网络。在已有的城市物流网络研究中，社会网络分析法是较为热门的方法之一。汪传雷等[327]采用引力模型结合社会网络分析方法对安徽省地级市的物流空间特征进行分析，并探究其影响因素。邱志萍等[328]基于省（区、市）的数据，采用引力模型和社会网络分析等方法对商贸流通网络的结构特征和驱动因素进行分析。李延祺和涂敏[94]采用爬虫技术获取上海大都市圈9个地级市的物流数据，借助社会网络分析法对该物流网络的特征及驱动因素进行分析。综合来看，目前构造物流网络主流的方法有两大类：一类是通过物理模型（如引力模型、互锁网络模型等）构建物流网络；另一类则是借助爬虫技术，从互联网平台上爬取相关的物流有向数据，构建区域物流网络。

虽然现有文献在物流网络方面的研究结果较为丰富，但依然存在以下不足：一是基于空间视角的研究居多，即使有的文献在研究中提及时空演化的双视角，但在行文中更偏重地理上的相邻（邻近）效应，由此得出来的结论往往存在一定的局限性，难以真正地从时间和空间两个视角全面地把握我国城市物流网络的发展现状、特征等。二是地级市的研究尺度不多。现有文献多是以省域、城市群物流网络作为研究对象，从全国视角开展地级市尺度城市物流网络的文献极少，对城市物流网络整体演化特征的研究不足。基于以上，本章基于修正的引力模型，构建地级市尺度的城市物流网络，从网络演化的视角探究城市物流网络演化特征，运用复杂网络演化理论揭示城市物流网络的网络时间（生命周期）递进和空间（拓扑结构）扩散过程，并通过块模型分析城市群之间的物流网络关系，以期对我国城市物流网络的时空演化特征进行更加深刻、全面的刻画和分析，有利于更加明晰城市物流网络的治理机制，研究的框架思路如图9-1所示。

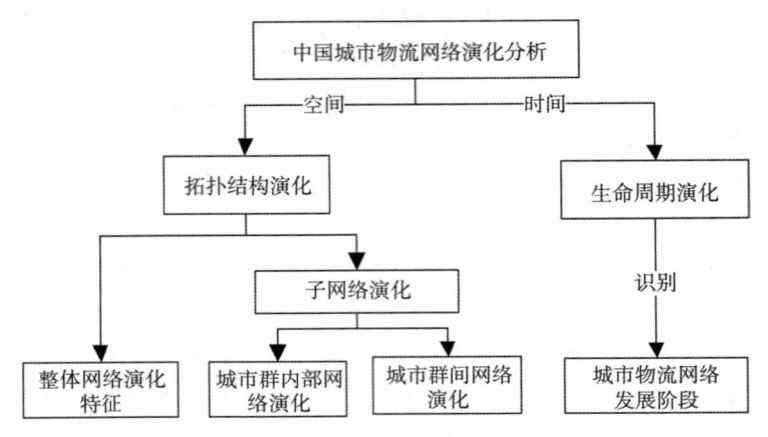

图 9-1 城市物流网络演化的研究思路

9.2 研究方法与数据来源

9.2.1 研究方法

1.改进的引力模型

采用改进的引力模型测算 284 个样本城市 2006—2020 年城市间物流联系强度,在测算城市物流联系时,为消除城市间物流联系的不对等性,采用城市货运量占两联系城市货运量之和的比重作为引力调节系数修正联系的不对等性,具体公式如下:

$$R_{ij} = G \frac{M_i M_j}{d_{ij}^2}; G = \frac{M_i}{M_i + M_j} \tag{9-1}$$

式中,R_{ij} 为城市 i 对城市 j 的物流引力,G 为引力系数,$M_i(M_j)$ 为城市 i(城市 j)的货运量,d_{ij} 是城市 i 和城市 j 之间的公路里程距离。

2.社会网络分析法

社会网络分析法是一种用于刻画网络整体特征、网络中节点关系的分析方法。借助社会网络分析方法从网络规模、网络密度、中心势和网络特征 4 个方面分析我国城市物流网络拓扑结构。

网络规模:一般用节点和连边的数量来表示。城市物流网络节点和边数的选取说明如表 9-1 所示。

网络密度:用于衡量网络内部成员之间相互联系的紧密程度,网络密度值越大,表明成员之间的联系越紧密,整体网络对各成员的影响也越大。

中心势:分为网络的标准化点入度中心势和点出度中心势。值越接近 1,表明网络集中的趋势越明显。两个值的大小差距越大,表明网络关系的不均衡性越强。

网络特征:包括结构洞和平均距离两个指标。结构洞是指网络中某个或某些节点之间存在直接联系,但与其他节点之间没有直接联系,网络出现了洞穴,导致个别节点之间的联系中断。平均距离指网络中两个节点之间的平均连接距离。

3.网络生命周期演化模型

网络的演化过程中,作为核心变量的网络规模,其变化规律符合产业组织生命周期演化的特征[307]。

4.网络拓扑结构演化模型

(1)测度指标。

拓扑结构是城市物流网络的骨架,分析网络的拓扑结构演化有助于明晰城市物流网络的发展趋势。由于城市物流网络是通过引力模型构建得来的,为了更好地刻画网络结构的演化特征,节点数取 2006 年的货运量平均值以上的城市数量,边数则取引力值大于 2006 年中位数以上的城市数量。其他指标如表 9-1 所示。

表 9-1 城市物流网络的拓扑结构测度指标

分类	指标	指标说明
网络规模	节点数	节点数 $N = \text{sum}(\tilde{N})$,$\tilde{N}$ 为网络 G 中节点城市货运量大于等于 2006 年该网络货运量平均值的点集
	边数	边数 $V = \text{sum}(E)$,E 为网络 G 中大于等于 2006 年引力值中位数的边数
网络密度	网络密度	网络中各成员之间联系的紧密程度
中心势	出度和入度	分为网络的标准化点入度中心势和点出度中心势。值越接近1,表明网络集中的趋势越明显。两个值的大小差距越大,表明网络关系的不均衡性越大
网络特征	结构洞	个体在网络的受限制程度
	平均距离	网络中两个节点之间的平均连接距离

(2)子网络。

在网络中因某种特定的关系属性而建立起来的小群体,也可以称为社团,社团中的成员在既定的目标和约束下,通常表现出相对较强、直接、紧密或积极的联系关系。在城市物流网络中,地理位置相近,产业结构类似或互补的城市之间关联更加密切,更容易形成网络中的社团。社团内部节点之间的联系更为紧密,社团之间的联系则可能较为松散。以城市群作为社会网络分析中的社区,通过社会网络分析的"块模型",分析城市群之间的关联情况。全文选取 8 个城市群(京津冀、长三角、珠三角、成渝、长江中游、中原、关中、北部湾城市群,编号分别为 1,2,…,8)作为我国城市物流网络子网络的代表,8 个城市群的城市总数共计 140 个,占研究样本城市数量的 49.3%。全国 284 个样本城市的物流网络构成整体网络 G,8 个城市群分别为子网络 G1~G8。

块模型是社会网络分析中常用的研究网络中子群之间关系的研究方法。基于系统内各主体之间相互关联的思想,将各主体汇集到更大的模块(社团),利用像矩阵探究模块的协同结构特征,以发现系统的涌现规律。像矩阵是块模型构建的基础,α-密度是确认像矩阵中各模块取值的常用标准。序参量是协同理论中的核心变量,用于揭示和表征复杂系统跃迁的协同动力。在系统网络的协同发展过程中,网络密度被认为是网络协同演化的重要动力之一[329-330]。本章用网络密度作为各城市群网络协同的刻度指标,采用 α-密度标准构建各城市群的网络协同像矩阵,以此探究我国城市物流网络中的协同态势。

5.中国城市物流网络影响因素模型构建

通过前文的分析可知,由于不同城市间地理区位、资源禀赋、交通基础设施水平等方面存在差异,这些差异在导致城市物流发展异质性的同时,也催生了城市间产品、原材料的流通,城市间的这些物流活动构成了城市间的物流网络。前文对城市物流发展空间结构演化的研究发现,东部地区、中部地区核心城市对邻近周边城市物流产生一定的溢出效应,由此可以推断,城市发展方式相近的城市间可能存在更显著的空间关联性,而不同城市发展方式的差异性可以用产业结构、消费水平、开放度和就业水平差异等指标来间接刻画[151]。因此,本节重点考查城市经济发展水平、资本存量、就业水平、消费水平、市场开放度、产业结构、信息化水平和城镇化水平等指标的差异和城市的空间邻近性,讨论中国城市物流网络形成的影响因素。综合以上分析,构建如下理论模型:

$$R = f(S, E_c, K_c, L_c, C_c, O_c, S_c, I_c, U_c) \tag{9-2}$$

式中,R 表示中国城市物流联系强度矩阵,S 表示空间权重矩阵,本节基于地理空间邻接性构建空间权重矩阵研究空间邻接关系对城市物流关联的影响,E_c 表示经济发展水平差异,K_c 表示资本存量差异,L_c 表示就业水平差异,C_c 表示消费水平差异,O_c 表示市场开放度差异,S_c 表示产业结构差异,I_c 表示信息水平差异,U_c 表示城镇化水平差异,差异矩阵基于各指标数值与 2005—2016 年间各指标平均值的绝对差异来构建。

经济发展水平用国内生产总值(GDP,单位:万亿元)来衡量,根据 GDP 平减指数将各城市 GDP 调整为以 2005 年为基期的实际值。就业水平采用单位从业人员数(单位:百万人)来衡量。消费水平采用社会消费品零售总额(单位:万亿元)来衡量,根据各省(区、市)的居民价格指数将各城市社会消费品零售总额调整为以 2005 年为基期的实际值。市场开放度采用进出口总额(单位:亿美元)来衡量,根据进出口价格指数将各城市进出口总额调整为以 2005 年为基期的实际值。产业结构用第三产业占 GDP 比重来衡量,根据各省(区、市)第三产业增加值指数将各城市第三产业增加值调整为以 2005 年为基期的实际值。信息化水平采用互联网宽带接入用户数(单位:百万户)代表信息化水平。城镇化水平用城镇人口占常住人口比重来衡量城镇化水平。

本节拟采用二次指派程序(quadratic assignment procedure,QAP)方法检验城市发展方式的差异性对城市物流空间关联的影响。由于式(9-2)理论模型中的变量全部是关系数据,传统的统计检验方法无法准确估计关系数据之间的关系,在对"关系—关系"数据进行统计检验时,一般要采用特定的方法。QAP 方法是一种非参数估计方法,这种方法在开展统计检验时,不要求假设自变量相互独立,估计结果比参数估计的结果更加稳健。QAP 方法包括 QAP 相关分析和 QAP 回归分析,QAP 相关分析是在随机置换矩阵行列数据的基础上,通过对两个矩阵元素相似性的比较测算两个矩阵的相关系数,同时对系数进行非参数检验。QAP 相关分析包括 3 个步骤:第一步是计算由两个矩阵元素构成的长向量的相关系数;第二步是同时随机置换其中一个矩阵的行和列,计算置换后的矩阵与另一个矩阵的相关系数并保存计算结果,多次重复以上过程得到相关系数的分布,测算其中大于或等于第一步计算出的相关系数的比例;第三步是观察第一步计算的结果是否落入第二步计算的相关系数分布的接受域,进而判断相关性。QAP回归分析用来考察多个关系矩阵间的关系,其运算逻辑与QAP相关分析类似,第一步是将关系数据矩阵转换为长向量并进行回归分析,第二步是将因变量矩阵中的行和列随机置换,再进行回归分析,多次重复以上过程,进而估计判定系数及其显著性。

9.2.2 数据来源及说明

研究样本包括284个地级及以上城市,使用2006—2020年的中国城市面板数据,数据来源于2007—2021年的《中国城市统计年鉴》、2007—2021年的《中国区域经济统计年鉴》,数据缺失部分通过查找各省市统计年鉴、国民经济和社会发展统计公报补足。城市间公路里程根据百度地图爬取。

9.3 中国城市物流网络生命周期演化

采用改进的引力模型构建城市物流网络,网络规模特征见表9-2。结果显示,中国城市物流网络节点数和边数在研究期间均呈现上升趋势(受疫情导致的城市间货流不畅等因素的影响,2020年,城市物流网络节点数和变数均出现不同程度的下降)。中国城市物流网络节点数与边数的相关性较强,网络中大于货运量平均值的城市数量越多,这些城市两两之间的引力值则越大,因此大于引力值中位数的城市联系对也就越多,即边数越多,因此若对节点和边数进行合并或将二者综合成一个指标都不合适。

表9-2 2006—2020年中国城市物流网络规模

指标	2006	2007	2008	2009	2010	2011	2012	2013	2014	2015	2016	2017	2018	2019	2020
节点数	32	37	47	71	89	105	122	127	132	132	131	142	151	153	142
边数	40168	44699	49557	55596	58974	63491	66470	68634	69154	67944	69189	71241	70900	71315	69361

采用对比分析的方法分别对节点数($Y1$)和边数($Y2$)的Logistic曲线进行拟合。计算过程中,对边数的观测值进行乘以0.001的处理,以方便将两个指标进行绘图对比。运用matlab拟合出$Y1$和$Y2$两条Logistic曲线,两条曲线的R^2分别为0.98和0.97,且均通过显著性检验。进一步计算两条曲线的一阶导和二阶导,绘制如图9-2所示的曲线图,根据图9-2的判读依据来识别我国城市物流网络的生命周期阶段。

图 9-2 我国城市物流网络的生命周期演化阶段

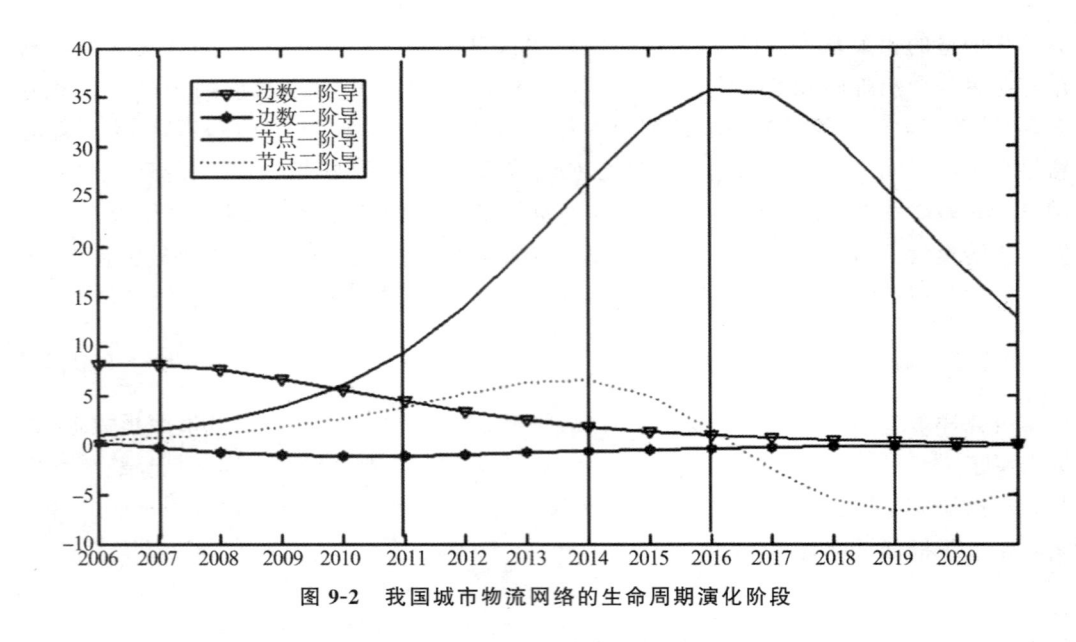

从图 9-2 可以看出,节点方面,2006—2014 年节点的一阶导数和二阶导数呈明显的增长趋势。边数方面,2006—2007 年边数的一阶导数呈现增长趋势,但二阶导数呈下降趋势,2007—2011 年边数的一阶导数和二阶导数曲线均呈下降趋势,2011—2014 年边数的一阶导数继续呈下降趋势,而二阶导数则呈现小幅度增长趋势。综合节点和边数的增长趋势,判定 2006—2007 年为我国城市物流网络的形成初期(边数二阶导虽有下降趋势,但下降的幅度较小),2007—2014 年节点层面规模的递增幅度明显大于边数层面的递减幅度,判定 2007—2014 年依然为形成期,且考虑到边数的递减,将其界定为形成滞后期。2014—2016 年节点的一阶导数呈现递增趋势,二阶导数为递减趋势。边数方面,2014—2016 年边数的一阶导数呈递减趋势,二阶导数为递增态势,边数的变化幅度明显小于节点,综合判定我国城市物流网络在 2014—2016 年属于成长初期。2016—2019 年节点的一阶、二阶导数均呈递减趋势。边数的一阶导数和二阶导数均呈递减趋势,判定 2016—2019 年我国城市物流网络属于成长期。2019—2020 年,节点的一阶导数呈递减趋势,二阶导数则呈递增趋势。边数的一阶、二阶导数均呈递减趋势,但下降趋势较为平稳,因此判定 2019—2020 年我国城市物流网络属于成熟期。综述,我国城市物流网络生命周期演化阶段主要经历了 2006—2007 年的形成初期,2007—2014 年的形成滞后期,2014—2016 年的成长初期,2016—2019 年的成长期,2019—2020 年的成熟期 5 个阶段。

9.4 中国城市物流网络结构演化特征

9.4.1 中国城市物流网络总体演化特征分析

拓扑结构是城市物流网络的骨架,分析我国城市物流网络的拓扑结构对于明确城市物流网络的发展态势有积极的意义。基于表 9-1 的指标,计算 2006 年、2010 年、2015 年和 2020 年 4 个典型年份中国城市物流整体网络和 8 个城市群网络拓扑结构特征值,结果见表 9-3 和 9-4。

表 9-3 中国城市物流网络整体网络的拓扑结构特征值

指标		2006	2010	2015	2020
网络规模	节点数	32	89	132	142
	边数	40168	58974	67944	69361
网络密度	网络密度	0.5	0.734	0.845	0.863
中心势	出度	0.502	0.267	0.155	0.137
	入度	0.211	0.115	0.077	0.067
网络特征	结构洞	79.22	49.7	28.24	23.51
	平均距离	1.502	1.268	1.143	1.12

表 9-4 8 个城市群网络的拓扑结构特征值

指标		京津冀				长三角			
		2006	2010	2015	2020	2006	2010	2015	2020
网络规模	节点数	4	7	8	9	9	20	23	26
	边数	156	156	156	156	702	702	702	702
网络密度	网络密度	1	1	1	1	1	1	1	0.865
中心势	出度	0	0	0	0	0	0	0	0.066
	入度	0	0	0	0	0	0	0	0.066
网络特征	结构洞	1	1	1	1	1	1	1	1
	平均距离	1	1	1	1	1	1	1	1

续表

指标		珠三角				成渝			
		2006	2010	2015	2020	2006	2010	2015	2020
网络规模	节点数	3	4	8	8	2	3	4	4
	边数	72	72	72	72	195	210	210	210
网络密度	网络密度	1	1	1	1	0.929	1	1	0.772
中心势	出度	0	0	0	0	0.077	0	0	0.109
	入度	0	0	0	0	0.077	0	0	0.109
网络特征	结构洞	1	1	1	1	1.07	1	1	1
	平均距离	1	1	1	1	1.07	1	1	1

指标		长江中游				中原			
		2006	2010	2015	2020	2006	2010	2015	2020
网络规模	节点数	2	7	17	19	0	17	19	19
	边数	522	666	699	700	826	868	868	868
网络密度	网络密度	0.744	0.949	0.996	0.862	0.886	0.933	0.933	0.819
中心势	出度	0.266	0.053	0.004	0.069	0.082	0.033	0.033	0.033
	入度	0.146	0.053	0.004	0.069	0.082	0.033	0.033	0.033
网络特征	结构洞	5	2.1	1.18	1.07	2.19	1	1	1
	平均距离	1.197	1.051	1.004	1.003	1.05	1	1	1

指标		关中平原				北部湾			
		2006	2010	2015	2020	2006	2010	2015	2020
网络规模	节点数	1	1	5	6	0	3	4	5
	边数	58	69	72	72	72	88	90	90
网络密度	网络密度	0.806	0.958	1	0.655	0.8	0.978	1	1
中心势	出度	0.219	0.047	0	0.16	0.222	0.025	0	0
	入度	0.219	0.047	0	0.16	0.222	0.025	0	0
网络特征	结构洞	2.18	1.29	1	1	2.3	1.18	1	1
	平均距离	1.194	1.042	1	1	1.2	1.022	1	1

网络规模：从表 9-3 和 9-4 可以看出，中国城市物流整体网络和 8 个城市群网络的节点数、边数均呈增长趋势，表明我国整体的城市物流网络规模有增强的趋势，各城市的货运量以及城市间的联系均有加强的态势。

网络密度：我国城市物流网络整体的网络密度呈逐年递增的趋势，表明全国样本城市间的物流联系更加紧密，城市物流网络对城市个体的影响呈增强态势。8 个城市群中，除京津冀、珠三角和北部湾的网络密度呈递增或持平态势外，其他城市群的网络密度均表现为"增长—下降"的演化规律，且均是在 2020 年呈下降趋势，表明网络成员之间的联系紧密程度在 2020 年有所下降。出现这种结果的可能原因：受 2019 年底突发的新冠疫情的影响，城市间物流通道不畅直接影响城市物流网络的有效运行。

网络特征：整体网络的网络特征（点入度中心势、点出度中心势、结构洞和平均距离）均表现为逐年下降的趋势，表明我国城市物流网络节点间的物流联系效用较低，节点对网络的权利和资源控制能力均呈下降的趋势。网络的点出度中心势相对较大，表明我国城市物流网络存在较大的不均衡性，网络也没有明显的集中趋势，大多数城市都处于网络的边缘地位。从点入度和点出度的值对比来看，我国城市物流网络对外联系的强度大于外来联系强度，表现出不对称和不均衡发展的特征。总体来看，我国城市物流网络中尚未形成具有强有力影响能力的核心城市，处于中间位置的核心城市数量较少。城市群方面，京津冀、长三角和珠三角城市群的网络特征均呈持平态势，网络特征值不显著，表明这 3 个城市群内部节点之间没有形成明显的网络集聚特征。从点入度和点出度的值对比来看，这 3 个城市群的对外联系强度和外来联系强度相当，表明这 3 个城市群网络的内外联系存在对称性特征，网络整体发展较为均衡。成渝城市群的网络特征表现为下降后持平的演化规律，网络密度呈现"增长—下降"的"倒 U"形演化规律，表明网络内部成员之间的联系紧密程度虽有所下降，但网络特征值较为稳定，结构洞和平均距离值均为 1，表明网络整体的凝聚力稳定。点出度和点入度方面，成渝城市群 4 个年份的点出度和点入度均相等，对外联系和外来联系的对称性极好。长江中游城市群的结构洞和平均距离呈现逐年下降的趋势，与京津冀、长三角、珠三角和成渝城市群相比，长江中游城市群的网络特征值较大，表明相较于其他几个城市群而言，长江中游城市群内部节点城市的联系紧密程度、凝聚力等相对较弱，点出度和点入度在 2006 年不对等，之后则表现为对称一致性。中原、关中平原和北部湾 3 个城市群的网络特征值呈现相似的演化规律，点出度和点入度方面均呈现对称性特征，结构洞和平均距离方面则表现为下降后持平的特征，在 2015 年和 2020 年结构洞和平均距离均为 1，表明这 3 个城市群在研究后期城市物流网络内部联系紧密程度和凝聚力有所提升。

综上，我国城市物流网络整体网络在典型研究年份里表现出相对稳定的网络特征，网络整体的连通性持续增强，网络内各节点城市的联系程度越发紧密，但整体网络没有形成明显的网络集聚特征。城市群内部的物流联系更加紧密，网络凝聚力更强，但也没有表现出明显的网络集聚特征。

9.4.2 中国城市物流联系演化特征分析

采用系统聚类方法将 2020 年 284 个地级以上城市物流总联系强度（包括对外联系强度和外来联系强度）进行聚类分析，结合 ArcGIS 自然间断点分级法分类结果，将城市间物流联系分为 5 类，分别是物流联系高水平、较高水平、中等水平、较低水平和低水平。结果显示，2006—2020 年，中国城市物流总联系强度呈上升趋势，城市物流总联系强度达中等水平以上的城市数量快速增加，由 2006 年的 5 个增加到 2014 年的 73 个，此后，数量保持在 66 个左右；从空间结构演化特征来看，城市物流总联系强度达中等水平以上的城市呈现由东部地区向中西部地区延伸蔓延的态势；从联系达中等以上水平的城市的空间布局来看，2006 年，城市物流总联系强度达到中等水平以上的城市数量较少，集中在以上海、广州为代表的长三角和珠三角城市群，2014—2020 年，城市物流总联系强度达到中等水平以上的城市数量快速增加，主要集中在长三角城市群、珠三角城市群、京津冀城市群、中原城市群、成渝城市群和环渤海城市群等区域，以直辖市、省会城市和区域中经济发展水平较高的城市为主，城市物流联系强度较高的城市和物流发展水平较高的城市重合度较高。

进一步分析中国城市物流对外联系强度和外来联系强度空间结构发现，研究期间，城市物流对外联系和外来联系水平均快速提升，从城市的空间分布来看，2014 年后，对外联系强度和外来联系强度较高的城市布局重合度较高，主要分布在长三角城市群、珠三角城市群和中原城市群等区域。从空间结构的演化特征来看，城市物流外来联系强度和对外联系强度达中等水平以上的城市均呈现由东部地区向中西部地区扩展的态势。从联系强度较高的城市数量来看，中国城市物流对外联系强度和外来联系强度均呈快速增长态势，同中国城市物流总联系强度增长趋势一致。2015 年，外来联系强度和对外联系强度水平较高的城市数量最多，此后保持在一定的水平上，对外联系强度水平较高的城市数量在同一个时间段内多于外来联系强度水平较高的城市，且对外联系强度水平较高的城市分布较为分散，这些城市完成了初步的物流极化发展，呈现由极化发展向扩散发展演变的特征。从具体城市来看，广州、上海、西安、佛山、重庆、杭州等城市对外联系强度排名靠前，说明这些城市的物流辐射能力较强，对其他城市物流发展存在一定的溢出效应，佛山、广州、湖州、杭州等地外来联系强度排名靠前，受其他城市物流发展的影响较大，其中，广州、西安等地对外物流联系强度大于外来物流联系强度，总体呈现空间溢出效应，对其他城市物流发展有一定影响，佛山、湖州等地对外物流联系强度小于外来物流联系强度，受其他城市物流发展的影响。

9.4.3 中国城市物流网络中心性演化特征分析

采用网络中心性分析进一步探究样本城市在城市物流网络中所处的地位及其演化特征，为了防止一些弱物流联系影响整体网络中心性特征，将各城市间的物流联系原始值进行二值化操作，经过反复实验，将阈值设定为各城市间物流联系强度的平均值（物流联系强度大于平均值取值为 1，小于平均值则取值为 0），采用 Ucinet 软件进一步测算

2006—2020年中国城市物流网络度数中心度指数(包括出度中心度和入度中心度)。采用系统聚类方法对2020年样本城市出度中心度和入度中心度进行聚类分析,结合自然间断点分级法分类结果,分别将中国城市物流网络中城市出度中心度和入度中心度划分为高水平、较高水平、中等水平、较低水平和低水平5类。结果显示,2006—2020年,从样本城市总体分布看,出度中心度和入度中心度达中等以上水平的城市分布呈现从东部地区向中西部地区扩展态势,特别是中部地区城市中心度水平提升较快,空间分布上主要集中在长三角城市群、珠三角城市群、中原城市群、京津冀城市群、环渤海城市群和成渝等区域。从达到中等水平以上的城市数量来看,入度中心度水平较高的城市数量高于出度中心度,两者数量均在2015年达到最大值,2015年后数量较为稳定。从具体城市来看,上海、广州、重庆、武汉等城市始终排在样本城市出度中心度的前列,且这些城市出度中心度大于入度中心度,说明这些城市物流辐射能力较强,对其他城市物流业发展存在溢出效应。2009年后,长沙、合肥、阜阳等地在出度中心度城市排名中进入前10名,这些城市具有良好的交通区位优势,物流基础设施良好,大量货物在这些区域中转、集散,带动了当地物流业的快速发展,逐渐成为城市物流网络中的核心节点。入度中心度城市排名中,武汉、阜阳、合肥、南京、驻马店等城市入度中心度排在样本城市前列,这些城市大多是区域交通枢纽,货物中转需求旺盛,受其他区域商贸、物流等产业发展影响较大。其中,武汉、合肥、阜阳等城市的出度大于入度,整体上是溢出的,对其他区域物流业发展有一定的带动作用。从度数中心度总体情况来看,广州、上海、重庆、武汉、合肥、长沙、西安、阜阳等城市位于中国城市物流联系网络的核心位置,以上结论同城市物流联系空间结构演化结果及城市物流发展空间结构演化结果基本一致,说明物流发展水平较高的城市同其他城市间物流联系较为紧密,处于城市物流网络的核心位置。

进一步采用Ucinet软件测算2006—2020年中国城市物流网络中间中心度指数,中间中心度排名前20的城市见表9-5。结果显示,重庆、广州、上海、西安、武汉、大连、天津、沈阳、长沙、郑州等城市中间中心度指数排在样本城市前列且较为稳定,表明这些城市在中国城市物流发展过程中扮演着重要的"桥梁"角色,对于连接各城市物流业发展起到了重要的中介和沟通作用,中间中心度指数较高的城市主要是直辖市、省会城市或区域交通枢纽、经济中心城市,这些城市一般具有良好的区位优势、物流基础设施水平较高,同网络内其他城市间的物流联系较为紧密,各区域内其他城市间的物流活动主要以这些城市为中介,起到沟通其他城市物流活动的"桥梁"作用。

表 9-5 2006—2020 年中国城市物流网络中间中心度指数排名前 20 的城市

排名	2006	2007	2008	2009	2010	2011	2012	2013	2014	2015	2016	2017	2018	2019	2020
1	重庆市	重庆市	重庆市	重庆市	重庆市	重庆市	重庆市	重庆市	重庆市	重庆市	重庆市	重庆市	重庆市	重庆市	重庆市
2	广州市	广州市	广州市	广州市	西安市	西安市	西安市	西安市	西安市	西安市	西安市	广州市	广州市	广州市	广州市
3	上海市	上海市	上海市	西安市	广州市	广州市	广州市	广州市	广州市	广州市	广州市	广州市	西安市	西安市	西安市
4	武汉市	西安市	西安市	上海市	上海市	上海市	上海市	上海市	阜阳市	阜阳市	阜阳市	阜阳市	阜阳市	阜阳市	阜阳市
5	西安市	大连市	天津市	成都市	大连市	大连市	陇南市	上海市	上海市	上海市	大连市	西安市	上海市	上海市	上海市
6	济宁市	武汉市	大连市	包头市	成都市	武汉市	大连市	武汉市	成都市	武汉市	上海市	大连市	大连市	大连市	大连市
7	大连市	天津市	鄂尔多斯市	天津市	哈尔滨市	成都市	武汉市	成都市	武汉市	大连市	天津市	上海市	武汉市	武汉市	武汉市
8	天津市	佛山市	沈阳市	岳阳市	武汉市	哈尔滨市	成都市	大连市	大连市	邯郸市	武汉市	遵义市	天津市	天津市	天津市
9	沈阳市	青岛市	青岛市	沈阳市	天津市	沈阳市	长春市	沈阳市	天津市	天津市	邯郸市	天津市	长沙市	长沙市	长沙市
10	青岛市	鄂尔多斯市	哈尔滨市	佛山市	沈阳市	鄂尔多斯市	鞍山市	长春市	沈阳市	沈阳市	长沙市	长沙市	沈阳市	郑州市	郑州市
11	北京市	长沙市	武汉市	哈尔滨市	岳阳市	天津市	长沙市	鄂尔多斯市	鞍山市	白银市	遵义市	沈阳市	宝鸡市	沈阳市	沈阳市
12	南京市	北京市	青岛市	大连市	长沙市	岳阳市	岳阳市	长沙市	阜阳市	鞍山市	兰州市	宝鸡市	郑州市	宝鸡市	宝鸡市
13	哈尔滨市	济宁市	哈尔滨市	武汉市	菏泽市	长沙市	牡丹江市	天津市	南宁市	襄阳市	沈阳市	榆林市	榆林市	榆林市	榆林市
14	长沙市	沈阳市	济宁市	青岛市	牡丹江市	牡丹江市	鄂尔多斯市	牡丹江市	邯郸市	襄阳市	六安市	亳州市	亳州市	长春市	成都市
15	包头市	哈尔滨市	成都市	长沙市	鄂尔多斯市	银川市	鸡西市	深圳市	六安市	南宁市	襄阳市	襄阳市	成都市	襄阳市	襄阳市
16	佛山市	南京市	深圳市	南京市	长春市	鸡西市	牡丹江市	菏泽市	长春市	六安市	贵阳市	长春市	合肥市	成都市	长春市
17	福州市	兰州市	株洲市	六安市	淄博市	菏泽市	邯郸市	淄博市	沧州市	宝鸡市	南宁市	贵阳市	贵阳市	成都市	合肥市
18	杭州市	平凉市	南京市	济宁市	兰州市	鞍山市	哈尔滨市	哈尔滨市	长沙市	合肥市	蚌埠市	合肥市	长春市	合肥市	贵阳市
19	南宁市	成都市	包头市	烟台市	包头市	深圳市	邯郸市	鸡西市	合肥市	蚌埠市	亳州市	临沂市	蚌埠市	亳州市	临沂市
20	成都市	福州市	南宁市	福州市	安庆市	南京市	南京市	临沂市	安庆市	贵阳市	鞍山市	六安市	鞍山市	六安市	鞍山市

9.4.4 城市群物流网络像矩阵分析

1. 像矩阵构建

设整体网、8个子网络、28个二分网络的网络密度分别为 σ、$\sigma_i(i=1,2,\cdots,8)$、$\sigma_{ij}(i=1,2,\cdots,7, j=2,3,\cdots,8, i\neq j)$。构建如表9-6所示的8个城市群像矩阵。

表9-6 我国8个城市群城市物流网络像矩阵

	1	2	3	4	5	6	7	8
京津冀	1(若$\sigma_1>\sigma$)或0($\sigma_1<\sigma$)	1(若$\sigma_{12}>\sigma$)或0($\sigma_{12}<\sigma$)	1(若$\sigma_{13}>\sigma$)或0($\sigma_{13}<\sigma$)	1(若$\sigma_{14}>\sigma$)或0($\sigma_{14}<\sigma$)	1(若$\sigma_{15}>\sigma$)或0($\sigma_{15}<\sigma$)	1(若$\sigma_{16}>\sigma$)或0($\sigma_{16}<\sigma$)	1(若$\sigma_{17}>\sigma$)或0($\sigma_{17}<\sigma$)	1(若$\sigma_{18}>\sigma$)或0($\sigma_{18}<\sigma$)
长三角		1(若$\sigma_2>\sigma$)或0($\sigma_2<\sigma$)	1(若$\sigma_{23}>\sigma$)或0($\sigma_{23}<\sigma$)	1(若$\sigma_{24}>\sigma$)或0($\sigma_{24}<\sigma$)	1(若$\sigma_{25}>\sigma$)或0($\sigma_{25}<\sigma$)	1(若$\sigma_{26}>\sigma$)或0($\sigma_{26}<\sigma$)	1(若$\sigma_{27}>\sigma$)或0($\sigma_{27}<\sigma$)	1(若$\sigma_{28}>\sigma$)或0($\sigma_{28}<\sigma$)
珠三角			1(若$\sigma_3>\sigma$)或0($\sigma_3<\sigma$)	1(若$\sigma_{34}>\sigma$)或0($\sigma_{34}<\sigma$)	1(若$\sigma_{35}>\sigma$)或0($\sigma_{35}<\sigma$)	1(若$\sigma_{36}>\sigma$)或0($\sigma_{36}<\sigma$)	1(若$\sigma_{37}>\sigma$)或0($\sigma_{37}<\sigma$)	1(若$\sigma_{38}>\sigma$)或0($\sigma_{38}<\sigma$)
成渝				1(若$\sigma_4>\sigma$)或0($\sigma_4<\sigma$)	1(若$\sigma_{45}>\sigma$)或0($\sigma_{45}<\sigma$)	1(若$\sigma_{46}>\sigma$)或0($\sigma_{46}<\sigma$)	1(若$\sigma_{47}>\sigma$)或0($\sigma_{47}<\sigma$)	1(若$\sigma_{48}>\sigma$)或0($\sigma_{48}<\sigma$)
长江中游					1(若$\sigma_5>\sigma$)或0($\sigma_5<\sigma$)	1(若$\sigma_{56}>\sigma$)或0($\sigma_{56}<\sigma$)	1(若$\sigma_{57}>\sigma$)或0($\sigma_{57}<\sigma$)	1(若$\sigma_{58}>\sigma$)或0($\sigma_{58}<\sigma$)
中原						1(若$\sigma_6>\sigma$)或0($\sigma_6<\sigma$)	1(若$\sigma_{67}>\sigma$)或0($\sigma_{67}<\sigma$)	1(若$\sigma_{68}>\sigma$)或0($\sigma_{68}<\sigma$)
关中							1(若$\sigma_7>\sigma$)或0($\sigma_7<\sigma$)	1(若$\sigma_{78}>\sigma$)或0($\sigma_{78}<\sigma$)
北部湾								1(若$\sigma_8>\sigma$)或0($\sigma_8<\sigma$)

像矩阵中,对角线若为"1"则代表城市群内部存在显著的协同关系,反映城市群内部的物流关联更加紧密;对角线若为"0"则代表不存在协同关系或协同关系不显著。非对角线的值若为"1"则代表两个城市群彼此之间存在显著的外部协同关系,反映出城市群之间的物流关联较为紧密;"0"则表示不存在或外部协同关系不显著。若各个子网络彼此间都存在显著的协同关系,且各子网络内部的协同关系也显著,则表明我国城市物流网络整体处于良好的运行状态。

2.像矩阵结果分析

根据表9-5可以确定我国8个城市群的城市物流网络2006年、2010年、2015年和2020年的密度矩阵,并按照α-密度标准可以得到表9-7到表9-10所示的像矩阵。

表9-7 2006年8个城市群地像矩阵

城市群	京津冀	长三角	珠三角	成渝	长江中游	中原	关中	北部湾
京津冀	1	1	1	1	1	0	1	1
长三角		1	1	1	1	1	1	1
珠三角			1	1	1	1	1	1
成渝				1	1	1	1	1
长江中游					1	1	1	1
中原						1	1	1
关中							1	0
北部湾								1

表9-8 2010年8个城市群地像矩阵

城市群	京津冀	长三角	珠三角	成渝	长江中游	中原	关中	北部湾
京津冀	1	1	1	1	1	1	1	1
长三角		1	1	1	1	1	1	1
珠三角			1	1	1	1	1	1
成渝				1	1	1	1	1
长江中游					1	1	1	1
中原						1	1	1
关中							1	1
北部湾								1

表9-9 2015年8个城市群地像矩阵

城市群	京津冀	长三角	珠三角	成渝	长江中游	中原	关中	北部湾
京津冀	1	1	1	1	1	1	1	1
长三角		1	1	1	1	1	1	1
珠三角			1	1	1	1	1	1
成渝				1	1	1	1	1
长江中游					1	1	1	1
中原						1	1	1
关中							1	1
北部湾								1

表 9-10 2020 年 8 个城市群地像矩阵

城市群	京津冀	长三角	珠三角	成渝	长江中游	中原	关中	北部湾
京津冀	1	1	1	1	1	0	1	1
长三角		1	1	1	1	1	1	1
珠三角			1	1	1	1	1	1
成渝				1	1	1	1	1
长江中游					1	1	1	1
中原						1	1	1
关中							1	1
北部湾								1

由表 9-7 至表 9-10 结果可以看出,2006 年、2010 年、2015 年、2020 年 8 个城市群构成的物流网络表现出基本相似的协同关系,除了 2006 和 2020 年京津冀和中原城市群的协同关系不显著外,整体上 8 个城市群内部以及城市群之间的协同关系均显著,表明我国 8 个城市群的城市物流网络整体运行情况良好。城市群内及城市群间物流通道的建设显著提升了城市群内部及城市群间物流网络运营水平,从我国高速公路的布局来看,1991 年提出的"五纵七横"规划于 2008 年基本建成。"五纵七横"的主干线布局,总规模约 3.5 万公里,连通了我国的首都、省会城市、直辖市、经济特区、重要的交通枢纽和对外开放口岸城市等,基本上将 8 个城市群连通在一起,对城市群之间的经济往来起到十分重要的促进作用。另一方面,我国"四纵四横"的高铁主干网络已经全面建成,"八纵八横"的高铁主要通道也在建设中。目前已经开通的京广高铁连通了京津冀城市群、中原城市群、长江中游城市群和珠三角城市群。京津冀—长三角主轴:京沪高铁,连通了京津冀城市群、山东半岛城市群和长三角城市群。正在建设的长三角—成渝主轴线:沿江高铁,将连通长三角城市群、长江中游城市群和成渝城市群。长三角—粤港澳主轴线:沿海高铁,连通长三角城市群、粤闽浙沿海城市群和珠三角城市群。京津冀—成渝主轴线:京昆高铁,连通了京津冀城市群、关中平原城市群和成渝城市群。粤港澳—成渝主轴线高铁连通了粤港澳大湾区和成渝城市群。物流通道的连通进一步提升了城市群内及城市群间的交通可达性水平,强化了城市物流网络服务能力。

9.5 中国城市物流网络影响因素分析

9.5.1 QAP 相关分析

使用 Ucinet 软件 QAP 相关分析功能来检验城市物流联系强度矩阵与其影响因素间的相关关系,选择随机置换 5000 次,结果见表 9-11,表中最小值、最大值分别是随机计算的相关系数的最小值和最大值;$p \geqslant 0$ 和 $p \leqslant 0$ 分别表示通过随机置换计算的相关系数大于等于或小于等于实际值的概率。结果显示,除经济发展水平差异矩阵和城镇化差异矩阵外,其他影响因素与中国城市物流联系强度矩阵均存在显著的相关关系。

表 9-11 中国城市物流联系强度与影响因素 QAP 相关分析结果

变量名	实际相关系数	显著性水平	平均相关系数	标准差	最小值	最大值	$p \geqslant 0$	$p \leqslant 0$
S	0.063	0.001	−0.000	0.005	−0.004	0.168	0.001	0.992
E_c	0.003	0.145	−0.000	0.003	−0.016	0.026	0.143	0.85
K_c	0.007	0.038	−0.000	0.005	−0.014	0.025	0.038	0.961
L_c	0.005	0.053	−0.000	0.004	−0.015	0.029	0.059	0.946
C_c	0.006	0.05	−0.000	0.003	−0.015	0.028	0.05	0.95
O_c	0.005	0.068	−0.000	0.003	−0.016	0.03	0.062	0.934
S_c	0.006	0.074	−0.000	0.005	−0.014	0.02	0.074	0.924
I_c	0.005	0.082	−0.000	0.003	−0.014	0.029	0.081	0.912
U_c	0.004	0.203	−0.000	0.004	−0.01	0.018	0.205	0.791

注:变量名注解见本章 9.2.1 式(9-2)项下注解,表 9-12 同。

9.5.2 QAP 回归分析

使用 Ucinet 软件 QAP 回归分析功能,选择随机置换 5000 次,结果见表 9-12,其中概率 1 和概率 2 分别指通过随机置换计算的回归系数不小于和不大于实际回归系数的概率。回归分析结果显示,地理空间权重矩阵和城市物流联系强度矩阵呈正相关关系且通过 1% 的显著性检验,说明城市间距离越近,城市物流空间关联越紧密,该结论符合地理学第一定律。资本存量差异矩阵和城市物流联系强度矩阵呈正相关关系且通过 10% 的显著性检验,说明资本存量的相似性有助于提升城市间的物流关联强度,有利于产生城市物流发展的空间溢出效应。

表 9-12 中国城市物流联系强度与影响因素 QAP 回归分析结果

变量名	非标准化回归系数	标准化回归系数	显著性水平	概率 1	概率 2
Intercept	0.025	0.000			
S	1.924	0.017	0.000	0.000	1.000
K_c	0.042	0.011	0.067	0.066	0.935
L_c	−0.003	−0.004	0.3	0.703	0.3
C_c	0.038	0.009	0.176	0.827	0.177
O_c	0.026	0.003	0.236	0.239	0.761
S_c	0.021	0.004	0.125	0.125	0.875
I_c	−0.69	−0.012	0.176	0.826	0.176

9.6 结论

本章从网络演化的视角探究我国城市物流业时空演化特征,运用复杂网络演化理论揭示我国城市物流网络的网络时间(生命周期)递进和空间(拓扑结构)扩散过程,通过块模型分析城市群之间的物流网络关系,得出以下结论:①我国城市物流网络生命周期演化阶段主要经历了 2006—2007 的形成初期,2007—2014 年的形成滞后期,2014—2016 年的成长初期,2016—2019 年的成长期,2019—2020 年的成熟期 5 个阶段。②我国城市物流网络整体网络在 2006 年、2010 年、2015 年和 2020 年 4 个研究年份里表现出相对稳定的网络特征,网络整体的连通性持续增强,网络内各节点城市的联系程度越发紧密,但网络没有呈现明显的网络集聚特征。8 个城市群内部的物流联系更加紧密,网络凝聚力更强,但也没有表现出明显的网络集聚特征。③2006 年、2010 年、2015 年、2020 年 8 个城市群构成的物流网络表现出基本相似的协同关系,整体上 8 个城市群内部以及城市群之间的协同关系显著,8 个城市群的城市物流网络整体运行情况良好。④中国城市物流总联系强度呈上升趋势,城市物流总联系强度达中等水平以上的城市数量快速增加,从城市空间分布情况来看,城市物流总联系强度达中等水平以上的城市以直辖市、省会城市和区域中经济发展水平较高的城市为主,从空间结构的演化特征来看,呈现由东部地区向中西部地区延伸扩展的态势。⑤广州、上海、重庆、武汉、西安等城市排在样本城市出度中心度的前列,对其他城市物流业发展存在溢出效应,入度中心度城市排名中,武汉、阜阳、合肥、南京、驻马店等城市入度中心度排在样本城市前列,这些城市大多是区域交通枢纽,货物中转需求旺盛,受其他区域商贸、物流等产业发展影响较大。⑥中国城市物流网络的影响因素分析结果显示,空间邻近性和资本存量的相似性会提升城市间的物流联系强度。

第 10 章 产业协同集聚对区域经济高质量发展的溢出效应研究
——基于物流业与制造业协同集聚的研究

10.1 引言

改革开放以来,中国创造了举世瞩目的经济增长奇迹,GDP 由 1978 年的 3678.7 亿元增长到 2022 年的 121 万亿元,自 2010 年开始跃居为世界第二大经济体。但是,以要素驱动的传统粗放型发展模式造成的环境污染、能源消耗、土地浪费等问题逐渐凸显,资源环境和经济发展之间的矛盾不断加剧。在资源环境约束下,要素驱动型的发展模式难以为继,转变经济发展方式,培育经济高质量发展新动能,推动经济社会转型升级发展对推动中国经济社会的高质量发展至关重要。

作为国民经济命脉,制造业在推动国民经济社会高质量发展的过程中发挥着至关重要的作用。产业集聚作为产业要素空间配置和产业空间组织的典型形式[331-332],对经济高质量发展的影响逐渐成为国内外学者关注的焦点。现有文献主要基于马歇尔集聚理论分析制造业集聚等产业专业化集聚对经济高质量发展的影响。这些研究认为产业集聚有利于发挥规模效应,促进资源有效配置,降低产业交易和中间品贸易成本,提高环境污染治理效率,促进企业技术创新,是推动经济高质量发展的重要动力源泉[333],产业要素在某个特定空间的集聚可以实现集聚区内企业间资源共享和有效互补,通过扩散效应辐射带动邻近地区产业高质量发展[334]。随着中国经济的快速发展,产业布局也逐渐从过去的分散布局过渡到以产业集聚为基础的增长模式[335],尤其是交易成本和运输费用不断下降加速促进了制造业在特定空间上的集聚[336],以制造业集聚为主导的产业空间布局对经济发展发挥着积极的促进作用。但是,也有学者认为制造业集聚会产生"污染避难所"效应和拥挤效应,恶化了环境质量[337-340],仅靠制造业集聚的"单轮驱动"战略,难以实现经济绿色可持续发展。

物流业作为与制造业联系最为紧密的生产性服务业之一,贯穿制造业采购、生产、仓储、分销、配送等环节[341],相较于其他生产性服务业,物流业具有与制造业互动频繁、注重实体流动、更加依赖于本地制造业的市场容量等特点[117],可以降低制造业产业链上下游交易成本,实现资源优化整合,推动制造业转型升级,是制造业降本增效的"推进器"[17]。同时,物流业是中国能源消耗五大行业之一,每年能源消耗量巨大且呈上升趋势,尤其燃油的消耗量更是位居各行业之首[342]。通过前文分析可知,制造业是社会物流总需求的主要来源,在上下游产业的投入产出关联机制驱动下[343],物流企业与制造业内在关联愈发紧密,逐渐形成大规模的协同空间聚集格局[344-345]。物流业与制造业协同集聚会产生关联效应、规模效应与溢出效应,可以优化制造业生产流程、改善产业发展环境,可能成为经济发展与环境改善双赢的重要手段[346]。但是,物流业与制造业融合过程存在供需结构性失衡、协同联动不深、物流成本居高不下等问题[347],尤其是应对新冠疫情和推动复工复产期间,这些问题更加凸显,直接影响了经济社会的正常运行。

国内外学者对于生产性服务业与制造业协同集聚和经济高质量发展的关系开展了大量研究,但研究结论存在分歧,主要存在以下3种观点:一是生产性服务业与制造业协同集聚能够通过知识和技术溢出效应促进本地经济高质量发展[348-350],同时,实施清洁高效的环保模式和环境监管政策对周边地区形成强大的示范效应,有利于带动周边地区经济高质量发展[351];二是生产性服务业与制造业协同集聚初期集聚结构单一、资源错配等问题阻碍经济高质量发展,相邻地区间的模仿行为也不利于周边地区经济高质量发展[352];三是在正向效应和负向效应的双重作用下,生产性服务业与制造业协同集聚和经济高质量发展之间可能存在"U"形[353]、"倒U"形[354-355]等非线性关系。总体来看,产业协同集聚影响经济高质量发展的作用机理较为复杂,但是较为一致的结论是协同集聚对经济高质量发展的影响存在显著的行业异质性特征[12]。

综上所述,现有文献对产业协同集聚与经济高质量发展的关系进行了探讨,但仍然存在一些不足:一是现有研究主要探讨生产性服务业与制造业协同集聚对经济高质量发展的影响,对产业协同集聚对区域经济高质量发展的影响的机制研究不够深入,此外,对物流业等行业同制造业协同集聚对区域经济高质量发展的影响的研究有待深入;二是现有文献主要从省域尺度展开研究,基于城市尺度的研究较少,而城市是区域经济发展的增长极,从城市尺度开展研究能够更深刻地反映产业协同集聚对区域经济高质量发展的影响;三是现有文献主要研究产业协同集聚对本地经济高质量发展的研究,较少考虑其空间溢出效应。那么,城市物流业与制造业协同集聚如何影响区域经济高质量发展?这种影响是否存在空间溢出效应?针对以上问题开展深入的理论分析和实证研究,有助于从物流业与制造业协同集聚视角,寻求推动经济高质量发展的新动力来源,为中国经济高质量发展提供新的政策脚注,具有重要的理论价值和现实意义。

10.2 理论分析

物流业集聚或制造业集聚反映的是单一产业内的企业受生产要素、交易成本和区位等因素影响而选择彼此靠近的经济现象,产业协同集聚反映了业务上存在关联的部门在空间上的共同集聚。产业协同集聚是产业集聚的更高级阶段,产业协同集聚对区域经济高质量发展的影响机理见图10-1。

10.2.1 物流业与制造业协同集聚对经济高质量发展的直接影响

物流业与制造业协同集聚通过知识溢出效应等影响区域经济高质量发展:一是知识溢出效应,通过不同产业在同一地理空间上的集聚能够实现互补知识、技术在产业间的

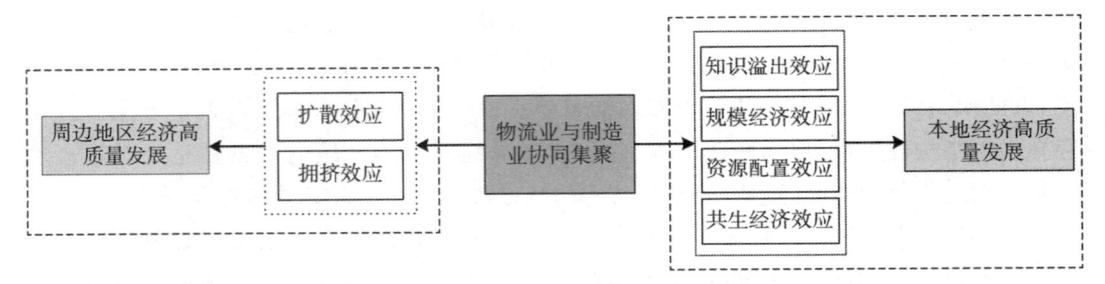

图 10-1 物流业与制造业协同集聚影响区域经济高质量发展的机理

共享,加速技术创新和扩散,形成协同创新共同体,为绿色发展提供基础支撑,产生更大更好的创新成效。二是规模经济效应,随着制造业规模的不断扩大,制造业专业化程度不断提升,物流业逐渐从制造业剥离出来,物流业与制造业在发展过程中互相促进、互相依赖,协作分工体系逐渐完善,通过具有投入产出的前后向关联,企业间的沟通交流、分工协作等更加便捷通畅,进一步强化了协同集聚吸引力,推动更多的制造业、物流业向集聚区集聚,经济发展规模效应不断显现,带动本地经济高质量发展的同时对周边地区产生溢出效应,进而提升区域经济高质量发展水平。三是资源配置效应,产业协同集聚在提升专业化要素配置水平的同时,有利于实现不同产业间的资源共享,提高基础设施、人才、资本等资源的利用效率,推动物流业与制造业协同发展,提升城市资源配置效率。四是共生经济效应,物流业与制造业协同集聚通过不同产业间垂直或纵向关联逐渐形成产业共生体,两者间的业务互补效应形成的相互依赖关系可以分散或降低单一行业的要素投入风险,通过专业化的业务运营则可以进一步提升要素利用效率,进而实现要素的合理配置,提升制造业和物流业竞争实力。

基于以上分析,提出第一个研究假设:

H_1:物流业与制造业协同集聚对本地经济高质量发展具有正向影响。

10.2.2 物流业与制造业协同集聚对经济高质量发展的空间溢出影响

根据极化和涓滴效应学说,随着要素的集聚推动初始地区的不断发展,初始区位的人口、资源、环境承载能力有限,可能产生拥挤效应,会向周围地区扩散本地资金、劳动力和产业以寻求新的发展空间和增长点。初始区位内的制造业等市场主体往往有较强向外扩张欲望,伴随着制造业的空间扩张,为了降低交易成本,更好地为客户提供服务,产业集群内的物流服务将逐渐向外围地区扩散,为周边城市产业协同集聚、经济高质量发展水平的提升提供有力支撑。

基于以上分析,提出第二个研究假设:

H_2:物流业与制造业协同集聚对周边地区经济高质量发展产生正向空间溢出效应。

10.3 研究设计

10.3.1 模型构建

为了系统考察物流业与制造业协同集聚对城市经济高质量发展的影响,借鉴伍先福的研究成果[356],构建以下基准计量模型:

$$\text{GTFP}_{it} = \alpha + \beta_1 \ln R_{it} + \varphi_1 \sum_{i=1}^{N} X_{it} + \mu_i + v_t + \varepsilon_{it} \quad (10\text{-}1)$$

式中,i 为城市;t 为年份;被解释变量 GTFP 为城市经济高质量发展水平;核心解释变量 R 为物流业与制造业协同集聚指数;X 为控制变量,包括人力资本水平(L)、市场化水平(Mar)、政府干预(Gov)、信息化水平(Info)、产业结构升级(ISU)、对外开放水平(Open)、科技创新投入水平(Tech)等;α、β、φ 为核心解释变量 R 和控制变量的估计回归系数;μ_i 为地区个体固定效应;v_t 为时间固定效应;ε_{it} 为随机干扰项。此外,本章内容也检验了核心解释变量 R 对 GTFP 分解项技术效率 AEC 和技术进步 ATC 的影响。

通过前文理论分析可知,物流业与制造业协同集聚不仅影响本地经济高质量发展,还通过空间溢出效应影响周边地区经济高质量发展,进一步构建含有空间滞后项的空间计量模型,以检验某一地区物流业与制造业协同集聚对周边地区经济高质量发展产生的影响,基于方程(10-1)构建空间杜宾模型,模型如下:

$$\ln\text{GTFP}_{it} = \alpha + \rho \sum_{j=1,j\neq i}^{N} W_{ij} \ln\text{GTFP}_{it} + \beta_1 \ln R_{it} + \beta_3 \sum_{j=1,j\neq i}^{N} W_{ij} \ln R_{it} + \\ \beta_4 \sum_{j=1,j\neq i}^{N} W_{ij} (\ln R_{it})^2 + \varphi_1 \sum_{i=1}^{N} X_{it} + \varphi_2 \sum_{j=1,j\neq i}^{N} W_{ij} X_{it} + u_i + v_t + \varepsilon_{it} \quad (10\text{-}2)$$

空间权重矩阵的设定参考第 4 章 4.5.2 内容,共设置空间邻接矩阵、地理距离矩阵和经济地理空间矩阵 3 种矩阵。

10.3.2 变量选择

1.被解释变量

衡量经济高质量发展的方法主要有两种,一种是基于创新、协调、绿色、开放、共享的新发展理念所构建的综合指标体系,在此基础上采用熵权法等方法评价经济高质量发展水平;另一种是测算城市的投入产出效率,多以绿色全要素生产率(GTFP)来衡量,借鉴余泳泽等[357]、湛泳和李珊[358]的研究,本章选取基于 SBM-DEA 模型测度的 GTFP 作为城市经济高质量发展水平的代理变量。为了测算不同时期城市 GTFP 的变化,在 SBM-DEA 模型的基础上构造从 t 时期到 $t+1$ 时期的 Malmquist-Luenberger 模型:

$$\text{ML}_t^{t+1} = \left[\frac{T_u^t(x_{t+1}, y_{t+1})}{T_u^t(x_t, y_t)}\right] \times \left[\frac{T_u^t(x_{t+1}, y_{t+1})}{T_u^{t+1}(x_{t+1}, y_{t+1})} \times \frac{T_u^t(x_t, y_t)}{T_u^{t+1}(x_t, y_t)}\right]^{\frac{1}{2}} \quad (10\text{-}3)$$

式中,ML 表示绿色全要素生产率指数,T_t 和 T_{t+1} 分别代表以 t 期为基期,t 和 $t+1$ 时期的距离函数,(x_t, y_t) 和 (x_{t+1}, y_{t+1}) 分别表示 t 期和 $t+1$ 期的投入与产出变量;

ML>1表示第 $t+1$ 年较第 t 年绿色全要素生产率上升,ML<1表示绿色全要素生产率下降,ML=1表示绿色全要素生产率不变。ML可以分解为技术效率变化(EC)和技术进步变动(TC),EC>1表示存在技术效率提升,TC>1表示存在技术进步特征。借鉴邱斌等[359]的方法,绿色全要素生产率为ML累乘所得。技术效率(下文简称"AEC")和技术进步(下文简称"ATC")分别是ML相应分解项的累积指数。参考王亚飞和陶文清[360]的测算方法,对GTFP的投入产出指标作如下设定。

(1)投入指标。

劳动投入:采用城市年末从业人员数来衡量。

资本投入:用城市资本存量衡量,采用永续盘存法测算城市资本存量。

(2)产出指标。

期望产出:选择各城市实际GDP,以2006年为基年,将各年度的名义GDP数值换算为实际GDP。

非期望产出:选择废水排放量、二氧化硫排放量与烟尘排放量3个指标。

(3)核心解释变量。

采用区位熵测算物流业与制造业的集聚度,计算方法见4.2.1。物流业与制造业协同集聚程度的计算公式如下:

$$R_i = (1 - \frac{|r_{gi} - r_{wi}|}{r_{gi} + r_{wi}}) + (r_{gi} + r_{wi}) \qquad (10-4)$$

式中,R_i 表示地区 i 两业协同集聚指数;r_{gi} 表示地区 i 制造业的区位熵;r_{wi} 表示地区 i 物流业的区位熵。

2.控制变量

借鉴丁玉龙[361]的研究,选取人力资本水平(L)、市场化水平(Mar)、政府干预(Gov)、信息化水平(Info)、产业结构升级(ISU)、对外开放水平(Open)、科技创新投入水平(Tech)等7个变量为控制变量,变量定义及描述性统计结果见表10-1。

表10-1 控制变量定义及描述性统计

变量名称		变量定义	样本均值	标准差	最小值	最大值
人力资本水平	L	以高等学校在校生人数与城市年末总人口的比值作为代理变量	0.017	0.023	0.000	0.131
市场化水平	Mar	以私营企业和个体企业从业人员占城市总就业人数的比重作为代理变量	0.478	0.138	0.000	0.945
政府干预	Gov	以财政支出占GDP比重作为代理变量	0.181	0.099	0.043	1.027
信息化水平	Info	以邮电业务总量与城市年末总人口的比值(元/人)作为代理变量	0.115	0.192	0.004	3.141
产业结构升级	ISU	以第三产业增加值与第二产业增加值比值作为代理变量	0.919	0.512	0.094	5.156

续表

变量名称		变量定义	样本均值	标准差	最小值	最大值
对外开放水平	Open	以进出口总额占 GDP 的比重作为代理变量	0.196	0.345	0.000	3.542
科技创新投入水平	Tech	以科学事业费支出占政府财政预算内支出比重作为代理变量	0.025	0.021	0.002	0.348

10.3.3 数据说明

本章的研究时间跨度为 2006—2020 年,数据来源于 2007—2021 年《中国城市统计年鉴》《中国区域统计年鉴》、国家统计局、各个省市的地方统计年鉴、统计公报等。缺失数据采用插值法补齐,剔除数据缺失严重城市,最终选取中国 284 个地级及以上城市为研究样本。

10.4 实证分析

10.4.1 物流业与制造业协同集聚度特征分析

运用式(10-4)测度物流业与制造业协同集聚水平,根据测算结果计算 2006—2020 年物流业与制造业协同集聚度均值和标准差,结果如图 10-2、图 10-3。结果显示,研究期间我国物流业与制造业协同集聚度均值呈波动上升态势,由 2006 年的 2.50 上升到 2020 年的 2.53,增幅为 1.2%。其中,2012 年之前表现为下降趋势,2012 年后由降转升,但在 2017 年有所回落。标准差整体呈波动上升趋势,由 2006 年的 0.58 上升为 2020 年的 0.72,增幅为 24.14%,说明城市间物流业与制造业协同集聚水平区域差距扩大。分区域来看,东部地区物流业与制造业协同集聚水平最高,远超全国平均水平,东部地区物流业与制造业发展基础较好,为物流业与制造业协同集聚提供了较为优越的条件。中部物流业与制造业协同集聚水平次之,2012 年之前为波动下降趋势,2012 年之后有比较明显的上升趋势,2014 年后协同集聚度均值超过全国均值。出现这种结果的可能原因:受东部地区的产业转移、"一带一路"建设等影响,中部地区交通基础设施水平稳步提升,通过承接东部地区转移的制造业带动了物流业的发展,提升了物流业与制造业的协同集聚水平。西部协同集聚水平最低,整体呈波动下降趋势,由 2006 年的 2.36 降为 2020 年的 2.23,降幅为 5.51%,且在 2009 年之后与全国均值差距不断扩大。从各区域协同集聚标准差来看,东部地区协同集聚度标准差呈波动上升趋势,由 2006 年的 0.53 上升为 2020 年的 0.88,增幅为 66.04%,东部地区城市间物流业与制造业协同集聚水平差距呈扩大化特征;中部地区 2013 年之前标准差主要表现为波动下降特征,2013 年之后主要表现为波动上升趋势,2013 年后中部地区城市间物流业与制造业协同集聚水平差距逐渐扩大;西部地区标准差呈现持续波动特征,2016 年达到最低值。

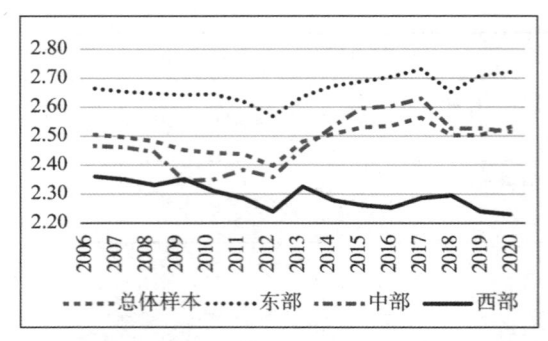

图 10-2　物流业与制造业协同集聚度均值 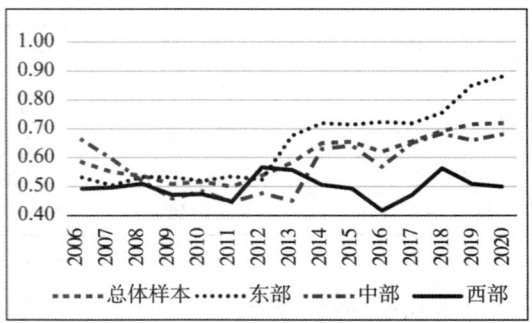　　　图 10-3　物流业与制造业协同集聚度标准差

10.4.2　城市绿色全要素生产率特征分析

采用 Malmquist-Luenberger 指数模型测算 2006—2020 年城市 GTFP 的变化指数（ML），GTFP 及其分解项、ML 及其分解项的均值与方差如图 10-4、图 10-5。结果显示，GTFP 均值总体呈下降趋势，由 2006 年的 0.56 下降为 2020 年的 0.17，降幅为 69.64%。AEC 均值整体变化幅度不大，由 2006 年的 1.14 下降到 2020 年的 1.08，下降幅度为 5.26%。ATC 均值总体呈下降趋势，由 2006 年的 0.50 下降到 2020 年的 0.16，降幅为 68%。表明我国城市 GTFP 持续下降，ATC 的下降是其主要原因。2016 年以后城市 GTFP 呈现缓慢上升态势，说明"十三五"以来绿色发展理念的实施效果逐步显现。GTFP 与 ATC 的标准差变化趋势相近，总体略微下降，2012 年后呈"U"形变化；AEC 标准差呈波动上升态势，由 2006 年的 0.29 上升为 2020 年的 0.43，增幅为 48.28%，城市间 AEC 差距呈现扩大特征。

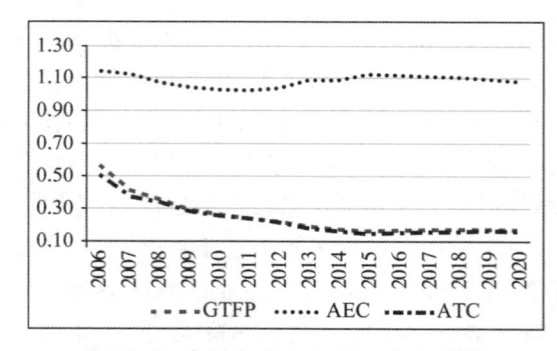

图 10-4　全样本 GTFP、AEC、ATC 均值 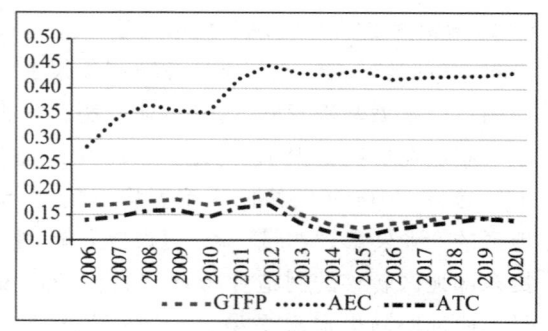　　　图 10-5　全样本 GTFP、AEC、ATC 标准差

10.4.3　产业协同集聚对城市绿色全要素生产率影响分析

1. 空间相关性检验

根据 2006—2020 年 284 个城市的 GTFP、AEC、ATC 计算全局 Morans'I 指数，检验城市经济高质量发展的空间自相关性，空间权重矩阵采用了地理邻接矩阵（W_1）、地理距

离矩阵(W_2)和经济空间矩阵(W_3),结果见表10-2,结果显示,3种空间权重矩阵对应的城市GTFP、AEC、ATC的Morans'I值均显著为正,说明城市间GTFP、AEC、ATC均具有空间正相关性,选用空间计量模型作为回归模型是合适的。

表10-2 全国层面全局Morans'I空间自相关检验结果

年份	GTFP			AEC			ATC		
	W_1	W_2	W_3	W_1	W_2	W_3	W_1	W_2	W_3
2006	0.363***	0.241***	0.222***	0.457***	0.3***	0.266***	0.273***	0.16***	0.165***
2007	0.389***	0.236***	0.232***	0.494***	0.334***	0.287***	0.262***	0.137***	0.149***
2008	0.365***	0.211***	0.218***	0.51***	0.353***	0.299***	0.288***	0.156***	0.178***
2009	0.339***	0.184***	0.202***	0.511***	0.367***	0.315***	0.265***	0.135***	0.16***
2010	0.34***	0.199***	0.213***	0.485***	0.36***	0.315***	0.269***	0.143***	0.166***
2011	0.318***	0.177***	0.197***	0.512***	0.362***	0.307***	0.272***	0.145***	0.167***
2012	0.299***	0.146***	0.167***	0.482***	0.336***	0.281***	0.242***	0.115***	0.135***
2013	0.341***	0.173***	0.191***	0.427***	0.304***	0.256***	0.265***	0.127***	0.149***
2014	0.361***	0.194***	0.21***	0.458***	0.314***	0.262***	0.286***	0.146***	0.166***
2015	0.356***	0.208***	0.222***	0.503***	0.359***	0.305***	0.285***	0.148***	0.166***
2016	0.276***	0.167***	0.176***	0.464***	0.325***	0.267***	0.245***	0.134***	0.148***
2017	0.242***	0.15***	0.16***	0.462***	0.331***	0.278***	0.201***	0.114***	0.128***
2018	0.229***	0.141***	0.152***	0.475***	0.338***	0.283***	0.191***	0.107***	0.121***
2019	0.219***	0.139***	0.142***	0.415***	0.312**	0.248***	0.175***	0.107***	0.119***
2020	0.191***	0.12***	0.133***	0.372***	0.256***	0.207***	0.18***	0.106***	0.121***

注:**、***分别表示在5%、1%的水平上显著。

2.模型选择与模型估计

LM检验结果见表10-3,结果显示,仅ATC在经济空间权重矩阵下RobustLMlag统计量未通过显著性检验,GTFP、AEC、ATC的其他检验项均通过显著性检验,可以考虑选用空间杜宾模型(SDM模型)。Wald检验和LR检验均拒绝原假设,进一步确定了使用SDM模型的合理性。SDM模型估算结果见表10-4、10-5和10-6,结果显示,GTFP、AEC、ATC在不同的空间权重矩阵下相关参数的作用方向及显著性基本一致,说明研究结果具有稳健性。不同空间权重矩阵下,GTFP、AEC、ATC的空间滞后项系数ρ均在1%显著性水平下为正,说明经济高质量发展、技术进步和技术效率均存在显著的空间溢出效应,对周边城市经济高质量发展具有显著的促进作用。采用SDM模型回归系数的参数估计结果来解释空间效应可能存在偏误,进一步将系数估计结果分解为直接效应、间接效应和总效应,结果见表10-7。

表 10-3 LM 检验结果

检验	GTFP			AEC			ATC		
	W_1	W_2	W_3	W_1	W_2	W_3	W_1	W_2	W_3
Moran's I	9.075***	35000***	8600000***	7.498***	25000***	5100000***	7.767***	31000***	8500000***
LMerror	1968.81***	1431.032***	1147.953***	1339.283***	765.875***	402.018***	1438.231***	1148.097***	1109.983***
RobustLMerror	515.104***	1290.004***	998.81***	1145.69***	971.428***	555.339***	322.871***	911.638***	837.752***
LMlag	1536.471***	206.229***	171.445***	215.969***	22.61***	29.111***	1240.711***	242.976***	274.619***
RobustLMlag	82.765***	65.201***	22.301***	22.375***	228.164***	182.432***	125.351***	6.518**	2.388

注：**、*** 分别表示在 5%、1% 的水平上显著。

表 10-4　GTFP 空间杜宾模型估算结果

	变量	W_1	W_2	W_3
Main	R	0.006**(2.27)	0.006**(2.32)	0.007**(2.47)
	L	0.294(1.43)	0.489**(2.38)	0.44**(2.1)
	Mar	0.041***(3.41)	0.032***(2.66)	0.031***(2.53)
	Gov	−0.36***(−10.94)	−0.337***(−10.25)	−0.348***(−10.47)
	Info	0.01(0.82)	0.011(0.89)	0.01(0.8)
	ISU	0.006(1.12)	0.012**(2.2)	0.013**(2.39)
	Open	0.014(1.5)	0.012(1.29)	0.018*(1.85)
	Tech	0.655***(7.2)	0.515***(5.6)	0.563***(6.08)
Wx	R	0.025***(4.46)	0.03***(2.91)	0.026***(2.84)
	L	−1.082**(−2.35)	−2.125**(−2.5)	−2.244***(−3.55)
	Mar	0.011(0.48)	0.013(0.28)	0.038(0.78)
	Gov	0.048(0.89)	0.099(0.95)	0.004(0.03)
	Info	0.008(0.28)	0.075*(1.93)	0.044(1.56)
	ISU	0.021**(2.45)	0.008(0.44)	0.007(0.38)
	Open	0.073***(4.13)	0.097***(3.65)	0.038*(1.93)
	Tech	0.703***(4.23)	1.124***(3.89)	0.872***(3.89)
Spatialrho		0.226***(11.98)	0.537***(14.47)	0.419***(11.62)
Variancesigma2_e		0.004***(44.61)	0.004***(44.22)	0.004***(43.78)

注：*、**、***分别表示在 10%、5%、1% 的水平上显著；括号内为系数的 t 值。

表 10-5　AEC 空间杜宾模型估算结果

	变量	W_1	W_2	W_3
Main	R	0.014**(1.98)	0.013*(1.89)	0.013*(1.89)
	L	−0.892*(−1.76)	−0.821(−1.62)	−0.868*(−1.7)
	Mar	0.078***(2.62)	0.073**(2.47)	0.081***(2.7)
	Gov	−0.12(−1.48)	−0.111(−1.36)	−0.1(−1.23)
	Info	−0.017(−0.56)	−0.012(−0.4)	−0.015(−0.51)
	ISU	−0.013(−1.02)	−0.016(−1.21)	−0.016(−1.16)
	Open	0.041*(1.76)	0.039*(1.68)	0.034(1.47)
	Tech	−0.371*(−1.65)	−0.41*(−1.8)	−0.367(−1.62)

续表

	变量	W_1	W_2	W_3
Wx	R	−0.013(−0.94)	−0.001(−0.06)	0.004(0.18)
	L	−2.219**(−1.96)	−3.062(−1.46)	−3.29**(−2.14)
	Mar	0.156***(2.7)	0.177(1.53)	0.027(0.22)
	Gov	−0.055(−0.41)	−0.267(−1.04)	−0.319(−1.07)
	Info	−0.027(−0.38)	−0.163*(−1.69)	−0.137**(−2)
	ISU	0.043**(1.99)	0.083**(1.98)	0.108**(2.42)
	Open	−0.135***(−3.07)	−0.151***(−2.29)	−0.114**(−2.37)
	Tech	0.731*(1.82)	0.855(1.23)	0.204(0.38)
Spatialrho		0.274***(13.63)	0.549***(15.51)	0.513***(13.43)
Variancesigma2_e		0.023***(44.3)	0.023***(44.27)	0.023***(44.24)

注：*、**、*** 分别表示在10％、5％、1％的水平上显著；括号内为系数的 t 值。

表10-6 ATC 空间杜宾模型估算结果

	变量	W_1	W_2	W_3
Main	R	0.004*(1.92)	0.005**(2.14)	0.004**(2.07)
	L	−0.097(−0.61)	0.017(0.11)	0.019(0.12)
	Mar	0.022**(2.33)	0.017*(1.83)	0.016*(1.67)
	Gov	−0.224***(−8.72)	−0.201***(−7.86)	−0.207***(−8.16)
	Info	0.008(0.88)	0.009(1.02)	0.008(0.88)
	ISU	0.009**(2.18)	0.011***(2.74)	0.012***(2.86)
	Open	0.006(0.76)	−0.006(−0.82)	−0.002(−0.34)
	Tech	0.523***(7.36)	0.511***(7.13)	0.499***(7.04)
Wx	R	0.015***(3.51)	0.015*(1.92)	0.011(1.52)
	L	−0.163(−0.45)	−1.411**(−2.14)	−1.146**(−2.39)
	Mar	0.022(1.22)	0.043(1.18)	0.062*(1.66)
	Gov	0.153***(3.64)	0.193**(2.39)	0.294***(3.16)
	Info	−0.036*(−1.66)	0.026(0.85)	0.021(0.98)
	ISU	0.005(0.68)	−0.005(−0.37)	−0.021(−1.49)
	Open	0.06***(4.33)	0.103***(4.97)	0.075***(4.96)
	Tech	−0.081(−0.64)	−0.092(−0.42)	0.173(1.03)
Spatialrho		0.141***(7.38)	0.375***(8.83)	0.224***(5.83)
Variancesigma2_e		0.002***(44.25)	0.002***(44.39)	0.002***(44.79)

注：*、**、*** 分别表示在10％、5％、1％的水平上显著；括号内为系数的 t 值。

3.结果分析

表10-7直接效应结果显示,物流业与制造业协同集聚(R)对GTFP、AEC、ATC的影响系数均通过10%水平显著性检验且系数均为正,说明物流业与制造业协同集聚对本地GTFP、AEC、ATC均产生显著的促进作用。其中,协同集聚对AEC的影响程度大于对ATC的影响程度,说明协同集聚对本地GTFP的促进作用是通过ATC和AEC两方面实现的,其中AEC的贡献更大[36]。可能的原因在于,协同集聚对本地区的影响更多地体现在通过规模经济优势、协同经济优势提升了物流业与制造业的服务效率与管理水平,进而促进城市整体的要素优化配置与利用效率提高,使得城市AEC得以提升。

间接效应结果显示,在3种权重矩阵下,物流业与制造业协同集聚对城市GTFP间接效应系数均为正且通过1%的显著性检验,表明协同集聚对周边城市的GTFP有显著的空间外溢效应。将间接效应系数与直接效应系数比较发现,在3种矩阵下物流业与制造业协同集聚对GTFP间接效应系数均大于直接效应系数,说明物流业与制造业协同集聚对周边城市GTFP的正向作用要强于本地[362]。物流业与制造业协同集聚对城市AEC间接效应系数在3种矩阵下都不显著,说明物流业与制造业协同集聚对周边城市的AEC的影响不明确。物流业与制造业协同集聚对城市ATC的间接效应系数在3种矩阵下均显著为正,说明物流业与制造业协同集聚对周边城市ATC均有显著促进作用,间接效应系数也大于直接效应系数,说明物流业与制造业协同集聚对周边城市ATC的提升作用要强于本地。从物流业与制造业协同集聚对AEC和ATC的影响可以看出,物流业与制造业协同集聚对周边城市GTFP的促进作用是通过ATC途径实现的。可能的原因是ATC更容易通过劳动力和产品的流动以及城市间的交流学习影响其他城市。研究假设H_1和H_2得到验证。

控制变量结果显示,人力资本水平(L)对本地GTFP具有促进作用,对周边城市GTFP有负向溢出效应,说明高水平的人力资本有利于本地GTFP的增加,城市的人力资本水平越高越有可能吸引更多资源集聚在本地,有助于提升本地经济高质量发展水平,进一步吸引更多的高素质人才的集中,导致对周边城市人才形成的虹吸效应,不利于周边城市经济的高质量发展。市场化水平(Mar)对本地GTFP具有促进作用,对周边城市GTFP影响不明确,说明市场化水平的提高有利于本地的生产要素遵循供需关系自由流动,增强要素配置的合理性及协调性,提升本地要素资源的利用效率,进而提升本地GTFP。政府支持(Gov)对本地GTFP有抑制作用,对周边城市GTFP影响不明确,可能的原因是政府支持更多的是考虑综合性社会发展问题,大量的资本投入民生福祉、公共基础设施等领域,而这些领域无法在短期内直接产生经济产出,从而导致在提高本地GTFP方面有一定滞缓作用。信息化水平(Info)对本地GTFP无显著影响,对周边城市GTFP也仅在地理距离矩阵下有正向溢出效应。产业结构升级(ISU)对本地GTFP有促进作用,对周边城市GTFP仅在地理邻接矩阵下有促进作用,第三产业在运营过程中产生的能耗、污染物排放远低于第二产业,第三产业的发展有利于提升区域经济高质量发展水平,因此,以第三产业占GDP比重表示的产业结构对城市GTFP有显著的促进作用。对外开放水平(Open)对本地GTFP有促进作用,对其他城市GTFP有正向溢出效应,说明对外开放带来的外商投资、技术交流等提升了本地产业管理和技术水平,提升了产业运营效率,进而有助于城市 GTFP 的提升,而管理、技术等以知识的形式通过溢出效应促进周边城市 GTFP 提升。科技创新投入水平(Tech)对本地 GTFP 具有促进作用,对其他城市 GTFP 有正向溢出效应,说明科技创新投入水平的提高能够促进城市技术进步、生产效率提升、产业升级等,进而促进对城市 GTFP 的提升,创新投入产出的创新性产品和技术通过溢出效应带动周边城市 GTFP 的提升。

表 10-7 全国层面 GTFP、AEC、ATC 空间杜宾模型估算结果

		GTFP			AEC			ATC		
		W_1	W_2	W_3	W_1	W_2	W_3	W_1	W_2	W_3
直接效应	R	0.008*** (2.71)	0.008*** (2.71)	0.008*** (2.7)	0.013* (1.88)	0.014* (1.9)	0.014* (1.91)	0.005** (2.14)	0.005** (2.3)	0.005** (2.12)
	L	0.236 (1.17)	0.415** (2.06)	0.378* (1.86)	−1.066** (−2.13)	−0.968* (−1.94)	−1.015** (−2.02)	−0.108 (−0.7)	−0.02 (−0.13)	−0.001 (−0.01)
	Mar	0.043*** (3.7)	0.034*** (2.91)	0.034*** (2.83)	0.093*** (3.17)	0.085*** (2.9)	0.086*** (2.94)	0.024*** (2.62)	0.019** (2.13)	0.017* (1.95)
	Gov	−0.362*** (−11.55)	−0.34*** (−10.91)	−0.352*** (−11.19)	−0.127 (−1.64)	−0.124 (−1.6)	−0.113 (−1.48)	−0.22*** (−8.99)	−0.199*** (−8.16)	−0.204*** (−8.42)
直接效应	Info	0.01 (0.87)	0.014 (1.15)	0.011 (0.93)	−0.018 (−0.62)	−0.018 (−0.61)	−0.02 (−0.68)	0.007 (0.79)	0.01 (1.12)	0.009 (0.95)
	ISU	0.007 (1.42)	0.013** (2.4)	0.014** (2.56)	−0.01 (−0.77)	−0.012 (−0.95)	−0.011 (−0.85)	0.009** (2.31)	0.012*** (2.84)	0.012*** (2.9)
	Open	0.018* (1.86)	0.016 (1.63)	0.019* (1.89)	0.033 (1.37)	0.034 (1.42)	0.03 (1.26)	0.007 (0.99)	−0.004 (−0.48)	−0.001 (−0.19)
	Tech	0.696*** (8.13)	0.564*** (6.48)	0.59*** (6.68)	−0.336 (−1.59)	−0.392* (−1.83)	−0.373* (−1.73)	0.521*** (7.79)	0.511*** (7.57)	0.501*** (7.42)
间接效应	R	0.033*** (4.96)	0.073*** (3.4)	0.051*** (3.31)	−0.01 (−0.59)	0.018 (0.33)	0.026 (0.57)	0.018*** (3.83)	0.028** (2.27)	0.016* (1.79)
	L	−1.203** (−2.18)	−3.9** (−2.19)	−3.468*** (−3.28)	−3.099** (−2.14)	−7.507* (−1.66)	−7.5** (−2.42)	−0.174 (−0.44)	−2.18** (−2.13)	−1.436** (−2.38)
	Mar	0.025 (0.9)	0.063 (0.66)	0.086 (1.08)	0.228*** (3.2)	0.472** (1.97)	0.135 (0.59)	0.028 (1.44)	0.077 (1.4)	0.083* (1.85)
	Gov	−0.036 (−0.55)	−0.162 (−0.73)	−0.231 (−1.09)	−0.102 (−0.59)	−0.685 (−1.21)	−0.718 (−1.17)	0.137*** (2.87)	0.195 (1.48)	0.325*** (2.59)
	Info	0.01 (0.3)	0.171* (1.89)	0.08 (1.56)	−0.045 (−0.49)	−0.382* (−1.78)	−0.302** (−2.08)	−0.04* (−1.65)	0.045 (0.89)	0.028 (1)
	ISU	0.028*** (2.63)	0.03 (0.84)	0.022 (0.7)	0.051* (1.86)	0.165* (1.8)	0.206** (2.27)	0.007 (0.87)	−0.001 (−0.04)	−0.023 (−1.31)

续表

		GTFP			AEC			ATC		
		W_1	W_2	W_3	W_1	W_2	W_3	W_1	W_2	W_3
间接效应	Open	0.092*** (4.67)	0.222*** (3.9)	0.077** (2.39)	−0.161*** (−3.19)	−0.289** (−2.19)	−0.199** (−2.19)	0.067*** (4.72)	0.16*** (4.91)	0.096*** (5.13)
	Tech	1.041*** (5.32)	3.025*** (4.82)	1.905*** (5.01)	0.823 (1.62)	1.419 (0.93)	0.043 (0.04)	−0.004 (−0.03)	0.169 (0.48)	0.373* (1.73)
总效应	R	0.04*** (5.45)	0.081*** (3.66)	0.059*** (3.66)	0.003 (0.17)	0.031 (0.56)	0.039 (0.84)	0.023*** (4.36)	0.033*** (2.61)	0.02** (2.23)
	L	−0.967 (−1.55)	−3.484* (−1.9)	−3.089*** (−2.79)	−4.165** (−2.53)	−8.475* (−1.83)	−8.515*** (−2.62)	−0.282 (−0.64)	−2.2** (−2.09)	−1.437** (−2.28)
	Mar	0.068** (2.13)	0.097 (0.98)	0.119 (1.45)	0.321*** (3.83)	0.557** (2.24)	0.221 (0.93)	0.051** (2.3)	0.096* (1.69)	0.1** (2.16)
	Gov	−0.398*** (−5.89)	−0.502** (−2.27)	−0.583*** (−2.8)	−0.229 (−1.28)	−0.809 (−1.43)	−0.832 (−1.36)	−0.083* (−1.74)	−0.004 (−0.03)	0.12 (1)
	Info	0.021 (0.51)	0.185* (1.93)	0.091 (1.6)	−0.063 (−0.59)	−0.399* (−1.75)	−0.322** (−2.01)	−0.033 (−1.17)	0.055 (1.02)	0.037 (1.15)
	ISU	0.035*** (3.15)	0.043 (1.2)	0.035 (1.17)	0.041 (1.38)	0.152* (1.67)	0.195** (2.15)	0.016** (2.05)	0.011 (0.53)	−0.011 (−0.65)
	Open	0.11*** (5.33)	0.238*** (4.11)	0.095*** (2.83)	−0.129** (−2.41)	−0.254* (−1.9)	−0.169* (−1.76)	0.074*** (5.14)	0.157*** (4.75)	0.094*** (4.85)
	Tech	1.737*** (8.52)	3.588*** (5.68)	2.496*** (6.48)	0.487 (0.91)	1.028 (0.67)	−0.329 (−0.3)	0.517*** (3.62)	0.68** (1.96)	0.874*** (4.08)

注：*、**、***分别表示在10%、5%、1%的水平上显著；括号内为系数的t值。

10.4.4 产业协同集聚对城市绿色全要素生产率影响的区域异质性分析

1.分区域空间相关性检验

分别计算东、中、西部地区2006—2020年城市GTFP、AEC、ATC的全局Morans'I指数，结果见表10-8至表10-10。3种空间权重矩阵下，东部地区和中部地区GTFP、AEC、ATC存在空间正相关性，选用空间计量模型是合适的。西部地区GTFP、ATC在3种矩阵下Morans'I值均显著为正，西部地区GTFP、ATC选用空间计量模型作为计量回归模型是合适的。根据地理邻接矩阵（W_1），西部地区AEC的Morans'I值仅有2007年、2009年、2011年、2012年、2020年5年显著为正，考虑到地理邻接矩阵本身具有一定局限性，且根据地理距离矩阵（W_2）、经济空间矩阵（W_3）测算的Morans'I值均显著为正，因此认为西部地区AEC存在空间正相关性，可以选用空间计量模型。

表 10-8　东部地区 Morans'I 空间自相关检验结果

年份	GTFP			AEC			ATC		
	W_1	W_2	W_3	W_1	W_2	W_3	W_1	W_2	W_3
2006	0.384***	0.302***	0.274***	0.595***	0.45***	0.391***	0.151**	0.112***	0.127***
2007	0.363***	0.263***	0.242***	0.683***	0.499***	0.438***	0.137***	0.106***	0.118***
2008	0.348***	0.236***	0.219***	0.701***	0.485***	0.404***	0.174***	0.137***	0.151***
2009	0.304***	0.212***	0.201***	0.673***	0.479***	0.399***	0.162**	0.131***	0.143***
2010	0.319***	0.214***	0.207***	0.605***	0.442***	0.38***	0.171***	0.128***	0.141***
2011	0.286***	0.201***	0.202***	0.616***	0.413***	0.354***	0.174***	0.133***	0.139***
2012	0.299***	0.202***	0.199***	0.547***	0.348***	0.287***	0.2***	0.146***	0.152***
2013	0.286***	0.185***	0.178***	0.446***	0.274***	0.222***	0.19***	0.133***	0.138***
2014	0.279***	0.183***	0.177***	0.475***	0.29***	0.237***	0.199***	0.14***	0.143***
2015	0.295***	0.189***	0.183***	0.521***	0.334***	0.277***	0.175***	0.12***	0.121***
2016	0.178***	0.117***	0.115***	0.422***	0.226***	0.158***	0.158**	0.107***	0.11***
2017	0.186***	0.119***	0.119***	0.474***	0.298***	0.223***	0.139***	0.099***	0.105***
2018	0.192***	0.119***	0.119***	0.536***	0.355***	0.271***	0.138***	0.097***	0.105***
2019	0.191***	0.117***	0.116***	0.425***	0.301***	0.214***	0.131***	0.097***	0.103***
2020	0.186***	0.116***	0.12***	0.424***	0.26***	0.182***	0.129***	0.096***	0.102***

注：**、*** 分别表示在 5%、1% 的水平上显著。

表 10-9　中部地区 Morans'I 空间自相关检验结果

年份	GTFP			AEC			ATC		
	W_1	W_2	W_3	W_1	W_2	W_3	W_1	W_2	W_3
2006	0.354***	0.281***	0.281***	0.464***	0.338***	0.308***	0.274***	0.181***	0.173***
2007	0.362***	0.294***	0.282***	0.556***	0.421***	0.376***	0.254***	0.182***	0.168***
2008	0.314***	0.278***	0.256***	0.572***	0.454***	0.403***	0.311***	0.214***	0.198***
2009	0.227***	0.221***	0.193***	0.606***	0.498***	0.445***	0.289***	0.203***	0.186***
2010	0.243***	0.241***	0.22***	0.635***	0.52***	0.466***	0.272***	0.203***	0.187***
2011	0.276***	0.255***	0.245***	0.591***	0.497***	0.438***	0.259***	0.197***	0.179***
2012	0.265***	0.254***	0.241***	0.57***	0.493***	0.44***	0.26***	0.196***	0.178***
2013	0.268***	0.257***	0.244***	0.584***	0.504***	0.444***	0.19***	0.162***	0.147***
2014	0.27***	0.256***	0.246***	0.585***	0.494***	0.427***	0.205***	0.17***	0.156***
2015	0.27***	0.262***	0.243***	0.69***	0.587***	0.522***	0.237***	0.182***	0.162***
2016	0.208***	0.228***	0.205***	0.637***	0.55***	0.483***	0.204***	0.167***	0.147***

续表

年份	GTFP			AEC			ATC		
	W_1	W_2	W_3	W_1	W_2	W_3	W_1	W_2	W_3
2017	0.14**	0.164***	0.138***	0.657***	0.551***	0.494***	0.152**	0.129***	0.101***
2018	0.123**	0.151***	0.126***	0.635***	0.527***	0.47***	0.14**	0.12***	0.091**
2019	0.113**	0.135**	0.119***	0.586***	0.511***	0.42***	0.131**	0.119***	0.09**
2020	0.065	0.088**	0.058*	0.474***	0.425***	0.379***	0.138**	0.117***	0.09**

注：*、**、*** 分别表示在 10%、5%、1% 的水平上显著。

表 10-10 西部地区 Morans'I 空间自相关检验结果

年份	GTFP			AEC			ATC		
	W_1	W_2	W_3	W_1	W_2	W_3	W_1	W_2	W_3
2006	0.141*	0.106***	0.101**	0.088	0.068*	0.067*	0.272***	0.163***	0.168***
2007	0.35***	0.207***	0.251***	0.135*	0.116***	0.096**	0.364***	0.189***	0.219***
2008	0.372***	0.196***	0.257***	0.126	0.113	0.096**	0.431***	0.206***	0.257***
2009	0.392***	0.194***	0.269***	0.141*	0.137	0.137	0.365***	0.166***	0.225***
2010	0.413***	0.188***	0.25***	0.129	0.136	0.134	0.407***	0.184***	0.237***
2011	0.341***	0.144***	0.2***	0.134*	0.119	0.109	0.394***	0.177***	0.237***
2012	0.288***	0.118***	0.172***	0.178**	0.131	0.111	0.274***	0.123***	0.173***
2013	0.411***	0.171***	0.231***	0.065	0.069*	0.068*	0.37***	0.167***	0.225***
2014	0.51***	0.218***	0.28***	0.096	0.079**	0.083**	0.454***	0.204***	0.26***
2015	0.526***	0.237***	0.291***	0.086	0.085**	0.084**	0.494***	0.225***	0.275***
2016	0.517***	0.241***	0.291***	0.076	0.072*	0.079*	0.439***	0.199***	0.239***
2017	0.449***	0.215***	0.257***	0.083	0.109	0.112	0.368***	0.16***	0.193***
2018	0.395***	0.176***	0.214***	0.088	0.111	0.109	0.341***	0.143***	0.171***
2019	0.365***	0.155***	0.185***	0.081	0.101	0.102	0.315***	0.136***	0.162***
2020	0.266***	0.113***	0.131***	0.151*	0.097**	0.092**	0.307***	0.126***	0.151***

注：*、**、*** 分别表示在 10%、5%、1% 的水平上显著。

2.模型选择

各区域 LM 检验结果见表 10-11、表 10-12 和表 10-13，3 种空间权重矩阵下，各地区的 GTFP、AEC、ATC 均可以考虑选用 SDM 模型。进一步通过 Wald 检验和 LR 检验结果显示，使用空间杜宾模型进行空间计量回归是合适的。

表 10-11 东部地区 LM 检验

检验	GTFP			AEC			ATC		
	W_1	W_2	W_3	W_1	W_2	W_3	W_1	W_2	W_3
Moran'sI	5.952***	31000***	4700000***	5.819***	23000***	2800000***	4.941***	28000***	4600000***
LMerror	577.647***	718.237***	447.846***	551.669***	401.061***	161.2***	395.327***	607.583***	430.575***
RobustLMerror	271.314***	544.202***	384.53***	497.825***	400.737***	179.452***	168.603***	408.173***	316.564***
LMlag	306.606***	192.661***	75.433***	69.93***	23.149***	1.86	230.751***	199.412***	114.783***
RobustLMlag	0.274	18.626***	12.117***	16.086***	22.825***	20.112***	4.027**	0.002	0.773

注：**、*** 分别表示在 5%、1% 的水平上显著。

表 10-12 中部地区 LM 检验

检验	GTFP			AEC			ATC		
	W_1	W_2	W_3	W_1	W_2	W_3	W_1	W_2	W_3
Moran'sI	4.125***	15000***	5200000***	4.083***	10000***	3500000***	3.898***	14000***	5000000***
LMerror	362.612***	176.973***	177.573***	354.949***	90.157***	82.402***	322.695***	162.076***	168.691***
RobustLMerror	35.251***	199.273***	187.499***	208.634***	177.908***	171.404***	29.259***	133.723***	129.33***
LMlag	431.193***	10.9***	15.449***	148.376***	28.95***	28.257***	411.569***	31.707***	40.537***
RobustLMlag	103.832***	33.2***	25.375***	2.061	116.701***	117.258***	118.133***	3.354*	1.176

注：*、*** 分别表示在 10%、1% 的水平上显著。

表 10-13　西部地区 LM 检验

检验	GTFP			AEC			ATC		
	W_1	W_2	W_3	W_1	W_2	W_3	W_1	W_2	W_3
Moran'sI	5.895***	39000***	16000000***	1.748*	26000***	8800000***	5.451***	35000***	15000000***
LMerror	489.467***	375.101***	356.193***	39.695***	171.432***	108.235***	417.417***	300.456***	303.578***
RobustLMerror	150.356***	329.625***	229.962***	50.839***	140.498***	89.334***	92.536***	298.431***	210.372***
LMlag	365.71***	54.91***	126.478***	0.589	41.069***	21.49***	365.543***	26.532***	93.698***
RobustLMlag	26.598***	9.434***	0.247	11.733***	10.135***	2.589	40.662***	24.508***	0.492

注：*、***分别表示在 10%、1%的水平上显著。

3.分区域结果分析

表 10-14、表 10-15 和表 10-16 分别报告了东部地区、中部地区、西部地区的 GTFP、AEC、ATC 空间杜宾模型估计结果。直接效应结果显示,物流与制造业产业协同集聚对区域 GTFP 的影响呈现异质性特征。在东部和中部地区,物流业与制造业协同集聚对本地的 GTFP、AEC 和 ATC 有着显著的正向影响。在西部地区,物流业与制造业协同集中对本地的 AEC 没有显著影响,但对本地的 GTFP 和 ATC 具有显著抑制作用。通过对比东、中部地区和全国层面物流业与制造业协同集聚对 GTFP 的直接效应系数大小发现,物流业与制造业协同集聚对本地 GTFP 促进作用出现东部地区大于中部地区,而中部地区大于全国层面的情况。出现这种结果的原因可能是:现阶段,西部地区制造业、物流业发展不充分,尚不具备物流业与制造业协同集聚所需的良好条件和坚实基础,导致产业之间的关联不深、分工协作水平不高,不利于城市 GTFP 的提升。间接效应结果显示,物流业与制造业协同集聚对周边城市的溢出效应也呈现区域异质性特征。主要表现为东部地区和中部地区物流业与制造业协同集聚对周边城市 GTFP 有显著的促进作用,而在西部地区并无显著影响。此外,东部地区与中部地区实现正向溢出效应的途径也不相同。在东部地区,物流业与制造业协同集聚主要通过促进周边城市的 ATC 的途径实现促进周边城市 GTFP 提升;中部地区则通过 AEC 和 ATC 两种途径来实现促进周边城市 GTFP 的提升。

控制变量结果显示,劳动力水平(L)在中、西部地区对本地 GTFP 有促进作用,在东部地区对周边城市有正向溢出效应,在西部地区对周边城市有负向溢出效应;市场化水平(Mar)在东、中部地区对本地有促进作用,在西部地区对本地有抑制作用,在东、西部地区对周边城市有促进作用;政府支持(Gov)在各地区表现为不同程度的抑制作用;信息化水平(Info)在中部地区对本地有抑制作用,在西部地区对本地有促进作用;产业结构(ISU)在中部地区对本地有促进作用,在东部地区对本地和周边城市都表现出一定水平抑制作用;对外开放水平(Open)在东、西部地区对周边城市有正向溢出效应,在中部地区对周边城市有负向溢出效应;科技创新投入水平(Tech)在东、中部地区对本地和周边城市都表现为促进作用,在西部地区对周边城市表现为抑制作用。

表 10-14 东部地区 GTFP、AEC、ATC 空间杜宾模型估算结果

		GTFP			AEC			ATC		
		W_1	W_2	W_3	W_1	W_2	W_3	W_1	W_2	W_3
直接效应	R	0.034*** (6.75)	0.035*** (7.05)	0.036*** (7.26)	0.042*** (3.77)	0.037*** (3.31)	0.036*** (3.31)	0.017*** (4.23)	0.019*** (4.84)	0.018*** (4.7)
	L	0.01 (0.43)	0.015 (0.63)	0.013 (0.57)	−0.179*** (−3.39)	−0.158*** (−3.02)	−0.168*** (−3.25)	0.059*** (3.21)	0.062*** (3.38)	0.062*** (3.4)
	Mar	0.141*** (6.22)	0.116*** (5.17)	0.119*** (5.34)	−0.025 (−0.5)	−0.056 (−1.11)	−0.05 (−1)	0.1*** (5.65)	0.087*** (4.88)	0.089*** (5.06)
	Gov	−0.086** (−2.04)	−0.072* (−1.75)	−0.068* (−1.65)	−0.104 (−1.12)	−0.066 (−0.72)	−0.074 (−0.81)	−0.032 (−0.96)	−0.02 (−0.61)	−0.013 (−0.41)

续表

		GTFP			AEC			ATC		
		W_1	W_2	W_3	W_1	W_2	W_3	W_1	W_2	W_3
直接效应	Info	0.001 (0.06)	0.001 (0.09)	0.003 (0.22)	0.003 (0.08)	−0.021 (−0.66)	−0.022 (−0.69)	0.009 (0.81)	0.012 (1.1)	0.015 (1.29)
	ISU	−0.021** (−2.11)	−0.006 (−0.57)	−0.009 (−0.9)	0.034 (1.6)	0.045** (2.06)	0.043** (1.97)	−0.014* (−1.87)	−0.009 (−1.14)	−0.009 (−1.19)
	Open	0.015 (1.11)	0.008 (0.58)	0.011 (0.79)	0.06** (1.98)	0.061** (1.99)	0.07** (2.31)	−0.012 (−1.05)	−0.017 (−1.55)	−0.014 (−1.32)
	Tech	1.004*** (6.15)	0.858*** (5.28)	0.882*** (5.43)	0.083 (0.23)	−0.022 (−0.06)	0.006 (0.02)	0.523*** (4.06)	0.514*** (3.95)	0.457*** (3.55)
间接效应	R	0.053*** (5.28)	0.063*** (3.19)	0.061*** (3.61)	−0.028 (−1.16)	−0.075 (−1.63)	−0.054 (−1.36)	0.021*** (2.9)	0.022* (1.67)	0.021* (1.85)
	L	0.066 (1.19)	0.294*** (3.1)	0.203*** (3.08)	−0.242* (−1.76)	0.081 (0.37)	−0.003 (−0.02)	0.035 (0.86)	0.103* (1.7)	0.068 (1.59)
	Mar	0.099** (2.16)	0.234*** (2.71)	0.255*** (3.18)	−0.056 (−0.5)	−0.439** (−2.15)	−0.387** (−1.96)	0.003 (0.1)	0.05 (0.89)	0.03 (0.57)
	Gov	0.008 (0.08)	−0.241 (−1.35)	−0.462** (−2.12)	−0.102 (−0.41)	−0.903** (−2.18)	−1.7*** (−3.28)	0.042 (0.56)	0.03 (0.26)	0.053 (0.36)
	Info	0.014 (0.34)	0.036 (0.69)	0.017 (0.46)	−0.099 (−0.98)	−0.398*** (−3.39)	−0.344*** (−3.97)	0.006 (0.19)	0.049 (1.4)	0.045* (1.75)
	ISU	0.017 (0.82)	−0.088** (−2.26)	−0.049 (−1.29)	0.13** (2.53)	−0.147 (−1.62)	−0.03 (−0.33)	0.03** (2)	−0.015 (−0.57)	−0.016 (−0.62)
	Open	0.14*** (5.1)	0.201*** (5.3)	0.125*** (4.32)	0.158** (2.42)	0.31*** (3.52)	0.226*** (3.24)	0.106*** (5.27)	0.138*** (5.52)	0.098*** (5.05)
	Tech	0.52 (1.48)	1.181** (2.01)	0.751 (1.59)	1.697** (1.99)	4.223*** (3.04)	2.776** (2.48)	−0.587** (−2.25)	−0.888** (−2.24)	−0.78** (−2.44)
总效应	R	0.086*** (7.37)	0.098*** (4.58)	0.097*** (5.21)	0.014 (0.47)	−0.038 (−0.77)	−0.018 (−0.41)	0.038*** (4.47)	0.041*** (2.92)	0.039*** (3.17)
	L	0.076 (1.16)	0.309*** (2.98)	0.216*** (2.89)	−0.421*** (−2.59)	−0.077 (−0.33)	−0.172 (−0.98)	0.094** (2)	0.165** (2.5)	0.13*** (2.68)
	Mar	0.24*** (4.47)	0.349*** (3.81)	0.375*** (4.42)	−0.081 (−0.61)	−0.495** (−2.27)	−0.437** (−2.08)	0.104*** (2.7)	0.136** (2.32)	0.12** (2.15)
	Gov	−0.078 (−0.7)	−0.312* (−1.69)	−0.53** (−2.39)	−0.206 (−0.75)	−0.969** (−2.26)	−1.774*** (−3.36)	0.01 (0.12)	0.011 (0.09)	0.04 (0.27)
	Info	0.015 (0.31)	0.038 (0.63)	0.021 (0.46)	−0.097 (−0.8)	−0.419*** (−3.15)	−0.366*** (−3.54)	0.015 (0.43)	0.061 (1.55)	0.059* (1.95)

续表

		GTFP			AEC			ATC		
		W_1	W_2	W_3	W_1	W_2	W_3	W_1	W_2	W_3
总效应	ISU	−0.004 (−0.16)	−0.094** (−2.46)	−0.058 (−1.57)	0.164*** (2.87)	−0.102 (−1.14)	0.013 (0.14)	0.016 (0.98)	−0.024 (−0.97)	−0.025 (−1.04)
	Open	0.155*** (5.54)	0.209*** (5.41)	0.136*** (4.42)	0.217*** (3.18)	0.371*** (4.11)	0.295*** (3.96)	0.094*** (4.74)	0.121*** (4.9)	0.084*** (4.17)
	Tech	1.524*** (4.13)	2.039*** (3.51)	1.634*** (3.44)	1.78* (1.94)	4.201*** (3.05)	2.782** (2.45)	−0.064 (−0.24)	−0.374 (−0.99)	−0.324 (−1.04)

注:*、**、*** 分别表示在 10%、5%、1% 的水平上显著;括号内为系数的 t 值。

表 10-15 中部地区 GTFP、AEC、ATC 空间杜宾模型估算结果

		GTFP			AEC			ATC		
		W_3	W_1	W_2	W_3	W_1	W_2	W_3	W_1	W_2
直接效应	R	0.011*** (3.47)	0.011*** (3.66)	0.012*** (3.81)	0.02* (1.92)	0.022** (2.18)	0.023** (2.3)	0.005*** (2.67)	0.006*** (2.81)	0.006*** (2.75)
	L	2.364*** (8.46)	2.384*** (8.58)	2.457*** (8.72)	3.513*** (3.73)	3.908*** (4.26)	3.869*** (4.19)	0.836*** (4.47)	0.827*** (4.4)	0.827*** (4.38)
	Mar	0.041*** (3.03)	0.037*** (2.68)	0.038*** (2.71)	0.169*** (3.69)	0.162*** (3.58)	0.161*** (3.55)	0.008 (0.82)	0.004 (0.49)	0.004 (0.46)
	Gov	−0.171*** (−6.66)	−0.17*** (−6.66)	−0.176*** (−6.85)	−0.093 (−1.07)	−0.105 (−1.25)	−0.085 (−1)	−0.07*** (−4.06)	−0.063*** (−3.62)	−0.061*** (−3.53)
	Info	−0.07*** (−3.19)	−0.075*** (−3.41)	−0.072*** (−3.33)	−0.143* (−1.94)	−0.155** (−2.15)	−0.147** (−2.05)	−0.042*** (−2.9)	−0.043*** (−2.96)	−0.042*** (−2.93)
	ISU	0.021*** (3.11)	0.022*** (3.23)	0.022*** (3.28)	−0.005 (−0.23)	−0.012 (−0.55)	−0.009 (−0.39)	0.012*** (2.72)	0.012** (2.48)	0.011** (2.46)
	Open	0.01 (0.63)	0.011 (0.72)	0.019 (1.2)	−0.017 (−0.33)	−0.015 (−0.3)	−0.029 (−0.58)	−0.003 (−0.3)	0.001 (0.12)	0.002 (0.22)
	Tech	0.816*** (6.74)	0.854*** (7.02)	0.913*** (7.33)	−1.205*** (−2.96)	−1.283*** (−3.2)	−1.499*** (−3.68)	0.558*** (6.85)	0.554*** (6.75)	0.552*** (6.66)
间接效应	R	0.029*** (3.4)	0.063*** (4.06)	0.055*** (4.63)	0.041 (1.49)	0.166*** (3.64)	0.174*** (4.3)	0.01** (2.14)	0.015** (2.19)	0.009* (1.8)
	L	0.333 (0.46)	−1.087 (−0.7)	−0.133 (−0.14)	−1.241 (−0.53)	−6.119 (−1.31)	−6.426* (−1.86)	0.008 (0.02)	−1.116 (−1.6)	−0.874* (−1.92)
	Mar	−0.012 (−0.35)	−0.097 (−1.26)	−0.119* (−1.76)	0.421*** (3.84)	0.617*** (2.71)	0.717*** (3.02)	−0.022 (−1.15)	−0.032 (−0.93)	−0.04 (−1.27)
	Gov	−0.165** (−2.43)	0.076 (0.56)	0.204 (1.37)	0.22 (1)	0.539 (1.31)	0.201 (0.38)	−0.037 (−0.96)	0.017 (0.28)	0.057 (0.81)

续表

		GTFP			AEC			ATC		
		W_3	W_1	W_2	W_3	W_1	W_2	W_3	W_1	W_2
间接效应	Info	−0.033 (−0.51)	−0.019 (−0.14)	0.064 (0.76)	0.453** (2.18)	0.904** (2.13)	0.807*** (2.58)	−0.043 (−1.22)	−0.075 (−1.24)	−0.006 (−0.15)
	ISU	0.003 (0.22)	−0.04 (−1.56)	−0.042* (−1.72)	0.008 (0.19)	−0.073 (−0.93)	0.073 (0.83)	0.01 (1.2)	0.008 (0.61)	0.014 (1.15)
	Open	0.004 (0.1)	−0.246*** (−2.59)	−0.25*** (−3.55)	−0.674*** (−5.1)	−1.842*** (−6.35)	−1.522*** (−5.93)	−0.128*** (−5.51)	−0.077* (−1.87)	−0.049 (−1.54)
	Tech	1.185*** (3.37)	3.149*** (4.7)	2.295*** (4.83)	−2.877*** (−2.56)	−3.655** (−1.96)	−4.86*** (−3.08)	0.033 (0.16)	−0.15 (−0.53)	0.091 (0.43)
总效应	R	0.039*** (4.19)	0.074*** (4.54)	0.067*** (5.26)	0.061** (2.01)	0.188*** (3.93)	0.197*** (4.56)	0.016*** (3.04)	0.021*** (2.96)	0.015*** (2.76)
	L	2.698*** (3.22)	1.297 (0.8)	2.324** (2.2)	2.271 (0.85)	−2.211 (−0.45)	−2.557 (−0.68)	0.844* (1.82)	−0.289 (−0.4)	−0.047 (−0.1)
	Mar	0.029 (0.72)	−0.06 (−0.73)	−0.081 (−1.12)	0.59*** (4.6)	0.779*** (3.19)	0.879*** (3.46)	−0.015 (−0.66)	−0.027 (−0.75)	−0.036 (−1.07)
	Gov	−0.336*** (−4.34)	−0.094 (−0.66)	0.028 (0.18)	0.127 (0.51)	0.434 (1.01)	0.116 (0.21)	−0.107** (−2.49)	−0.046 (−0.73)	−0.004 (−0.06)
	Info	−0.103 (−1.36)	−0.093 (−0.64)	−0.008 (−0.08)	0.31 (1.26)	0.749* (1.65)	0.66* (1.91)	−0.085** (−2.05)	−0.117* (−1.82)	−0.048 (−1.11)
	ISU	0.024 (1.64)	−0.019 (−0.71)	−0.02 (−0.8)	0.003 (0.07)	−0.085 (−1.09)	0.065 (0.72)	0.022*** (2.74)	0.019 (1.62)	0.026** (2.19)
	Open	0.014 (0.29)	−0.235** (−2.33)	−0.231*** (−3.04)	−0.691*** (−4.57)	−1.857*** (−6.09)	−1.551*** (−5.67)	−0.131*** (−5.02)	−0.076* (−1.75)	−0.046 (−1.38)
	Tech	2.002*** (5.17)	4.003*** (5.7)	3.208*** (6.29)	−4.082*** (−3.34)	−4.938*** (−2.53)	−6.359*** (−3.74)	0.591*** (2.76)	0.404 (1.39)	0.644*** (2.89)

注：*、**、***分别表示在10%、5%、1%的水平上显著；括号内为系数的 t 值。

表 10-16 西部地区 GTFP、AEC、ATC 空间杜宾模型估算结果

		GTFP			AEC			ATC		
		W_1	W_2	W_3	W_1	W_2	W_3	W_1	W_2	W_3
直接效应	R	−0.044*** (−5.48)	−0.038*** (−4.88)	−0.039*** (−5.08)	−0.01 (−0.57)	0.001 (0.08)	−0.002 (−0.09)	−0.025*** (−3.99)	−0.021*** (−3.4)	−0.021*** (−3.43)
	L	0.741* (1.89)	0.783** (2.03)	0.692* (1.83)	−0.713 (−0.82)	−0.585 (−0.68)	−0.627 (−0.74)	−0.107 (−0.34)	−0.004 (−0.01)	−0.015 (−0.05)

续表

		GTFP			AEC			ATC		
		W_1	W_2	W_3	W_1	W_2	W_3	W_1	W_2	W_3
直接效应	Mar	−0.08*** (−3.27)	−0.061** (−2.5)	−0.064*** (−2.65)	0.103* (1.9)	0.13** (2.41)	0.135** (2.51)	−0.045** (−2.3)	−0.03 (−1.55)	−0.032* (−1.67)
	Gov	−0.336*** (−6.84)	−0.338*** (−7.01)	−0.35*** (−7.25)	−0.145 (−1.32)	−0.17 (−1.56)	−0.167 (−1.54)	−0.28*** (−7.09)	−0.267*** (−6.89)	−0.276*** (−7.1)
	Info	0.109*** (2.8)	0.138*** (3.61)	0.136*** (3.68)	−0.184** (−2.15)	−0.127 (−1.51)	−0.135 (−1.63)	0.1*** (3.23)	0.112*** (3.7)	0.113*** (3.81)
	ISU	0.002 (0.17)	0.004 (0.33)	0.003 (0.31)	−0.081*** (−3.42)	−0.084*** (−3.59)	−0.082*** (−3.51)	0.021** (2.43)	0.024*** (2.86)	0.023*** (2.72)
	Open	0.05* (1.91)	0.022 (0.83)	0.011 (0.43)	0.134** (2.32)	0.105* (1.8)	0.084 (1.44)	0.012 (0.6)	−0.012 (−0.56)	−0.018 (−0.87)
	Tech	0.089 (0.53)	0.154 (0.92)	0.186 (1.12)	−1.133*** (−3.04)	−1.007*** (−2.7)	−1.005*** (−2.7)	0.479*** (3.56)	0.488*** (3.65)	0.521*** (3.91)
间接效应	R	0.01 (0.7)	−0.022 (−0.53)	−0.026 (−0.97)	−0.027 (−0.9)	−0.094 (−1.21)	−0.104* (−1.72)	0.004 (0.39)	−0.027 (−0.91)	−0.024 (−1.2)
	L	−1.582* (−1.7)	−0.668 (−0.32)	−0.819 (−0.69)	−3.449* (−1.7)	0.831 (0.21)	−1.045 (−0.39)	−1.523** (−2.11)	−1.882 (−1.23)	−0.733 (−0.82)
	Mar	−0.005 (−0.09)	0.116 (0.84)	0.224** (2.09)	0.148 (1.33)	0.495* (1.94)	0.521** (2.15)	0.016 (0.39)	0.09 (0.91)	0.174** (2.16)
	Gov	−0.075 (−0.72)	−0.427 (−1.46)	−0.223 (−0.83)	−0.634*** (−2.81)	−1.646*** (−2.96)	−2.095*** (−3.39)	0.146* (1.8)	0.158 (0.75)	0.24 (1.18)
	Info	−0.041 (−0.44)	0.134 (0.58)	−0.009 (−0.06)	−0.106 (−0.55)	0.577 (1.35)	0.231 (0.66)	−0.04 (−0.57)	−0.114 (−0.7)	−0.086 (−0.75)
	ISU	0.014 (0.8)	−0.033 (−0.6)	−0.039 (−0.91)	0.004 (0.1)	0.006 (0.06)	−0.048 (−0.49)	−0.002 (−0.15)	−0.069* (−1.73)	−0.056* (−1.76)
	Open	0.18*** (3.23)	0.567*** (4.2)	0.401*** (4.54)	0.19 (1.57)	0.6** (2.5)	0.376* (1.9)	0.119*** (2.74)	0.34*** (3.59)	0.273*** (4.14)
	Tech	−0.022 (−0.06)	−1.857** (−2.33)	−1.186*** (−2.59)	0.622 (0.83)	−0.484 (−0.32)	−0.97 (−0.93)	−0.027 (−0.1)	−1.176** (−2.03)	−0.734** (−2.12)
总效应	R	−0.034** (−1.98)	−0.06 (−1.37)	−0.065** (−2.26)	−0.037 (−1)	−0.093 (−1.13)	−0.106 (−1.62)	−0.021 (−1.61)	−0.049 (−1.53)	−0.045** (−2.1)
	L	−0.842 (−0.76)	0.115 (0.05)	−0.128 (−0.1)	−4.162* (−1.74)	0.247 (0.06)	−1.671 (−0.56)	−1.63* (−1.91)	−1.885 (−1.16)	−0.748 (−0.75)
	Mar	−0.085 (−1.34)	0.054 (0.37)	0.161 (1.38)	0.251* (1.85)	0.626** (2.27)	0.656** (2.5)	−0.029 (−0.6)	0.06 (0.56)	0.142 (1.63)

续表

		GTFP			AEC			ATC		
		W_1	W_2	W_3	W_1	W_2	W_3	W_1	W_2	W_3
总效应	Gov	−0.411***	−0.765***	−0.573**	−0.779***	−1.816***	−2.262***	−0.133	−0.109	−0.036
		(−3.86)	(−2.62)	(−2.17)	(−3.41)	(−3.3)	(−3.71)	(−1.63)	(−0.52)	(−0.18)
	Info	0.068	0.272	0.128	−0.29	0.449	0.095	0.059	−0.002	0.027
		(0.62)	(1.11)	(0.77)	(−1.25)	(0.99)	(0.25)	(0.7)	(−0.01)	(0.22)
	ISU	0.016	−0.03	−0.036	−0.077*	−0.078	−0.13	0.019	−0.045	−0.034
		(0.79)	(−0.52)	(−0.82)	(−1.77)	(−0.74)	(−1.31)	(1.19)	(−1.1)	(−1.03)
	Open	0.23***	0.589***	0.412***	0.324**	0.705***	0.46**	0.131***	0.328***	0.255***
		(3.75)	(4.12)	(4.36)	(2.46)	(2.78)	(2.18)	(2.79)	(3.28)	(3.62)
	Tech	0.066	−1.703**	−1.001**	−0.511	−1.491	−1.974*	0.451	−0.687	−0.213
		(0.18)	(−2.08)	(−2.11)	(−0.64)	(−0.98)	(−1.83)	(1.58)	(−1.17)	(−0.6)

注：*、**、*** 分别表示在10%、5%、1%的水平上显著；括号内为系数的 t 值。

10.5 结论与启示

10.5.1 研究结论

本章采用空间杜宾模型，基于284个地级城市2006—2020年的面板数据，构建地理邻接、地理距离、经济距离3种空间权重矩阵，从全国层面和东、中、西部三大区域分析了物流业与制造业协同集聚对城市GTFP及分解项AEC和ATC的直接效应、间接效应和总效应，得到以下结论：

(1)我国物流业与制造业协同集聚度整体呈波动上升趋势，但区域间差距较大，东部地区持续处于领先地位，西部地区同东、中部地区物流业与制造业协同集聚水平差距不断扩大。

(2)我国城市GTFP整体呈下降态势，城市间GTFP差异较大且呈扩大化趋势，技术进步指数的下降是其主要原因，2015年以后城市GTFP有缓慢上升趋势。

(3)我国物流业与制造业协同集聚对城市GTFP有显著促进作用，但对本地和对周边城市的实现途径不同。物流业与制造业协同集聚对本地GTFP的促进作用是在ATC和AEC两个因素综合影响下实现的，且AEC的贡献更大；物流业与制造业协同集聚对周边城市GTFP的正向溢出效应主要通过促进周围地区ATC实现。

(4)物流业与制造业协同集聚对城市GTFP的影响存在区域异质性，呈现东、中、西正向影响依次递减的特点。东部地区和中部地区物流业与制造业协同集聚对本地和周边城市的影响均表现为促进作用。就影响程度而言，无论是直接效应还是间接效应，东部地区物流业与制造业协同集聚对城市GTFP的影响程度都大于中部地区；就溢出效应实现路径而言，东部地区物流业与制造业协同集聚促进周边城市GTFP的主要途径是

ATC，中部地区则通过 AEC 和 ATC 两种途径；西部地区物流业与制造业协同集聚对本地的影响表现为抑制作用，对周边无溢出效应。

（5）全样本分析的直接效应结果显示，劳动力水平、市场化水平、对外开放水平、科技创新投入水平对本地 GTFP 的提升具有促进作用，政府支持对本地 GTFP 的提升有抑制作用；间接效应显示，信息化水平、产业结构高度化、对外开放水平、科技创新投入水平对周边城市 GTFP 的提升有正向溢出效应，劳动力水平对其他城市 GTFP 的提升有负向溢出效应。异质性分析结果显示，除政府支持对城市 GTFP 的影响在各地区表现为不同程度的抑制作用外，其他控制变量对城市 GTFP 的影响均具有区域异质性。

10.5.2 政策启示

（1）提高物流业服务能力。一是完善物流企业的业务体系。鼓励传统物流企业推进业务转型升级，培育能够提供多元化、一体化、规模化服务的综合型物流企业；鼓励中小物流企业实施差异化竞争战略，提升市场细分领域的专业服务能力，与制造企业实施联动发展战略，走特色化的服务道路。二是提升物流企业经营规模。鼓励物流企业通过合并、重组、联盟等多种方式提升企业经营规模和服务范围，打造一批辐射范围广、服务能力强、品牌信誉度高的龙头企业，提升物流业的整体服务水平。三是积极开展针对外资物流企业的招商引资工作。外资企业的进入，不仅能给城市物流产业发展带来资金等要素，还带来先进的管理理念和技术等，新资本、新技术将会给城市物流产业发展带来新的动力。

（2）加快推进制造业转型升级。一是加快推进产业高级化、合理化。加大对传统制造企业的技术改造和研发力度，提高新技术、新设备、新工艺等在传统制造企业中的应用率。二是提高企业自主创新能力。制造业升级的本质是价值链攀升，而价值链攀升的关键在于创新，尤其是自主创新能力，它是制造业转型的关键动力。重点关注民营制造企业在技术创新方面的资金来源，鼓励资本对制造企业尤其是高新制造企业的创新投入，灵活运用金融、信贷、风险基金等手段支持企业创新投入。三是构建官、产、学、研等协同创新体系，实现产业链、创新链和人才链的精准对接，提高科技产品的转化率，通过提升产品高技术含量、高附加值推动制造业高质量发展。

（3）强化推动物流业与制造业协同集聚的政策支持。一是要加强跨部门统筹协调和监管。对两业集聚融合发展产生的新业态、新模式，应及时补齐在监管体系上的短板，深入推进"放管服"改革，引导两业集聚融合朝着健康可持续的方向发展。二是要营造良好的创新发展环境。完善技术的转移和扩散机制，完善产学研合作成果的转化机制，健全知识产权的保护体系，以保障协同创新合作的成果能够成功转化。三是对于物流业发展相对落后的区域，在土地、融资等各方面给予支持，提高物流企业为先进制造业服务的能力和水平。

第 11 章　政府政策对城市物流生产效率影响研究
——基于《全国流通节点城市布局规划（2015—2020 年）》政策的研究

11.1　引言

政府政策是产业发展重要的外生变量,政府通过制定产业发展规划、土地供给支持、完善交通基础设施、出台支持物流企业集聚发展的政策措施等方式,通过"看得见的手"引导和支持产业发展,或者通过影响"看不见的手",弥补"市场失灵"带来的产业无序发展。城市间物流发展阶段、发展水平存在差异,不同城市物流政策的制定和实施也存在差异,部分城市具备良好的区位优势、产业基础,叠加国家、地方政府的政策支持,为这些城市物流业创造了良好的政策环境,推动了城市物流高质量发展。国内外关于政府政策对物流业发展影响的研究包括两个方面:一是采用定性分析的方法探讨各级政府制定和实施的物流政策对物流业发展带来的影响[363],分析政策实施过程中存在的问题[364-366],提出进一步优化政策制定和实施的对策建议[367]。二是采用回归分析等定量方法研究政府制定的产业发展政策对区域物流发展、绿色物流发展等的影响[368-369]。

现代流通体系是现代化经济体系的重要组成部分,流通节点城市是现代流通体系的核心要素,完善的交通物流基础设施,丰富的人力、资本等要素的集聚,具有较强运营能力的市场主体等是保证流通节点城市高效运营的基础保障。加快推进全国流通节点建设对于推动城市物流高质量发展具有重要意义:一是能够通过完善节点城市流通基础设施提升城市物流服务体系服务能力,推动城市物流产业的快速发展。二是在完善的现代物流基础设施网络基础上通过优化物流业务组织方式、创新经营业态强化城市物流价值创造能力,降低流通业物流成本,提升城市经济社会运营效率。三是通过节点城市现代流通业务组织模式创新,加快推进节点城市深度融入双循环格局,推动节点城市从"通道经济"向"枢纽经济"转变,构建具有较强服务能力的"节点＋通道＋网络"现代流通服务体系。近年来,商务部、交通运输部等部门联合发布了《全国流通节点城市布局规划（2015—2020 年）》等一系列规划及引导枢纽城市建设的实施意见,旨在通过这些规划和实施意见的实施加快推进基础设施完备、要素集聚能力高和辐射能力强的现代流通节点城市和物流枢纽城市建设,在此基础上,进一步打通节点城市间通道,提升通道服务能力,最终构建覆盖全国的多级现代流通体系,高效支撑现代流通业运作、产业链和供应链高效衔接。本章以《全国流通节点城市布局规划（2015—2020 年）》（以下简称《规划》）为例,研究政府政策的实施对城市物流发展的影响。

现有文献对政府政策对区域物流发展、物流效率的影响开展了一些研究,但主要采用定性分析方法分析政策实施背景、效果及存在问题,缺乏从实证角度验证政府政策对城市物流发展影响的研究。因此,本章拟采用双重差分(DID)方法,从城市尺度探究《规划》实施对城市物流发展的影响。

11.2 DID模型的构建与变量描述

11.2.1 模型构建

Ashenfelter等在1985那边提出的双重差分模型,通过分析实验组和控制组在实验前后的差异,评价政策实施效果,模型如下:

$$\widehat{\beta}_{ols} = \Delta \overline{Y}_{treat} - \Delta \overline{Y}_{control} = (\Delta \overline{Y}_{treat,2} - \Delta \overline{Y}_{treat,1}) - (\Delta \overline{Y}_{control,2} - \Delta \overline{Y}_{control,1}) \quad (11\text{-}1)$$

《规划》实施以来,流通节点城市通过补齐流通、物流基础设施短板,培育流通、物流龙头企业等途径完善现代流通服务体系,提升了城市物流服务能力的同时,提升城市物流运营效率。构建如下模型检验《规划》对城市物流生产效率的净效应:

$$\text{productivity} = \omega_i + \eta_t + \lambda_1 du + \lambda_2 dt + \lambda_3 du\,dt + \sum_{i=1}^{n} \varphi_i X_i \quad (11\text{-}2)$$

式中,productivity为城市物流生产效率;η_t表示时间固定效应;ω_i表示个体固定效应;du为实验组虚拟变量,若样本城市属于实验组,则$du=1$,否则$du=0$;dt为时间虚拟变量,《规划》实施后,$dt=1$,否则,$dt=0$;$du\,dt$表示政策变量;X_i为控制变量。

11.2.2 变量选取和描述性统计

《规划》中提出分别建设37个和66个国际级、区域级流通节点城市(共103个),剔除掉数据缺失较为严重的拉萨等城市,选择北京、上海等93个城市为实验组样本城市,其他城市为控制组样本城市。主要变量介绍如下:

(1)被解释变量。选择城市物流生产效率为被解释变量,将货运量与劳动投入的比值作为城市物流生产效率的代理变量。

(2)核心解释变量。是否在《规划》中入选国家级、区域级流通节点城市作为政策虚拟变量,如果入选,取值为1,否则为0。

(3)控制变量。交通基础设施水平:交通基础设施网络覆盖率直接影响运输等业务运营效率,用公路里程除以国土面积衡量城市交通基础设施水平。产业结构:第二产业和第三产业对物流业的服务需求及物流业产出存在差异[370],产业结构的调整会带来物流就业人员结构和物流产出能力的变化,用第三产业就业人口占总就业人口的比重衡量产业结构[371]。城市化水平:伴随着城市化进程的推进,大量的物流要素集聚到城镇区域,催生了城市配送等业态的同时,提升了集聚区内企业运营效率,用城镇人口与总人口的比重衡量城市化水平。信息化水平:随着物流业规模化、网络化发展,信息化水平在城市物流高质量发展过程中发挥着越来越重要的作用,用人均移动电话数量衡量城市信息化水平[372-373]。对外开放水平:对外开放水平能够在一定程度上反映城市经济发展水平,出口导向型产业的发展和外商直接投资(FDI)的增加在带来物流服务需求的同时能够推动物流业竞争力的提升,用 FDI 占 GDP 比重衡量对外开放水平。政府干预:交通基础设施建设需要大量资金的投入,政府的财政支出能够较好地解决交通基础设施建设资金来源,为城市物流发展奠定基础[374],用公共财政支出占 GDP 比重衡量政府干预水平。经济发展水平:经济发展水平的高低直接决定了物流服务需求和供给能力,经济发展水平较高的区域物流业发展较为充分,用 GDP 的对数衡量城市经济发展水平。人力资本水平:物流业发展过程中产生大量的不同类型、不同学历层次的人才需求,特别是在城市物流转型升级的过程中,对高层次人才需求快速增加,用平均受教育年限来衡量城市人力资本水平[375]。变量介绍及描述性统计结果见表 11-1。

表 11-1 变量介绍及描述性统计结果

变量名称	变量含义	计算方法	均值	标准差	最小值	最大值
productivity	物流生产效率	货运量除以劳动力投入	8.9535	0.7733	6.5850	10.7142
Transport	交通基础设施水平	公路里程除以城市总面积	1.0750	0.4730	0.1824	2.1347
Terty	产业结构	第三产业就业人口占总就业人口的比重	0.3898	0.1019	0.1966	0.7496
Urban	城市化水平	城镇人口除以总人口	0.5056	0.1603	0.1887	0.9515
Information	信息化水平	移动电话用户数除以总人口	0.7881	0.3815	0.1349	2.1628
Ffdi	外资依存度	FDI 占 GDP 的比重	0.0174	0.0164	0.0001	0.0747
Gov	政府干预	地方财政支出除以 GDP	0.1889	0.0988	0.0695	0.6489
Lngdp	地区经济发展水平	GDP 取对数	1.5774	0.4796	0.5981	2.7506
Human	人力资本水平	平均受教育年限取对数	0.4002	0.3035	0.0003	1.1982

11.2.3 数据来源

研究样本包括 284 个地级及以上城市,研究时间跨度为 2009—2020 年,数据来源于 2010—2021 年《中国城市统计年鉴》,数据缺失部分通过查找各省市统计年鉴、国民经济和社会发展统计公报补足。

11.3 实证分析

11.3.1 DID 回归

1. 平行趋势检验

2009—2020 年实验组和对照组城市物流生产效率变化见图 11-1,结果显示,两组数据变化趋势基本一致,符合采用 DID 研究的平行趋势假设。

图 11-1 平行趋势检验

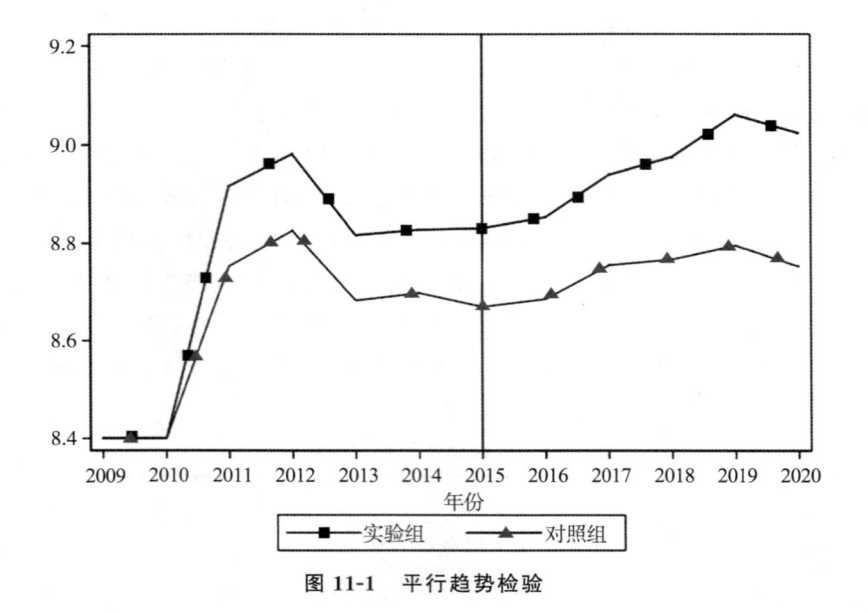

2. 基准回归

DID 回归结果见表 11-2，model(1)结果显示，政策对城市物流生产效率的影响不显著，加入控制变量后的回归结果见 model(2)，结果显示，《规划》回归系数为正且通过了 1% 的显著性水平检验，说明《规划》的实施显著提升了流通节点布局城市物流生产效率。控制变量回归分析结果显示，政府干预显著正向影响城市物流生产效率，政府通过财政支出持续完善交通基础设施，提升了城市物流运营效率；此外，政府通过设立行业发展基金等方式引导物流企业转变经营模式，通过新技术的应用、管理水平的提升等方式推动物流企业信息化、网络化、规模化经营，提升城市物流竞争能力的同时提升物流企业运营效率。经济发展水平显著正向影响城市物流生产效率，经济发展水平的提升的直接表现是制造业、商贸流通等产业的快速发展，而制造业、商贸流通产业的发展带来大量的物流服务需求，促进物流要素的集聚和升级，提升城市物流生产效率。人力资本水平显著正向影响城市物流生产效率，近年来，物流业发展呈现由要素累积的粗放式发展向创新驱动的高质量发展转变，在这个过程中，物流业需要大量的高素质的、不同专业的人才满足企业信息化、网络化、智能化运营要求。对外开放水平显著负向影响城市物流生产效率，产生这种结果的可能原因是外资的进入产生了大量的综合性物流服务需求，物流企业为了满足这个细分市场的服务需求，投入大量的资金等要素，在一定程度上影响了城市物流生产效率。城市化水平显著负向影响城市物流生产效率，产生这种结果的可能原因是城市化水平的提升带来大量人口集中到城镇区域，而城乡间要素、产品流通不通畅导致物流成本的上升，进而影响城市物流生产效率。

3. 区域异质性估计结果及分析

为进一步分析《规划》的实施对城市物流生产效率影响的空间异质性，针对东中西部地区城市进行分区域回归，结果见表 11-2 的 model(3)～model(5)。结果显示，《规划》的实施显著正向影响东部和中部地区城市物流生产效率,促进了东部和中部地区流通节点布局城市物流生产效率的提升,而《规划》的实施对西部地区城市物流生产效率的影响不明确。该结论同张建升[376]研究结论基本一致。产生这种结果的可能原因:受区位优势不足、经济发展水平不高等因素影响,西部地区流通节点布局城市尚未构建良好的交通基础设施网络体系,流通节点城市同区域内其他城市经济联系不强,辐射带动能力有待提升,《规划》的实施对这些城市创造了更加良好的政策环境,也带来了一定量的资本,这些资本投入交通基础设施、流通基础设施的建设上,但固定资产的投入并未良好地转化为货运量等产出,导致城市物流生产效率并未出现显著提升。此外,广大的西部地区在体制机制改革的广度和深度方面同中东部地区存在显著的差距,部门间协同度、组织化水平不高,导致政策实施效果大打折扣,一定程度上抑制了政策实施带来的要素再分配的政策效应[377],影响了城市物流生产效率。

进一步分析控制变量回归,结果发现,交通基础设施水平显著正向影响中部地区城市物流生产效率,对东部和西部地区影响不明确,中部地区流通节点布局城市在连接东部和西部流通通道,打通国内大循环通道方面发挥着关键的枢纽节点作用,而交通基础设施的高水平建设进一步强化了中部地区流通节点布局城市枢纽节点地位,提升了中部地区流通节点布局城市物流生产效率。产业结构显著负向影响东部地区城市物流生产效率,产生这种结果的可能原因是,中国物流业务的服务对象主要是工业相关的原材料、中间产品和产成品的流通,第三产业发展带来的货运等物流服务需求低于第二产业,且第三产业物流服务需求呈现碎片化和空间不均衡性特征,需要投入大量的人力资本等要素满足终端消费者服务需求,导致产业结构负向影响用人均货运量表示的城市物流生产效率。信息化水平显著正向影响东部地区城市物流生产效率,东部地区经济发展水平远高于全国平均水平,物流业发展也呈现转型升级特征,信息化水平的提升有效支撑了物流业转型发展进程,而中西部地区物流业发展仍处在要素累积驱动的粗放式发展或向转型发展过渡阶段,信息化水平的提升并未显著促进中西部地区城市物流生产效率的提升。城镇化水平、对外开放水平和经济开放水平等变量对城市物流生产效率的影响同总体样本基本一致,但是在东中西部不同地区存在差异。

表 11-2 政策对物流生产效率的作用

指标	model(1) productivity	model(2) productivity	model(3) productivity	model(4) productivity	model(5) productivity
policy	0.0286 (0.86)	0.112*** (2.67)	0.134*** (3.42)	0.135* (1.78)	−0.036 (−0.55)
Transport		0.025 (0.35)	−0.187 (−1.32)	0.455** (2.35)	−0.254 (−0.67)
Terty		−0.045 (−0.27)	−0.496** (−2.53)	0.825 (1.39)	0.051 (0.09)
Urban		−0.367** (−2.58)	−0.642** (−2.02)	−0.446** (−1.96)	−0.474 (−1.58)

续表

指标	model(1) productivity	model(2) productivity	model(3) productivity	model(4) productivity	model(5) productivity
Information		−0.036 (−0.88)	0.071* (1.76)	−0.059 (−0.65)	0.061 (0.72)
Ffdi		−2.778*** (−3.57)	−3.204*** (−3.35)	3.624 (1.57)	−9.741*** (−3.35)
Gov		0.887** (2.45)	2.129** (2.52)	0.474 (0.75)	0.674 (1.24)
Lngdp		0.297*** (4.55)	0.117* (1.95)	0.242* (1.78)	0.765*** (3.76)
Human		0.357*** (3.65)	−0.217 (−1.47)	0.324** (2.32)	0.585*** (3.67)
Constant	9.472*** (53.86)	10.55*** (50.75)	8.605*** (24.95)	7.464*** (20.75)	9.655*** (22.53)
R^2	0.774	0.842	0.875	0.882	0.774

注：括号中为 t 值；***、**、* 分别表示显著性水平为 1%、5%、10%。表中全部回归均采用了以地区为变量的聚类稳健标准误。

11.3.2 稳健性检验

1. 安慰剂检验

为了进一步排除其他因素对城市物流生产效率变化的影响，随机调整流通节点布局城市进行"安慰剂"检验。为了保证结果的可靠性，检验包括两个部分：一是从总体样本中随机选择 93 个城市作为实验组，其他城市作为控制组；二是从这 93 个城市中随机选择 46 个城市归入控制组。如果交互项系数为正，说明实验组城市物流生产效率的变化是其他因素导致的，不是《规划》实施的结果，反之，则说明城市物流生产效率的变化是《规划》实施的结果，结果见表 11-3 的 model(6)~model(7)。结果显示，交互项系数均不显著，说明城市物流生产效率的变化是《规划》这一政策实施的结果。

2. 城市类型的影响

政府在相关政策制定和实施过程中，有可能会倾向于选择基础设施完备、产业发展基础较好的城市作为试点城市，这些城市和其他城市的物流业发展趋势有可能存在一定的差异，选择这些城市作为流通节点布局城市可能会违背 DID 方法的共同趋势假设。为检验城市类型可能存在的不满足共同趋势假设的问题，分别选择一线（yx）和二线（ex）城市作为流通节点布局城市进行分析，结果见表 11-3 的 model(8)~model(9)。结果显示，交互项系数均不显著，说明不考虑《规划》政策的影响，实验组和控制组样本城市物流生产效率变化不存在系统性差异，进一步验证了研究结论的可靠性。稳健性检验结果表明，流通节点布局城市的随机改变和选择不同等级的城市作为流通节点布局城市，《规划》实施对城市物流生产效率均未呈现显著的正向影响关系,验证了研究结论的可靠性。

表 11-3 稳健性分析

	model(6) productivity	model(7) productivity	model(8) productivity	model(9) productivity
policy 1	0.089 (1.51)			
policy 2		0.047 (0.92)		
policy yx			0.007 (0.17)	
policy ex				0.047 (0.87)
控制变量	有	有	有	有
Du	控制	控制	控制	控制
Dt	控制	控制	控制	控制
_cons	8.852*** (64.74)	8.784*** (64.17)	8.807*** (64.55)	8.775*** (65.63)
R^2	0.324	0.311	0.314	0.307

注:括号中为 t 值;*** 表示显著性水平为 1%。

11.4 结论与启示

11.4.1 研究结论

基于 284 个地级及以上城市 2009—2020 年数据,采用双重差分方法检验了《规划》这一政策实施对流通节点布局城市物流生产效率的影响。研究发现:《规划》的实施显著促进了流通节点布局城市物流生产效率的提升,但对东中西部地区流通节点布局城市物流生产效率的影响存在异质性,该政策的实施对东部和中部地区城市物流生产效率的提升有显著的正向影响,但对西部地区影响不显著。

11.4.2 研究启示

围绕研究结论,提出以下政策建议:一是要提高政府政策制定的针对性。政府通过编制行业发展规划、出台转型政策措施可以优化物流业发展环境,推动物流产业结构调整,实现产业结构的高度化。政府政策的制定要围绕行业发展的趋势、关键问题、市场痛点,明确政策实施的任务目标及制定完整可行的配套措施,保证政策实施效果。二是要坚持市场在资源配置中的主导作用,政府通过制定政策引导、规范行业发展,在这个过程中,物流企业仍然是物流业运营的关键主体,要围绕物流企业资源配置效率提升等关键目标设定政策措施,提高对物流业转型发展过程中的精准帮扶。三是在政策制定过程中要高度重视物流产业区域发展不平衡问题,不同城市物流业所处的发展阶段存在差异,需要针对不同区域物流业发展实际情况制定针对性的政策措施,保证政策实施效果。四是适时开展政策实施的中期及终期评估工作,分析政策实施效果及实施过程中存在的问题,围绕中期评价结果适时调整政策内容,终期评价结果则作为后续政策制定的参考,保证后续政策制定的针对性、可行性及有效性。

第12章 中国物流企业空间格局演化及区位选择
——基于地级市尺度的研究

12.1 引言

城市是资金、人力资本和土地等生产要素的集聚地,城市在区域经济的增长中发挥着核心的作用[185]。城市发展的基本动力包括集聚效应以及分工和专业化效应两个方面,大量生产要素向城市集聚带来规模经济和交易费用的降低,在循环累积因果效应的作用下,进一步加强的集聚效应推动城市成为区域发展的极核。要素的集聚促进了城市经济系统的分工和专业化[378],带来城市规模的持续扩张。当要素在城市的集聚达到一定程度时,则会引起要素价格上涨、环境恶化和规模效益下降等问题,此外,受产业转移、政府宏观政策、土地成本及开发模式、运输等业务开展受限等因素的影响,集聚成本大于集聚效应,区域内产业、要素资源的空间布局开始重构,初级产业要素向城市周边区域或周边城市扩散,同时,高级产业要素则集聚到城市区域,产业空间分布呈现新的集聚特征。

作为国民经济与社会发展派生性产业的物流业,企业空间分布与市场规模、区域资源禀赋间存在较强的依赖关系[379]。近年来,物流业快速发展降低了交易成本,促进了产业的分工和专业化,此外,伴随着交通路网等基础设施的持续完善,部分抵消由于地域分工带来的运输成本、交易成本的增加,加速了工业活动由区域中心向周边扩散的趋势。伴随着城市化的推进、工业活动的扩散和城市的重构,为无缝衔接关联产业服务需求,作为物流业务承担者的物流企业、物流基础设施呈现由中心城区向城市周边地区、区域中心城市向周边城市转移的趋势[380],物流企业、物流基础设施的空间布局演化不仅影响着物流业业务模式、组织模式,还反过来影响着区域空间结构的重构[381-382]。在此背景下,基于企业数据,从微观视角探究物流企业空间结构演化特征及其形成机制,对于城市物流业健康可持续发展、物流企业区位选择决策、城市空间结构优化具有重要意义。

12.2 研究方法及数据来源

12.2.1 研究方法

1.不平衡指数

由于区位、资源禀赋、产业发展基础等存在差异,物流企业区位分布存在显著差异,采用不平衡指数衡量不同城市物流企业分布的均衡程度。计算公式如下：

$$S = \frac{\sum_{i=1}^{n} Y_i - 50(n+1)}{100n - 50(n+1)} \quad (12-1)$$

式中，S 为不平衡指数，n 为城市数量，Y_i 为各城市地理边界内物流企业数量占全国物流企业数量比重从大到小排序后排在第 i 位的累计百分比。不平衡指数结果介于 0 和 1 之间，若 $S=1$，表示所有物流企业全部分布在一个城市，若 $S=0$，表示物流企业在所有城市中均匀布局，S 值越大，物流企业集聚度越高，分布不平衡性特征越明显。

2. 最邻近指数

最邻近指数（NNI）常用来识别点要素在地理空间上的分布特征[383]，通过计算某个点要素距离最近的点平均距离与随机分布状态下最邻近距离预期值的比值，衡量点要素空间集聚、均匀或随机分布特征。计算公式如下：

$$\text{NNI} = \frac{1}{n}\sum_{i=1}^{n} d_i \Big/ \frac{1}{2}\sqrt{n/A} \quad (12-2)$$

式中，NNI 为最邻近指数；d_i 为某个点与距离最近的相邻点之间的距离；n 为样本点数量；A 为研究区域面积；$\frac{1}{2}\sqrt{n/A}$ 表示随机分布下最邻近距离预期值。当 NNI=1 时，表示点要素呈随机分散分布特征；当 NNI>1 时，表示点要素呈均匀分布特征；当 NNI<1 时，表示点要素呈集聚分布特征。在测算 NNI 指数值的同时，运用正态分布 Z 检验判断研究对象集聚分布特征的显著性。采用 ArcGIS10.2 计算中国物流企业总体及分业态最邻近指数并进行 Z 检验，分析中国物流企业整体集聚特征。

3. 核密度估计

作为空间分析中常用的非参数估计方法，核密度估计（KDE）通过计算离散点在某一空间内的密度来衡量研究点样本空间分布特征。通过对物流企业点数据进行核密度分析，刻画中国物流业总体及子行业空间结构及集聚演化特征[384]。核密度计算公式如下：

$$f_n(X) = \frac{1}{nh^d}\sum_{i=1}^{n} k\frac{X-X_i}{h} \quad (12-3)$$

式中，$f_n(X)$ 为研究样本核密度；$(X-X_i)/h$ 为核密度方程；$(X-X_i)$ 为样本中点要素间距离；h 为带宽；n 为样本要素数量；d 为数据维度。

4. 标准差椭圆

标准差椭圆（SDE）是用来刻画点要素方向和空间分布特征的常用工具，能够从整体上刻画研究对象整体空间结构特征。采用 ArcGIS10.2 分析中国物流企业总体及子行业标准差椭圆，探究物流企业整体空间分布及演化特征。标准差椭圆详细计算过程见相关文献[385]。

5. 地理探测器

地理探测器是研究要素空间分异驱动因素的统计方法，该方法能够较好地分析类别变量对因变量的影响[386-387]。采用地理探测器因子探测工具识别中国物流企业空间格局分异的关键因素。模型如下：

$$P_{D,H} = 1 - \frac{1}{n\sigma^2} \sum_{i=1}^{m} n_{D,i}\, \sigma_{HD,i}^2 \qquad (12\text{-}4)$$

式中，$P_{D,H}$ 是自变量 D 对因变量 H 的解释力，$P_{D,H}$ 取值范围为 $[0,1]$，值越大，说明自变量对因变量的解释力越强；D 为自变量向量；H 是注册地为某个城市的物流企业数量；m 为地级及以上城市数量；n 和 σ^2 分别是中国物流企业数量和方差；$n_{D,i}$ 表示第 i 个城市物流企业数量。

12.2.2 数据来源

物流企业相关数据的获取与整理工作包括以下几个步骤：第一步是数据获取，物流企业相关数据下载自天眼查和企查查平台，按照国民经济行业分类标准将物流企业分为八个业态，分别是仓储业、道路运输业、管道运输业、航空运输业、水上运输业、铁路运输业、邮政业及装卸搬运和运输代理业。为了从整体上刻画运输业企业空间分布特征，将道路运输业、管道运输业、航空运输业、水上运输业和铁路运输业归并为运输业一个业态。为了探究我国物流业产业转型升级特征，通过企业名称筛选供应链管理企业，通过分析供应链管理企业时空分布演化特征刻画我国不同区域物流产业结构高度化进程。数据下载时间为 2021 年 1 月 10 日—20 日，共下载数据 300 余万条。第二步是数据整理，剔除公司类型为个体工商户及缺失值的样本，剔除经营状态为注销或吊销的样本，剔除重复命名且注册地址重复的样本，最终共整理出物流企业数据 778494 条，根据企业注册时间将该数据整理为以 2006 年为基年的面板数据。第三步是查询，借助高德地图 API（坐标拾取系统）和 Map Location（https://maplocation.sjfkai.com/）等平台，根据企业地址批量查询企业地理坐标。物流企业区位选择相关影响因素数据来源于《中国城市统计年鉴》、各城市统计年鉴及统计公报等，缺失数据采用插值法补足。

12.3　中国物流企业时空格局演化特征分析

12.3.1　中国物流企业空间格局总体特征

1.物流企业数量时序演化特征

总体来看，研究期间，我国物流企业数量快速增加（图 12-1），由 2006 年的 55645 家增加到 2020 年的 778494 家，但不同年份增长幅度差异显著，2014—2017 年，企业数量增长速度远高于其他时期，年均增速达 26% 以上。从具体业态来看，运输型物流企业占比最大，由 2006 年的 32274 家增加到 2020 年的 527940 家，占比由 2006 年的 58% 增加到 2020 年的 67.82%，增幅达 16.93%。仓储业、装卸搬运和运输代理业企业数量稳步增加，但占物流企业总量比重呈现先上升后下降态势；邮政业企业数量占比持续下降；供应链企业数量快速增加，由 2006 年的 16 家增加到 2020 年的 21450 家，占企业总量的比重由 0.03% 增加到 2.76%，由于供应链管理企业服务能力覆盖仓储、运输等基础业务和采购代理、供应链金融等增值服务，能够为需求方提供一体化综合性供应链服务，供应链企业数据的快速增长说明我国物流企业总量快速增加的同时呈现产业升级特征。

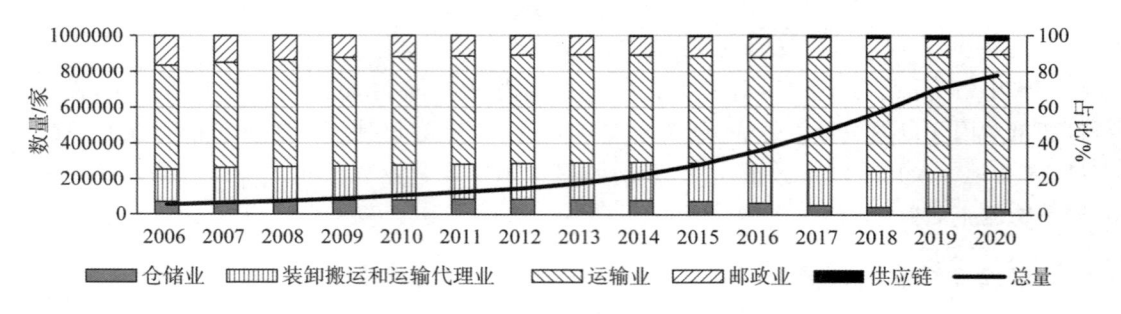

图 12-1 2006—2020 年中国物流企业数量

2.空间格局不平衡性演化分析

为深入探究我国物流企业空间分布均衡性特征,分别测算物流业总体样本及子行业空间分布不平衡指数,结果见图 12-2,结果表明,研究期间,中国物流业总体空间分布不平衡指数值保持在 0.6 左右,中国物流业空间分布呈现较强的区域不平衡特征,其中,2006—2013 年,不平衡指数持续上升,由 2006 年的 0.614 增加到 2013 年的 0.624,增长了 1.63%,在物流企业持续向东部沿海城市集聚的作用下,物流企业空间分布不均衡程度持续提升,2013 年后,不平衡指数呈下降态势,区域间物流企业空间分布不均衡程度呈现稳步缩小趋势。从具体行业来看,不同业态空间分布均衡性呈现异质性特征,仓储业、装卸搬运和运输代理业不平衡指数远高于物流业总体,相关企业主要集中在北京、天津、上海等城市,2011 年后不平衡指数呈持续下降特征,物流企业布局到更多的城市,加快了这两类企业空间分布呈现均衡性态势。运输业和邮政业不平衡指数低于物流业总体且数值较稳定,其中,运输型企业空间分布不均衡特征较稳定,不同区域新设立运输型企业均保持较稳定的增长态势;得益于快递业的快速发展,各快递企业运营网络完整地布局到全国不同区域,特别是 2015 年之后,邮政业不平衡指数快速下降,企业空间分布均衡性水平远超其他物流业态,邮政业和快递业的高质量协调发展加快了邮政业空间分布的均衡性进程。供应链管理企业数量快速增长,不平衡指数呈现先上升后下降态势,2017 年后,不平衡指数持续下降,供应链管理企业在不同区域间分布呈均衡化趋势。

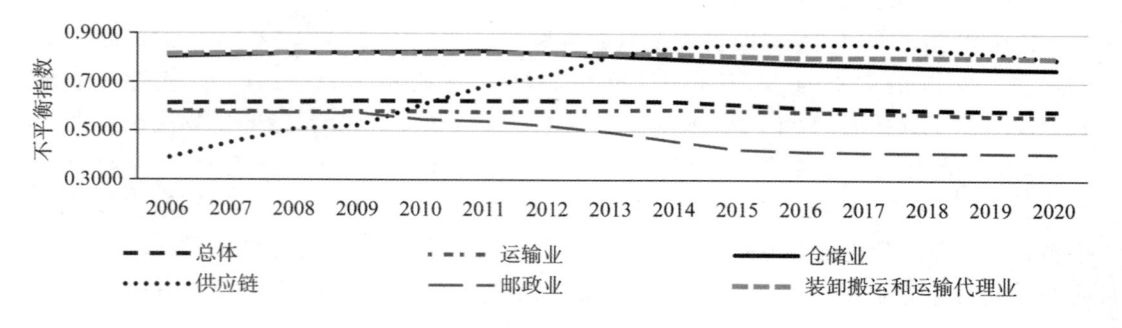

图 12-2 2006—2020 年物流企业总体及分业态不平衡指数

3. 空间集聚性分析

最邻近指数分析结果见表 12-1,结果显示,研究期间,中国物流企业总体及子行业 NNI 值均小于 1 且均通过了显著性检验,表明中国物流业总体及子行业均呈现显著的空间集聚分布特征。从具体业态来看,不同业态物流企业空间集聚水平存在较大差异,2006 年,运输业 NNI 值小于总体样本和其他业态,企业集聚水平最高,供应链业态 NNI 值远高于其他业态,企业呈现集聚分布特征但集聚水平较低。从时间演化趋势来看,2006—2020 年,物流业总体和不同业态 NNI 值均出现不同程度下降,物流企业空间分布呈现集聚强度增强态势。

表 12-1　中国物流企业空间集聚特征分析

时间	2006			2020		
	NNI	z 分数	P 值	NNI	z 分数	P 值
仓储业	0.20	−96.70	0.00	0.16	−257.22	0.00
装卸搬运和运输代理业	0.16	−164.5	0.00	0.09	−697.96	0.00
运输业	0.15	−291.85	0.00	0.04	−1338.62	0.00
邮政业	0.27	−133.89	0.00	0.09	−439.02	0.00
供应链	0.71	−2.24	0.00	0.13	−243.26	0.00
全部	0.16	−379.21	0.00	0.04	−1120.37	0.00

4. 核密度分析

2006 年、2013 年和 2020 年 350 km 带宽核密度分布结果显示,中国城市物流企业分布呈现显著的空间集聚特征,主要分布在东南沿海和长江经济带沿线区域,同时存在显著的区域集聚中心,主要集中在京津冀、长三角及其腹地、珠三角、成渝等 4 个集聚区域。从时间演化趋势看,2006—2020 年,物流企业总体空间集聚特征未发生显著变化,但区域集聚强度呈现不同的演化特征,长三角、珠三角两个集聚区集聚强度得到强化,但京津冀区域集聚强度呈减弱态势。

为进一步探究分业态中国物流企业分布空间集聚特征,进一步进行 2020 年 350 km 带宽分业态的核密度分析,结果显示,除邮政业外,其他业态均未突破"胡焕庸线"限制,仓储业企业空间分布呈现显著的单中心结构,京津冀地区的北京市和天津市是仓储型物流企业集聚的主要区域,装卸搬运与运输代理业和供应链两个业态企业呈现显著的双中心结构,长三角和珠三角地区是这两类企业集聚的主要区域,运输业企业主要分布在沿海地区、长江经济带和长三角区域,总体呈现"一核多片"分布特征,邮政业集聚分布突破了"胡焕庸线"限制,总体呈现"两核多片"集聚分布格局。

5. 标准差椭圆分析

2006 年、2013 年和 2020 年中国物流企业总体及分业态空间分布标准差椭圆(椭圆大小选择一个标准差)结果(表 12-2)显示,研究期间,中国物流企业总体分布呈现"北(偏东)—南(偏西)"空间分布格局,中心位置始终位于阜阳市境内但位置持续向南移动。从时间演化特征来看,椭圆长轴和短轴均呈缩短趋势,且扁率由 2006 年的 1.21 增加到

2020年的1.267,企业分布在东西和南北方向,均呈现收缩态势且东西方向收缩幅度强于南北方向,物流企业空间分布方向趋势更加明显。从椭圆覆盖区域来看,研究期间,总体样本标准差椭圆主要覆盖"胡焕庸线"以东区域且变化较小,物流企业则主要在胡焕庸线以东区域呈现空间集聚特征。从椭圆面积来看,研究期间总体样本椭圆面积持续减少,说明物流企业分布重心的集聚程度呈现持续增强态势。

分行业来看,所有业态企业分布标准差椭圆均呈现"北(偏东)—南(偏西)"空间格局,除供应链外,其他业态企业空间分布整体格局在研究期间呈现较稳定特征。不同业态转角 θ 均出现不同程度的增加,以成渝城市群为代表的西南地区对仓储业等业态企业的拉动作用持续增强,导致转角 θ 变大。除运输业外,其他业态椭圆面积均呈现不同程度的增加,说明这些业态整体分布呈现集聚区集聚能力持续增强和其他区域企业数量快速增加共存的特征,其中,供应链业态椭圆面积增幅最大,短半轴长度由371.214 km增加到721.731 km,主要原因是供应链企业在中部地区、西南地区的快速布局和扩张,供应链业态在东西方向呈现扩张趋势且扩张趋势强于南北方向。

从不同业态物流企业空间布局中心位置变化来看,仓储业中心位置经历了"山东济宁市—山东菏泽市"的变化,运输业中心位置经历了"河南驻马店市—安徽阜阳市"的变化,装卸搬运和运输代理业中心位置经历了"安徽合肥市—安徽六安市—安徽安庆市"的变化,邮政业中心位置经历了"河南周口市—河南漯河市—河南驻马店市"的变化,供应链管理行业中心位置经历了"安徽黄山市—江西景德镇市—江西抚州市—安徽安庆市"的变化。

表12-2 中国物流企业空间分布标准差椭圆参数

年份	所属行业	中心点经度/(°)	中心点纬度/(°)	短半轴/km	长半轴/km	转角/(°)
2006	仓储业	116.551	35.266	775.839	983.760	3.271
	供应链	117.824	29.654	371.214	881.471	10.168
	运输业	114.756	32.652	891.976	1032.621	14.023
	邮政业	114.739	33.973	835.962	1083.669	27.598
	装卸搬运和运输代理业	116.999	31.865	698.561	983.190	12.626
	总体	115.292	32.918	855.594	1035.487	15.208
2010	仓储业	116.755	35.408	748.383	946.718	2.573
	供应链	116.942	29.443	949.211	714.860	10.780
	运输业	114.822	33.010	873.777	1019.686	17.784
	邮政业	115.055	33.743	830.056	1080.806	26.051
	装卸搬运和运输代理业	116.579	31.564	744.605	1006.383	9.062
	总体	115.349	33.014	846.245	1026.662	14.638

续表

年份	所属行业	中心点经度/(°)	中心点纬度/(°)	短半轴/km	长半轴/km	转角/(°)
2015	仓储业	116.070	35.468	814.696	966.002	16.051
	供应链	115.837	27.467	628.637	898.637	10.631
	运输业	115.026	33.106	832.900	999.923	19.263
	邮政业	113.914	33.587	927.997	1124.043	29.920
	装卸搬运和运输代理业	116.408	31.174	769.340	994.415	10.520
	总体	115.286	32.920	842.663	1019.296	15.831
2020	仓储业	116.035	35.359	793.852	1000.847	19.360
	供应链	116.077	30.480	721.731	1012.826	11.435
	运输业	115.266	33.087	772.127	1026.269	21.540
	邮政业	113.537	33.092	922.223	1106.176	31.450
	装卸搬运和运输代理业	116.491	30.833	690.655	1024.136	15.391
	总体	115.251	32.729	808.398	1024.314	18.390

12.3.2 中国物流企业多尺度空间分布演化特征

1.地带性空间分布特征

根据已有研究成果对东中西三大区域的划分,对不同区域物流企业数量进行统计,结果见图12-3。结果显示,研究期间,物流企业在东中西部地区分布呈现显著"梯度化"分异特征,整体分异特征与经济社会发展梯度特征一致,其中,东部地区物流企业数量占全国总量比重60%左右,中部次之,西部地区最低,区域间经济发展阶段和水平不同带来物流服务需求结构和数量的差异,经济发达的东部地区对物流服务供给在能力和质量上的要求均呈现远高于中西部的特征。从时间演化特征来看,东部地区物流企业数量占比呈下降态势,中西部地区占比整体呈上升趋势,东中西部地区物流企业数量占全国总量的比重由2006年的58.15%、24.27%、17.58%调整为2020年的56.97%、24.44%、18.59%,中西部地区物流企业数量增长速度超过东部地区,区域间物流企业分布呈现均衡分布趋势;同总体样本一致,物流企业所有业态在东部地区和中西部地区分布呈现均衡分布趋势。从具体业态来看,东部地区所有行业企业占比均呈现下降态势,除邮政业外,中部地区所有行业企业占比均呈现上升态势,除运输业外,西部地区所有行业企业占比均呈现上升态势。研究期间,东部和中部地区邮政业企业占比快速下降,西部地区邮政业企业占比快速提升,说明快递等行业企业逐步完成了在西部地区的网络建设,保障了西部地区居民的基本用邮服务需求。供应链管理企业主要分布在东部地区,东部地区(特别是广东、上海、江苏和山东等)发达的制造业对物流业服务需求呈现一体化、规模化、网络化等特征,推动了东部地区供应链管理行业的快速发展。2016年后,伴随着产业梯度转移的持续推进,中西部地区制造业企业的快速成长,中西部地区供应链管理企业数量显著增加,物流服务能力显著提升,说明中西部地区能够提供综合性物流服务的物流企业数量快速增加,产业升级快速推进。

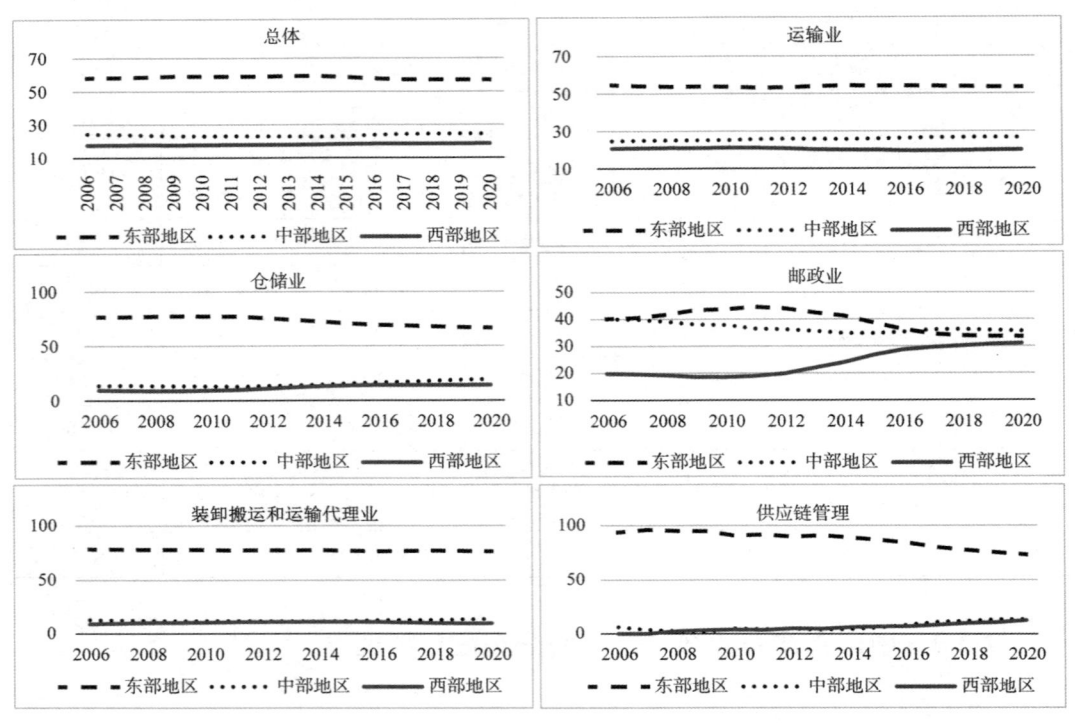

图 12-3　2006—2020 年东中西部地区物流企业分布特征

2.省域尺度空间分布特征

从省域尺度来看,31个省级行政区(除港澳台)均具有一定的物流业发展基础,但在产业结构、企业数量上存在较大差异,企业分布空间异质性特征显著。总体来看,研究期间,江苏、广东、山东和上海4个省市物流企业数量最多,占物流企业总数量比重保持在34%左右,作为全国四大经济强省,通过新旧动能转换、产业结构调整等措施保持经济强劲的增长势头,对不同物流业态服务需求均产生持续快速的增长,推动了物流业的健康可持续发展,其中,江苏物流企业占全国比重于2013年超过广东,山东物流企业占全国比重持续上升,但上海物流企业数量占全国比重持续下降。西藏、青海和海南等地物流企业数量占全国比重始终低于1%,在一定程度上反映了这些区域落后的经济社会发展现状。

从具体业态来看,2008年后,江苏、山东和广东运输企业数量始终排在所有省份的前3位,发达的制造业、快速发展的第三产业及大量人口集聚催生的生产和消费需求给这些区域带来大量的原材料、中间产品和产成品的运输服务需求,推动运输企业的大量落地。北京、天津和上海仓储企业数量始终排在全国的前3位,作为重要的区域中心城市,大量的原材料、中间产品和产成品在这些区域完成集中、转运,催生了大量的仓储服务需求。邮政业企业在各省均实现稳步增长,从企业数量占比来看,东部地区的江苏和山东,中部地区的黑龙江和江西邮政企业占比快速下降,西部绝大部分地区邮政业占比出现不同程度的提升,减弱了三大区域间邮政业企业空间分布不均衡性。作为运输业和仓储业配套的装卸搬运和运输代理业,空间分布及时间演化特征同运输业和仓储业空间分布及演化特征基本一致,企业主要分布在广东、上海、江苏、山东、天津和浙江等区域且在全国保持较稳定占比。研究初期,供应链管理企业主要集中在江苏、浙江和上海等区域,外资企业的大量进入和资本利用质量效益的大幅提升,推动了这些区域开放型经济的快速发展,产生大量的涵盖集中采购、保税物流服务、入厂物流、销售执行等功能的综合性供应链服务,对物流企业服务能力提出较高的要求,同时,大量外资物流企业在这些区域开展供应链服务业务,带来了大量的管理、组织和技术经验,推动了供应链管理行业的快速发展;伴随着经济空间结构和产业价值链的重构,东部地区劳动和能源密集型产业逐渐向中西部地区梯度转移,推动了中西部地区的产业发展的同时带动了产业链相关企业的产业升级,大量的供应链管理企业将业务转移到中西部地区,推动了中西部地区供应链管理业的快速发展。

3.市域尺度空间分布特征

城市尺度的物流企业总体样本及分业态企业数量分布结果显示,同省域尺度相比,市域尺度物流企业分布的空间不均衡性特征更加明显,"胡焕庸线"两侧企业分布差异性极为显著,物流企业主要集中在"胡焕庸线"东侧,乌鲁木齐、兰州、银川等西部省会城市物流企业数量居"胡焕庸线"西侧城市前列,特别是2013年后,"一带一路"建设的快速推进为沿线城市物流业带来重大发展机遇,各种类型的物流企业数量快速增长,带动这些城市物流业的快速发展。

从数量分布来看,物流企业主要集中在省会、副省级城市及东部沿海地区经济发达城市,其中,上海、北京、天津、重庆、深圳、广州等超大城市物流企业数量占总量比重均保持在2%以上,6个城市物流企业数量占总量比重保持在20%以上,其中,上海物流企业数量占比最高。从时间演化趋势来看,研究期间,物流企业数量占总量比重超过1%的城市数量维持在17个左右,城市数量仅占地级区划数的5.11%;2013年后,6个超大城市物流企业数量占总量比重呈下降态势,城市间物流企业空间布局呈现均衡化趋势,从具体城市来看,深圳和广州物流企业数量占比呈上升态势且深圳增速快于广州,上海、北京、天津和重庆物流企业数量占总量比重均呈现下降态势,其中,北京下降速度最快,占比由2006年的6.25%下降到2020年的2.22%,其他城市占比呈缓慢下降态势,上海占比由2006年的8.97%下降到2020年的6.69%。

从具体业态来看,运输业空间分布及时间演化特征同物流业总体样本演化特征趋同,运输型企业主要分布在沿海经济发达城市或行政等级较高的中西部城市,2010年后,京津冀、山东半岛、江苏、浙江等地运输型物流企业数量快速增长,增长速度远超其他区域;省会和副省级城市企业数量占比由2006年的43.55%下降到2020年的35.72%,城市间企业分布总体呈现均衡化演化态势。仓储业企业空间分布均呈现大城市和经济发达地区集聚的特征,其中,重点分布在上海、北京、天津、青岛、重庆、广州、哈尔滨、成都等重点城市,集聚强度远高于其他业态,省会和副省级城市仓储型企业数量占比由2006年的74.33%下降到2020年的64.18%,同期,东部沿海和中部地区城市仓储型企业数量呈快速增长态势。装卸搬运和运输代理业企业主要分布在沿海发达地区,省会和副省级城市企业数量占比由2006年的69.51%下降到2020年的65.72%。邮政业企业空间分布在城市尺度表现出较强的空间均衡性且呈现进一步强化的态势,省会和副省级城市企业数量占比由2006年的25.28%下降到2020年的23.04%。供应链管理企业主要分布在深圳、上海、广州、苏州、天津和宁波等沿海外向型经济高度发达城市,研究初期,供应链企业主要分布在苏州、北京、深圳和佛山等外资企业集聚区域,大量的外资企业快速成长带来大量的涵盖国际物流、采购、入厂物流等业务的综合性物流服务需求,催生了这些区域供应链管理企业的快速成长,伴随着沿海地区外向型经济的整体提升,供应链管理企业数量快速增加且在不同城市布局,2013年后,受益于"一带一路"建设的快速推进,重庆、乌鲁木齐、银川等中西部城市供应链企业呈快速增长态势。

12.4 中国物流企业区位选择影响因素分析

12.4.1 影响因素选择

区位理论认为区域的产业集聚是由资源禀赋、交通可达性、劳动力价格等外生因素驱动的,通过集聚能够带来更多的成本节省[388]。新古典经济理论和新经济地理学则认为市场需求规模、外部经济、地区专业化、技术创新和技术外溢等因素是促进产业集聚的关键因素[389]。同制造业等产业不同,物流服务是国民经济社会发展的派生需求,区域经济发展水平直接影响物流市场发育程度,受制造业、商贸流通业等生产力布局市场引力作用形成的正向关联型循环累积因果链带来的聚集效应促使物流业的空间格局演化,物流产业空间分布呈现典型的向关联产业集聚区聚集特征,在这个过程中,生产力布局的空间重构直接影响了物流业空间分布的调整。潘方杰等[379]、王成金和张梦天[133]研究发现经济发展水平、市场规模、工业发展水平、产业结构、对外开放程度和区域政策等因素直接影响A级物流企业空间分布。当前,生产力布局调整和关联产业服务需求均呈现新的特征,人才、技术、信息等要素对物流企业区位选择发挥着越来越重要的影响,但劳动力价格、交通可达性等传统因素在物流企业选址决策中依然发挥着重要作用,不同类型的物流企业区位选择影响因素及影响程度是否存在差异需要进一步探讨。基于以上分析,从区位、创新性和政策性3个维度选择影响因素,其中,传统区位因素包括经济规模等7个指标,创新性因素包括人力资本等4个指标,政策性因素包括地方政府竞争和分权化水平2个指标,变量说明及描述性统计分析结果见表12-3。在此基础上,从地级市尺度采用地理探测器因子探测分析功能识别中国物流企业区位选择的驱动因子,采用地理探测器分析空间分异性驱动因子时,要求自变量为类别变量,采用ArcGIS10.2自然断裂点分类方法将可能影响物流企业区位选择的每个因素分为5类。

表 12-3　影响因素描述性统计分析

一级指标	二级指标	指标说明	单位	最大值	最小值	平均值	标准差
区位因素	经济规模	国内生产总值	亿元	38156	52	2050.18	3111.76
	劳动力规模	城镇就业人口数量	万人	986.87	4.21	53.68	82.38
	工业发展水平	规上工业企业数量	家	18792	19	1276.75	1710.1
	产业结构	二产占GDP比重	%	90.97	10.68	47.69	11.06
	市场规模	社会消费品零售总额	亿元	15847.55	13.41	803.09	1270.05
	对外开放水平	进出口总额	亿美元	7879.03	0.0002	130.70	501.69
	交通可达性	公路里程/区域面积	公里/km²	11.57	0.49	0.73	0.43
创新性因素	人力资本	普通高校在校生数量	人	1152994	200	85956.82	155466.7
	技术创新	专利授权量	件	212475	1	4539.88	12681.88
	创新投入	财政科学技术支出额	亿元	554.98	0.0034	7.76	29.9
	信息化水平	互联网宽带接入用户数量	万户	1372	0.2859	63.38	96.47
政策性因素	地方政府竞争	实际利用外资额	亿美元	308.26	0	8.21	19.58
	分权化水平	地方财政支出占GDP比重	%	90.97	10.68	47.69	11.06

12.4.2　总体分析

为检验不同时段影响因素对物流业总体样本空间分布的影响，采用地理探测器模型识别2006年和2010年城市尺度物流业总体样本空间分布的影响因素，结果见表12-4。结果显示，除产业结构因素外，其他传统区位因素、创新性因素和政策性因素均对物流企业空间分布产生影响，但不同影响因素的解释程度呈现一定的差异。从总体上看，2006—2020年，创新性因素和政策性因素对物流企业空间分布影响的解释力呈现下降趋势，但传统区位因素解释力总体呈现稳定及上升趋势，其中，就业人口数量、规上企业数量和进出口总额对物流企业空间分布的解释力出现不同程度的上升，说明物流企业空间分布依然呈现显著的与生产力布局相匹配特征，物流企业空间分布演化依然依赖于生产力空间布局的调整，区域间生产力布局差异直接导致了物流企业空间分布差异。近年来，物流业市场主体呈现转型升级趋势，服务业务链条延伸、服务水平呈现提升态势，但物流业整体依然呈现小散乱弱发展特征，除京东等科技驱动型物流企业外，中小型或传统的仓储、运输等行业企业科技创新投入和产出均维持在较低水平，导致创新性因素对物流企业区位选择的影响呈下降特征。

从具体因素来看，经济规模、社会消费品零售总额、科学技术支出总额和地方财政支出4个因素的q值均超过0.7，对物流企业空间布局解释力超过其他指标，是物流企业区位选择最重要的影响因素。其中，经济规模和社会消费品零售总额反映了生产力和消费布局情况，直接影响物流企业的空间分布；财政科学技术支出额受区域经济实力的影响，经济实力强的城市一般具有更高的财政支出扶持行业发展,延伸产业链,提升产业集聚水平,进而影响物流企业空间分布和物流市场的培育;政府政策扶持和相关规划的编制与实施是引导产业布局、规范行业发展的重要影响因素,地方政府通过给予物流企业税收补贴、项目政策奖励等方式鼓励物流企业本地化经营,间接引导物流企业空间布局。就业人员数量、进出口总额和专利授权量3个因素的解释力均超过0.6,属于次核心因素。城市就业人员数量和进出口总额属于传统区位因素,充足的就业人口数量为物流业带来大量的劳动力,是物流业发展的基础保障要素,进出口总额则带动了国际物流的发展,推动了国际物流企业的空间分布调整。专利授权量代表了一个区域的创新能力和活力,创新的空间溢出效应在一定程度上推动了具有较强科技研发和应用能力的综合性物流服务企业的集聚,通过要素的循环累积因果效应,不断强化区域创新能力,进一步推动综合性物流企业的集聚。规上企业数量、公路密度、高校在校生数量、互联网宽带接入用户数、实际利用外资额5个因素影响物流企业区位选择,但解释力低于核心和次核心因素。其中,公路密度对物流企业区位选择的解释力从2006年到2020年大幅下降,出现这种结果的可能原因是近年来我国公路等交通基础设施水平大幅提升,交通路网覆盖率能够满足基本的运输服务需求,交通可达性对物流企业选址影响逐渐减小。产业结构在2006年和2020年的解释力均不显著,本章用第二产业占GDP比重表示区域产业结构,近年来,经济发达地区第二产业占比整体呈下降趋势,但这些区域物流企业数量呈现持续增加特征,与地理探测器模型自变量和因变量空间分布相似性假设不一致,导致出现解释力不显著的结果。

表12-4 中国物流企业空间分布影响因素作用分析

时间	GDP	就业人员数量	规上企业数量	产业结构	社会消费品零售总额	进出口总额	公路密度
2006	0.758***	0.63***	0.475***	0.013	0.793***	0.668***	0.668***
2020	0.755***	0.697***	0.531***	0.015	0.754***	0.674***	0.039***

时间	高校在校生数量	专利授权量	财政科技支出额	互联网宽带接入用户数	实际利用外资额	地方财政支出
2006	0.362***	0.652***	0.842***	0.648***	0.703***	0.912***
2020	0.343***	0.772***	0.752***	0.577***	0.543***	0.739***

注:*** 表示在1%的水平下显著。

12.4.3 分行业分析

不同类型的物流企业业务属性存在显著差异,对区位因素、创新性要素和政策性因素三类影响因素的依赖性也呈现不同特征,因此需要进一步分析不同业态物流企业空间分布影响因素作用机制的异质性,采用地理探测器模型识别2006年和2020年城市尺度不同业态物流企业空间分布的影响因素,结果见表12-5。结果显示,区位因素、创新性因素和政策性因素对不同类型物流企业空间分布的影响整体上同对总体样本的影响基本一致,但呈现共性和差异性并存的特征。产业结构对所有物流业态的解释力都不显著,2020年,公路密度对仓储业、装卸搬运与运输代理业、供应链3种业态的解释力不显著,其他因素对运输业等5个业态的解释力均显著但解释强度存在差异。三类影响因素对运输业的解释力均强于其他业态,运输业企业服务对象涵盖了国民经济的所有行业,包括原材料、中间产品和产成品所有产品类型,是国民经济社会发展的基础性业务,因此,所有因素对运输业企业空间分布均呈现较强解释力。2006—2020年,三类影响因素(实际利用外资额、公路密度等因素除外)对供应链管理企业空间分布解释力均呈现增强态势,其中,区位因素和创新性因素的解释力增长幅度远高于政策性因素,供应链管理企业的增长表征着物流产业高端化进程的推进,供应链管理企业为服务对象提供的一体化综合性物流服务既依赖于关联产业发展,又依赖于区域创新能力的提升为供应链创新提供坚实的人才、技术和资金支持,因此,这两类因素的解释力大幅提升。

表12-5 不同类型物流企业空间分布影响因素作用分析

指标名称	2006					2020				
	运输业	仓储业	装卸搬运与运输代理业	邮政业	供应链	运输业	仓储业	装卸搬运与运输代理业	邮政业	供应链
GDP	0.791***	0.49***	0.632***	0.271***	0.165***	0.75***	0.417***	0.588***	0.481***	0.585***
就业人员数量	0.691***	0.523***	0.471***	0.429***	0.099***	0.722***	0.597***	0.476***	0.411***	0.484***
规上企业数量	0.466***	0.207***	0.532***	0.18***	0.133***	0.533***	0.13***	0.483***	0.318***	0.548***
产业结构	0.019	0.018	0.01	0.005	0.033	0.023	0.028	0.011	0.02	0.011
社会消费品零售总额	0.790***	0.634***	0.628***	0.33***	0.128***	0.748***	0.425***	0.585***	0.502***	0.582***
进出口总额	0.657***	0.452***	0.576***	0.261***	0.461***	0.63***	0.389***	0.564***	0.289***	0.626***
公路密度	0.657***	0.452***	0.576***	0.261***	0.461***	0.068***	0.014	0.017	0.038*	0.008
高校在校生数量	0.438***	0.211***	0.228***	0.181***	0.059***	0.48***	0.223***	0.148***	0.271***	0.131***
专利授权量	0.67***	0.492***	0.531***	0.24***	0.139***	0.704***	0.461***	0.678***	0.368***	0.669***
科学技术支出总额	0.772***	0.853***	0.643***	0.407***	0.111***	0.684***	0.556***	0.644***	0.353***	0.699***
互联网宽带接入用户数	0.681***	0.412***	0.503***	0.331***	0.098***	0.654***	0.237***	0.377***	0.413***	0.327***
实际利用外资额	0.674***	0.585***	0.558***	0.359***	0.453***	0.593***	0.428***	0.339***	0.296***	0.331***
地方财政支出	0.857***	0.856***	0.708***	0.459***	0.549***	0.755***	0.503***	0.534***	0.523***	0.585***

注:*、***分别表示在10%、1%的水平下显著。

12.5 结论与讨论

12.5.1 研究结论

基于企业微观数据刻画了中国物流企业总体和分业态在不同空间尺度上的分布特征,采用地理探测器探究了影响中国物流企业区位选择的关键因素,得到以下主要结论:

(1)中国物流企业数量显著快速增长且呈现产业升级特征,其中,江苏、广东、山东和上海4个省市物流企业数量最多,占物流企业总量比重维持在1/3以上。物流企业空间分布不均衡性指数先上升后下降,2013年后,区域间物流企业空间分布不均衡程度呈稳步缩小趋势,仓储业、装卸搬运和运输代理业不平衡指数远高于物流业总体样本,供应链管理企业空间分布不均衡指数快速增长且于2014年超过所有业态。

(2)中国物流业总体及分业态均呈现显著的空间集聚分布特征且集聚强度呈增强态势。物流企业空间分布同"胡焕庸线"呈现显著的关联特征,企业分布存在显著的区域集聚中心,主要集中在京津冀、长三角及其腹地、珠三角、成渝等4个集聚区域,北京、天津、上海、苏州、广州、深圳和东莞等城市一直是我国物流企业集聚水平最高的区域。

(3)中国物流企业总体及所有业态分布均呈现"北(偏东)—南(偏西)"空间分布格局且较为稳定,随着供应链企业在中部地区、西南地区的快速布局和扩张,供应链业态椭圆面积快速增加且呈现东西方向扩张强于南北方向的特征。

(4)同省域尺度相比,市域尺度物流企业分布的空间不均衡性特征更加明显,"胡焕庸线"两侧企业分布差异性极为显著,物流企业主要集中在"胡焕庸线"东侧,"一带一路"建设的快速推进为沿线城市物流业带来重大发展机遇,各种类型的物流企业数量快速增长,带动了中西部地区物流业的快速发展。

(5)物流企业区位选择影响因素分析结果显示,创新性因素和政策性因素对物流企业空间分布影响的解释力均呈下降趋势,但传统区位因素的影响总体呈现稳定及上升趋势,物流企业空间分布依然呈现显著的与生产力布局相匹配的特征,区域间生产力布局差异直接导致了物流企业空间分布差异。区位因素、创新性因素和政策性因素对不同类型物流企业空间分布的影响整体上同对总体样本基本一致,但影响程度呈现共性和差异性并存的特征。

12.5.2 讨论与展望

物流业是支撑经济社会特别是流通领域高效运转的基础产业,物流业发展具有派生性特征,物流企业的空间分布受城市空间结构、人口分布特征、制造业和流通业等关联产业发展及分布等多重因素的叠加影响。近年来,我国制造业等产业的转型升级对物流业服务能力提出了更高的要求,能够提供综合性服务的企业数量快速增加,物流业发展呈现产业结构合理化和高度化特征,但就业总人口等传统因素对企业区位选择的解释力呈上升趋势,物流企业空间分布依然呈现显著的与生产力布局相匹配的特征,物流企业空间分布演化依然依赖于生产力空间布局的调整,区域经济发展差异仍然是物流企业空间格局异质性的根本原因,以上研究结论同王成金与张梦天[133]、潘方杰[379]等研究结论一致。除产业关联会导致物流企业空间布局的调整外,物流企业为了追求规模效应,不同类型业务功能和物流资源会在某一特定空间形成产业集聚,规模经济的外部性特征推动物流企业的进一步集聚,推动物流企业空间格局的重构。此外,近年来,国家高度重视物流枢纽城市建设,结合不同城市的区位、资源禀赋,在精准定位不同城市枢纽建设类型的基础上给予政策等要素支持,枢纽城市则围绕功能定位通过补足基础设施短板、优化营商环境等方式持续优化物流业运营环境,大量的物流企业集聚到这些区域,大大提升了物流枢纽城市基础设施水平和物流服务能力,反过来吸引大量的制造企业和商贸流通企业的入驻,推动物流与关联产业空间布局的同步重构,实现物流业与关联产业的协调发展。

第 13 章 城市物流企业空间格局演化及区位选择
——基于不同区域、不同经济发展水平城市的研究

13.1 引言

基于微观数据的企业区位选择与空间布局是新经济地理学的重要研究领域,研究人员试图通过对企业空间格局演变及其影响因素的分析,揭示企业区位选择的内在机制[390]。现代物流业被视为区域经济增长的"加速器",物流业的空间组织与分布一直是经济地理学研究的热门话题[391]。合理的物流企业空间分布不仅直接影响现代物流业的运营和组织方式,而且深刻影响区域经济与社会发展空间结构的重构,对提高制造业、商贸流通等关联产业的运营效率和区域竞争力的提升具有关键作用。然而,现代物流业(特别是城市配送等物流业新业态)的快速发展增加了对城区土地等要素的需求,物流业务的开展也给城市带来交通压力、噪声和环境污染[34]。

快速的经济社会发展以及增长的城市土地利用需求推动了城市的扩张[392],城市郊区的就业机会、技术和创新能力、生产能力、便利的商品和服务贸易、便利的交通可达性等软硬件环境的持续改善进一步推动了城市的扩张,加速了城市空间结构的重构[393]。制造业、商贸流通业等产业作为物流业的重要客户,相关企业的空间格局演化直接影响物流企业的区位选择[394]。制造业和专业批发市场等非城市核心功能向大都市区郊区转移是城市扩张的主要表现,伴随着制造业和专业批发市场向城市郊区转移,提供运输、仓储等功能性物流服务的物流企业也在向城市郊区转移。促进物流业与制造业、商贸流通等相关产业分工系统的深度融合,实现物流业与关联产业发展过程的动态平衡,对推动城市空间结构的高质量重构、构建城市现代产业体系和市场体系具有重要的现实意义[395]。

本章选取东部地区的上海市、徐州市,中部地区的阜阳市、郑州市,西部地区的成都市、柳州市 6 个样本城市为研究对象,刻画不同地区、不同经济发展水平城市物流企业时空格局演化特征,分析物流企业区位选择的影响因素。样本城市位于我国东部、中部和西部地区,城市行政等级、经济发展水平存在差异,具有一定的代表性,通过对这 6 个城市的物流企业时空结构演化特征的分析,基本可以反映我国城市物流时空结构演化特点,总结我国城市物流时空结构演化及物流企业区位选择的规律。

选择这几个城市作为研究对象的原因如下:从区位条件看,上海市位于我国东南沿海,是长三角城市群的中心城市,是我国重要的经济、金融、贸易、国际航运、科创中心,拥

有世界上最大的集装箱港口——洋山港,大量不同类型的物流企业注册在上海,培育了德邦快递等12家上市公司,物流业多业态协调发展。徐州市位于华北平原东南部,地处苏鲁豫皖四省接壤地区,是我国重要的工程机械生产基地,全国重要的交通枢纽,于2018年获批陆港型国家物流枢纽。阜阳市位于东部发达地区向中西部地区产业转移的过渡地带,是中部地区重要的综合交通枢纽,是安徽省排名第二的高铁枢纽站,也是京九铁路最大的铁路编组站。郑州市是河南省省会,是中原城市群的核心城市,拥有完备的立体交通体系,拥有亚洲作业量最大的货车编组站,郑州航空港区是中国唯一一个国家级航空港经济综合实验区。成都市是西部地区的特大中心城市,是成渝城市群的核心城市,作为"新一线城市",发展势头强劲。柳州市是广西壮族自治区的副中心城市、西南工业重镇、中国大陆靠近东盟最前沿的工业中心城市。在过去的40多年里,改革开放给这些城市带来了空前的发展机遇,这些城市经济社会均取得了长足的发展,从城市空间结构演化来看,这些城市均经历了快速的城市扩张,制造业、商贸流通业和物流业企业呈现向郊区空间扩张的趋势。

从经济发展水平看,各样本城市经济发展水平及速度各不相同。以2000—2020年全国人均GDP为基准,对比各样本城市人均GDP的发展情况,结果如图13-1所示,结果显示,上海市作为我国的经济中心,人均GDP一直远远高于全国平均水平,是我国经济最发达的城市之一。郑州市和成都市均为省会城市,这两个城市的人均GDP数值及变化趋势相近且均高于全国平均水平,其中,郑州市人均GDP略高于成都市。作为重要的工业城市,徐州市和柳州市的人均GDP相近,除个别年份外,人均GDP均高于全国人均GDP。阜阳市人均GDP一直低于全国人均GDP,2005年后,阜阳市人均GDP同其他样本城市间的差距越来越大,工业发展不足、支柱产业竞争力不强是造成阜阳市人均GDP同其他样本城市差距较大的主要原因。

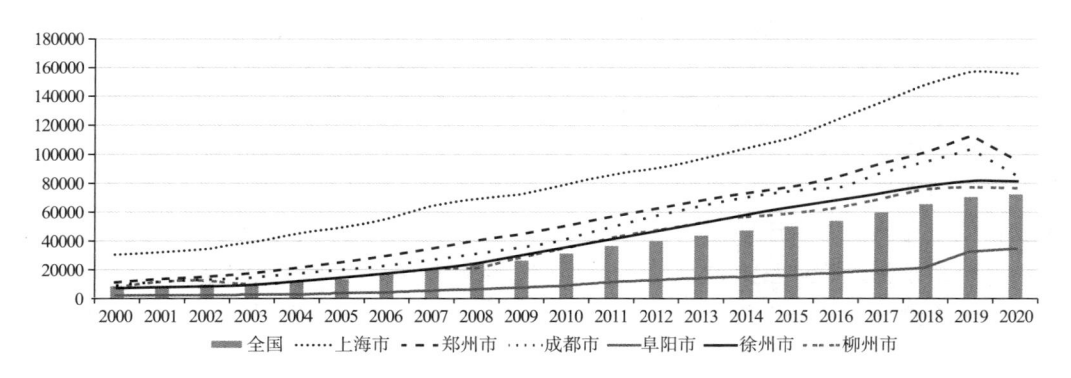

图 13-1 全国及各样本城市人均 GDP 对比

13.2 物流企业空间扩张机理分析

城市物流时空结构演化是在影响城市物流发展和城市间物流活动的各类因素的综合作用下实现的,从微观层面上看,城市物流时空结构演化的直接表现是物流企业的空间扩张,物流企业空间扩张机理见图13-2。在城市发展的不同阶段,物流业均存在空间发展不均衡性特征,在"市场接近效应""生活成本效应""市场拥挤效应"的综合作用下,城市的不同区域对物流企业"集聚力"和"分散力"形成的合力推动了物流企业区位的变化,表现为物流要素"集聚—扩散—再集聚—再扩散"的循环往复运动,推动了不同类型、不同层次的物流要素在城市内的合理配置,推动了城市物流空间结构的演化和重构,逐渐形成与城市生产力布局、居民居住区空间结构相适应的城市物流分工体系。

物流企业空间扩张动因包括内生动力和外来推力:①市场需求是城市物流空间扩张的根本动力。为了拓展新的业务,满足市场需求的变化,降低交易成本,物流企业采用新建或转移服务能力等方式进行空间扩张,物流企业区位选择呈现与生产力布局、居民居住区空间结构相一致的特征。城市物流服务市场需求的变化体现在以下几个方面:一是现有制造业企业在城市郊区新建生产基地或新引进工业项目的建设带来新的物流服务需求,随着产业分工专业化水平的提升,供应链服务嵌入制造业产业链深度持续强化,物流业与制造业融合发展水平稳步提升,对物流业服务范围和水平提出新的要求;二是电子商务快速发展带来的快递服务需求的飞速增长,快递企业需要通过建设中转场、营业网点等方式搭建服务网络,满足城市不同区域消费者的服务需求;三是由于城镇化的快速推进,人口在中心城区等区域快速集中,带动了城市配送等业态的快速发展。②成本压力和竞争环境是物流企业空间扩张的直接诱因。城市中心城区和周边区域间土地、人力资源等要素价格存在显著差异,导致物流企业运营成本存在显著的区域差异,中心城区物流集聚区"市场拥挤效应"带来高昂的土地和用工成本、激烈的市场竞争环境给中小物流企业运营和盈利带来较大挑战,这些区域逐渐形成产业扩散的离心力,竞争力不足的物流企业将业务迁移到新兴物流市场。③政府政策是物流企业空间扩张的重要推力。政府通过增加用地指标、强化政策扶持等合理的制度安排引导企业经营行为,推动物流企业在城市空间上的合理布局,完善城市物流服务体系。此外,政府通过制定规制性的政策解决由于物流企业集聚带来的城市拥堵、环境污染等负外部性问题,规制性政策的出台能够抑制提供基础性物流服务的物流企业在中心城区的集聚,推动物流企业的郊区化扩散。

伴随着城市中心城区外延式扩张和经济空间结构的重构,城市物流业空间结构演化呈现以下特点:中心城区物流业在循环累积因果效应的影响下持续升级,逐渐形成物流企业总部集聚区;从事运输、仓储等功能性业务的物流企业为了扩张市场、降低交易和运营成本,选择向靠近制造业、商贸流通业客户的新的工业集聚区、批发市场等区域集聚,推动了后发地区物流业的发展;快递等居民生活物流服务通过建设大量的终端服务网点实现服务的全域覆盖,快递业呈现均衡化分布特征,逐渐形成"中心城区企业总部+郊区功能性业务＋快递服务全覆盖"的物流企业层次功能空间分布格局,最终形成多层级、多功能、多业态的城市物流服务体系。

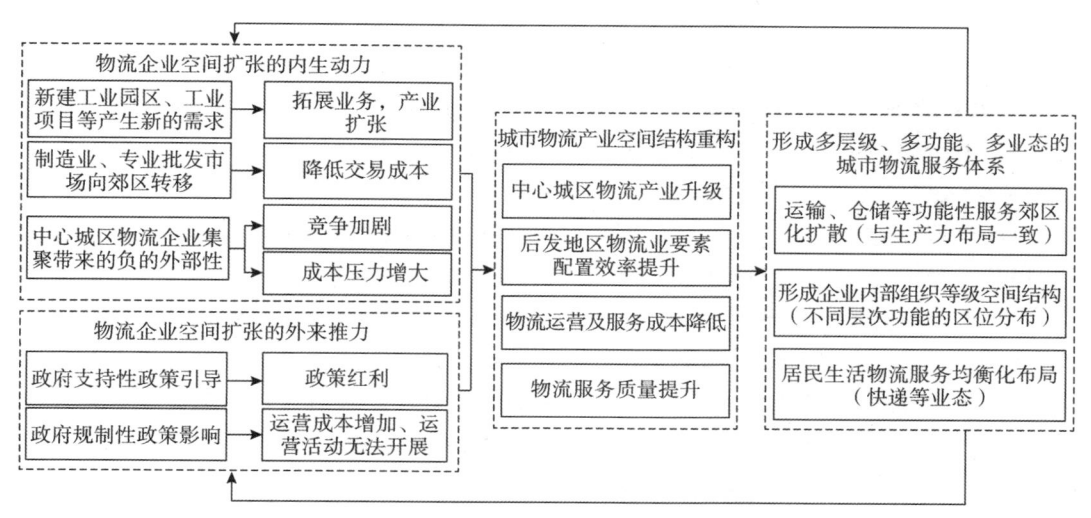

图 13-2 物流企业空间结构演化机理分析

13.3 研究方法和数据来源

13.3.1 时空格局演化分析方法

1.最邻近指数

最邻近指数(NNI)常用于识别特定地理空间中点的集聚、均匀或随机分布特征。NNI 计算公式见式(12-2)。

2.核密度估计

核密度估计(KDE)是空间分析中常用的非参数估计方法,用于分析特定地理空间内离散点的密度特征。基于 KDE,我们可以刻画中国不同类型物流行业的空间结构和集聚演化特征。KDE 计算公式见式(12-3)。

3.多尺度空间集聚分析

为进一步刻画城市物流业总体及不同类型物流企业在城市空间区域范围内不同距离上的整体空间集聚特征,利用 Ripley[396]提出的 Ripley's l(d)函数绘制物流企业不同时期的点状图,分析物流企业多尺度空间集聚特征。

4.缓冲区分析

缓冲区分析用于分析某个区域中要素(点、线或面)的接近性问题,以点、线、面等要素为基础,按照一定的距离形成缓冲区多边形,然后将要素图层和缓冲区图层进行叠加,统计落入叠加区内物流企业点要素的数量。为了表征不同类型物流企业与样本城市市中心的接近度和空间分布特征,以 1 km 为距离单位,构建以城市地理中心为中心的缓冲区,并统计各缓冲区内不同类型物流企业的数量。

13.3.2 物流企业选址模型

1. 变量选择

物流企业的选址受多种因素的影响,一般而言,物流企业倾向于选址在地理位置优越、与相关产业、客户邻近的区域,并倾向于布局在现有的物流企业聚集区等区域。以城市街道(乡镇)为基本空间单元,以每个街道(乡镇)的物流企业数量为因变量,从区位条件、政府政策、产业关联、产业集聚等维度选择合适的影响因素探究城市物流企业区位选择机制,变量定义、描述性统计结果和预期影响见表 13-1～表 13-6。

(1) 区位条件。区位条件是影响物流企业布局的基本要素,高水平的交通可达性有利于物流企业组织运输等业务,提高物流企业的运营效率。物流企业布局对机场、港口、铁路等大型交通基础设施的依赖性较强,便利的交通可达性吸引大量的物流企业在这些大型交通基础设施周边聚集[397-398]。选择街道办事处(乡镇政府)所在地与机场、高铁站、港口的距离来反映街道(乡镇)的交通便利性和可达性,预期效果为负。物流业转型升级需要人才支撑,选择街道(乡镇)内高校数量来表征物流企业获取优质人力资源的能力;此外,高校的建设由于学生的集聚带来大量快递服务需求,预期结果为正。

(2) 政府政策。政府政策对区域经济发展有直接影响,以上海市为例分析政府政策代理变量选择的过程。20 世纪 90 年代上海市设立浦东新区以来,良好的营商环境、区位优势吸引了大量跨国公司云集于此,产生了大量综合性的物流服务需求,吸引了大量具有综合性物流服务能力的物流企业落户浦东新区。青浦区是上海市重要的物流产业(主要是快递产业)集聚区,2021 年,青浦区交通运输、仓储与邮政业增加值达 177.57 亿元,占 GDP 的 13.48%,远超同期上海市交通运输、仓储与邮政业占 GDP 的比重,快递业务收入 1377.3 亿元,占上海市快递业务收入的 80.27%,占全国快递业务收入的 13.33%。2013 年青浦区明确提出"全国快递行业转型发展示范区"建设以来,地方政府先后出台了一系列支持快递业高质量发展的政策措施,吸引了德邦、三通一达等快递企业先后从浙江、广东、上海市其他区域迁入青浦区,2019 年,青浦区入选商贸服务型国家物流枢纽,为青浦区物流业带来新的发展机遇。设置街道(乡镇)是否位于浦东新区、青浦区的虚拟变量,位于浦东新区,取值为 1,否则为 0;为检验国家物流枢纽城市建设及"全国快递行业转型发展示范区"建设对青浦区物流业发展的影响,分别以 2013 年和 2019 年为时间断点,这两个时间断点之前的年份,所有样本街道(乡镇)取值均为 0,这两个时间断点之后(含 2013 年和 2019 年)年份,位于青浦区的街道(乡镇)取值为 1,预期效果为正。其他城市分别选择街道(乡镇)是否位于徐州市经济技术开发区、郑州郑东新区、阜阳城南新区、成都天府新区、柳州柳东新区等区域作为政策变量。

(3) 产业关联。物流企业的服务对象主要是工商企业,为更便利地服务客户、降低服务成本,物流企业倾向于布局在工商企业周边,物流企业的区位选择与这些相关行业具有空间伴随特征,物流企业的布局直接受工商企业空间布局的影响。选择街道办事处(乡镇政府)所在地到工业园区和批发市场的距离来探讨产业相关性对物流企业选址的影响,预期结果为负。

(4)集聚效应。物流园区是不同类型物流企业(特别是中小企业)的集聚地,是城市现代物流服务体系的重要节点,在城市物流发展过程中发挥着重要作用。用每个街道(乡镇)拥有的物流园区数量来反映区域物流产业集聚能力,预期结果为正。选址在物流产业集聚区对物流企业发展有积极的影响,产业集聚可以通过完善的专业服务体系、共享劳动力市场、技术和知识外溢等外部性影响物流业资源利用率、降低交易成本、提高产业运营效率[399-400]。选择街道(乡镇)2 km缓冲半径内的物流企业数量探讨产业追随效应对物流企业区位选择的影响,预期结果为正。

表13-1 变量定义及描述性统计(上海市)

变量名称		变量定义	最大值	最小值	平均值	标准差	预期影响
物流企业数量(NLE)		每个街道(乡镇)物流企业数量(家)	3081	0	76.84	186.09	/
仓储企业数量(NWE)		每个街道(乡镇)仓储企业数量(家)	94	0	3.57	8.21	/
运输企业数量(NTE)		每个街道(乡镇)运输企业数量(家)	1636	0	46.71	108.84	/
多式联运和货运代理企业数量(NMTSAIE)		每个街道(乡镇)多式联运和货运代理企业数量(家)	1392	0	26.67	76.48	/
供应链管理企业数量(NSCME)		每个街道(乡镇)供应链管理企业数量(家)	195	0	2.22	8.8	/
区位条件	到机场距离(DA)[21,35-36]	街道办事处(乡镇政府)所在地到虹桥机场和浦东机场的最短距离(km)	70.48	2.21	13.15	21.86	—
	到高铁站距离(DHSRS)[21,35-36]	街道办事处(乡镇政府)所在地到高铁站的最短距离(km)	51.91	0.66	11.85	9.42	—
	到港口距离(DP)[21,35-36]	街道办事处(乡镇政府)所在地到洋山港的距离(km)	150.3	32.44	88.96	18.18	—
	高校数量(NU)[401]	每个街道(乡镇)高校数量	7	0	0.54	1.04	+
政府政策	浦东新区(PND)[402]	政策虚拟变量,街道(乡镇)如果位于浦东新区,值为1,否则,值为0	1	0	0.17	0.37	+
	青浦区(QPD)	政策虚拟变量,以2013年和2019年为时间断点,街道(乡镇)如果位于青浦区,值为1,否则,值为0	1	0	0.05	0.22	+

续表

变量名称		变量定义	最大值	最小值	平均值	标准差	预期影响
产业关联	到工业园区距离(DIP)[27]	街道办事处(乡镇政府)所在地到市级以上工业园区的最短距离(km)	30.35	0.55	6	4.51	—
	到专业批发市场距离(DWM)	街道办事处(乡镇政府)所在地到专业批发市场的最短距离(km)	0.21	0	0.11	0.06	—
集聚效应	追随效应(FE)[37-38]	每个街道(乡镇)2 km缓冲区内物流企业数量(家)	2880	0	238.77	377.28	+
	物流园区数量(NLP)[21]	每个街道(乡镇)物流园区数量(个)	6	0	0.16	0.61	+

表 13-2 变量定义及描述性统计(成都市)

变量名称		变量定义	最大值	最小值	平均值	标准差	预期效果
	物流企业数量(NLE)	每个街道(乡镇)物流企业数量	2143	0	8.00	51.74	/
	仓储企业数量(NWE)	每个街道(乡镇)仓储企业数量	35	0	0.48	1.89	/
	运输企业数量(NTE)	每个街道(乡镇)运输企业数量	2001	0	6.20	46.78	/
	多式联运和货运代理企业数量(NMTSAIE)	每个街道(乡镇)多式联运和货运代理企业数量	160	0	1.32	5.15	/
	供应链管理企业数量(NSCME)	每个街道(乡镇)供应链管理企业数量	66	0	0.10	1.24	/
区位条件	到机场距离(DA)	街道(乡镇)办事处(政府)到双流机场和天府机场的最短距离(km)	93.3	2.87	37.49	20.42	—
	到高铁站距离(DHSRS)	街道(乡镇)办事处(政府)到高铁站的最短距离(km)	54.9	0.52	13.77	10.49	—
	高校数量(NU)	每个街道(乡镇)高校数量	6	0	0.23	0.72	+
政府政策	天府新区(PND)	政策虚拟变量,街道(乡镇)如果位于天府新区,值为1,否则,值为0	1	0	0.03	0.18	+
	物流园区数量(NLP)	每个街道(乡镇)物流园区数量	6	0	0.05	0.33	+
产业关联	到工业园区距离(DIP)	街道(乡镇)办事处(政府)到市级以上工业园区的最短距离(km)	71.8	0.53	16.75	14.75	—
	到专业批发市场距离(DWM)	街道(乡镇)办事处(政府)到专业批发市场的最短距离(km)	42.2	0.20	11.14	9.13	—
集聚效应	追随效应(FE)	每个街道(乡镇)1 km缓冲区内物流企业数量	2347	0	22.61	84.93	+

表 13-3 变量定义及描述性统计(郑州市)

变量名称		变量定义	最大值	最小值	平均值	标准差	预期效果
物流企业数量(NLE)		每个街道(乡镇)物流企业数量	208	0	7.11	16.06	/
仓储企业数量(NWE)		每个街道(乡镇)仓储企业数量	16	0	0.41	1.15	/
运输企业数量(NTE)		每个街道(乡镇)运输企业数量	192	0	5.76	13.58	/
多式联运和货运代理企业数量(NMTSAIE)		每个街道(乡镇)多式联运和货运代理企业数量	32	0	0.94	2.33	/
供应链管理企业数量(NSCME)		每个街道(乡镇)供应链管理企业数量	15	0	0.09	0.71	/
区位条件	到机场距离(DA)	街道(乡镇)办事处(政府)到双流机场和天府机场的最短距离(km)	82.5	2.43	33.83	14.95	—
	到高铁站距离(DHSRS)	街道(乡镇)办事处(政府)到高铁站的最短距离(km)	53.5	0.60	15.00	12.33	—
	高校数量(NU)	每个街道(乡镇)高校数量	13	0	0.37	1.08	+
政府政策	郑东新区(PND)	政策虚拟变量,街道(乡镇)如果位于郑东新区,值为1,否则,值为0	1	0	0.05	0.22	+
产业关联	到工业园区距离(DIP)	街道(乡镇)办事处(政府)到市级以上工业园区的最短距离(km)	27.7	0	5.62	4.81	—
	到专业批发市场距离(DWM)	街道(乡镇)办事处(政府)到专业批发市场的最短距离(km)	28.0	0.01	5.77	6.12	—
集聚效应	追随效应(FE)	每个街道(乡镇)1km缓冲区内物流企业数量	420	0	19.42	38.43	+
	物流园区数量(NLP)	每个街道(乡镇)物流园区数量	8	0	0.13	0.56	+

表 13-4 变量定义及描述性统计(徐州市)

变量名称	变量定义	最大值	最小值	平均值	标准差	预期效果
物流企业数量(NLE)	每个街道(乡镇)物流企业数量	312	0	7.69	16.31	/
仓储企业数量(NWE)	每个街道(乡镇)仓储企业数量	4	0	0.10	0.37	/
运输企业数量(NTE)	每个街道(乡镇)运输企业数量	292	0	6.93	15.06	/
多式联运和货运代理企业数量(NMTSAIE)	每个街道(乡镇)多式联运和货运代理企业数量	23	0	0.66	1.59	/
供应链管理企业数量(NSCME)	每个街道(乡镇)供应链管理企业数量	14	0	0.09	0.57	/

续表

变量名称		变量定义	最大值	最小值	平均值	标准差	预期效果
区位条件	到机场距离（DA）	街道（乡镇）办事处（政府）到双流机场和天府机场的最短距离（km）	152.9	2.91	59.40	36.34	—
	到高铁站距离（DHSRS）	街道（乡镇）办事处（政府）到高铁站的最短距离（km）	113.0	1.39	30.89	29.17	—
	高校数量（NU）	每个街道（乡镇）高校数量	4	0	0.11	0.45	+
政府政策	徐州经济技术开发区（PND）	政策虚拟变量，街道（乡镇）如果位于徐州经济技术开发区，值为1，否则，值为0	1	0	0.02	0.15	+
产业关联	到工业园区距离（DIP）	街道（乡镇）办事处（政府）到市级以上工业园区的最短距离（km）	29.22	0	8.68	6.37	—
	到专业批发市场距离（DWM）	街道（乡镇）办事处（政府）到专业批发市场的最短距离（km）	35.63	0	9.37	8.62	—
集聚效应	追随效应（FE）	每个街道（乡镇）1 km缓冲区内物流企业数量	357	0	13.66	29.81	+
	物流园区数量（NLP）	每个街道（乡镇）物流园区数量	3	0	0.09	0.37	+

表13-5　变量定义及描述性统计（阜阳市）

变量名称	变量定义	最大值	最小值	平均值	标准差	预期效果
物流企业数量（NLE）	每个街道（乡镇）物流企业数量	210	0	4.14	14.76	/
仓储企业数量（NWE）	每个街道（乡镇）仓储企业数量	20	0	0.10	0.80	/
运输企业数量（NTE）	每个街道（乡镇）运输企业数量	185	0	3.80	13.60	/
多式联运和货运代理企业数量（NMTSAIE）	每个街道（乡镇）多式联运和货运代理企业数量	18	0	0.24	1.00	/
供应链管理企业数量（NSCME）	每个街道（乡镇）供应链管理企业数量	4	0	0.10	0.13	/

变量名称		变量定义	最大值	最小值	平均值	标准差	预期效果
区位条件	到机场距离（DA）	街道（乡镇）办事处（政府）到双流机场和天府机场的最短距离（km）	100.7	4.06	49.30	22.94	—
	到高铁站距离（DHSRS）	街道（乡镇）办事处（政府）到高铁站的最短距离（km）	62.86	3.12	24.72	14.22	—
	高校数量（NU）	每个街道（乡镇）高校数量	3	0	0.03	0.22	+

续表

	变量名称	变量定义	最大值	最小值	平均值	标准差	预期效果
政府政策	城南新区（PND）	政策虚拟变量，街道（乡镇）如果位于城南新区，值为1，否则，值为0	1	0	0.01	0.08	+
产业关联	到工业园区距离（DIP）	街道（乡镇）办事处（政府）到市级以上工业园区的最短距离（km）	41.9	0	15.62	9.85	—
	到专业批发市场距离（DWM）	街道（乡镇）办事处（政府）到专业批发市场的最短距离（km）	31.9	0.01	10.41	7.35	—
集聚效应	追随效应（FE）	每个街道（乡镇）1 km缓冲区内物流企业数量	416	0	8.34	30.19	+
	物流园区数量（NLP）	每个街道（乡镇）物流园区数量	4	0	0.05	0.31	+

表13-6 变量定义及描述性统计（柳州市）

	变量名称	变量定义	最大值	最小值	平均值	标准差	预期效果
	物流企业数量（NLE）	每个街道（乡镇）物流企业数量	144	0	2.26	8.25	/
	仓储企业数量（NWE）	每个街道（乡镇）仓储企业数量	5	0	0.10	0.45	/
	运输企业数量（NTE）	每个街道（乡镇）运输企业数量	137	0	1.98	7.47	/
	多式联运和货运代理企业数量（NMTSAIE）	每个街道（乡镇）多式联运和货运代理企业数量	14	0	0.18	0.79	/
	供应链管理企业数量（NSCME）	每个街道（乡镇）供应链管理企业数量	4	0	0.01	0.14	/
区位条件	到机场距离（DA）	街道（乡镇）办事处（政府）到双流机场和天府机场的最短距离（km）	218.4	3.77	76.26	65.02	—
	到高铁站距离（DHSRS）	街道（乡镇）办事处（政府）到高铁站的最短距离（km）	206.1	0.92	67.41	62.46	—
	高校数量（NU）	每个街道（乡镇）高校数量	5	0	0.07	0.37	+
政府政策	柳东新区（PND）	政策虚拟变量，街道（乡镇）如果位于柳东新区，值为1，否则，值为0	1	0	0.01	0.11	+
产业关联	到工业园区距离（DIP）	街道（乡镇）办事处（政府）到市级以上工业园区的最短距离（km）	101.3	0	23.95	25.50	—
	到专业批发市场距离（DWM）	街道（乡镇）办事处（政府）到专业批发市场的最短距离（km）	82.4	82.3	15.67	17.03	—

续表

	变量名称	变量定义	最大值	最小值	平均值	标准差	预期效果
集聚效应	追随效应(FE)	每个街道(乡镇)1 km缓冲区内物流企业数量	229	0	5.88	18.82	+
	物流园区数量(NLP)	每个街道(乡镇)物流园区数量	2	0	0.08	0.34	+

2.区位选择模型

以各城市街道(乡镇)内不同类型物流企业数量为因变量,探究不同区域、不同类型物流企业选址的决定因素。因变量为离散非负整数,泊松回归和负二项式回归常用于估计此类模型[401],但泊松回归要求因变量的均值和方差相等,负二项回归没有这种要求。本章选择的6个样本城市企业数量因变量的方差均大于均值,负二项式回归更加适用。

假设第i个街道(乡镇)的物流企业总量(NLE)和子行业的企业数量服从参数为λ_i的泊松分布,物流企业总量和子行业企业数量的条件期望函数如下:

$$E(\text{NLE}_i, \text{NWE}_i, \text{NTE}_i, \text{NMTSAIE}_i, \text{NSCME}_i \mid x_i)$$
$$= \text{Var}(\text{NLE}_i, \text{NWE}_i, \text{NTE}_i, \text{NMTSAIE}_i, \text{NSCME}_i \mid x_i)$$
$$= \exp(\beta x_i) = \lambda_i \tag{13-1}$$

式中,x_i表示物流企业选址在第i个街道(乡镇)的决定因素。

将随机变量ε_i引入方程(13-1),泊松模型可以扩展为如下模型:

$$\ln\lambda_i = \beta x_i + \varepsilon_i \tag{13-2}$$

基于式(13-1),构建如下负二项式回归模型,分析物流企业选址的影响因素:

$$\ln\lambda_i = \beta_0 + \beta_1 \text{DA}_1 + \beta_2 \text{DHSRS}_2 + \beta_3 \text{DP}_3 + \beta_4 \text{NU}_4$$
$$+ \beta_5 \text{PND}_5 + \beta_6 \text{NLP}_6 + \beta_7 \text{DWM}_8 + \beta_9 \text{FE}_9 + \varepsilon_i \tag{13-3}$$

3.数据来源

以上海市为例介绍物流企业数据的获取和整理步骤。第一步是数据获取,物流企业数据从天眼查(www.tianyancha.com)和企查查(www.qcc.com)平台下载。国民经济行业分类将物流业分为8类,分别是仓储、公路运输、管道运输、航空运输、水路运输、铁路运输、邮政业、多式联运和货运代理(MTSAI)。为考察交通运输业企业整体空间分布演化特征,将公路运输、管道运输、航空运输、水路运输、铁路运输合并为运输业。供应链管理(SCM)企业是近年来快速发展的物流业新业态,该类型企业能够为服务对象提供涵盖仓储、运输等基础功能性物流服务和供应链金融等增值性服务的一体化供应链管理服务,代表着行业转型升级方向,因此,从总体研究样本中按照公司名称筛选出供应链管理企业并分析其时空演化特征,以刻画上海市物流业转型升级特征。由于研究期间邮政业企业空间分布未出现显著变化,邮政企业样本被排除在外。最后,选择物流业总体及运输、仓储、MTSAI和SCM 4个子行业为研究对象。数据下载时间为2022年1月10日至1月20日,共下载62562条数据。第二步,数据整理,剔除公司类型为个体和缺失值、业务状态为注销或撤销的样本,最终整理出物流企业数据45595条。第三步,查询样本企业的地理坐标。借助高德API坐标拾取系统和地图定位功能(https://maplocation.

sjfkai.com/），根据物流企业注册地址查询企业地理坐标。高校、物流园区、工业园区、批发市场等数量来自上海市统计年鉴、百度地图等，企业间空间距离等变量数据使用ArcGIS10.2基于物流企业的地理坐标进行计算。

13.4 城市物流企业时空演化特征分析

13.4.1 上海市物流企业时空演化特征分析

1.上海物流企业数量演化总体特征分析

物流企业总体及分行业企业数量占总样本数量比重结果见图13-3。结果表明，研究期内上海市物流企业数量呈现持续快速增长特征，从2000年的1318家增加到2020年的47191家。从具体行业来看，运输业、多式联运和运输代理业两个子行业是上海市物流企业的主要组成部分，运输业企业数量从2000年的731家增加到2020年的27416家，多式联运和运输代理业企业数由2000年的417家增加到2020年的16060家，两个行业占总体样本比例均呈现先上升后下降特征；仓储企业占比持续下降；SCM企业数量持续快速增加，由2000年的8家增加到2020年的2836家，占比由0.61%大幅提升至6.22%。供应链管理企业数量的快速增长表明上海市物流业发展呈现升级特征。

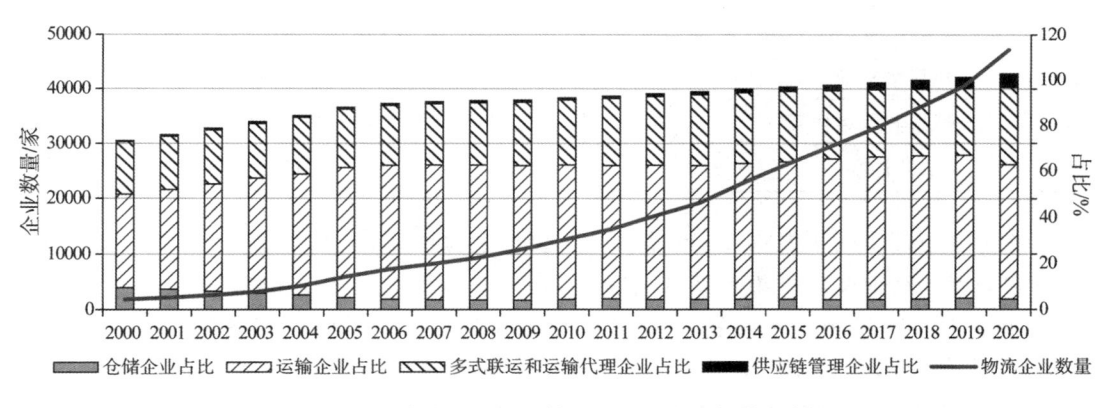

图13-3　上海市物流业总体及子行业企业数量及占比

2.上海市物流企业集聚度分析

为进一步分析上海市物流企业整体空间集聚特征，选择2000年、2010年、2020年3个典型年份，使用ArcGIS10.2测算物流业总体及子行业NNI值，结果见表13-7。结果显示，所有年份所有行业NNI值均小于1且P值小于0.01，说明物流业总体和子行业均存在显著的空间集聚特征。从时间演化趋势来看，研究期内，物流业及子行业的NNI值均呈现下降趋势，说明物流业总体及不同类型的物流企业均呈现集聚度越来越高的特征。具体来看，2000年，运输业和供应链管理两个子行业的NNI值分别为0.29和0.77，运输业企业集聚度最高，供应链管理企业集聚度最低。2020年，供应链管理行业NNI值为0.21，供应链管理行业集聚水平快速提升，供应链管理企业数量快速增长的同时，供应链管理企业主要注册地集中在金山区、浦东新区、奉贤区和崇明区等区域,地域的集中进一步提升了供应链管理行业的产业集聚度。2020 年,多式联运和货运代理业 NNI 值为 0.14,低于其他行业,集聚度最高。

表 13-7　2000 年、2010 年、2020 年上海市物流行业及子行业 NNI 值

时间	业态	观测距离/m	预计距离/m	NNI	z 值	P 值	企业数量
2000	仓储业	1475.87	2468.92	0.6	−13.76	0.00	170
	运输业	239.65	825.26	0.29	−87.88	0.00	731
	供应链管理	3600.06	4682.34	0.77	−13.34	0.00	8
	多式联运和货运代理	357.93	1127.46	0.32	−57.17	0.00	417
	总体样本	182.01	642.56	0.28	−115.15	0.00	1318
2010	仓储业	825.62	1689.82	0.49	−28.1	0.00	547
	运输业	112.46	508.46	0.22	−157.24	0.00	7368
	供应链管理	1430.92	2734.35	0.52	−14.76	0.00	114
	多式联运和货运代理	153.03	686.73	0.22	−115.13	0.00	3639
	总体样本	81.53	393.23	0.21	−208.18	0.00	11554
2020	仓储业	362.12	1138.18	0.32	−60.05	0.00	2119
	运输业	48.1	325.83	0.15	−270	0.00	27416
	供应链管理	208.04	999.17	0.21	−80.66	0.00	2836
	多式联运和货运代理	61.2	423.44	0.14	−207.4	0.00	16060
	总体样本	35.16	251.32	0.14	−355.40	0.00	45595

物流企业的空间集聚状态会随着研究尺度的变化而变化,为了进一步分析上海市物流业总体及子行业多尺度集聚特征,使用多距离空间聚类方法研究 2000 年、2010 年和 2020 年上海市物流企业集聚特征随空间尺度的变化(由于 2000 年 SCM 企业数量仅 8 家,无法充分反映 SCM 企业多尺度集聚特征,因此,选择 2005 年数据代替 2000 年进行 SCM 业态的多距离空间聚类分析)。结果表明,观测到的 l(d)值(observedk)均高于随机分布的最大值(expectedk)并通过了显著性检验,说明上海市物流业总体及子行业在不同时间、不同尺度上均表现出显著的空间集聚特征。随着空间尺度的增加,物流业总体及子行业均呈现集聚程度先增强后减弱的演化特征,不同行业集聚程度达到峰值时的空间尺度存在差异,物流业总体样本 2000 年、2010 年和 2020 年集聚程度最强时对应的空间尺度分别为 18.71 km、17.39 km 和 15.59 km,仓储业 2000 年、2010 年和 2020 年集聚程度最强时对应的空间尺度分别为 17.53 km、20.23 km 和 16.67 km,运输业 2000 年、2010 年和 2020 年集聚程度最强时对应的空间尺度分别为 16.9 km、17.39 km 和 15.59 km,MTSAI 行业 2000 年、2010 年和 2020 年集聚程度最强时对应的空间尺度分别为 16.48 km、15.43 km 和 13.19 km,SCM 行业 2005 年、2010 年和 2020 年集聚程度最强时对应的空间尺度分别为 4.84 km、5.87 km 和 15.68 km。

3.核密度分析

核密度估计结果显示,物流业总体及子行业物流企业在上海市均表现出明显的空间集聚特征,但不同时期子行业的空间集聚特征呈现异质性。总体而言,物流业总体及子行业空间分布结构呈现从城市中心分布的"单核"格局向"多核、向郊区扩张"格局演化的特征。从总体样本来看,2000年,物流企业聚集在上海市政府所在的虹口区附近,2010年物流企业分布呈现双核集聚特征,集聚区域主要位于虹口区和金山区,2020年,集聚区进一步向郊区延伸,呈现多核分布特征,虹口、奉贤、金山区仍是物流企业的主要集中地。分行业看,2000年,仓储企业主要分布在宝山区大厂镇等地区,呈现出中心高、周边低的"中心—边缘"空间分布结构特征,其他业态主要集中在虹口区。2010年,不同业态的物流企业在虹口区等中心城区的集聚分布进一步强化,各子行业均呈现"中心—边缘"分布特征,其中,仓储企业呈现空间连片集聚特征,3个核心集聚区分别在虹口区、宝山区和浦东新区;运输业和SCM企业分别在金山区的金山卫镇和浦东新区的南汇新城镇形成新的集聚区。2020年,不同业态的集聚区进一步向郊区扩张,仓储和SCM企业的空间扩张强度远高于运输业和MTSAI,集聚区向上海北部边缘的崇明区扩展,仓储和SCM企业的空间分布趋于均匀分布,交通运输和MTSAI企业在虹口、金山、宝山、奉贤区等区域呈现多核集聚特征。

4.缓冲区分析

研究期间,上海市物流企业与市中心的平均距离由2000年的16.46 km增加到2020年的31.99 km,增长了94.35%,表明研究期内物流企业呈现显著的从市中心到郊区扩散的空间扩张特征。为了进一步分析物流企业相对于市中心的空间分布特征,采用缓冲区分析法统计距离市中心每1 km不同类型物流企业的数量(以南北高架与延安高架交汇处作为上海市中心所在地[402]),绘制物流企业数量分布的散点图和趋势图。缓冲区分析结果如图13-4所示,结果显示,2000年,物流业总体、MTSAI和运输业缓冲区内企业数量的峰值位置位于上海市中心附近(距离上海市中心的距离介于4~6 km之间),仓储业缓冲区内企业数量峰值距离上海市中心15 km左右。研究期间,不同类型物流企业缓冲区内物流企业数量峰值距离市中心距离持续增加,2020年,交通运输和MTSAI两个业态物流企业数量的峰值位置出现在郊区,仓储业和SCM两个业态物流企业数量峰值呈现远离市中心的多峰值分布特征。物流企业的空间分布受到关联产业空间布局调整和大型物流园区建设的影响,研究期间,上海市制造业的空间格局呈现郊区化扩散特征[403-404],此外,近年建设的大型物流园区均位于郊区,为方便服务关联产业和更好地利用物流公共基础设施,物流企业持续向郊区扩散,而产业集聚的溢出效应和市中心租金上涨等因素的综合影响强化了这一趋势。

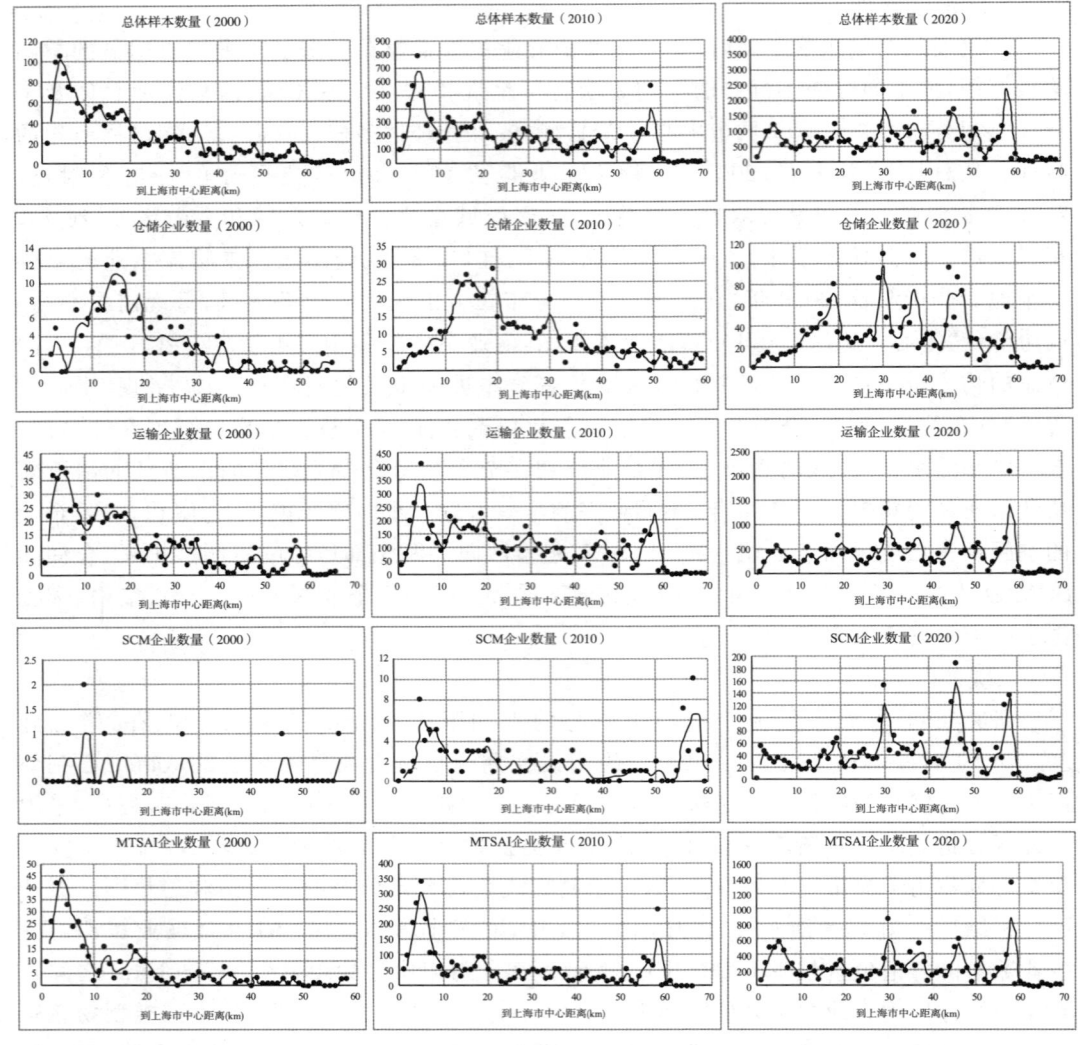

图 13-4　2000 年、2010 年、2020 年物流企业距上海市中心每 1 km 距离的空间分布

13.4.2　徐州市物流企业时空演化特征分析

1. 徐州市物流企业数量演化特征分析

徐州市分行业物流企业数量占总样本数量比重见图 13-5，结果表明，2000—2020 年徐州市物流企业数量持续快速增加，从 2000 年的 44 家增加到 2020 年的 5594 家，年平均增长率为 27.41%。仓储业企业数量从 2 家增加到 40 家，但数量占比持续下降，由 2000 年的 4.55%，下降到 2020 年的不到 1%。同样占比下降的还有 MTSAI 企业数量，其占比从 2000 年的 27.27% 下降到 2020 年的 7.63%。与仓储企业和 MTSAI 企业占比下降相反，运输企业占比持续增加，到 2020 年达到了 91.65%，是徐州市物流企业的主体。徐州市 SCM 企业自 2014 年开始发展以来数量迅速增长，2020 年达到 151 家。

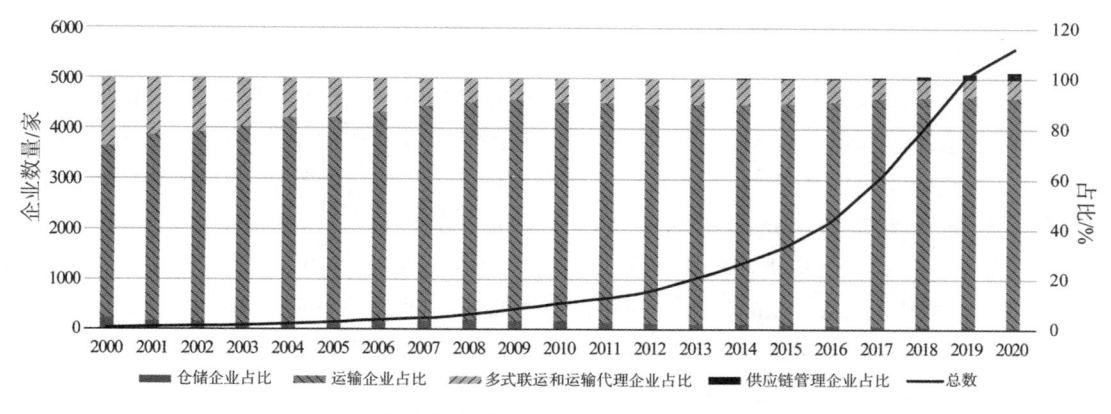

图 13-5 徐州市物流业总体及子行业企业数量及占比

2.徐州市物流企业集聚度分析

NNI 分析结果见表 13-8，结果显示，物流业总体在研究期间均呈现显著的集聚分布特征，子行业中，2000 年仅仓储业呈现显著集聚分布状态，运输业、MTSAI 和 SCM 企业未呈现显著集聚分布特征。2010 年，运输及 MTSAI 企业分布呈现显著的集聚分布特征，且运输业相较于 MTSAI 行业集聚程度更高，仓储和 SCM 行业未呈现显著集聚分布特征。2020 年所有子行业均呈现显著的集聚状态，其中，运输业集聚程度最高，仓储业集聚程度最低。

表 13-8　2000 年、2010 年、2020 年徐州市物流行业及子行业 NNI 值

时间	类别	观测距离/m	预计距离/m	NNI	z 值	P 值	物流企业数量
2000	仓储	46001.47	107.24	428.96	1157.84	0.00	2
	运输	11328.06	11286.54	1.00	0.04	0.97	30
	供应链管理						0
	多式联运和货运代理	15612.92	16388.84	0.95	−0.31	0.75	12
	总体样本	6603.93	9644.74	0.68	−4.00	0.00	44
2010	仓储	14870.67	14583.86	1.02	0.16	0.88	17
	运输	1303.01	3706.56	0.35	−26.46	0.00	455
	供应链管理						0
	多式联运和货运代理	4928.33	8434.09	0.58	−5.62	0.00	50
	总体样本	1213.39	3460.52	0.35	−28.38	0.00	522
2020	仓储	6833.63	10098.45	0.68	−3.91	0.00	40
	运输	228.66	1183.58	0.19	−110.52	0.00	5127
	供应链管理	3183.86	6180.24	0.52	−11.40	0.00	151
	多式联运和货运代理	1624.63	3802.46	0.43	−22.64	0.00	427
	总体样本	216.08	1133.11	0.19	−115.80	0.00	5594

多尺度空间集聚结果显示,除仓储和SCM行业外,徐州市物流行业总体与子行业样本结果类似,l(d)观测值均在一定距离范围内高于期望值,并通过显著性检验,说明徐州市物流业总体、运输业和MTSAI行业均在一定范围内呈现显著的多尺度集聚特征。2000年仓储行业样本量过少,无法判断其集聚程度,2010年仓储行业l(d)观测值均小于HiConfEnv值,呈现随机分布特征,2020年仓储行业在0～27 km范围内l(d)观测值大于期望值,且在27 km以上小于观测值,说明在0～27 km范围内,仓储行业呈现显著的多尺度空间集聚特征,27 km以上呈现随机分布特征。供应链行业2000年及2010年无样本数据,l(d)值无法计算,2020年在0～50 km内呈现多尺度空间集聚特征。研究期间,物流业总体集聚范围从0～45 km扩大到0～55 km,运输业企业集聚范围从0～35 km扩大到0～55 km,MTSAI企业集聚范围从5～39 km扩大到0～51 km。

3. 核密度分析

徐州市物流业及其子行业企业数量核密度分析结果显示,从物流业总体来看,2000年在鼓楼区、云龙区及泉山区交界处等中心城区区域初步形成集聚区,2010年原有集聚区集聚程度持续增强,并呈现向东北方向蔓延趋势,同时在远离城市中心的郊区也出现新的集聚区,总体呈现"一核多点"的空间集聚分布特征,2020年中心城区集聚区集聚水平进一步强化,并向周边区域扩散,物流集聚呈现连片均匀分布态势。仓储行业2000年呈现双核心集聚特征,集聚区分别位于铜山区及贾汪区,2010年,仓储企业空间分布较2000年出现较大变化,在市中心出现集聚,并在距离市中心较远的邳州市和新沂市形成新的集聚区,总体呈现"三核多点"的空间分布格局,2020年,市中心、邳州市和新沂市的集聚区集聚程度进一步强化,在沛县和睢宁县形成新的集聚区,总体呈现多核心集聚特征。2000年运输业企业主要集中在城市北部,无明显集聚中心,2010年集聚区出现在鼓楼区等中心城区,在新沂市等区域形成新的集聚点,2020年出现了与物流业总体相似的连片分布格局,产生这种空间格局的原因是,2020年徐州市运输型物流企业占物流业企业总量的比重达到了90%以上,运输业空间格局和物流业总体基本一致。SCM行业在2020年呈现"两核多点"的空间集聚特征,SCM企业主要集聚在中心城区和远离市中心的新沂市。2000年,MTSAI行业企业主要集中在贾汪区,在中心城区等区域呈现零散分布特征,2010年,中心城区、邳州市、新沂市、丰县形成新的集聚区,其中,中心城市集聚强度高于其他区域,2020年,中心城区和贾汪区等区域MTSAI企业呈现连片集聚特征,在沛县和睢宁县形成新的集聚区,企业分布整体呈现向郊区扩散特征。

4. 缓冲区分析

研究期间,徐州市物流企业与市中心的平均距离由2000年的46.47 km增加到2020年的60.83 km,增加了30.9%,说明徐州市物流业企业在研究期间存在显著的向郊区扩张现象。为进一步分析物流企业相对于市中心的空间分布特征,利用缓冲区分析对距离徐州市政府每1 km内物流企业的数量进行统计分析,结果如图13-6所示。2000年徐州市物流企业数量较少,物流业总体1 km缓冲区内企业数量峰值最高为3,距离市中心12 km左右,总体分布较为均匀。2010年徐州市物流企业数量在距离市中心15～20 km和84 km左右出现峰值,呈现多峰值分布特征,运输业企业缓冲区分析结果同物流业总体基本一致,MTSAI企业和仓储业企业呈现零星分布特征。2020年物流业总体与运输业1 km缓冲区内企业数量峰值在距离市中心7 km、85 km、120 km左右出现多个峰值,SCM企业数量峰值位于距市中心10 km和121 km左右,MTSAI企业峰值位于距市中心14 km及84 km位置。总体来看,徐州市物流企业主要分布在距离市中心30 km范围内和远离市中心的城市郊区,特别是2010年以后,郊区及下辖县(市、区)物流企业数量快速增长,形成了郊区及下辖县(市、区)和市中心共同发展的局面。

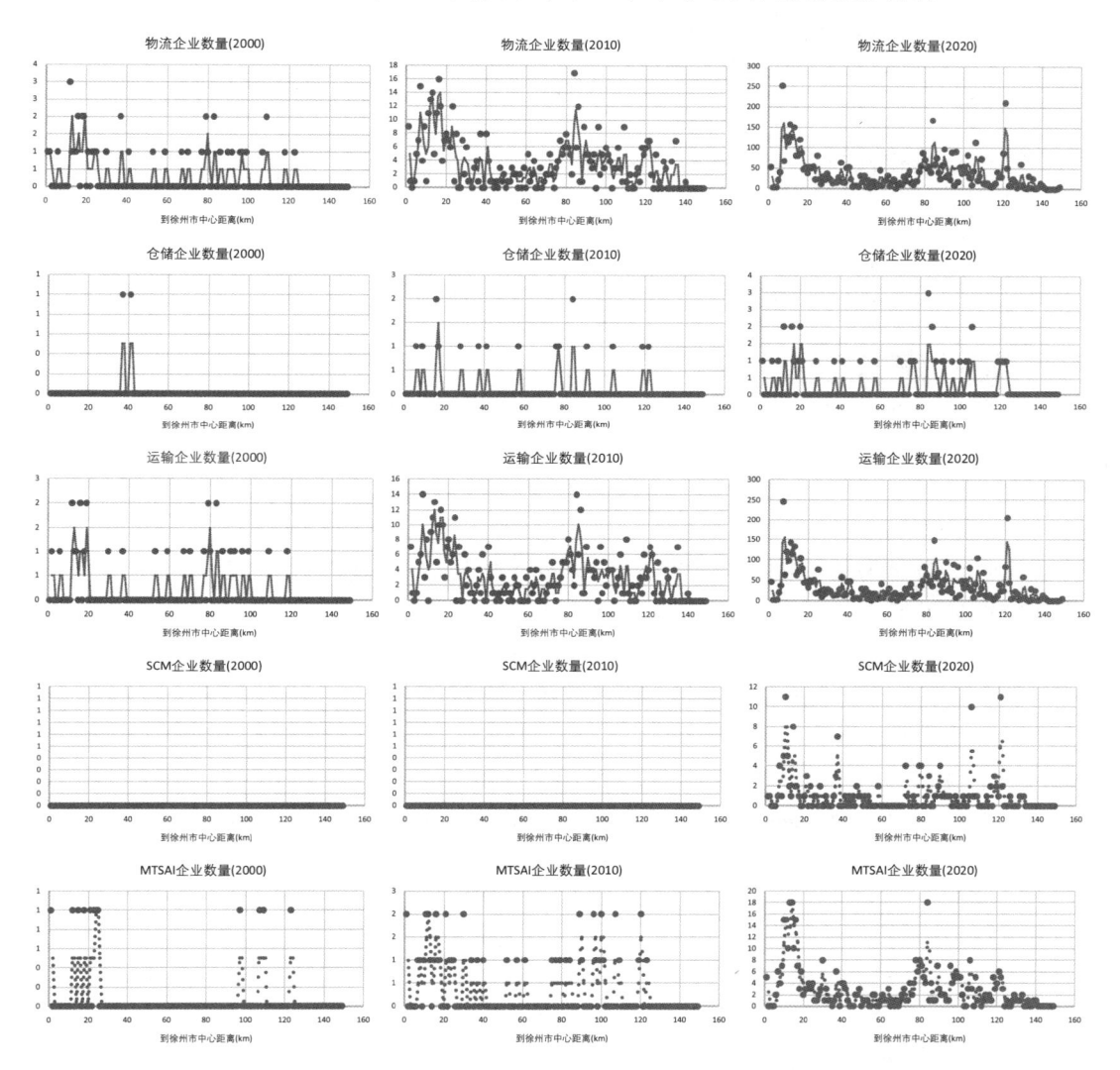

图13-6　2000年、2010年、2020年物流企业距徐州市中心每1 km距离的空间分布

13.4.3　郑州市物流企业时空演化特征分析

1.郑州市物流企业数量演化特征分析

郑州市物流业总体及子行业物流企业数量占总样本数量比重见图13-7,结果显示,

研究期内郑州市物流企业数量持续快速增加,从 2000 年的 61 家增加到 2010 年的 534 家,2010 年后,物流企业数量增速进一步加快,2020 年物流企业数量达 6280 家,年平均增长率为 26.08%。其中,仓储企业数量快速增长,从 2000 年的 10 家增加到 2020 年的 252 家,但占比持续下降,占物流企业总量的比重从 2000 年的 16.39% 下降到 2020 年的 4.01%。运输业是郑州市物流业的最主要业态,企业数量占比一直保持在 70% 以上,企业数量由 2000 年的 43 家增长到 2020 年的 5360 家。SCM 企业数量在 2013 年后快速增加,2020 年占物流业企业总量的 2.85%。MTSAI 行业企业数量占比呈现先增加后下降的波动特征,2015 年后,占比一直稳定在 10%～20% 之间。

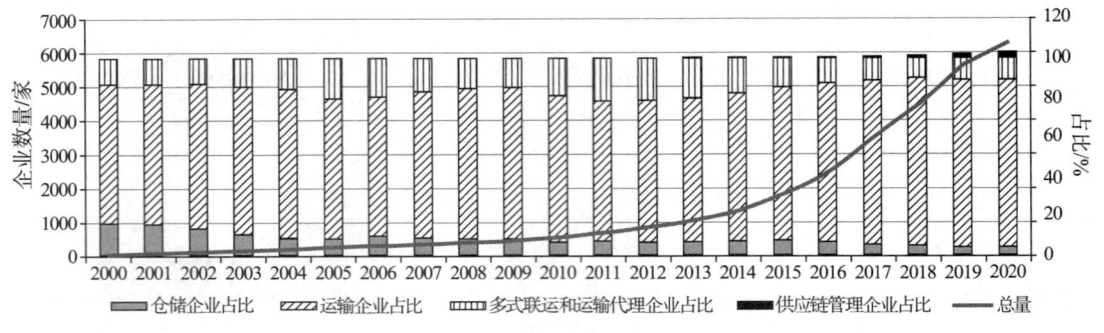

图 13-7　郑州市物流业总体及子行业企业数量及占比

2.郑州市物流企业集聚度分析

NNI 分析结果见表 13-9。结果显示,所有年份物流业总体及运输业 NNI 值均呈现下降特征且 P 值均小于 0.01,说明郑州市物流业总体及运输业呈现空间集聚特征且集聚程度呈增强态势。分行业来看,仓储业和 MTSAI 企业 NNI 值在 2000 年大于 1,说明仓储行业和 MTSAI 行业企业在空间上呈现随机分布特征,2010 年和 2020 年 NNI 值均小于 1 且 p 值均小于 0.01,呈现空间集聚特征且集聚强度持续增强;SCM 行业 2000 和 2010 年企业数量均为 0 家,2020 年企业数量增加到 179 家,且呈现显著的空间集聚特征。

表 13-9　2000 年、2010 年、2020 年郑州市物流行业及子行业 NNI 值

时间	类别	观测距离/m	预计距离/m	NNI	z 值	P 值	物流企业数量
2000	仓储	9467.17	6619.37	1.43	2.60	0.01	10
	运输	3830.47	6132.76	0.62	−4.71	0.00	43
	供应链管理						0
	多式联运和货运代理	18929.06	11147.34	1.70	3.78	0.00	8
	总体样本	2946.33	5322.32	0.55	−6.67	0.00	61

续表

时间	类别	观测距离/m	预计距离/m	NNI	z 值	P 值	物流企业数量
2010	仓储	3708.22	6615.33	0.56	−5.04	0.00	36
	运输	1166.73	2652.87	0.44	−21.27	0.00	394
	供应链管理						0
	多式联运和货运代理	2234.59	4202.61	0.53	−9.14	0.00	104
	总体样本	936.57	2278.73	0.41	−26.04	0.00	534
2020	仓储	1822.40	3069.67	0.52	−12.34	0.00	252
	运输	219.22	796.45	0.28	−101.41	0.00	5350
	供应链管理	1433.15	2875.45	0.50	−12.84	0.00	179
	多式联运和货运代理	755.07	1926.97	0.39	−30.29	0.00	678
	总体样本	192.84	735.11	0.26	−111.83	0.00	6280

多尺度空间集聚分析结果显示，除MTSAI行业（2000年）、SCM行业（2000年和2010年）和仓储业（2000年）未呈现多尺度的空间集聚特征外，郑州市物流业及子行业均在不同尺度上表现出显著的空间集聚特征。从集聚范围来看，物流企业总体样本与子行业的集聚范围均出现不同程度的扩张，物流业总体和运输业的集聚范围从0~28 km扩大到0~40 km，仓储业集聚范围从0~20 km扩大到0~34 km，MTSAI行业集聚范围从0~24 km扩大到0~40 km，集聚扩散特征明显。

3. 核密度分析

物流企业总体及子行业核密度分析结果显示，从物流企业总体来看，2000年，物流企业主要集中在市中心附近，在中原区、金水区、二七区、管城回族区四地交界形成集聚区；2010年，城市中心物流业集聚程度进一步强化，并在荥阳市、登封市、新密市形成新的集聚区，形成"一核多点"的空间集聚结构；2020年物流企业布局进一步向城市郊区蔓延，随着郑州航空港建设的推进，大量的物流企业集聚到新郑市等区域，物流企业向城市中东部地区集聚的态势更加明显，在中心城区、惠济区、新郑市和中牟县呈现连片集聚分布特征。分行业来看，2000年，仓储行业在金水区及管城回族区交界形成集聚，其他行业均集聚在郑州市政府周边；2010年，各行业均出现了不同程度的向城市核心区外围扩散发展特征，仓储业和运输业除在市中心的集聚程度进一步强化之外，在城市中西部地区均出现新的集聚区；2020年，物流业各子行业均取得长足发展，空间分布均呈现向东北部延伸，且均呈现多核分布特征，其中，运输业空间集聚特征同总体样本基本一致。

4. 缓冲区分析

缓冲区分析结果见图13-8，结果表明，郑州市物流企业与市中心的平均距离由2000年的20.14 km增加到2020年的24.51 km，增长了21.7%，表明研究期间郑州市物流企业呈现向郊区蔓延特征。2000年，物流业总体及各子行业物流企业数量在距离市中心6~10 km的范围内数量最多；2010年，物流业总体和运输业在1 km缓冲区内物流企业数量峰值距市中心距离没有发生显著变化；2020年，MTSAI空间扩张不明显，物流企业数量峰值出现在距离市中心 20 km 范围内,物流业总体、仓储业、运输业和 SCM 行业在距离市中心 50 km 范围内均出现多个峰值,但峰值的最大值依然出现在距离市中心 10~20 km 范围内,物流企业呈现显著的空间扩张的同时,中心城区依然是物流企业区位选择的主要区域。

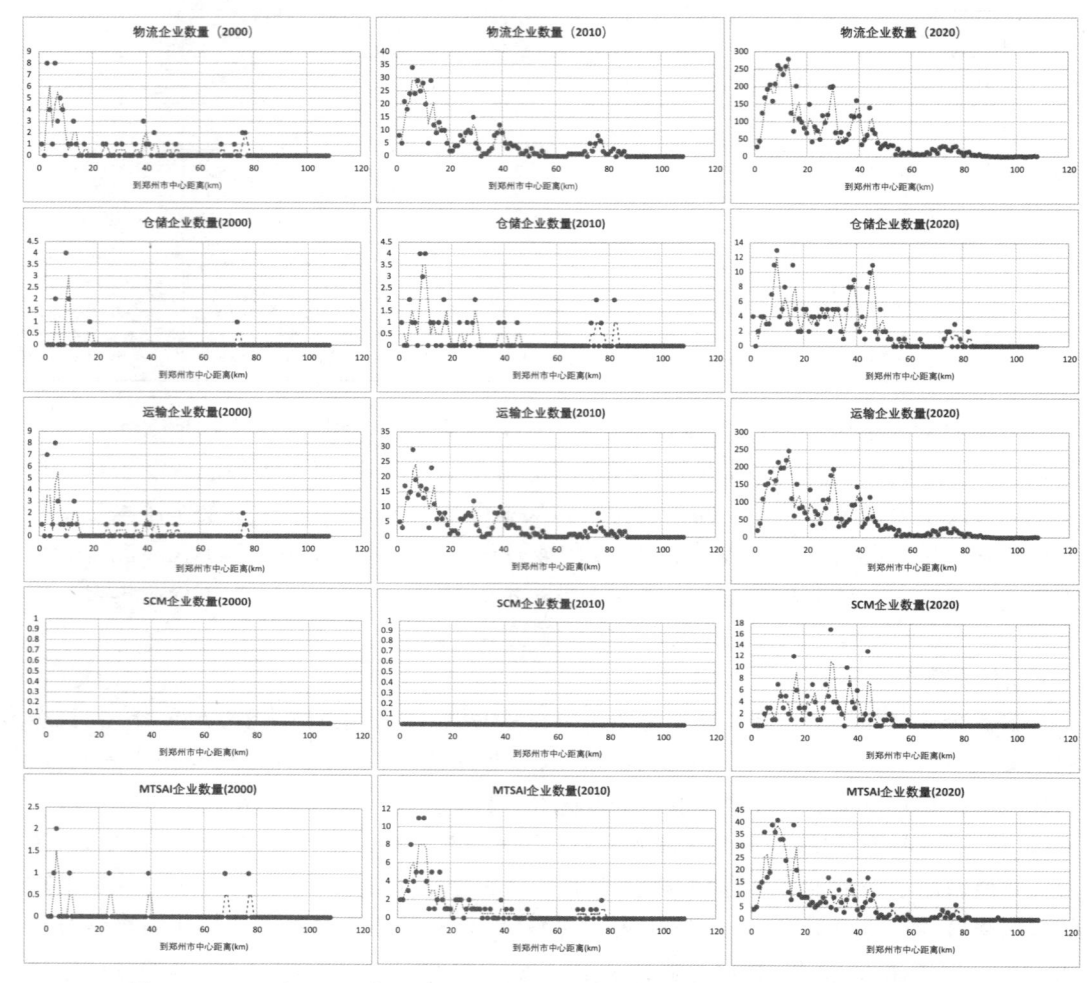

图 13-8　2000 年、2010 年、2020 年物流企业距郑州市中心每 1 km 距离的空间分布

13.4.4　阜阳市物流企业时空演化特征分析

1.阜阳市物流企业数量演化特征分析

阜阳市分行业物流企业数量占总样本数量比重见图 13-9,结果表明,研究期间,阜阳市物流企业数量持续增加,从 2000 年的 69 家增加到 2020 年的 2540 家,年均增速为 19.76%。运输业企业是阜阳市物流业企业的主体,2018 年以前占物流业企业数量总比重稳定在 90% 以上,2018 年以后略有下降,但也维持在 89% 以上。SCM 行业起步较晚,2016 年第一家 SCM 企业在阜阳市成立,2020 年增长到 18 家。MTSAI 行业企业数量占

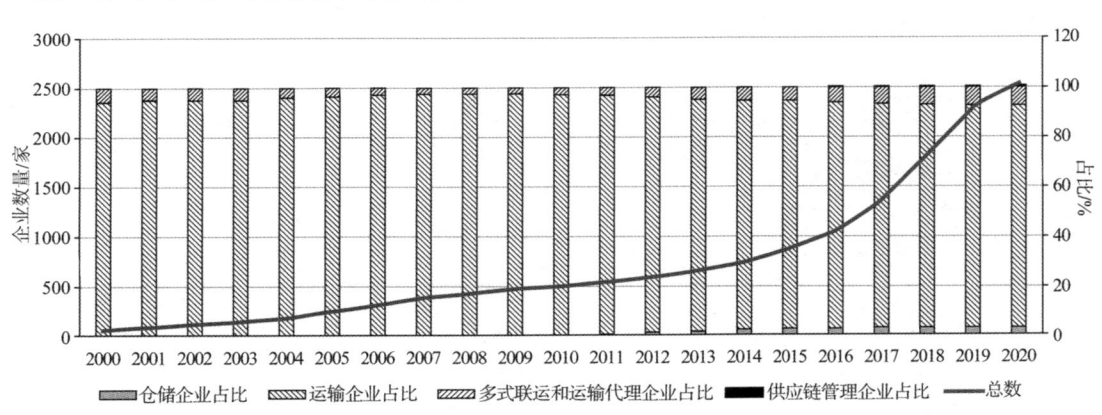

比先降后升,近几年稳定在7%左右。

图 13-9　阜阳市物流业总体及子行业企业数量及占比

2. 阜阳市物流企业集聚度分析

NNI 分析结果见表 13-10,结果显示,阜阳市物流业总体所有年份 NNI 值均小于 1 且逐年下降,且 P 值均小于 0.01,说明阜阳市物流业在研究期间呈现集聚发展特征且集聚强度呈上升态势。分行业来看,2000 年,阜阳市运输业呈现显著集聚发展特征,而 MTSAI 行业呈现均匀分布特征。2010 年运输业 NNI 值为 0.33 且低于 2000 年,运输行业呈现集聚特征且集聚程度高于 2000 年,MTSAI 行业未呈现显著的集聚发展特征。2020 年,除 SCM 行业外,其他子行业均呈现显著集聚特征,其中运输业 NNI 值最低,集聚程度最高。

表 13-10　2000 年、2010 年、2020 年阜阳市物流行业及子行业 NNI 值

时间	类别	观测距离/m	预计距离/m	NNI	z 值	P 值	物流企业数量
2000	仓储						0
	运输	2585.96	5841.67	0.44	−8.60	0.00	65
	供应链管理						0
	多式联运和货运代理	40061.29	15902.8	2.52	5.81	0.00	4
	总体样本	2057.12	5669.82	0.36	−10.13	0.00	69
2010	仓储	15877.40	63.00	252.01	679.11	0.00	2
	运输	893.11	2712.11	0.33	−28.26	0.00	485
	供应链管理						0
	多式联运和货运代理	12859.01	13578.60	0.95	−0.38	0.70	14
	总体样本	929.63	2758.32	0.34	−28.39	0.00	501

续表

时间	类别	观测距离/m	预计距离/m	NNI	z 值	P 值	物流企业数量
2020	仓储	2766.38	5441.98	0.51	−8.62	0.00	84
	运输	448.84	1439.14	0.32	−62.68	0.00	2267
	供应链管理	6292.22	6527.40	0.96	−0.29	0.77	18
	多式联运和货运代理	2495.47	4957.35	0.50	−13.06	0.00	189
	总体样本	409.43	1399.49	0.29	−68.21	0.00	2540

多尺度空间集聚分析结果表明,研究期间,物流业总体和运输业企业在不同尺度上均呈现集聚特征,集聚范围从0～34 km扩大到0～45 km,物流企业呈现向城市郊区扩张特征。其他子行业2020年前企业数量较少,多尺度空间集聚特征不显著,2020年,仓储和MTSAI行业企业分别在0～32 km和0～28 km尺度上呈现多尺度集聚特征,SCM行业企业在0～23 km尺度上呈现多尺度集聚特征。

3. 核密度分析

核密度分析结果显示,从物流业总体来看,2000年,物流企业主要集中在阜阳市中心,2010年,物流企业在阜阳市中心集聚强度进一步提升,在太和县和阜南县形成新的集聚区,呈现"一核两点"的空间分布特征,2020年,各集聚区集聚强度进一步增强,并在界首市、颍上县和临泉县形成新的集聚区,呈现"一核多点"的空间分布特征。分行业来看,2000年,运输业企业主要集中在阜阳市政府附近,2010年,运输企业在阜阳市政府附近的集聚强度进一步提升,在太和县和阜南县形成新的集聚区,2020年,阜阳市政府附近的运输企业集聚强度进一步增强,太和县、阜南县、界首市等区域的集聚区进一步发育,形成"一核多点"的空间分布格局。2020年前,其他子行业企业数量较少,2020年,仓储业在中心城区形成核心集聚区,在下辖的其他县形成小规模的集聚区,SCM企业主要集中在中心城区,MTSAI企业在市域范围内呈现均匀分布特征。

4. 缓冲区分析

缓冲区分析结果见图13-10,研究期间,阜阳市物流企业与市中心的平均距离由2000年的25.93 km增加到2020年的35.46 km,增加了36.75%,表明研究期间阜阳市物流企业存在显著的向郊区扩张特征。2000年,阜阳市物流企业总体及运输企业数量均在距离市中心3 km处达到峰值,2010年,物流业总体和运输行业企业数量峰值与市中心距离无显著变化,2020年,物流企业总体与运输业企业分别在距离市中心3 km、6～8 km和40～70 km处形成峰值,运输企业空间扩张态势明显。仓储企业和MTSAI企业数量逐渐增加,2020年在距离市中心0～20 km处形成峰值。

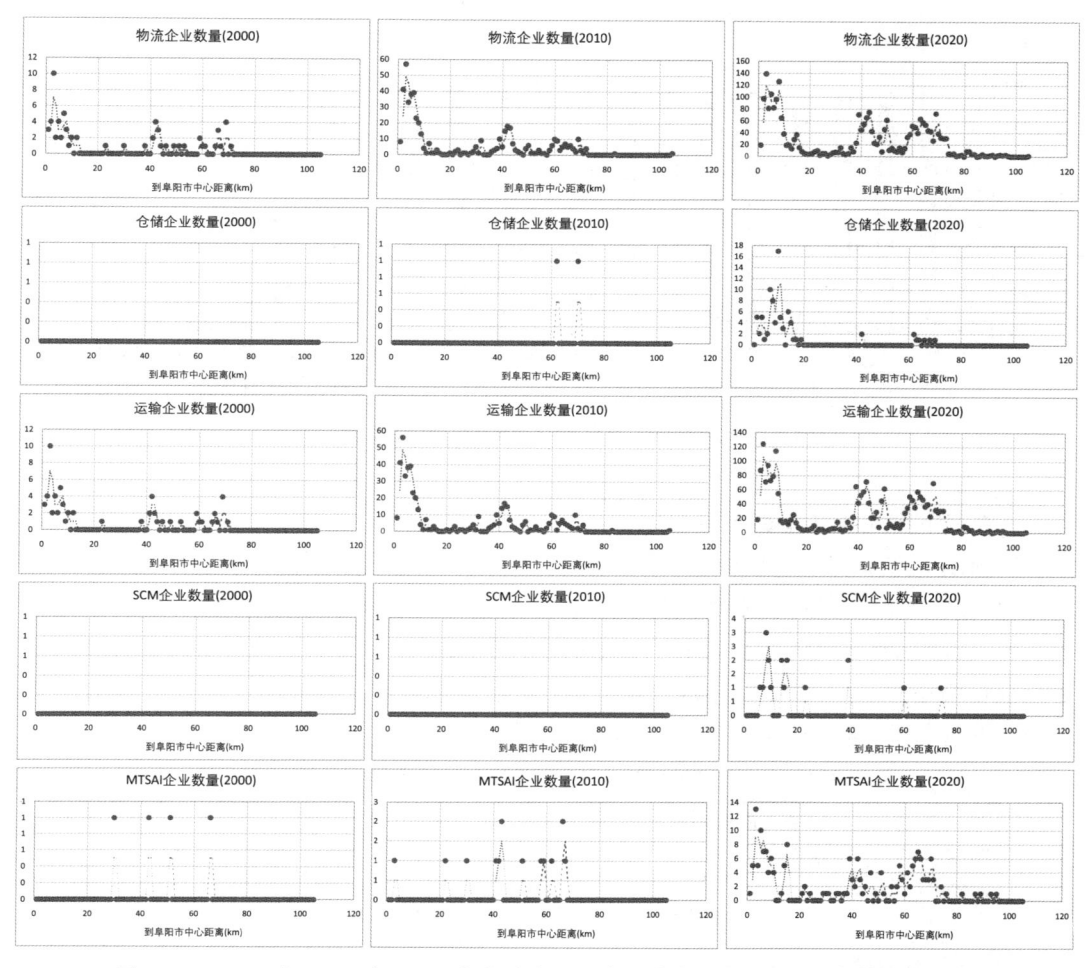

图 13-10　2000 年、2010 年、2020 年物流企业距阜阳市中心每 1 km 距离的空间分布

13.4.5　成都市物流企业时空演化特征分析

1. 成都市物流企业数量演化特征分析

成都市分行业物流企业数量及其占总样本数量比重见图 13-11。结果表明，研究期间，成都市物流企业数量持续增加，从 2000 年的 152 家增加到 2020 年的 11570 家，年均增速为 24.19%。其中，仓储企业数量从 12 家增长到 409 家，但占比持续下降，2020 年占比为 3.54%。运输企业数量 20 年间增长了 79 倍，占物流企业总量的比重保持在 70%~80% 之间。第一家 SCM 企业于 2010 年注册，2020 年达到 309 家，年均增速为 77.42%，增长速度为各类型之最。MTSAI 物流企业数量占比在 2006 达到近研究期间的高点，占比为 19.36%，之后回落至 2000 年水平，占比在 15% 左右。

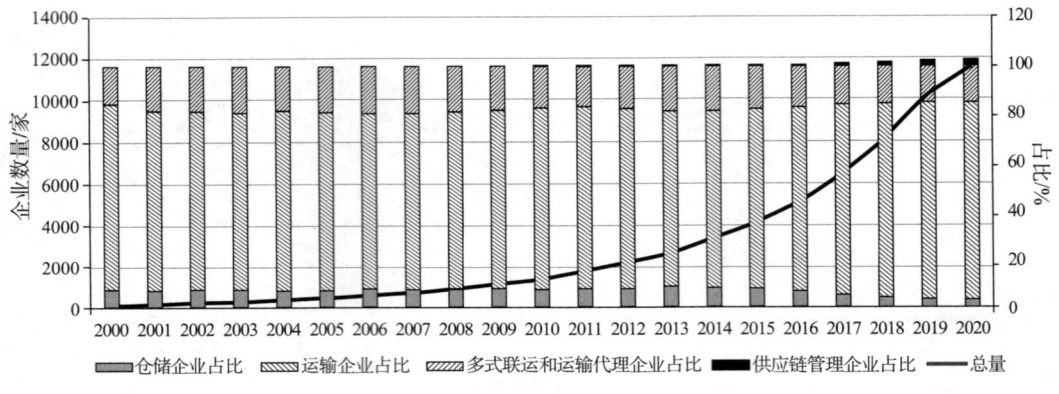

图 13-11 成都市物流业总体及子行业企业数量及占比

2. 成都市物流企业集聚度分析

NNI 分析结果见表 13-11,结果显示,除 2000 年的 MTSAI 行业和仓储业,2000 年、2010 年的 SCM 行业外,总体样本及子行业 NNI 值均显著小于 1 且持续减少,P 值均小于 0.01,说明成都市物流行业及其子行业的空间分布具有显著的空间集聚特征且集聚强度呈现增强态势。2000 年的仓储和 MTSAI 行业呈现均匀分布特征。运输业 NNI 值均远小于其他行业,运输业集聚程度远高于其他行业。

表 13-11 2000 年、2010 年、2020 年成都市物流行业及子行业 NNI 值

时间	类别	观测距离/m	预计距离/m	NNI	z 值	P 值	物流企业数量
2000	仓储	10334.03	5634.63	1.83	5.53	0.00	12
	运输	2305.12	5624.75	0.41	−12.21	0.00	117
	供应链管理						0
	多式联运和货运代理	4854.88	4661.60	1.04	0.38	0.70	23
	总体样本	1959.29	4934.86	0.40	−14.22	0.00	152
2010	仓储	2505.78	4596.12	0.55	−9.37	0.00	116
	运输	611.36	2033.49	0.30	−43.85	0.00	1074
	供应链管理						1
	多式联运和货运代理	1431.51	3122.08	0.46	−16.18	0.00	244
	总体样本	531.35	1759.83	0.30	−50.57	0.00	1434
2020	仓储	1178.42	2730.02	0.43	−22.00	0.00	409
	运输	150.65	769.34	0.20	−149.14	0.00	9397
	供应链管理	1403.14	3605.96	0.39	−20.54	0.00	309
	多式联运和货运代理	477.61	1651.61	0.29	−57.11	0.00	1764
	总体样本	132.21	693.61	0.19	−166.55	0.00	11570

多尺度空间集聚分析结果表明,研究期间,成都市物流业总体及子行业观测到的 l(d)曲线均高于期望 l(d)值(2000 年和 2010 年的 SCM 行业,2000 年的仓储业除外),物流业总体及子行业均呈现显著的多尺度空间集聚特征。2000 年仓储行业在 4~14 km 的范围内呈现显著集聚特征,MTSAI 行业在 4~16 km 的范围内呈现显著集聚特征,SCM 行业仅在 2020 年呈现多尺度空间集聚特征,其他行业在不同的时点均呈现多尺度空间集聚特征。从空间集聚范围来看,研究期间,仓储行业的空间集聚范围从 4~14 km 扩大到 0~36 km,物流业总体和运输业企业空间集聚范围从 0~36 km 扩大到 0~41 km,SCM 行业 2020 年空间集聚范围为 0~41 km,MTSAI 行业空间集聚范围从 4~16 km 扩大到 0~42 km。以上结果表明成都市物流业总体及子行业空间分布上呈现从中心城区向郊区扩张的演化特征,其中,仓储业、运输业两个子行业均未达到集聚峰值,说明这两个行业集聚强度将随着空间尺度的扩张而持续增强。

3.核密度分析

核密度分析结果显示,物流业总体和子行业空间分布均呈现由在金牛区等区域"单核"集聚向在金牛区、成华区、新都区和青白江区等区域连片集聚分布演变。2010 年后,物流业总体空间分布呈现显著的"中心—外围"分布特征,从空间分布演化方向来看,物流业及子行业均呈现由市中心沿"东北—西南"方向向城市两侧扩散的特征。其中,SCM 行业企业在青白江区、新都区以及青羊区与武侯交接处,形成三核心集聚分布特征。

4.缓冲区分析

缓冲区分析结果见图 13-12,结果显示,2000 年,物流业总体及运输业企业数量在距离成都市中心 8 km 左右达到峰值;2010 年,物流业总体和运输业企业数量峰值与市中心距离增加到 17 km,仓储行业和 MTSAI 行业企业数量峰值出现在距离市中心 20 km 内;2020 年,物流业总体和运输业企业数量峰值较 2010 年未发生显著变化,均出现在 17 km 附近,仓储企业在距离市中心 20 km 范围内出现多个峰值,SCM 和 MTSAI 行业企业在距离市中心 20 km 和 20~40 km 范围内均出现一次峰值。

13.4.6 柳州市物流企业时空演化特征分析

1.柳州市物流企业数量演化特征分析

柳州市分行业物流企业数量占总样本数量比重见图 13-13,结果表明,研究期间,柳州市物流企业数量持续增加,从 2000 年的 30 家增加到 2020 年的 969 家,年平均增长率为 18.98%。分行业看,仓储企业数量从 4 家增长到 25 家,2020 年占物流业总体比重为 2.58%;运输业企业数量从 23 家大幅增加至 850 家,企业数量占比从 2010 年开始稳定在 87%~89%;MTSAI 企业占比从 2000 年的 10% 下降至 2006 年的 5.48%,后续有所回升,在 2020 年达到 9.7%;SCM 行业第一家企业注册于 2018 年,到 2020 年共有 13 家 SCM 企业。与阜阳市等城市物流业发展类似,物流业市场主体以传统的运输业为主,研究期间占比保持在 75% 以上。

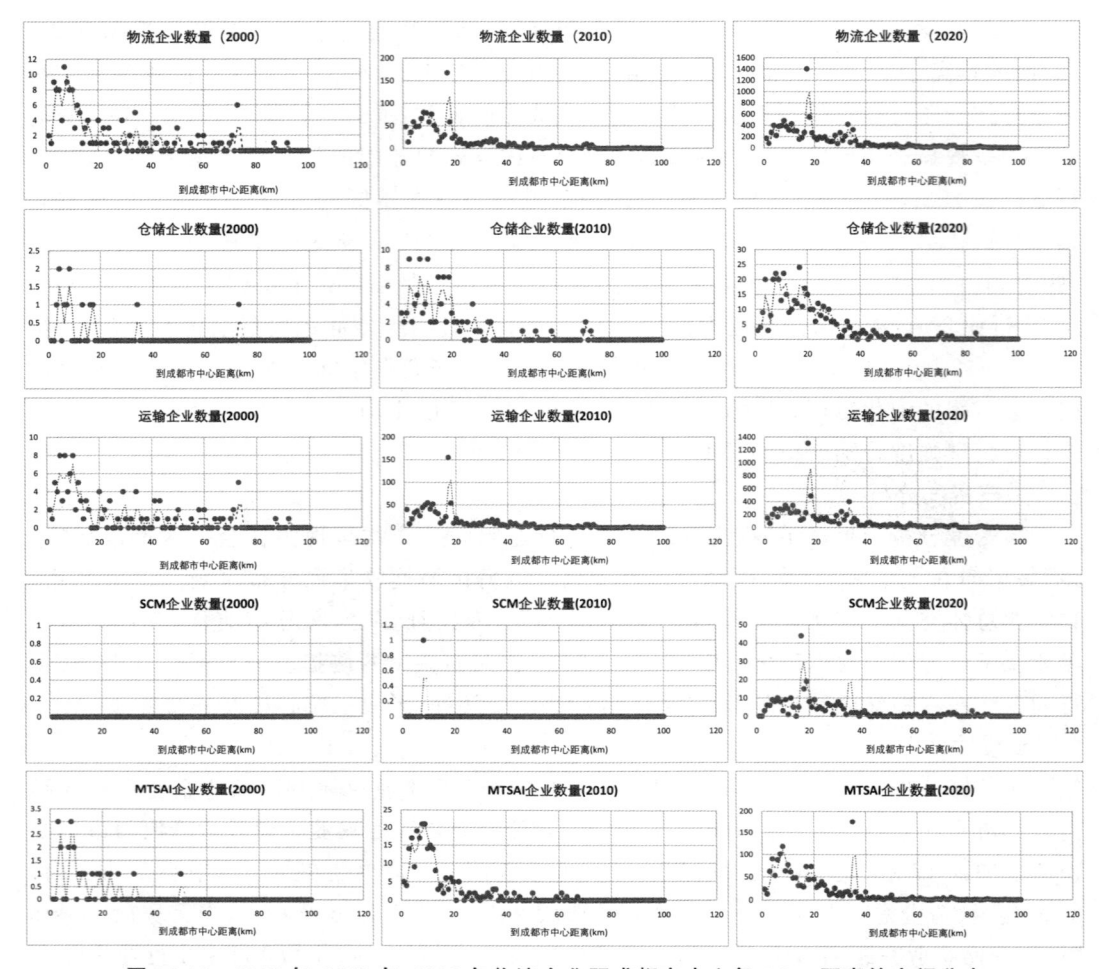

图 13-12　2000 年、2010 年、2020 年物流企业距成都市中心每 1 km 距离的空间分布

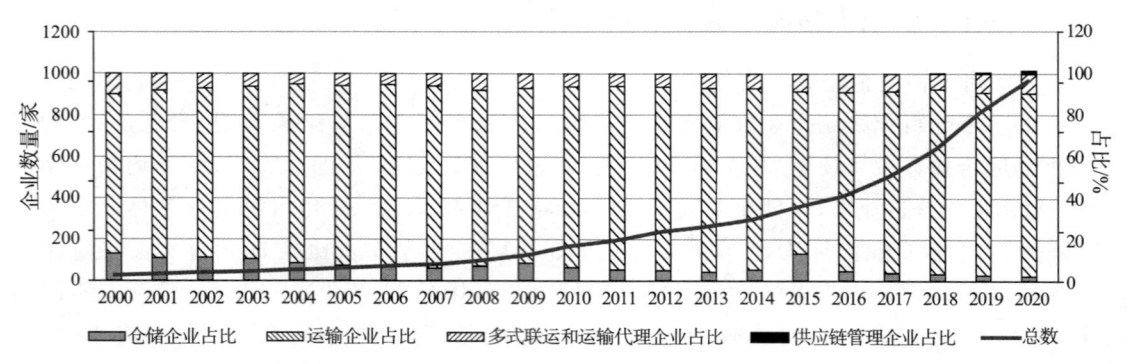

图 13-13　柳州市物流业总体及子行业企业数量及占比

2.柳州市物流企业集聚度分析

NNI分析结果见表13-12,结果显示,所有年份物流企业总体和运输业NNI值均小于1,且P值小于0.01,物流行业总体和运输业均呈现显著的集聚发展特征。物流业总体NNI值先上升后下降,集聚强度呈现减弱后增强特征,运输业NNI值持续下降,集聚强度持续增强。2010年前,除运输业外,其他子行业企业数量均较少,均未呈现显著的空间集聚分布特征;2020年,仓储和MTSAI行业企业呈现显著的空间集聚特征,SCM行业NNI值不显著,未呈现显著的集聚特征。

表13-12 2000年、2010年、2020年柳州市物流行业及子行业NNI值

时间	类别	观测距离/m	预计距离/m	NNI	z值	P值	物流企业数量
2000	仓储	34984.12	15741.50	2.22	4.68	0.00	4
	运输	5958.70	9597.56	0.62	−3.45	0.00	23
	供应链管理						0
	多式联运和货运代理	38199.82	4907.35	7.78	22.48	0.00	3
	总体样本	1070.26	8462.01	0.13	−9.15	0.00	30
2010	仓储	11947.72	11056.11	1.08	0.51	0.61	11
	运输	839.59	4304.10	0.20	−18.86	0.00	150
	供应链管理						0
	多式联运和货运代理	11987.02	11294.82	1.06	0.39	0.70	11
	总体样本	786.91	4019.42	0.20	−20.18	0.00	172
2020	仓储	6183.89	7953.01	0.78	−2.13	0.03	25
	运输	402.24	2400.45	0.17	−46.43	0.00	850
	供应链管理	2296.18	2138.39	1.07	0.51	0.61	13
	多式联运和货运代理	1572.85	5798.78	0.27	−13.52	0.00	94
	总体样本	395.33	2248.23	0.18	−49.08	0.00	969

多尺度空间集聚分析结果显示:2000年,除总体样本和运输业外,其他子行业企业均未呈现显著的多尺度空间集聚特征;2010年和2020年,除SCM行业外,物流业总体及其他子行业均呈现显著的多尺度空间集聚特征。从集聚空间范围来看,物流业总体样本和运输业集聚范围分别从0~36 km和0~34 km扩大到0~56 km,仓储业在2020年的集聚范围为0~30 km,MTSAI行业的集聚范围为0~52 km。

3.核密度分析

核密度图分析结果显示,研究期间,柳州市物流集聚区整体呈现从柳州市政府附近向北部和东部蔓延特征。2000年,物流企业主要集中在市中心附近;2010年,市中心附近的物流集聚程度进一步强化并呈现从市中心向西南方向蔓延特征,在三江侗族自治县、柳城县和鹿寨县逐渐形成新的集聚区;2020年,柳州市中心城区物流业集聚程度进一步强化,呈现由中心城区向城市近郊区域扩张特征,在鹿寨县、融水苗族自治县和三江侗

族自治县等区域形成新的集聚区,物流业整体呈现"一核多点"的空间分布特征。分行业来看,运输业空间分布演化特征同总体样本基本一致;仓储业在2020年在中心城区和鹿寨县形成"双核心"空间分布格局;SCM行业企业主要集中在中心城区,未呈现显著的空间扩张态势;2000年,MTSAI行业企业主要集中在市中心及融安县,2010年,在鹿寨县形成新的集聚区,呈现"双核心"集聚分布格局,2020年,MTSAI空间集聚分布与运输业相似,在中心城区、柳江区和鹿寨县呈现连片分布趋势。

4.缓冲区分析

缓冲区分析结果见图13-14,结果显示:2000年,柳州市物流企业数量较少,主要集中在市政府附近区域;2010年,物流业总体及运输业企业数量的峰值位置出现在距市政府11 km左右;2020年,物流业总体及运输企业数量的峰值位置与2010年相比无显著变化,主要分布在距离市政府10～20 km位置,并在40 km、90～110 km和180 km左右形成新的峰值,物流企业呈现显著的空间扩张特征,在柳州市下辖县形成新的企业集聚区。2020年,MTSAI行业企业数量峰值出现在距离市政府10 km、40 km和90 km附近。

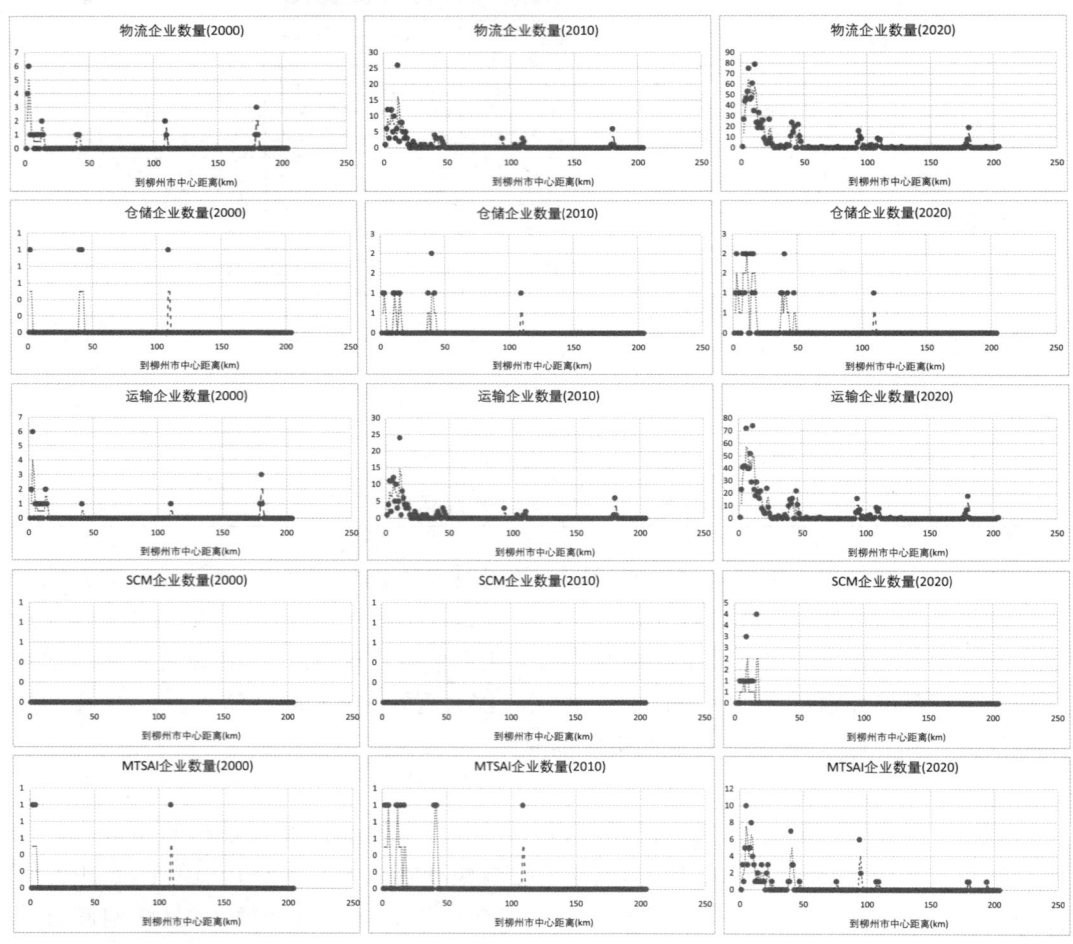

图13-14 2000年、2010年、2020年物流企业距柳州市中心每1 km距离的空间分布

13.4.7　不同城市物流企业时空演化特征异同分析

1.企业数量特征分析

从物流企业数量上看,研究期间,所有样本城市的物流企业总量及不同子行业企业数量均随时间快速增加。上海、郑州和成都等直辖市、省会城市物流企业数量远多于其他样本城市,其中,上海市物流企业数量最多,柳州市物流企业数量最少。研究期间,企业数量增速最快的城市为徐州市,最慢的为柳州市。郑州市和成都市的物流企业数量增速均在2010年后快速增加,而阜阳市和柳州市企业数量变化曲线相似,增速较为均匀。

从子行业来看,所有样本城市子行业企业数量均呈现快速增长特征。从各子行业占比来看,上海市、徐州市、郑州市、柳州市仓储企业占比逐渐下降,成都市表现为先升后降,阜阳市的仓储业发展起步较晚但发展速度较快,占比表现出截然不同的上升趋势。运输业是所有样本城市物流业占比最大的业态,其中,徐州市、柳州市和阜阳市运输业占比均达到90%左右,郑州市和成都市运输业企业占比在70%～80%之间,上海市运输业企业占比最低,占比在60%左右。MTSAI企业在柳州市和阜阳市占比均为先降后升的变化趋势,在徐州市占比逐渐下降;上海市SCM行业发展起步最早,2020年达到了2836家,企业数量远多于其他城市,物流业发展质量远高于其他城市,成都市、郑州市和徐州市虽然在2010年后SCM行业才有所发展,但是数量增加很快,阜阳市和柳州市SCM行业企业数量较少,仅从2016年开始才有零星的企业注册,城市物流业仍处在发展的初级阶段,物流企业仍以提供运输等基础功能性服务为主,综合性物流服务能力有待提升。

2.时空演化格局分析

(1)样本城市物流企业空间分布均呈现显著的空间集聚特征。

NNI结果显示,当企业数量达到一定水平后,所有样本城市物流业总体及子行业均呈现显著的空间集聚特征且集聚强度持续增强。从物流业子行业来看,2020年,在各样本城市均呈现出运输业集聚程度最高、仓储业集聚程度最低的特征(除上海市外,上海市多式联运和货运代理NNI值为0.14,略高于运输业的0.15)。产生这个结果的可能原因是运输业企业在开展业务时一般会用到车辆等物流设备,为了更好地运营和整合车辆资源,运输企业倾向于布局在物流园区等区域,产业集聚度较高,此外,所有样本城市中,运输业企业占比均远高于其他行业,是物流业的最主要组成部分,产业集聚水平远高于其他行业;仓储业则主要服务于制造业原材料、中间产品和产成品的存储,商贸流通业本地和业务覆盖区域居民消费等所需产品的存储等业务,对仓库等物流基础设施需求较高,同时,居民消费等存在显著的非均质特征,因此,这些基础设施分布在城市的不同区域,产业集聚度显著低于运输业。2020年,上海市、郑州市、成都市、徐州市的供应链管理行业企业均呈现显著的空间集聚特征,受制于企业数量较少等因素,柳州市和阜阳市的供应链管理企业集聚特征不显著。

(2)样本城市物流企业呈现显著的多尺度空间集聚特征。

多尺度空间集聚分析结果显示,2020年,所有样本城市物流业总体均呈现显著的多尺度空间集聚特征，但在集聚范围上存在差异，上海、徐州、郑州、阜阳、成都和柳州物流业总体集聚范围分别为 0～30 km、0～55 km、0～40 km、0～45 km、0～41 km 和 0～56 km，徐州、阜阳和柳州物流业集聚范围显著高于上海、郑州和成都，出现这种结果的可能原因是，2010 年后，这些城市下辖县（市、区）物流业快速发展，在更大空间尺度形成了新的产业集聚区，总体呈现"一核多点"或"多核多点"的空间分布特征。上海、郑州和成都等城市物流业主要集聚在中心城区和城市的近远郊区域，呈现由中心城区向城市外围扩张特征，空间上呈现连片集聚分布特征，集聚范围在空间尺度上小于徐州等城市。分行业来看，各样本城市运输业多尺度空间集聚特征同物流业总体样本基本一致，其他子行业多尺度空间集聚特征在不同城市间存在差异。

（3）样本城市物流企业均呈现显著的空间扩张特征。

从城市物流业空间扩张的特点来看，除成都外，其他城市物流业均存在显著的向城市外围或下辖县（市、区）空间扩张特征，成都市物流企业主要集中在中心城区，呈现显著的"核心—边缘"结构。除成都外，所有样本城市物流业总体及部分子行业空间分布特征均呈现从"单核"向"一核多点"的空间格局演化特征，但受城市发展规划等因素影响，物流业布局演化方向和程度存在差异。郑州市物流企业主要沿市中心向城市东部和西部发展，城市东部发展更快；成都市物流企业从市中心向城市东北方向发展，并沿扩张方向两侧扩散；徐州市自 2010 年在城市郊区出现新的集聚核区后，各集聚区集聚强度持续提升并呈现典型的"核心—边缘"分布特征，2020 年，徐州市物流企业总体呈现连片均匀分布特征；柳州市的物流业首先在中心城区形成集聚区，后沿着城市中线向城市东部和西部的下辖县（市、区）蔓延；同柳州市物流业发展类似（2020 年左右），阜阳市中心城区物流业快速集聚发展的同时，在下辖县（市、区）逐渐形成新的集聚区，但各集聚区辐射能力有限。

从用缓冲区分析表示的城市物流业空间扩张程度来看，研究期间，上海市的扩张程度最强，物流企业数量峰值出现位置距离城市中心距呈现持续增长态势；其次是郑州、徐州和阜阳 3 个城市，在距离城市中心较远的下辖县（市、区）形成多个峰值；成都和柳州物流企业空间扩张主要局限在中心城区范围内，柳州市物流企业在 2020 年逐渐在远离中心城区位置形成新的集聚区。

13.5 城市物流企业区位选择影响因素分析

为进一步探究不同区域、不同经济发展水平城市物流企业选址的决定因素，借鉴相关研究成果，选取区位条件、政府政策、产业关联和集聚效应等因素，从乡镇（街道）尺度，运用负二项回归模型估计式(13-3)，并使用逐步回归模型消除交通可达性变量间的多重共线性问题，估计结果见表 13-13～表 13-24。

13.5.1 上海市物流企业区位选择机制研究

表 13-13 第 1 列和第 2 列结果显示，对于区位因素，到机场和高铁站的最近距离回归

系数显著为负,这意味着交通可达性是物流企业选址的关键原因,物流企业更倾向于布局在这些大型公共交通基础设施周边,但到洋山港的距离回归系数显著为正(第3列),表明物流企业总体上布局在距离洋山港较远的地方。可能的原因如下:首先,上海作为中国重要的国际经济中心,对物流服务的需求呈现多元化特征,不同类型的物流企业数量增长迅速,且布局在不同地区。其次,上海市各行政区中,浦东新区到洋山港的距离最短,但位于浦东新区且以国际货运代理和国际海运为主营业务的国际物流企业占物流企业样本总体的比例由2000年的20.3%下降到2020年的12.2%,占比出现了较大下滑。此外,新注册的国际物流企业大多分布在奉贤、金山、崇明、宝山等区域,这些区域距离洋山港较远。因此,到洋山港的距离与物流企业的数量呈正相关。高校数量回归系数不显著,说明上海市物流业的发展对高校提供的技术、创新和人才等依赖不强。

对于政府政策因素,街道(乡镇)是否位于浦东新区和青浦区与物流企业的数量之间存在显著的正相关关系[本章检验了2013年和2019两个时间断点街道(乡镇)是否位于青浦区与企业数量之间的关系,结果均显示两者存在显著的正相关关系,本部分仅展示以2013年为时间断点的结果],物流企业倾向于向这两个区域集聚。浦东新区承担着上海市国际经济、金融、贸易、航运和科技创新的重任,通过深化重点领域的体制机制改革,探索成功的经验做法并以法规和法律的形式进行固化,为其他地区提供更高水平的制度创新成果的同时,显著优化了营商环境。此外,上海自贸试验区、外高桥保税区、外高桥保税物流园、洋山保税港区、上海浦东机场综合保税区等制度创新区和公共物流基础设施均位于浦东新区,良好的制度环境和较高的物流基础设施供给能力吸引了大量物流企业向浦东新区集聚。青浦区通过"全国快递行业转型发展示范区"建设打造了快递业千亿产业集群,集聚了一批规模以上的运输及快递企业,快递企业全国和区域总部迁入青浦区进一步强化了该区域快递业集聚水平。

对于产业关联因素,与工业园区和批发市场的距离显著负向影响物流企业数量,表明物流企业的选址更倾向于靠近物流服务需求地点,物流业与制造业、商贸流通等相关产业之间存在显著的空间伴随特征。批发市场是完成商品集散的载体和场所,是商品流通链中的重要节点。批发市场的建设和运营产生了大量的运输、仓储、供应链管理等物流服务需求,吸引了大量的物流企业向市场周边聚集[71]。制造业是物流业的重要客户,为了以更低的成本提供更好、更便捷的服务,物流企业选择在离客户更近的区域布局。工业园区的建设推动大量的制造企业聚集在产业园区,在这个过程中,大量的物流企业集聚在工业园区周边,促进了物流企业的集群化发展的同时推进了物流业与制造业协同发展。此外,以工业园区所在街道(乡镇)周围2 km的范围进行缓冲区分析结果表明,27.19%的物流企业位于缓冲区范围内,表明工业园区的建设促进了物流企业在工业园区周边的集聚。

对于产业集聚因素,跟随效应对物流企业数量有显著的正向影响,表明集聚效应可以显著促进物流企业的集聚。物流企业往往倾向于选址在物流产业集聚区,产业集聚的正外部性,如共享劳动投入、熟练劳动力和知识溢出,能够显著提升集聚区内物流企业运营效率,提高物流集群的技术水平和生产效率,进而吸引更多的物流企业入驻。物流园区数量显著正向影响物流企业数量,物流园区是物流企业集聚的载体,物流园区一般位于交通便利的地区,拥有完善的产业发展所需的基础设施和金融、运输后服务市场等配套服务,以及满足企业员工生活需求的配套服务,形成了完整的物流产业服务体系。物流企业入驻物流园区后,可以获得必要的运营场所,充分利用物流园区现有资源,提高运营效率,降低运营成本,外高桥保税物流园、西北综合物流园、上海化工物流园等大型物流园区的建设,吸引了一大批物流企业聚集在这些区域。

表 13-13 上海市物流企业选址的影响因素

	物流企业数量		
	(1)	(2)	(3)
区位条件			
到机场距离(DA)	−0.010*** (−3.81)		
到高铁站距离(DHSRS)		−0.018*** (−7.51)	
到港口距离(DP)			0.007*** (5.76)
高校数量(NU)	0.005 (0.21)	0.018 (0.80)	0.016 (0.72)
政府政策			
浦东新区(PND)	0.323*** (5.01)	0.468*** (7.19)	0.563*** (7.83)
青浦区(QPD)	1.128*** (14.09)	1.110*** (14.39)	1.138*** (14.06)
产业关联			
到工业园区距离(DIP)	−0.017*** (−2.72)	−0.004 (−0.71)	−0.029*** (−5.23)
到专业批发市场距离(DWM)	−6.302*** (−11.53)	−4.348*** (−7.11)	−7.602*** (−16.64)
产业集聚			
追随效应(FE)	0.001*** (45.85)	0.001*** (46.21)	0.001*** (45.71)
物流园区数量(NLP)	0.301*** (16.78)	0.302*** (16.59)	0.293*** (15.89)
Loglikelihood	−18305.575	−18284.181	−18296.167

注:*** 表示1%水平的系数显著性,括号中为 z 值。

由于不同类型物流企业的服务对象存在差异,不同类型物流企业的选址决策的影响因素可能存在异质性。以街道(乡镇)内不同类型物流企业数量为因变量,采用负二项式回归模型估计式(13-3),结果见表 13-14。结果表明,区位条件中的到机场、高铁站和港口

表 13-14　上海市不同类型物流企业选址的决定因素

影响因素		仓储业 (1)	仓储业 (2)	仓储业 (3)	仓储业 (4)	运输业 (5)	运输业 (6)	多式联运与货运代理 (7)	多式联运与货运代理 (8)	多式联运与货运代理 (9)	供应链管理 (10)	供应链管理 (11)	供应链管理 (12)
区位因素	到机场距离 (DA)	−0.052*** (−9.42)			−0.01*** (−3.58)			−0.017*** (−5.45)			−0.016*** (−2.95)		
	到高铁站距离 (DHSRS)		−0.063*** (−10.62)			−0.022*** (−8.29)			−0.021*** (−7.09)			−0.025*** (−5.13)	
	到港口距离 (DP)			0.026*** (8.39)			0.008*** (6.26)			0.006*** (3.73)			0.01*** (3.36)
政府政策	高校数量 (NU)	0.044 (0.91)	0.155*** (3.12)	0.140*** (2.78)	0.008 (0.35)	0.025 (1.04)	0.023 (0.98)	−0.02 (−0.79)	−0.003 (−0.11)	−0.015 (−0.57)	0.062 (1.39)	0.122*** (2.72)	0.116** (2.39)
	浦东新区 (PND)	0.246 (1.37)	0.665*** (3.7)	0.902*** (4.98)	0.407*** (5.88)	0.597*** (8.35)	0.685*** (8.77)	0.33*** (4.29)	0.531*** (6.81)	0.569*** (6.69)	0.787*** (4.85)	0.870*** (5.74)	1.032*** (6.03)
	青浦区 (QPD)	1.284*** (12.02)	1.282*** (12.35)	1.247*** (11.46)	1.15*** (13.95)	1.119*** (14.32)	1.161*** (14.02)	1.209*** (13.22)	1.201*** (13.3)	1.252*** (13.19)	1.011*** (5.48)	1.006*** (5.7)	1.046*** (5.65)
产业关联	到工业园区距离 (DIP)	−0.021* (−1.75)	0.007 (0.55)	−0.064*** (−5.19)	−0.017*** (−2.61)	−0.001 (−0.11)	−0.03*** (−5.06)	−0.018*** (−2.51)	−0.01 (−1.41)	−0.036*** (−5.5)	−0.025** (−1.99)	−0.009 (−0.75)	−0.034*** (−2.79)
	到专业批发市场距离 (DWM)	−18.728*** (−11.69)	−14.018*** (−7.91)	−22.18*** (−14.09)	−6.817*** (−11.28)	−4.240*** (−6.3)	−8.126*** (−16.11)	−7.891*** (−12.01)	−6.165*** (−8.18)	−9.994*** (−18.35)	−8.272*** (−6.5)	−2.84*** (−2.09)	−10.358*** (−9.61)
产业集聚	追随效应 (FE)	0.001*** (20.14)	0.001*** (19.87)	0.001*** (20.34)	0.001*** (43)	0.001*** (43.39)	0.001*** (42.99)	0.001*** (40.91)	0.001*** (41.07)	0.001*** (40.48)	0.002*** (22.4)	0.002*** (21.97)	0.002*** (22)
	物流园区数量 (NLP)	0.229*** (10.78)	0.215*** (9.75)	0.205*** (9.08)	0.292*** (15.86)	0.292*** (15.71)	0.282*** (14.96)	0.312*** (15.42)	0.314*** (14.97)	0.311*** (14.66)	0.71*** (12.46)	0.681*** (12.09)	0.725*** (12.81)
Loglikelihood		−6252.63	−6241.93	−6256	−16274.1	−16249.67	−16261.16	−13045.08	−13034.1	−13050.24	−4541.93	−4534.08	−4543.35

注：***、**、*分别表示1%、5%和10%水平的系数显著性，括号中为z值。

距离、政府政策、产业关联、产业集聚和信息化等因素对不同类型物流企业数量的回归系数方向和显著性与物流业总体样本结果基本一致，说明不同类型物流企业选址的决定因素基本相同，证明了研究结果稳健性的同时，说明不同类型物流企业选址的决定因素差异不大。但部分因素对不同类型物流企业数量的影响同总体样本存在差异，从具体指标来看，高校数量对不同类型物流企业数量的影响存在显著差异，表 13-14 中(2)~(3)列、(11)~(12)列高校数量回归系数显著为正，说明高校数量可以显著提升仓储和 SCM 两个业态企业的数量，对仓储和 SCM 业态来说，随着与关联产业融合发展的深度和广度的提升，行业的发展需要更多的管理和技术人才，而大量高校毕业生为 SCM 和仓储行业的升级和发展提供了充足的人才和智力支撑。

13.5.2 徐州市物流企业区位选择机制研究

表 13-15 结果显示，对于区位条件方面(徐州市是内陆城市，未考虑港口变量)，乡镇(街道)到机场和高铁站的距离与物流企业数量呈现显著的正相关关系，说明距离机场和高铁站越远，物流企业数量越多。可能的原因是徐州市的机场和高铁站均在距离徐州市中心较远的城市东部，这些区域尚未形成新的制造业、商贸流通业和物流业集聚区，物流企业主要位于靠近城市中心的城市西部，最终导致物流企业数量与到机场和高铁站的距离呈现正相关关系。这说明机场、高铁站等大型交通基础设施对徐州市物流企业的吸引力有限，是否位于交通基础设施节点不是影响徐州市物流企业选址的关键因素。高校数量与物流企业数量呈现显著的正相关关系，说明高校数量越多，物流企业数量越多。出现该结果的可能原因是高校及周边区域集中了大量的人口，产生大量的快递服务需求，吸引了大量快递企业布局到高校周边。

政府政策方面，结果显示，街道(乡镇)是否位于徐州市经济技术开发区与物流企业数量呈现显著正相关关系，说明该开发区建设显著促进了物流企业的集聚。徐州市经济技术开发区是淮海经济区规模最大、实力最强、产业档次最高、最具发展活力的国家级经济技术开发区之一，大量的工业企业入驻该区域，同时，工程机械及零部件交易市场、华东煤炭市场、医疗器械交易市场的建设和运营产生了大量的不同类型的物流服务需求，为了降低成本、提高服务质量，物流企业倾向于集中到经济技术开发区。

产业关联方面，街道(乡镇)到工业园区的距离和到专业批发市场的距离与物流企业数量呈现显著的负相关关系。工业园区和专业批发市场带来大量的物流服务需求，物流企业倾向于布局在靠近服务需求区域，产业关联是影响徐州市物流企业区位选择的关键因素。

产业集聚方面，追随效应的回归系数显著为正，物流企业更加倾向于选址在物流企业集聚区。产业集聚所带来的资源和要素共享、运营效率增加对物流企业产生较大的吸引力，推动物流企业的持续集聚。物流园区数量与物流企业数量呈现显著的正相关关系，物流园区的建设为物流企业提供了必要的运营场所、基础设施和配套服务，政府的退城入园等产业发展引导性政策进一步增强了物流园区对物流企业的吸引力，吸引了大量物流企业集中到这些区域。总体来看，产业集聚变量与物流企业数量均呈现显著的正相关关系,产业集聚是影响徐州市物流企业区位选择的关键因素。

表 13-15 徐州市物流企业选址的影响因素

	物流企业数量	
	(1)	(2)
区位条件		
到机场距离（DA）	0.002*** (5.47)	
到高铁站距离（DHSRS）		0.003*** (5.90)
高校数量（NU）	0.142*** (6.07)	0.147*** (6.28)
政府政策		
徐州经济技术开发区（PND）	0.481*** (7.51)	0.501*** (7.78)
产业关联		
到工业园区距离（DIP）	−0.000*** (−4.45)	−0.000*** (−4.64)
到专业批发市场距离（DWM）	−0.008*** (−3.74)	−0.009*** (−4.43)
产业集聚		
追随效应（FE）	0.007*** (27.51)	0.007*** (27.72)
物流园区数量（NLP）	0.271*** (11.06)	0.273*** (11.11)
Loglikelihood	−8092.1497	−8090.1284

注：*** 表示1%水平的系数显著性,括号中为 z 值。

不同类型物流企业选址决策影响因素分析结果见表13-16。运输业企业选址的影响因素与总体样本完全一致。区位条件和与到专业批发市场的距离不是影响仓储企业选址的关键因素,此外,仓储企业与总体样本不同,更加倾向选址于布局在远离徐州经济技术开发区的街道（乡镇）。产生这种结果的可能原因是徐州经济技术开发区内的企业以工业企业为主,这些企业厂区内建有用于存储原材料、中间产品和产成品的仓库,仓储需求并无明显外溢。多式联运和货运代理企业的选址对是否位于开发区没有明显的倾向,其他自变量对该类型企业的区位选择的影响同总体样本一致（但影响强度存在差异）。供应链企业的选址更加倾向于靠近机场,高校数量、是否位于徐州经济技术开发区、到专业批发市场距离对该类型企业区位选择的影响不明确。

表 13-16　徐州市不同类型物流企业选址的决定因素

	仓储		运输		多式联运与货运代理		供应链管理	
	(1)	(2)	(1)	(2)	(1)	(2)	(1)	(2)
区位条件								
到机场距离(DA)	−0.002 (−1.19)		0.002*** (5.53)		0.003*** (3.77)		−0.010*** (−3.61)	
到高铁站距离(DHSRS)		−0.004 (−1.93)		0.003*** (6.27)		0.003*** (3.28)		−0.006* (−2.09)
高校数量(NU)	0.056 (0.58)	0.047 (0.49)	0.122*** (4.98)	0.127*** (5.22)	0.258*** (7.16)	0.259*** (7.20)	−0.015 (−0.12)	−0.021 (−0.17)
政府政策								
徐州经济技术开发区(PND)	−2.454*** (−3.44)	−2.499*** (−3.50)	0.535*** (8.35)	0.559*** (8.66)	0.136 (1.06)	0.153 (1.19)	0.193 (0.67)	0.197 (0.67)
产业关联								
到工业园区距离(DIP)	−0.001*** (−5.73)	−0.001*** (−5.64)	−0.002*** (−3.03)	−0.001*** (−3.27)	−0.003*** (−7.06)	−0.002*** (−7.06)	−0.001* (−2.28)	−0.001* (−2.24)
到专业批发市场距离(DWM)	0.012 (1.45)	0.014 (1.71)	−0.008*** (−3.72)	−0.009*** (−4.41)	−0.014*** (−3.18)	−0.015*** (−3.57)	−0.017 (−1.49)	−0.012 (−1.04)
产业集聚								
追随效应(FE)	0.007*** (7.87)	0.007*** (7.83)	0.007*** (26.73)	0.007*** (27.00)	0.007*** (14.27)	0.006*** (14.17)	0.006*** (6.41)	0.006*** (6.63)
物流园区数量(NLP)	0.686*** (9.03)	0.682*** (9.01)	0.259*** (10.42)	0.260*** (10.45)	0.320*** (7.33)	0.322*** (7.32)	0.265** (2.84)	0.255** (2.75)
Loglikelihood	−1033.49	−1032.24	−7702.46	−7698.68	−3032.69	−3034.39	−565.92	−571.05

注：***、**、*分别表示1%、5%和10%水平的系数显著性，括号中为z值。

13.5.3　郑州市物流企业区位选择机制研究

郑州市物流企业区位选择影响因素回归分析结果见表13-17。结果显示，从区位因素来看，到机场、高铁站距离与物流企业数量间存在显著的负相关关系，说明郑州市的物流企业倾向于布局在机场和高铁站附近，从机场来看，新郑机场作为中部省份重要的国际机场，富士康等企业在新郑市的集聚带来大量的航空货物运输、普通货物物流服务需求，跨境电商示范城市、国际邮件枢纽口岸等项目的建设进一步完善了新郑机场航空物流基础设施，吸引了大量的物流企业选址在新郑机场附近；从高铁站来看，郑州市高铁站均布局在郑州城区内，高铁站的建设进一步降低了物流企业商务成本，物流企业倾向于布局在高铁站周边区域。同徐州等城市一致，高校数量的回归系数为正，可能的原因是高校的人员集聚带来大量的快递行业企业的集聚。

政府政策方面,街道(乡镇)是否位于郑东新区的回归系数显著为负,说明物流企业更加倾向于选址在远离郑东新区的位置。郑东新区作为国家级新区,重点发展数字经济等高新技术产业和金融产业,产业园区以科创园、大数据产业园等园区为主,制造业等企业较少布局在这个区域,物流需求主要是居民消费产生的商贸流通物流服务需求,此外,该区域土地成本远高于郑州市其他区域,物流企业倾向于选择远离郑东新区的区域布局。

产业关联和产业集聚因素对物流企业数量的影响同其他城市一致,物流企业倾向于布局到距离工业园区、专业批发市场较近区域和物流园区等物流集聚区等区域,产业关联和产业集聚因素是影响郑州市物流企业区位选择的核心因素。

表13-17 郑州市物流企业选址的影响因素

	物流企业数量	
	(1)	(2)
区位条件		
到机场距离(DA)	-0.002* (-2.00)	
到高铁站距离(DHSRS)		-0.006*** (-3.38)
高校数量(NU)	0.023* (2.08)	0.024* (2.17)
政府政策		
郑东新区(PND)	-1.007*** (-10.54)	-1.058*** (-10.97)
产业关联		
到工业园区距离(DIP)	-0.012* (-2.15)	-0.01* (-1.96)
到专业批发市场距离(DWM)	-0.056*** (-12.63)	-0.051*** (-10.61)
产业集聚		
追随效应(FE)	0.007*** (30.10)	0.007*** (28.11)
物流园区数量(NLP)	0.147*** (11.43)	0.157*** (12.57)
Loglikelihood	-9282.1615	-9278.3222

注:***、*分别表示1%、10%水平的系数显著性,括号中为z值。

不同类型物流企业的选址影响因素回归分析结果见表 13-18。结果显示，区位条件、政府政策、产业关联和产业集聚等影响因素与物流企业数量间的回归系数方向和显著性与物流业总体样本基本一致，说明不同类型物流企业选址的决定因素基本相同，证明了研究结果的稳健性的同时，说明郑州市不同类型物流企业选址的决定因素差异不大。但部分因素对不同类型物流企业数量的影响同总体样本存在差异，供应链管理企业数量与到机场的距离呈现显著的负相关关系，说明供应链企业更加倾向布局在机场附近，新郑市工业、跨境电商等行业发展较充分带来的综合性物流服务需求促进了供应链管理企业的集聚发展。仓储企业数量和供应链管理企业数量与街道（乡镇）到工业园区的距离呈现正相关关系，仓储企业和供应链管理企业在一定程度上有远离工业园区选址的趋势。

表 13-18 郑州市不同类型物流企业选址的决定因素

	仓储		运输		多式联运与货运代理		供应链管理	
	(1)	(2)	(1)	(2)	(1)	(2)	(1)	(2)
区位条件								
到机场距离(DA)	−0.006* (−2.21)		−0.003* (−2.24)		−0.004* (−2.01)		−0.043*** (−6.75)	
到高铁站距离(DHSRS)		−0.016*** (−3.98)		−0.000 (−0.26)		−0.033*** (−9.82)		−0.020 (−1.78)
高校数量(NU)	−0.040 (−1.48)	−0.041 (−1.45)	0.022 (1.90)	0.022 (1.85)	0.026 (1.62)	0.032 (1.93)	−0.014 (−0.25)	−0.041 (−0.66)
政府政策								
郑东新区(PND)	−1.802*** (−5.69)	−1.921*** (−6.05)	−1.051*** (−10.31)	−1.064*** (−10.36)	−0.445*** (−3.41)	−0.662*** (−4.99)	−0.440 (−0.87)	−0.792 (−1.55)
产业关联								
到工业园区距离(DIP)	0.018 (1.57)	0.024* (2.06)	−0.013* (−2.33)	−0.012* (−2.11)	−0.026** (−2.76)	−0.017 (−1.66)	0.040 (1.43)	0.073* (2.45)
到专业批发市场距离(DWM)	−0.072*** (−7.64)	−0.059*** (−5.84)	−0.046*** (−10.05)	−0.048*** (−9.58)	−0.099*** (−12.01)	−0.067*** (−7.56)	−0.063** (−3.07)	−0.056* (−2.37)
产业集聚								
追随效应(FE)	0.006*** (10.73)	0.005*** (9.19)	0.007*** (29.82)	0.007*** (28.66)	0.007*** (22.57)	0.007*** (19.12)	0.007*** (8.18)	0.006*** (6.87)
物流园区数量(NLP)	0.230*** (9.99)	0.254*** (11.45)	0.131*** (9.65)	0.139*** (10.58)	0.155*** (8.41)	0.189*** (10.71)	0.255*** (6.94)	0.338*** (10.04)
Loglikelihood	−2818.17	−2812.29	−8501.79	−8504.24	−4052.39	−4000.81	−620.98	−642.18

注：***、**、*分别表示1%、5%和10%水平的系数显著性，括号中为z值。

13.5.4 阜阳市物流企业区位选择机制研究

阜阳市物流企业区位选择影响因素回归分析结果见表 13-19。结果显示，区位因素方面，到机场和高铁站距离与物流企业数量间的回归系数显著为负，说明阜阳市物流企业倾向于选址在机场和高铁站附近。高校数量回归系数同郑州等城市一致，回归系数显著为正。政府政策因素方面，阜阳城南新区的回归系数显著为负，说明街道（乡镇）是否位于城南新区并不能吸引物流企业的入驻，可能的原因是城南新区作为阜阳市政府规划的新区，起步时间较晚，发展不够成熟，主导功能为商务、金融等领域，新区功能定位导致物流需求较小，对物流企业入驻的吸引力不大。产业关联和产业集聚因素对物流企业数量的影响同其他城市一致，物流企业倾向于布局到距离工业园区、专业批发市场较近区域和物流园区等物流集聚区等区域，产业关联和产业集聚因素是影响阜阳市物流企业区位选择的核心因素。

表 13-19　阜阳市物流企业选址的影响因素

	物流企业数量	
	(1)	(2)
区位条件		
到机场距离（DA）	−0.007*** (−5.28)	
到高铁站距离（DHSRS）		−0.007** (−2.85)
高校数量（NU）	0.182* (2.50)	0.232*** (3.18)
政府政策		
城南新区（PND）	−0.911*** (−4.73)	−0.977*** (−5.01)
产业关联		
到工业园区距离（DIP）	−0.040*** (−11.73)	−0.039*** (−10.69)
到专业批发市场距离（DWM）	−0.022*** (−4.90)	−0.018*** (−3.87)
产业集聚		
追随效应（FE）	0.008*** (25.12)	0.008*** (27.09)
物流园区数量（NLP）	0.674*** (15.82)	0.718*** (17.17)
Loglikelihood	−5988.6536	−5998.5256

注：***、**、* 分别表示 1%、5% 和 10% 水平的系数显著性，括号中为 z 值。

不同类型物流企业的选址影响因素回归分析结果见表 13-20。结果显示,区位条件、产业关联与产业集聚等因素与物流企业数量间的回归系数方向和显著性与物流业总体样本结果基本一致,说明不同类型物流企业选址的决定因素基本一致,证明了研究结果稳健性的同时,说明不同类型物流企业选址的决定因素差异不大。但部分因素对不同类型物流企业数量的影响同总体样本存在差异,到高铁站的距离对仓储业、多式联运与货运代理和供应链管理行业企业选址影响不明确,高校数量对仓储业和供应链管理行业企业选址的影响不明确,到专业批发市场的距离对多式联运与货运代理和供应链管理行业企业选址影响不明确。

表 13-20　阜阳市不同类型物流企业选址的决定因素

	仓储		运输		多式联运与货运代理		供应链管理	
	(1)	(2)	(1)	(2)	(1)	(2)	(1)	(2)
区位条件								
到机场距离 (DA)	−0.021*** (−4.28)		−0.006*** (−5.02)		0.003 (1.14)		−0.047*** (−3.55)	
到高铁站距离 (DHSRS)		0.002 (0.25)		−0.007** (−2.77)		−0.003 (−0.64)		0.011 (0.49)
高校数量 (NU)	0.031 (0.27)	0.009 (0.08)	0.152* (2.03)	0.200** (2.66)	0.267* (2.42)	0.244** (2.23)	−0.399 (−0.51)	0.250 (0.30)
政府政策								
城南新区 (PND)	1.181*** (3.45)	1.748*** (5.25)	−0.949*** (−4.88)	−1.010*** (−5.14)	−0.673* (−2.01)	−0.706* (−2.14)	−22.204 (−0.00)	−24.188 (−0.00)
产业关联								
到工业园区距离 (DIP)	−0.089*** (−5.09)	−0.102*** (−6.15)	−0.040*** (−11.74)	−0.040*** (−10.67)	−0.043*** (−6.44)	−0.039*** (−5.48)	−0.130* (−2.47)	−0.136** (−2.97)
到专业批发市场距离 (DWM)	−0.068** (−2.91)	−0.064** (−2.83)	−0.025*** (−5.42)	−0.020*** (−4.40)	−0.010 (−1.17)	−0.009 (−1.05)	0.027 (0.45)	0.005 (0.09)
产业集聚								
追随效应 (FE)	0.005*** (5.03)	0.007*** (7.61)	0.008*** (25.34)	0.009*** (27.31)	0.008*** (14.04)	0.008*** (14.65)	0.003 (1.40)	0.005* (2.20)
物流园区数量 (NLP)	0.202* (1.98)	0.183 (1.76)	0.682*** (16.04)	0.723*** (17.33)	0.607*** (7.01)	0.593*** (6.95)	0.956* (2.54)	0.790* (2.06)
Loglikelihood	−581.67	−591.06	−5770.24	−5779	−1537.99	−1538.44	−107.27	−114.61

注:***、**、*分别表示1%、5%和10%水平的系数显著性,括号中为 z 值。

13.5.5　成都市物流企业区位选择机制研究

成都市物流企业区位选择影响因素回归分析结果见表 13-21。结果显示,区位条件方面,到机场的距离对物流企业的选址没有明显的影响,到高铁站的距离回归系数显著为负(成都市有多个高铁站,选择距离物流企业平均距离最近的成都站计算街道(乡镇)到高铁站的距离,该站位于成都市中心城区金牛区),说明成都市的物流企业更倾向于选址在高铁站附近。高校数量回归系数同郑州等城市一致,回归系数显著为正。政府政策方面,街道(乡镇)是否位于天府新区与物流企业数量呈现显著的正相关关系,说明成都市物流企业倾向选址在天府新区。天府新区是2014年获批的国家级新区,是四川自贸试验区的主要组成部分,产业布局以现代制造业和高端服务业为主,完善的基础设施配套、稳定且良好的政策环境、良好的制造业和现代服务业发展前景吸引了大量物流企业入驻到这个区域。产业关联和产业集聚因素对物流企业数量的影响同其他城市一致,物流企业倾向于布局到距离工业园区、专业批发市场较近区域和物流园区等物流集聚区等区域,产业关联和产业集聚因素是影响成都市物流企业区位选择的核心因素。

表 13-21 成都市物流企业选址的影响因素

	物流企业数量	
	(1)	(2)
区位条件		
到机场距离(DA)	0.001 (0.31)	
到高铁站距离(DHSRS)		−0.028*** (−8.94)
高校数量(NU)	0.097*** (6.71)	0.084*** (5.81)
政府政策		
天府新区(PND)	0.324*** (4.59)	0.357*** (5.15)
产业关联		
到工业园区距离(DIP)	−0.051*** (−21.52)	−0.045*** (−21.22)
到专业批发市场距离(DWM)	−0.056*** (−19.26)	−0.035*** (−9.44)
产业集聚		
追随效应(FE)	0.001*** (12.32)	0.001*** (13.04)
物流园区数量(NLP)	0.280*** (9.45)	0.277*** (9.39)
Loglikelihood	−14817.458	−14776.433

注:*** 表示 1% 水平的系数显著性,括号中为 z 值。

不同类型物流企业的选址影响因素回归分析结果见表 13-22。结果显示，区位条件、政府政策、产业关联与产业集聚等因素与不同类型物流企业数量间的回归系数方向和显著性与物流业总体样本结果基本一致，说明不同类型物流企业选址的决定因素基本相同，不同类型物流企业选址的决定因素差异不大。与总体样本不同，到机场的距离显著负向影响仓储和多式联运与货运代理企业数量，说明仓储企业和多式联运与货运代理企业更加倾向机场附近集聚。高校数量对供应链管理企业数量影响不明确。

表 13-22 成都市不同类型物流企业选址的决定因素

	仓储		运输		多式联运与货运代理		供应链管理	
	(1)	(2)	(1)	(2)	(1)	(2)	(1)	(2)
区位条件								
到机场距离（DA）	−0.009*** (−4.18)		0.003* (2.44)		−0.021*** (−11.45)		0.015 (3.20)	
到高铁站距离（DHSRS）		−0.060*** (−9.82)		−0.023*** (−7.13)		−0.055*** (−10.51)		−0.027* (−1.99)
高校数量（NU）	0.145*** (6.78)	0.132*** (6.17)	0.102*** (6.70)	0.091*** (5.95)	0.068*** (3.67)	0.049** (2.56)	0.075 (1.46)	0.094 (1.91)
政府政策								
天府新区（PND）	0.904*** (9.94)	1.045*** (11.85)	0.299*** (4.04)	0.297*** (4.10)	0.311*** (3.58)	0.532*** (5.96)	1.196*** (6.47)	0.996*** (5.86)
产业关联								
到工业园区距离（DIP）	−0.077*** (−15.18)	−0.066*** (−13.93)	−0.046*** (−19.03)	−0.039*** (−18.22)	−0.067*** (−16.93)	−0.067*** (−18.02)	−0.067*** (−6.06)	−0.045*** (−4.39)
到专业批发市场距离（DWM）	−0.052*** (−9.40)	−0.015* (−2.32)	−0.054*** (−18.00)	−0.036*** (−9.33)	−0.092*** (−17.99)	−0.060*** (−10.15)	−0.077*** (−5.78)	−0.051*** (−3.12)
产业集聚								
追随效应（FE）	0.001*** (5.77)	0.001*** (5.85)	0.001*** (11.62)	0.001*** (12.41)	0.001*** (10.63)	0.001*** (10.10)	0.001*** (5.18)	0.001*** (5.75)
物流园区数量（NLP）	0.263*** (6.92)	0.257*** (6.76)	0.328*** (11.25)	0.329*** (11.35)	0.095* (2.45)	0.054 (1.34)	0.242*** (3.64)	0.258*** (3.93)
Loglikelihood	−4682.15	−4639.45	−13415.26	−13392.18	−7044.77	−7054.1	−1040.48	−1043.45

注：***、**、*分别表示1%、5%和10%水平的系数显著性，括号中为 z 值。

13.5.6 柳州市物流企业区位选择机制研究

柳州市物流企业区位选择影响因素回归分析结果见表 13-23。结果显示，区位条件方面，到机场和高铁站的距离回归系数为负，说明柳州市物流企业有较显著地向大型公共交通基础设施集聚的倾向。高校数量回归系数同郑州等城市一致,回归系数显著为正。政府政策层面,街道(乡镇)是否位于柳东新区与物流企业数量呈现显著的正相关关系,说明物流企业更倾向选址在柳东新区,柳东新区的支柱产业为汽车产业,汽车产业的高质量发展带来了大量的物流服务需求;同时,中欧产业合作示范区、官塘综合物流园、新材料产业园等重大项目的建设进一步完善了柳东新区交通基础设施,提升了对物流企业的吸引力。到专业批发市场距离变量和产业集聚因素对物流企业数量的影响同其他城市一致,物流企业倾向于布局到距离专业批发市场较近的区域和物流园区等物流集聚区域,产业关联和产业集聚因素是影响柳州市物流企业区位选择的核心因素;同其他城市不一致的是,到工业园区距离对物流企业选址决策影响不明确,需要在后续研究中进一步深入研究。

表13-23 柳州市物流企业选址的影响因素

	物流企业数量	
	(1)	(2)
区位条件		
到机场距离(DA)	−0.003** (−2.91)	
到高铁站距离(DHSRS)		−0.003** (−2.69)
高校数量(NU)	0.233*** (3.53)	0.233*** (3.54)
政府政策		
柳东新区(PND)	0.736** (2.81)	0.738** (2.82)
产业关联		
到工业园区距离(DIP)	0.003 (1.08)	0.002 (0.92)
到专业批发市场距离(DWM)	−0.093*** (−15.31)	−0.093*** (−15.12)
产业集聚		
追随效应(FE)	0.012*** (15.46)	0.012*** (15.28)
物流园区数量(NLP)	0.596*** (10.65)	0.598*** (10.68)
Loglikelihood	−2736.0601	−2736.8016

注:***、**分别表示1%、5%水平的系数显著性,括号中为z值。

不同类型物流企业的选址影响因素回归分析结果见表13-24。结果显示,区位条件、政府政策、产业关联与产业集聚等因素与物流企业数量间的回归系数方向和显著性与物流业总体样本结果基本一致。区位条件对于仓储业、多式联运与货运代理、供应链管理企业的选址影响不明确。到机场距离对供应链管理企业数量影响显著为负,到专业批发市场距离对供应链管理企业数量影响显著为正,说明供应链管理企业倾向于布局到机场附近,和远离专业批发市场的区域。

表 13-24 柳州市不同类型物流企业选址的决定因素

	仓储		运输		多式联运与货运代理		供应链管理	
	(1)	(2)	(1)	(2)	(1)	(2)	(1)	(2)
区位条件								
到机场距离(DA)	0.002 (0.83)		−0.003** (−2.80)		−0.003 (−1.34)		−0.116* (−2.10)	
到高铁站距离(DHSRS)		0.002 (1.20)		−0.003* (−2.49)		−0.003 (−1.31)		−0.035 (−0.88)
高校数量(NU)	0.001 (0.00)	−0.007 (−0.05)	0.185** (3.05)	0.184** (3.04)	0.143 (1.33)	0.145 (1.34)	0.554 (0.52)	0.154 (0.16)
政府政策								
柳东新区(PND)	1.668*** (4.26)	1.687*** (4.36)	0.890*** (3.85)	0.891*** (3.86)	1.279** (3.03)	1.278** (3.03)	−16.025 (−0.00)	−21.325 (−0.00)
产业关联								
到工业园区距离(DIP)	0.008 (1.56)	0.007 (1.43)	0.003 (1.05)	0.002 (0.83)	0.015*** (3.36)	0.015*** (3.36)	−0.192 (−1.37)	−0.216 (−1.66)
到专业批发市场距离(DWM)	−0.213*** (−7.45)	−0.215*** (−7.49)	−0.097*** (−15.06)	−0.097*** (−14.90)	−0.117*** (−9.16)	−0.117*** (−9.08)	0.270** (2.00)	0.167* (1.96)
产业集聚								
追随效应(FE)	0.008*** (5.56)	0.008*** (5.64)	0.013*** (16.85)	0.013*** (16.71)	0.006*** (4.30)	0.006*** (4.19)	0.010 (1.55)	0.003 (0.41)
物流园区数量(NLP)	1.262*** (15.12)	1.266*** (15.24)	0.524*** (9.12)	0.527*** (9.15)	0.888*** (10.26)	0.892*** (10.32)	1.644*** (3.32)	1.751*** (3.66)
Loglikelihood	−548.44	−548.11	−2564.87	−2565.86	−801.23	−801.27	−45.18	−48.54

注:***、**、*分别表示1%、5%和10%水平的系数显著性,括号中为z值。

13.5.7 不同城市物流企业区位选择机制对比

1. 物流企业总体区位选择影响因素对比

研究发现,产业集聚因素与所有样本城市街道(乡镇)物流企业数量间均呈现显著的正相关关系,能够显著地提升物流企业数量,是所有样本城市物流企业区位选择共同的决定因素,区位条件、政府政策和产业关联对物流企业区位选择的影响存在异质性。

从区位因素来看,上海、郑州、柳州、阜阳的物流企业倾向于布局在机场周边,机场的良好运营在能够满足物流企业航空货物运输需求的同时,能够显著提升物流从业人员商务出行效率;除徐州外,其余样本城市的物流企业均选择靠近高铁站附近选址;样本城市中,仅上海市位于沿海,但物流企业选址并未显示向港口集聚的特征。从政策因素来看,郑州的郑东新区和阜阳的城南新区的建设对物流企业入驻的吸引力不大,其中,郑东新区产业发展定位于高新技术产业和金融业,物流服务需求不足,对物流企业吸引力不强;阜阳的城南新区重点发展的产业为金融等产业,物流服务需求不足,此外,该新区从2011年开始建设,仍处在发展的初级阶段,人口等要素的集聚能力不强,对物流企业吸引力不足,因此,郑州和阜阳的物流企业会更加倾向在远离新区的位置选址。样本城市中,除上海外,高校数量能够显著促进物流企业的集聚,高校学生海量的电子商务购物行为产生了大量的快递服务需求,快递企业逐渐集聚到高校周边区域。从产业关联因素来看,除柳州市外,其他样本城市产业关联因素与物流企业数量均呈现显著的负相关关系,物流企业倾向于向这些城市的工业园区、专业批发市场附近集聚;柳州市物流企业倾向于向专业批发市场附近集聚,但与工业园区距离间关系不明确。

2.不同类型物流企业区位选择影响因素对比

通过对不同区域、不同类型的物流企业区位选择影响因素进行对比发现,区位条件、产业关联和产业集聚因素对不同城市、不同类型的物流企业区位选择的影响基本一致,但城市间、不同类型企业间存在一定差异。从区位因素来看,机场、高铁等大型基础设施对运输企业选址的影响最大。从政府政策因素来看,政府政策主要影响仓储、运输企业、多式联运与货运代理企业的选址,但对不同类型物流企业的选址影响方向和程度存在差异,可能的原因是不同城市新区建设定位、发展阶段不同,导致对不同类型物流企业的吸引力存在差异。从产业关联因素来看,各个城市工业园区、专业批发市场建设对不同类型物流企业的区位选择影响存在异质性。从产业集聚因素来看,追随效应和物流园区数量与物流企业数量在不同城市、不同类型物流企业基本呈现显著的正相关关系,能够促进物流企业数量的增加。

13.6 政策建议

以上海市为例,研究结论对政府决策者和物流企业具有以下启示:①做好城市物流业发展顶层设计。结合城市物流业内部分工及物流业关联产业空间布局,做好物流业分级分类的专业空间布局规划。结合国家物流枢纽城市等建设任务,根据实际需要规划建设大型综合性的物流园区等基础设施,提高物流园区金融、管理咨询等配套服务能力,提升物流园区承载能力和服务能力。②提高政策科学性和政策能效。聚焦物流业发展空间扩张过程中存在的焦点问题,针对不同地区物流业发展阶段差异,出台针对性扶持和引导政策,推动不同区域物流业的协调发展。引导运输、仓储、货代等功能性业务向生产力布局区域和交通枢纽区域集中,引导物流企业总部和综合性物流企业的管理中心向中心城区集聚。强化物流业土地供应,加强人才和技术支撑,强化物流业发展空间支持和要素保障。③加强物流与关联产业的协同规划布局。在产业园区、批发市场等产业集聚区的规划建设中,要充分考虑物流服务需求,为物流业预留充足的发展空间,提高物流业与关联产业集聚区的协同集聚水平。高度重视物流业与关联产业发展的空间伴随特征,促进物流业与制造业、商贸流通等产业的高水平协同集聚。④推动城市物流业转型升级。围绕上海市"五个中心"建设,重点做好商贸服务型国家物流枢纽和全国快递行业转型发展示范区建设,推动物流业与制造业深度融合,提升供应链韧性和安全水平,将上海打造为具有全球辐射能级的国家物流枢纽。

结 论 篇
——研究结论及政策启示

该篇内容围绕理论分析和实证研究结果,总结提炼研究结论,从做好城市物流业发展顶层设计等方面提出城市物流高质量发展的政策建议。

第14章 主要结论及政策启示

14.1 研究结论

1.城市物流发展空间结构演化及影响因素方面

(1)城市物流快速发展,但区域发展不平衡问题依然突出。从城市物流集聚演化特征来看,研究期间,物流集聚区比较稳定,主要分布在"胡焕庸线"以东区域,位于"胡焕庸线"以西的物流集聚区主要集中在西宁、兰州、乌鲁木齐等西部省份省会城市。京津冀城市群、长江中游城市群、长三角城市群、山东半岛城市群、哈长城市群等区域城市物流业集聚水平较高,城市群中核心城市物流集聚水平高于其他城市。从城市物流发展来看,我国城市物流发展总体上均呈现上升趋势,但总体上仍处在较低水平。东、中、西三大板块中,城市物流发展水平和城市物流效率带有明显的经济发展差异的烙印,呈现东部最高、中部次之、西部最低的不平衡空间结构特征。

(2)城市物流发展空间结构演化呈现区域异质性特征。从城市物流发展空间走向来看,城市物流发展水平和城市物流效率空间结构均呈现"北(偏东)—南(偏西)"的空间走向,空间结构的重心整体呈现向西南方向移动的态势。城市物流发展水平和城市物流效率时空结构演化均呈现区域异质性特点。

从城市物流发展水平来看,城市物流发展水平空间结构演化区域异质性特征明显。东部沿海地区城市物流发展呈现多点多级空间格局,中西部地区呈现单点单级空间格局特征;东部沿海地区和中部地区核心城市物流业呈现极化发展向均衡扩散发展转变态势,区域物流进入均衡协调发展的新阶段;大部分的中、西部地区城市物流发展仍处在极化发展阶段或者极化发展阶段向扩散发展阶段转变的过程中。从城市物流效率来看,城市物流效率空间结构演化区域异质性特征明显,同城市物流发展空间分布特征不一致,城市物流效率在不同区域未呈现显著的"中心—外围"空间分布特征,核心城市物流效率并未显著高于其他城市。

(3)中国城市物流发展存在显著的空间溢出效应,各影响因素对城市物流发展水平(效率)的影响在不同城市、不同时间存在差异。全局空间计量模型结果显示,中国城市物流发展水平和城市物流效率均存在的显著的正向空间溢出效应,相邻区域的城市物流发展水平和城市物流效率的提升会带动本区域的城市物流发展水平和城市物流效率的提升。基于GTWR模型的局部空间计量分析结果显示,经济发展水平等因素对城市物流发展水平和城市物流效率均存在显著影响,但影响存在时空异质性,局部空间计量模型结果同全局空间计量直接效应结果部分一致。

2.城市物流高质量发展失配度方面

我国城市物流业高质量发展水平总体呈现上升趋势,但仍处在较低水平,城市物流高质量发展存在显著的区域不平衡特征,东部地区发展水平远高于中西部地区。城市物流高质量发展失配度总体呈现下降趋势,整体呈现由失配向匹配转变态势。引起失配的组合路径中,产业规模偏小是造成城市物流发展失配的主要原因,造成失配结果的组合路径包括"全面组合型"和"发展滞后—环境污染型"两种类型。引起匹配的组合路径中,较大的产业规模和较强的政府支持是实现城市物流高质量发展匹配格局的核心条件,产生匹配结果的组合路径包括"全面发展型"和"组织—开放型"两种类型。

3.国家物流枢纽承载城市物流韧性提升路径方面

国家物流枢纽承载城市物流韧性水平整体呈上升趋势,但城市间韧性水平差异呈现扩大化趋势。产业高质量发展潜力是提升城市物流韧性水平的最关键因素。QCA结果显示,高的物流产业高质量发展潜力在所有路径中均有出现,且该变量是所有路径的核心条件,说明城市物流产业高质量发展潜力是高城市物流韧性水平的最关键因素。产生高城市物流韧性的组合路径包括高质量发展驱动型、全面发展驱动型和高发展潜力驱动型3种类型。

4.中国城市物流业与制造业协同创新演化方面

研究期间,我国物流业与制造业协同创新的城市数量和总数均有较大的增长,但两业协同创新能力不强。从空间分布来看,两业协同创新能力强的区域分布在东部沿海少数一线城市,两业协同创新的空白地带集聚在西部地区。从时间演化来看,两业协同创新主要经历了起步阶段(2006—2009年)、快速发展阶段(2010—2015年)和平稳发展阶段(2016—2020年)。研究期间,两业多主体协同创新网络规模扩张迅速,物流业与制造业多主体协同创新网络于2006—2017年处于网络生命周期的形成期,2018—2020处于网络生命周期的成长期,但渐渐进入成长滞后期。

5.环境规制、创新与中国城市物流发展方面

创新水平和环境规制显著正向影响城市物流发展水平。在环境规制对城市物流发展水平的影响机制中,创新水平具有显著的门槛效应。政府工作报告中定量设定环境规制目标后,相关主管部门通过引导企业开展创新活动等方式应对环境规制压力,推动环境规制具体目标的实现,环境规制能够显著提高创新对城市物流发展水平的提升作用。

6.城市物流网络演化方面

我国城市物流网络生命周期演化阶段主要经历了2006—2007年的形成初期、2007—2014年的形成滞后期、2014—2016年的成长初期、2016—2019年的成长期和2019—2020年的成熟期5个发展阶段。城市物流网络整体在2006年、2010年、2015年和2020年4个研究年份里表现出相对稳定的网络特征,网络整体的连通性持续增强,网络内各节点城市的联系程度越发紧密,但没有形成明显的网络集聚特征。从城市群的物流网络特征来看,8个城市群内部的物流联系更加紧密,网络凝聚力更强,但没有表现出

明显的网络集聚特征。中国城市物流网络的影响因素分析结果发现,空间邻近性和资本存量的相似性会提升城市间的物流联系强度。

7. 产业协同集聚对区域经济高质量发展的溢出效应方面

我国物流业与制造业协同集聚度整体呈波动上升态势,但区域间差距较大,东部地区持续处于领先地位,西部地区同东、中部地区间差距不断扩大。城市 GTFP 呈下降趋势,ATC 的下降是其主要原因。我国物流业与制造业协同集聚对城市 GTFP 有显著促进作用,但对本地和对周边城市促进作用的实现途径存在差异。物流业与制造业协同集聚对城市 GTFP 的影响存在区域异质性,呈现东、中、西部地区正向影响依次递减的特点,且对东、中部地区正向影响程度高于全国。

8. 政府政策对城市物流生产效率影响方面

基于 284 个地级及以上城市 2009—2020 年数据,采用双重差分方法检验了《全国流通节点城市布局规划(2015—2020 年)》的实施对流通节点布局城市物流生产效率的影响。研究发现:《全国流通节点城市布局规划(2015—2020 年)》的实施显著促进了流通节点布局城市物流生产效率的提升,但对东、中、西部地区流通节点布局城市物流生产效率的影响存在异质性,该政策的实施对东部和中部地区城市物流生产效率的提升有显著的正向影响,但对西部地区影响不显著。

9. 中国物流企业空间格局演化及区位选择方面

(1) 中国物流企业数量显著快速增长且呈现产业升级特征,江苏、广东、山东和上海 4 个省市物流企业数量最多,企业数量占物流企业总量比重维持在 1/3 以上,物流企业空间分布不均衡性指数先上升后下降。物流企业空间分布同"胡焕庸线"呈现显著的关联特征,企业分布存在显著的区域集聚中心,主要集中在京津冀、长三角及其腹地、珠三角、成渝等 4 个集聚区域,北京、天津、上海、苏州、广州、深圳和东莞等城市一直是我国物流企业集聚水平最高的区域。

(2) 同城市物流发展空间结构演化特征一致,中国物流企业总体及所有业态分布均呈现"北(偏东)—南(偏西)"空间分布格局且较为稳定。同省域尺度相比,市域尺度物流企业分布的空间不均衡性特征更加明显,"胡焕庸线"两侧企业分布差异性极为显著,物流企业主要集中在"胡焕庸线"东侧。

(3) 物流企业区位选择影响因素分析结果显示,创新性因素和政策性因素对物流企业空间分布影响的解释力均呈下降趋势,但传统区位因素的影响总体呈现稳定及上升趋势,物流企业空间分布依然呈现显著的与生产力布局相匹配的特征,区域间生产力布局差异直接导致了物流企业空间分布差异。

10. 城市物流企业空间格局演化及区位选择方面

(1) 不同区域、不同经济发展水平城市物流企业时空结构演化特征总体一致,但在集聚尺度、空间演化特征等方面存在差异。从物流企业数量来看:6 个样本城市的物流企业总量及不同子行业企业数量均随着时间而增加。上海、郑州和成都等直辖市、省会城市物流企业数量远多于其他样本城市,其中,上海市物流企业数量最多,柳州市物流企业数量最少。从物流企业时空格局演化特征来看:NNI 结果显示,当企业数量达到一定水平后,所有样本城市物流业总体及子行业均呈现显著的空间集聚特征且集聚强度持续增强。从物流业子行业来看,2020年,各样本城市均呈现出运输业集聚程度最高、仓储业集聚程度最低的特征(除上海外,上海市多式联运和货运代理NNI值为0.14,略高于运输业的0.15)。样本城市物流企业呈现显著的多尺度空间集聚特征,上海、郑州和成都等城市物流业主要集聚在中心城区,呈现由中心城区向城市外围扩张特征,空间上呈现连片集聚分布特征,集聚范围在空间尺度上小于徐州等城市。从城市物流业空间扩张的特点来看,除成都外,其他城市物流业均存在显著的向城市外围或下辖县(市、区)空间扩张特征,成都市物流企业主要集中在中心城区,呈现显著的"核心—边缘"结构。

(2)不同区域、不同城市物流企业区位选择机制存在差异。从物流企业总体区位选择影响因素来看:产业集聚因素与所有样本城市街道(乡镇)物流企业数量间均呈现显著的正相关关系,能够显著提升物流企业数量,是所有样本城市物流企业区位选择共同的决定因素,区位因素、政府政策和产业关联对物流企业区位选择的影响存在异质性。从分行业物流企业区位选择影响因素来看:区位条件、政府政策、产业关联和产业集聚因素对不同城市、不同类型的物流企业区位选择的影响基本一致,但城市间、不同类型企业间存在一定差异。

14.2 政策启示

14.2.1 做好城市物流业发展顶层设计

产业发展规划能够通过引导和约束产业发展方向、明确产业发展空间格局、推动产业要素合理配置、优化产业发展环境等推动产业结构调整,实现产业的有序健康高质量发展。

从国家层面来看,做好物流业发展顶层设计是推动我国由"物流大国"向"物流强国"转变的重要保障。城市是物流供需在特定空间范围内匹配的载体,城市物流发展的功能定位应根据国家对区域物流业发展的总体战略进行调整[405],明确城市物流在国家物流服务体系中的角色和定位。中心城市区位好且辐射能力强,物流业发展既要满足城市内生产生活需求,同时要服务于区域供应链产业链组织中心功能,通过物流串联产业链供应链,将中心城市打造为国家物流、供应链运营组织中心。中小城市物流业发展则主要以满足城市内生产生活需求为主,同时通过通道链接到中心城市,最终构建差异化分工的城市物流服务网络。近年来,国家各部委陆续出台了一系列物流相关规划和政策措施,进一步明确了不同城市在国家物流服务体系中的角色和地位。截至2022年底,国家各部委围绕物流业及子行业、交通运输和现代流通等行业共印发6个专项规划,领域涉及物流、综合交通运输体系、冷链、航空、邮政、现代流通体系等领域,相关规划的主要任务实现了有效的衔接和融合,保证了规划的有效落地。

从区域尺度(省域、城市群等)来看,由于不同城市地理区位、经济发展阶段、政治地位、历史文化等存在差异,在全国、区域物流服务体系中,不同城市物流业发展定位、重点任务也存在明显差异。但省、市尺度的物流产业发展规划在区域间存在产业发展定位雷同,重点发展行业类别、行业发展重点方向高度重合等问题,区域内城市间存在物流基础设施低水平、重复性建设等问题,同时,部分物流基础设施存在重开发轻运营的现象,无法围绕基础设施有效推进物流产业高质量集聚,加剧物流资源布局不均衡的同时导致物流运营的低效率。在区域物流产业发展空间功能布局规划中应根据不同城市资源禀赋,明确不同城市物流业发展功能定位,通过错位发展提升大都市圈、城市群内不同区域、不同城市间的物流联系,推进城市间物流业分工协同发展,在此基础上,发挥物流业先导性作用,推动城市经济社会转型发展。

从城市尺度来看,物流产业发展规划的功能具体体现在定战略、定结构、定任务,定战略是指根据城市经济社会发展的总体目标明确城市物流产业的发展定位和发展策略;定结构是指明确城市物流基础设施、业态在城市不同功能区的空间布局;定任务则是根据城市物流总体发展定位明确具体任务。城市物流产业发展规划通过对市场的信息引导减少开发建设的盲目性,提升资源要素的利用率,通过政策引导资源要素的配置领域,提升要素配置效率,通过物流园区等基础设施建设引导产业集聚发展。具体来看:一是做好城市物流业发展总体设计。要根据城市空间规划、产业布局、商贸及人口集聚特征明确物流业内部分工在空间上的合理分布,同时,做好物流业与关联产业空间协同布局,做好物流业分级分类的专业空间布局规划。特别是国家物流枢纽布局城市,应结合国家物流枢纽城市建设任务,根据实际需要规划建设大型综合性的物流园区等基础设施,提升现有物流基础设施能级和服务能力,通过提升物流园区金融、管理咨询等配套服务的能力,提升物流园区承载能力和服务能力。二是要提高政策制定科学性和政策实施能效。聚焦城市物流业发展空间扩张过程中存在的土地等要素供给、产业协同集聚等焦点问题,针对不同地区物流业发展阶段差异,出台针对性扶持和引导政策,推动不同区域物流业的协调发展。引导运输、仓储、货代等功能性业务向生产力布局区域和交通枢纽区域集中,引导物流企业总部和综合性物流企业的管理中心向中心城区集聚。强化物流业土地供应,加强对物流业发展的人才和技术支持,强化物流业发展空间支持和要素保障。三是要加强物流与关联产业的协同规划布局。在工业园区、批发市场等产业集聚区的规划建设中,要充分考虑物流服务需求,为物流业预留充足的发展空间,提高物流业与关联产业集聚区的协同集聚水平。

14.2.2 通过物流枢纽建设提升城市物流基础设施能级

城市是区域经济的增长极,现代化物流枢纽(新型物流基础设施)的规划和建设是推进城市产业结构调整和升级、支撑新发展格局的重要抓手。现代物流枢纽的建设对于城市经济社会发展具有重要意义:第一,能够显著提升城市物流服务体系服务能力,推动城市物流产业的快速发展。第二,在完善的现代物流基础设施网络基础上通过业务组织方式、经营业态创新强化城市物流价值创造能力,降低关联产业物流成本,提升城市经济社会运营效率。第三,通过物流枢纽业务组织模式创新,加快城市物流深度融入双循环格局,通过低成本、强辐射、高效率的物流服务体系的构建,推动城市产业沿价值链方向向上向下延伸产业链,推动物流枢纽从"通道经济"向"枢纽经济"转变。第四,通过物流枢纽建设强化城市物流要素集聚能力,通过通道建设打通城市对外联通通道,提升城市竞争力、能级的同时,强化城市产业辐射能力,而通过连接区域、全球资源,则可以进一步强化城市枢纽地位,带动城市价值链地位和辐射能力提升。

物流枢纽是城市、区域物流服务体系的核心基础设施,通过对仓库等物流要素的集聚形成物流设施集群,通过开展货物集散等业务将物流枢纽打造为区域物流与供应链业务组织中心,高效支撑城市经济社会的有序运营。传统的物流枢纽主要以交通枢纽为主,通过场站等基础设施完成货物的集散,传统的物流枢纽关注实体货物的集散,作为新基建组成部分的现代物流枢纽通过数字信息技术、智慧物流设施设备的应用,由交通性枢纽向管理型枢纽转变,弱化货物集散功能,强调枢纽的供应链管理等功能,实现实体枢纽向智慧型枢纽的转变,提升社会物流运营效率。

顺畅的对外互联互通是城市高质量发展的基础,物流枢纽作为汇集商流、物流、信息流的重要载体,在提升城市间互联互通水平方面发挥着至关重要的作用。高等级的物流枢纽(特别是国家物流枢纽)的建设能够显著提升承载城市经济社会发展能级:一是增强城市物流要素集聚能力,能够提升承载城市物流业在全国物流服务体系中的地位,推动承载城市全面融入双循环格局;二是提升城市物流竞争力,高等级物流枢纽的高质量运行能够给承载城市带来超过城市自身生产、生活需求的物流业务增量,随着枢纽能级的提升,对外辐射能力持续增强,为城市物流业带来新的增长点的同时提升城市物流在区域中的竞争力;三是能够培育城市经济社会发展新的增长点,随着枢纽及通道的建设,枢纽对外联通能力持续增强,枢纽型物流资源作为整个供应链上的"中场发动机",逐渐形成经济要素集聚平台,通过枢纽的互联互通提升枢纽承载城市物流网络辐射能力,提升城市深度参与产业链、价值链分工合作的作用,给城市带来制造、商贸流通等产业要素的集聚,实现枢纽到枢纽经济的转变,逐渐形成新的城市经济社会发展增长点。

围绕"通道+枢纽+网络"现代物流服务体系建设,以全国"一盘棋"的思路推进涵盖国家物流枢纽、区域物流枢纽和终端服务网点的物流枢纽网络体系建设,推动物流基础设施规模化、网络化、数智化发展。现代物流服务体系建设主要任务包括以下几个方面:"节点"(枢纽节点)方面,提升新建和存量物流基础设施服务能力,引导要素集聚形成规模效应。"线路"方面,完善物流枢纽集疏运体系,打通物流枢纽间物流大通道,提升物流枢纽区域辐射能力和运营效率。"网络"方面,形成覆盖各级物流枢纽的现代物流服务体系,高效支撑双循环高质量运行。在"面"上,发挥物流枢纽和物流大通道要素集聚和区域辐射能力,延伸枢纽承载城市产业链,提升城市产业链价值链能级,推动枢纽经济发展。物流枢纽网络体系建设可以从以下两个方面重点开展工作:

(1)持续提升国家物流枢纽能级。国家物流枢纽是国家物流服务网络的关键节点,为连接物流链、物流链嵌入产业链供应链、实现物流链与产业链供应链的协同提供基础载体[406]。围绕国家物流枢纽重要地位,推动国家物流枢纽基础设施提档升级,提升要素集聚和处理能力、不同运输方式衔接转换能力和信息处理能力,将国家物流枢纽打造为物流要素集聚平台和供应链业务组织中心。一是要加强国家物流枢纽同周边地区物流基础设施(物流园区、配送中心等)的互联互通水平,提升国家物流枢纽多式联运、货物集散等物流服务资源集聚能力;二是要提升国家物流枢纽多式联运衔接服务能力,聚焦存量设施设备的提档升级,重点提升多式联运转运、装卸场站服务能力,推动涵盖公路、铁路、水运、航空等运输方式的多式联运业务体系建设,提升物流枢纽内不同运输方式转运效率;三是要完善国家物流枢纽集疏运体系、提升集疏运体系运营能力,重点提升铁路到港口、大型物流园区的通达能力,加快推进"公转水、公转铁",充分发挥铁路运输集约化组织优势,在推进多式联运的基础上优化运输结构;四是提升国家物流枢纽物流资源交易平台和物流公共信息服务平台建设,搭建物流枢纽托盘、叉车、集装箱等物流设施设备流转平台,提升设施设备循环利用效率,通过建设、对接物流公共信息服务平台,打通枢纽间、产业链供应链上下游环节间、不同运输方式间物流信息共享水平,实现物流业务全过程的跟踪和管理;五是提升国家物流枢纽产业链供应链组织能力,根据国家物流枢纽功能定位,按照双循环要求,强化国家物流枢纽与所在城市、区域支柱产业的联系,通过与制造业、商贸流通业的产业融合发展提升物流枢纽价值创造能力的同时,推动产业链价值链攀升,推进城市、区域产业升级;六是提升国家物流枢纽数智化水平,通过无人仓、大数据、云计算等技术的应用提升智慧物流发展水平,完善"设施+生态"数智化服务和配套服务能力。

(2)优化区域(城市)物流枢纽布局。区域(城市)物流枢纽作为区域(城市)物流服务体系的重要组成部分,在国家物流枢纽和物流服务终端网点的连接中发挥着纽带作用,通过国家物流枢纽、区域(城市)物流枢纽、终端服务网点的高效衔接,构建互联互通、多层级的物流枢纽服务体系。区域(城市)物流枢纽规划、建设和运营需要更深层次地融入区域(城市)经济社会发展中,要根据区域(城市)区位、支柱产业发展情况等因素定位物流枢纽功能和空间布局,重点解决物流枢纽运营主体服务能力不足、网络化业务组织能力不强、支撑体系不够完备等问题。

14.2.3 深挖重点领域发展潜力

1.提升制造业物流业两业融合发展水平

两业融合发展仍存在融合深度和广度不足、融合层次不高等问题。此外,以美国为代表的西方国家推动的逆全球化、对中国产业打压、同中国产业链脱钩等霸权行径给中国制造业产业链供应链韧性、安全带来挑战。通过物流业与制造业的深度协同提升供应链产业链韧性与安全显得愈发重要,如何提升供应链产业链透明度、协同性是提升物流业与制造业融合发展水平的关键。

(1)深化业务协同。

在提升物流企业资源整合能力、创新和服务能力的基础上,改变制造业为主导的简单物流业务"单向"外包模式,推进物流服务链深度嵌入制造业产业链供应链,通过搭建服务产前、产中和产后的综合性供应链服务体系,强化供应链不同环节物流联系的紧密程度,根据制造业企业运营体系(特别是生产、销售等环节)物流服务需求实际,设计一体化供应链物流服务体系实施方案,提升制造业产业链供应链的协同运作效率。

以汽车制造业为例,生产环节采用准时生产(JIT)方式,这种精益生产模式要求物流服务企业能够按照汽车生产企业生产计划要求准时将物料送到生产线指定位置。汽车制造企业供应商数量和物料种类庞大,在零部件入厂物流的实施过程中,物流企业需要针对处在不同区域的供应商采用不同的业务模式保证供应链的协同运作,其中,针对近距离供应商(供应商工厂或仓库位于汽车制造企业周边),物流企业采用循环取货方式(milk run)根据生产计划到供应商处交接物料并将物料送到总装线边上的线边库,针对远距离供应商(供应商同汽车生产企业不在同一个城市),采用供应商管理库存方式将物料存放在物流企业仓库,由物流企业根据汽车生产企业生产计划组织物料入厂物流作业。部分汽车制造企业将线边库业务也外包给物流企业,由物流企业承担物料上线等生产物流环节业务。为实现汽车零部件入厂物流、生产物流的高度协同,一般由生产企业开发供应链信息共享平台,通过在该平台上实现生产计划、物流信息的共享支撑物流业务与生产环节的高度协同。以江苏昆山电子信息产业集群为例,物流企业在为电子信息制造企业提供入厂物流、生产物流等服务的基础上,进一步延伸产业链,整合产业集群内制造企业原材料、零部件的共同需求,通过为客户制定和执行物料采购计划,提供物料仓配一体化服务,供应链金融等业务深度介入电子信息产业供应链,提升物流业与制造业业务协同水平。

(2)推进设施联动和标准融合。

一是做好物流设施设备与制造业的协同布局。在大型工业园区、产业集群规划阶段,做好生产服务型配套物流基础设施的规划和建设工作,引导制造企业与物流企业深度合作,实现物流业与制造业项目建设的协同推进,避免物流基础设施的低效重复建设等问题。补齐生产服务型国家物流枢纽高标仓储、多式联运衔接和转运设施设备、铁路专用线等基础设施短板,提升物流枢纽运营主体资源整合、供应链服务能力。二是完善物流业务实施载体流转体系。引导物流企业为制造企业定制化开发用于原材料、零部件、中间产品和产成品仓储和运输等环节的周转箱及专用运输车辆等设施设备,提升物流企业服务能力的同时,强化物流企业与制造企业的合作关系。三是推进行业物流标准制定。在汽车零部件入厂物流、电子信息产业零部件采购执行及入厂物流等环节,引导物流企业制定行业物流服务标准,促进行业规范化发展。

(3)强化信息共享融合。

信息的共享融合是物流业与制造业融合发展的基础,物流企业在为制造企业提供服务的过程中,两者之间存在着大量的信息传递需求。以汽车制造业为例,物流企业需要根据汽车生产企业总装线节拍、生产批量要求,每天分多个批次将上万种零部件送到线边库,汽车生产企业与物流企业间存在着海量的数据传输业务,如果按照传统的信息传递方式,无法满足汽车生产企业 JIT 生产需求,汽车生产企业在企业资源规划(ERP)系统基础上搭建供应链信息共享平台,物流企业通过接入该平台实现两者间的信息共享,保障业务协同的有序开展。通过信息的适时共享,解决制造业产业链供应链不同环节信息不对称、不透明、互信程度不高等问题,通过打通物流企业与制造企业信息通道来打破两者之间业务协同屏障,实现供应链产业链环节的高效衔接,最终实现对供应链产业链全链条的运营优化,提升物流业与制造业一体化运作水平和供应链产业链效率。

2.推动城市商贸物流提质增效

城市商贸物流是满足城乡居民消费需求,衔接生产和消费的重要纽带,新时代城市商贸物流服务由降低物流成本向提高服务品质和客户效率的提质增效目标转变。消费者消费方式的转变推动物流服务供给模式的变革,随着电子商务的快速发展,商贸流通新业态、新模式不断涌现,特别是前置仓、社交电商、直播电商等新零售业态的快速发展,通过对"人—货—场"的重构实现线上线下交易的全渠道化,对传统商贸流通产业产生了巨大冲击。新零售改变了传统的以产品为中心的物流运营模式,物流运营以客户为中心,通过对多样化用户需求的快速响应满足消费者需求,物流服务需求由传统批发渠道带来的大批量运输、仓储服务需求向用户订单驱动的小批量、多频次、高效率的物流服务需求转变,特别是生鲜电商、外卖等即时消费的发展带动了即时物流等城市配送业态的快速发展。城市商贸物流提质增效、高质量发展的主要任务包括以下几个方面:一是搭建高质量的物流基础设施体系。配送中心(仓库)等物流基础设施是城市商贸物流业务开展的核心节点,随着消费者消费模式的改变,如何将商品提前放置到离消费者最近的地方且在消费者产生消费需求时快速交付是商贸供应链运营的核心问题,传统的分销模式中,生产企业通过多级批发体系将商品配送到消费终端,但由于批发商代理产品品类较少,导致物流履约成本较高。随着批发行业的发展,批发商逐渐整合,代理多个品类的批发商负责向门店配货,但由于门店数量众多且布局分散,单一仓库难以实现高效配送作业。随着社区团购、生鲜电商平台等新零售模式的发展,为了更好满足中小客户和终端消费者需求,批发企业、新零售企业需要搭建涵盖区域分拨中心、分拨中心和前置仓(末端配送网点)在内的多级分仓体系,通过渠道下沉,更加靠近门店和消费者,提升订单响应速度,实现对门店的快速补货以及对消费者的快速发货交付。二是完善的城乡配送体系。在高质量搭建多级分仓体系的基础上,通过合理的线路将各级仓库高效连接,形成覆盖城乡的现代城市物流服务网络,通过对接全国性、区域性商贸物流节点,实现城市配送网络与区域物流网络的高效衔接。三是新技术、新装备的应用。通过城市商贸物流技术水平的提升,推进配送中心等节点设施设备的机械化和智能化,推动大数据、物联网等技术与商贸物流的全场景融合,提升商贸物流运营体系数智化水平。通过新技术推动传统物流转型升级,加快对传统商贸物流基础设施的改造,在国家物流枢纽等核心基础设施区域推广自动化仓库、自动分拣系统等智慧物流装备,提升商贸物流运营效率。以大数据、人工智能等技术为基础的城市数字物流平台通过供需的高效匹配,推动无人车、无人机等技术应用到城市配送环节,提升城市物流数智化水平。四是推动商贸物流数字化转型。利用物联网等技术对流通商品进行数字化描述,在此基础上推动业务流程的标准化,通过在商贸物流不同环节的数据共享提升运营效率。五是完善城乡冷链物流服务体系。重点推进覆盖生产地和消费地的冷链物流基础设施网络建设,通过培育骨干冷链物流企业打通冷链物流服务全链条,通过搭建冷链物流智慧管理平台,对冷库等节点和冷链运输全过程进行实时监控。

3.完善现代城市应急物流服务体系

2019年年底暴发的新冠疫情给经济社会发展带来较大冲击,新冠疫情导致的运输通道受阻、物流节点运营能力受限、"最后一公里"配送不够通畅等问题,给城市物流的有序运行带来了严峻挑战。城市应急物流服务体系是指在发生新冠疫情、自然灾害等突发事件时,为满足城市生产生活有序运行而构建的物流服务系统。高质量构建城市应急物流服务体系,需要从推进体制机制改革、完善基础设施网络、搭建协同应急运营体系、加强应急物资供应链建设、完善应急物流信息系统等方面统一推进。一是推进体制机制改革,强化城市应急物流服务体系顶层设计。根据应急物流体系建设要求,建立以应急管理部门为核心、多部门参与的应急物流体系管理机构,在突发事件发生时,形成统一指挥、跨区域跨部门协同联动的应急物流指挥体系。做好城市物流运营体系规划,搭建"政企军民"协同配合的应急物流体系。以交通运输管理部门为核心,做好城市应急运输预案并开展常态化演练,保证应急物流通道的畅通和应急物流在不同节点的高效衔接。二是完善城市应急物流基础设施网络。按照平战结合原则,充分整合现有物流园区、分拨中心等民用物流基础设施和政府应急救灾物资储备设施,做好应急物流储备及使用预案,加强应急物资的管理和供给能力建设;加强同区域核心物流枢纽节点、邻近城市救灾物资储备基地的连接能力建设,确保灾时区域间应急物资的有序供应。三是搭建"政军企"协同应急运营体系,健全应急联动响应机制。加强应急管理部门、军队同大型民营运输企业、仓储企业、物流枢纽运营企业、末端配送企业的合作,推进物流领域的"军民融合",实行"平时各自营运、战时迅速组合"的平战结合运营模式[407],确保灾时各方能够快速响应,做好应急救灾物资的运输配送等工作。针对城市应急物流不同环节,明确相关责任主体职责,联合多方开展应急预案的编制和常态化演练。四是加强应急物资供应链建设。强化同应急物资生产企业、商贸流通企业的合作,完善城市应急救灾物资动态存储机制,科学设定日常存储应急物资的数量和结构、空间分布,保证灾时应急物资的有序供给。五是搭建城市应急物流管理信息平台。依托政府现有的公共信息平台、应急管理部门信息平台,搭建多方参与的应急物流公共信息平台,建立应急物流不同主管部门、不同业务主体间的信息共享机制,有效支撑应急救援等方案制定的科学性和有效性。

4.加快城市物流绿色化转型

2006—2020年,我国物流业(用交通运输、仓储和邮政业相关指标代替)能源消耗占总能源消耗的比重由2006年的7.05%增加到2020年的8.29%,同期,物流业增加值占GDP比重由5.55%降为4%,物流业能源效率并未随着物流业的发展显著提升。物流业发展过程中排放了大量的污染物,成为空气污染物的主要来源之一,能源的大量消耗和空气污染物的大量排放成为制约物流业高质量发展的重要壁垒。从城市物流来看,为满足城市生产生活需求,城市物流服务体系高度复杂,特别是居民消费带来的物流服务需求呈现碎片化、多频次、小批量等特征,难以通过开展集约化配送等业务高质量满足城市生产生活物流服务需求,导致物流服务低效率的同时,给城市管理带来较大压力。此外,电子商务订单主要集中在城市区域,大量订单的交付带来海量的包装物等垃圾,如何解决包装物的逆向回收物流也是城市物流高质量发展面临的难题。在"双碳"目标的约束下,城市物流绿色化发展是实现城市经济社会高质量、可持续发展的重要任务。城市物流绿色化发展的主要路径包括以下几个方面:一是增强绿色物流意识。强化绿色物流发展的顶层设计,将绿色物流发展理念贯穿到城市物流、经济社会发展规划中[408];通过制定行业发展规划支持引导企业推进物流绿色化,引导物流企业在运输、包装等关键环节降低污染物排放和不可循环利用物料的使用;通过完善绿色物流法律法规、制定惩罚性的规制政策加强对物流企业非绿色化作业的监管,扮演好城市绿色物流的监管者和推动者[409];推动绿色物流标准的制定和推广工作,通过完善配套的奖惩制度引导物流企业按照相关标准开展作业;建立健全覆盖运输、仓储、包装等环节的绿色物流评价体系,对物流企业运输和仓储等环节碳排放情况、包装物使用情况进行客观评价;加强对物流企业、消费者的宣传教育,提升物流企业和消费者对绿色物流的认知,形成全社会共同推动的绿色物流发展环境。二是提升物流关键环节的绿色化水平。运输方面:重点在城市配送等业态提高新能源货车占比,优化新能源货车城市通行政策,提升绿色城市配送运营水平;优化城市内区域配送中心、配送中心和前置仓(末端配送网点)等物流节点网络,打通不同节点信息和运输通道,引导物流企业、商贸流通企业开展集约化的城市仓配一体化服务,通过提高车辆装载率、优化运输线路等方式提升物流节点基础设施、运输设备运营效率[410];完善物流枢纽基础设施,特别是补齐服务于衔接不同运输方式的设施设备短板,提升多式联运、甩挂运输等业务模式占比;深入做好城市绿色配送试点示范工作,做好成功经验、成熟业务模式的推广应用。仓库等基础设施建设和运营方面:按照绿色建筑标准做好仓库的规划和建设,做好绿色仓库等基础设施的认定工作,通过优化仓库空间布局、提升仓库作业水平提升仓储管理环节绿色化水平。包装环节:引导电子商务、商贸流通企业按照包装减量化、重复循环利用、可降解等原则推进包装绿色化,从源头上减少包装使用量;引导城市配送、电子商务企业加强对可循环使用包装物的研发和应用,在降低企业成本的同时,提升业务绿色化水平。三是加强绿色物流科技创新。加强对绿色低碳技术的研发和应用,通过新技术的应用提升物流业务的数字化、机械化、自动化水平,提升物流运营效率,重点推进包装新材料和新技术、新能源运输工具及配套设施设备、绿色仓储与数字化等技术的融合等方面的研发工作,提升城市物流关键环节绿色化水平。四是注重复合型绿色物流人才的培养。强化政产学研合作,优化高校(特别是培养应用型人才的高校)人才培养方案,针对物流不同环节绿色化要求重构应用型人才培养课程体系、培养过程,引导高校开展绿色物流应用型人才培养。鼓励高校等科研单位设立绿色物流工程研发中心,围绕绿色仓储、绿色运输、绿色包装等关键环节开展技术研发;通过强化培训等方式增强物流从业人员绿色物流认知。

5.提升城市物流数智化水平

推进城市物流数智化发展是物流产业转型升级的关键,也是推动城市经济社会高质量发展,全面融入双循环发展格局的重要支撑。可以通过以下几个方面提升城市物流数智化水平:第一,加强政府对城市物流业数智化转型的支持和引导。政府层面要加强对供应链产业链公共基础设施数字化改造,地方政府在制定城市空间规划、产业发展规划、乡村振兴规划等专项规划时,重点强化对农业产业生产和销售集中区(农产品优势集中产区、产地和销地批发市场等区域)、产业链较长的制造业等产业和区域数字化基础设施建设的政策支持,为打破信息和数据孤岛,打通不同产业数据链奠定基础。引导行业协会等机构统一物流数据、信息的标准和规范,打通不同物流公共信息平台、区域物流信息平台数据壁垒,解决平台建而不联、联而不通等问题,推动物流数据的集成共享。第二,推动产业链供应链业务协同化。通过产业链供应链数据共享,打通上下游产业数据链和业务链。通过打通物流业与关联产业全产业链数据链,打破物流业不同环节、物流业与关联产业间信息孤岛,通过提升全产业链业务流程数据可视化程度和数据共享水平,提升决策分析的有效性和业务执行的效率,提高物流业和关联产业运营效率,为供应链产业链安全和韧性提升奠定基础。第三,推进物流企业数智化改造。支持和引导物流园区、物流枢纽的基础设施数智化改造,重点推动智慧高标仓等智慧物流基础设施的应用,在提升物流枢纽业务数字化水平的基础上推动物流数据"上云",实现不同区域物流枢纽间数据的共享,搭建覆盖全国的数字化物流运营体系。支持和引导物流企业对基础设施进行智能化改造,对业务进行数字化升级,通过高端物流要素的配置提升物流企业竞争力,推动产业转型升级。第四,通过数字化、智能化推动物流业务运营的无人化,解决用工短缺、"最后一公里"配送等问题。

14.2.4 推动重点业态高质量发展

1.城市配送

城市配送指在城市空间范围内开展点到点、一点到多点短距离配送业务的物流业态,城市配送的主要目标是快速高效地满足客户配送业务需求,主要服务于B端的货运需求(快消品、服装等产品的批发和零售)和C端(电子商务、生鲜电商、快递、搬家等)等需求,城市配送服务供给和需求呈现显著的碎片化、潮汐需求等特征,对城市配送企业柔性化的服务能力提出较高要求。近年来,各级政府高度重视城市配送业态的发展,通过政策引导支持城市配送高质量发展,"绿色货运配送示范城市"等项目的建设完善了城市配送车辆、分级配送体系和车辆通行便利度等制度,城市配送基础设施网络逐步完善,商贸流通业和物流业协同水平持续提升,城市配送绿色化发展水平持续提升。以货拉拉、滴滴货运、快狗打车、唯捷城配、达达为代表的城市配送(特别是提供仓配一体化服务的企业)企业快速成长,集中配送等业态的发展推动了城市配送集约化高质量发展。但城市配送行业发展依然存在政策支持度不足、车辆通行便利度不高、共同配送发展不充分等问题,需要进一步完善行业发展政策支持和运营体系。

推动城市配送高质量发展包括以下路径:①强化政策支持。我国城市配送政策体系同德国等欧美发达国家和地区在道路交通法规、环境和气候保护、市场监管等方面还有一定差距,法律法规、政策体系对城市配送业态的发展保障和引导有待进一步加强。②进一步提升配送车辆通行便利度。进一步放宽城市配送车辆通行时间、通行区域限制;允许为超市、便民市场等提供配送业务的车辆在白天开展业务;进一步放宽对车辆载重吨位的限制,减少干线与配送作业中间的中转环节,提升运输和配送效率;全面推广通行证网上办理,提高通行证办理效率,在此基础上,延长通行证有效期;提升城市货运车辆导航服务能力,完善城市禁行信息及时更新、引导货车到专用车位停泊等服务能力,精准引导城市配送车辆配送业务开展。③进一步完善分级配送体系。系统布局干支衔接型物流枢纽、公共集配中心、公共末端配送站点的多级配送设施体系,同时提升道路通行便利化水平,实现干线、支线和末端配送的有机衔接,提升城市居民消费物资保障能力。④推广共同配送业务模式。在共同配送试点城市,加强对多级配送设施体系建设的政策支持,解决共同配送基础设施碎片化布局等问题;推动城市用地规划、交通管理、商业设施规划相关主管部门同共同配送主管部门齐抓共管,政策协同,特别是解决共同配送城市内部车辆通行和临时停车问题,逐步扫清共同配送业务开展的政策障碍。此外,共同配送业务打破了传统的多级批发商业和供应链体系,同时存在客户信息保密(现有物流服务商将客户信息提供给共同配送企业,存在客户丢失风险)、物流服务责任划分不清晰等问题,这些问题需要在共同配送业务开展过程中重点解决,可以通过多家物流企业开展统仓统配、多仓统配等业务模式试点解决共同配送业务开展过程中存在的问题。

2.构建覆盖"产地—批发地—消费者"的冷链物流服务网络

(1)构建覆盖"产地—批发地—消费者"冷链物流设施的衔接网络。

一是引导各类农业经营主体和冷链物流企业加强合作,适应农产品产地多点布局和小批量、多批次运输需求特点,开展从产地预冷源头基点到批发地冷链集配中心、骨干冷链物流基地的干支衔接运输组织,构建稳定、高效、低成本运行的农产品出村进城冷链物流衔接系统,提高"最先一公里"冷链物流服务能力,以满足"产地—批发地"冷链物流储运需求。二是培育一批产地移动冷库和冷藏车社会化服务主体,发展设施租赁、"移动冷库+集配中心"等模式,构建"产地—批发地"冷链物流衔接系网络,缩短农产品采后进入冷链物流环节的时间。三是在城市区域建设一批具备货物集散、流通加工、城市配送等功能的销地冷链集配中心。四是鼓励生鲜电商、快递等企业加强生鲜类产品前置仓等终端基础设施建设,提升"最后一公里"冷链物流服务能力。

(2)提升冷链运输质量和效率。

依托城市绿色货运配送示范工程,出台城市冷链配送车辆通行支持政策,推广多温层、新能源配送车辆,引导农产品流通企业设计适合不同产品种类的周转箱等单元化运载工具,减少在冷库等基础设施拆箱、倒托频次,提升托盘、周转箱运输占比,减少冷链商品(特别是蔬菜水果等生鲜产品)运输损耗的同时,提升配送中心、前置仓等区域操作效率。支持流通企业完善冷链运输全过程可追溯体系建设,实时采集冷链运输车辆、驾驶员、货物、温湿度等信息,加强冷链运输过程监测,保证冷链运输质量。

参考文献

[1] 同济大学中国交通研究院,新驰管理咨询(上海)有限公司.中国城市物流竞争力报告(2021)[R].北京:人民交通出版社,2021.

[2] ELLISON G,GLAESER E L,KERR W R.What causes industry agglomeration? Evidence from coagglomeration patterns[J].The American Economic Review,2010,100(3):1195-1213.

[3] STEPHENS C,GARY F.Social capital and capital gainsinsilicon valley[J].California Management Review,1999,41(2):108-130.

[4] SHEFFI Y.Logistics clusters:Delivering value and driving growth[M].Cambridge:The MIT Press,2012.

[5] MICHIEL D B.Estimation and validation of a microscopic model for spatial economic effects of transport infrastructure[J].Transportation Research Part A:Policy and Practice,2008,43(1):44-59.

[6] HONG J J.Transport and the location of foreign logistics firms:The Chinese experience[J].Transportation Research Part A:Policy and Practice,2006,41(6):597-609.

[7] RIVERA L,SHEFFI Y,WELSCH R.Logistics agglomeration in the US[J].Transportation Research Part A:Policy and Practice,2014,59:222-238.

[8] RIVERA L,SHEFFI Y,KNOPPEN D.Logistics clusters:The impact of further agglomeration,training and firm size on collaboration and value added services[J].International Journal of Production Economics,2016,179:285-294.

[9] KUMAR I,ZHALNIN A,KIM O,et al.Transportation and logistics cluster competitive advantages in the U.S.regions:A cross-sectional and spatio-temporal analysis[J].Research in Transportation Economics,2017,61(3):25-36.

[10] CUI Y,SONG B L.Logistics agglomeration and its impacts in China[J].Transportation Research Procedia,2017(25):3879-3889.

[11] SUN B W,LI H M,ZHAO Q Y.Logistics agglomeration and logistics productivity in the USA[J].The Annals of Regional Science,2018,61(2):273-293.

[12] JIN R H.Study on the spatial pattern and driving factors of China A class logistics enterprises[J].Journal of Trend in Scientific Research and Development,2019,3(6):35-47.

[13] ZHANG Y W,KONG J,ZHANG Y,et al.The impacts of logistics sprawl:How does the location of parcel and unequal logistics industry development on western cities in China

[J].Journal of Urban Planning and Development,2022,148(2):102-115.

[14] YANG Z W,CHEN X H,PAN R X,et al.Exploring location factors of logistics facilities from a spatiotemporal perspective: A case study from Shanghai[J].Journal of Transport Geography,2022,100:103318.

[15] 汤国生.城市物流产业集群的集聚机理[J].中国流通经济,2014,28(4):65-69.

[16] 王非,冯耕中.我国物流集聚区内涵与形成机理研究[J].统计与决策,2010(24):44-47.

[17] 刘畅,张晓燕.物流集群协同的自组织特征和演化机理[J].甘肃社会科学,2018(3):236-242.

[18] 李倩倩,董会忠,曾文霞.长三角城市群物流产业集聚时空格局及影响因素研究[J].商业经济研究,2020(5):148-151.

[19] 朱万春,田景仁,刘芸.高铁开通对沿线城市物流产业集聚的影响——基于EG指数分析[J].商业经济研究,2020(12):88-91.

[20] 周楠,陈久梅,但斌,等.长江经济带物流竞争力空间演化及溢出效应研究[J].重庆大学学报(社会科学版),2023,29(2):33-49.

[21] 沈玉芳,王能洲,马仁锋,等.长三角区域物流空间布局及演化特征研究[J].经济地理,2011,31(4):618-623.

[22] 张晓涛,李芳芳.北京市物流业集聚区空间分布演变[J].城市问题,2014(3):44-48.

[23] 王健,刘荷.跨国公司嵌入视角下物流产业集群网络结构演化[J].中国流通经济,2015,29(8):26-32.

[24] 刘思婧,李国旗,金凤君.中国物流集群的量化甄别与发育程度评价[J].地理学报,2018,73(8):1540-1555.

[25] 董会忠,姚孟超.时空分异视角下物流产业集聚特征演化及关联因素分析[J].哈尔滨商业大学学报(社会科学版),2019(6):51-61.

[26] 吴彪,邱绍浪,汪凯,等.市域尺度下区域物流发展水平时空演化分析[J].铁道科学与工程学报,2021,18(2):516-523.

[27] 戚梦圆.物流企业竞争力评价及其影响因素研究[D].无锡:江南大学,2022.

[28] SAKAI T,KAWAMURA K,HYODO T.Locational dynamics of logistics facilities: Evidence from Tokyo[J].Journal of Transport Geography,2015,46:10-19.

[29] SAKAI T,KAWAMURA K,HYODO T.Spatial reorganization of urban logistics system and its impacts: Case of Tokyo[J].Journal of Transport Geography,2017,60:110-118.

[30] DUBIE M,KAI C,KUO,et al.An evaluation of logistics sprawl in Chicago and Phoenix[J].Journal of Transport Geography,2020,88:102298.

[31] GIULIANO G,KANG S Y.Spatial dynamics of the logistics industry: Evidence from California[J].Journal of Transport Geography,2018,66:248-258.

[32] HEITZ A,DABLANC L,OLSSON J,et al.Spatial patterns of logistics facilities in Gothenburg,Sweden[J].Journal of Transport Geography,2020,88:102191.

[33] STRALE M. Logistics sprawl in the Brussels metropolitan area: Toward a socio-geographic typology[J].Journal of Transport Geography,2020,88:102372.

[34] WOUDSMA C,JAKUBICEK P.Logistics land use patterns in metropolitan Canada[J].

Journal of Transport Geography,2020,88:102381.

[35] KANG S.Relative logistics sprawl: Measuring changes in the relative distribution from warehouses to logistics businesses and the general population[J].Journal of Transport Geography,2020,83:102636.

[36] GUERIN L,VIEIRA J G V,OLIVEIRA R L M D,et al.The geography of warehouses in the So Paulo Metropolitan Region and contributing factors to this spatial distribution [J].Journal of Transport Geography,2021,91:102976.

[37] 曹卫东.城市物流企业区位分布的空间格局及其演化——以苏州市为例[J].地理研究,2011,30(11):1997-2007.

[38] 梁双波,曹有挥,吴威.上海大都市区港口物流企业的空间格局演化[J].地理研究,2013,32(8):1448-1456.

[39] 胡燕燕,曹卫东,黄琪,等.合肥市物流空间区位特征与形成机理[J].地域研究与开发,2016,35(3):58-63.

[40] 朱慧,周根贵.国际陆港物流企业空间格局演化及其影响因素——以义乌市为例[J].经济地理,2017,37(2):98-105.

[41] 张大鹏,曹卫东,姚兆钊,等.上海大都市区物流企业区位分布特征及其演化[J].长江流域资源与环境,2018,27(7):1478-1489.

[42] 王瑞,蒋天颖,王帅.宁波市港口物流企业空间格局及区位选择[J].地理科学,2018,38(5):691-698.

[43] 邱莹,施先亮,马依彤,等.北京市食品冷链物流时空分布特征及变迁[J].地域研究与开发,2018,37(4):32-36.

[44] 孙文杰.重庆市物流企业空间格局识别及配送网点优化配置研究[D].成都:西南交通大学,2020.

[45] 程丹丹.蔓延视角下深圳市物流企业与仓储设施的空间演变研究[D].哈尔滨:哈尔滨工业大学,2020.

[46] 徐瞳.青岛市制造业与物流业的协同演化和空间集聚研究[D].成都:西南交通大学,2021.

[47] 秦璐,刘凯.城市物流空间结构演化机理研究[J].中国流通经济,2011,25(6):30-35.

[48] 陆华,刘凯.基于时间序列的区域物流网络演化模型的实证分析[J].北京交通大学学报,2015,39(3):41-47.

[49] 戢晓峰,连晨希,陈方.基于L-3D方法的云南省物流经济空间格局研究[J].人文地理,2016,31(5):141-147.

[50] 叶磊,段学军.基于物流企业的长三角地区城市网络结构[J].地理科学进展,2016,35(5):622-631.

[51] 梁子婧,王德青.供给侧结构性改革背景下区域物流发展格局演变的探索性研究[J].科技管理研究,2017,37(22):221-227.

[52] 王晓平,张申峰,闫飞,等.京津冀港口物流竞合力分析与对策研究[J].铁道运输与经济,2018,40(8):23-27,32.

[53] 孙静,康敏.区际流通下城市物流空间结构演化时空分异研究[J].商业经济研究,2022(6):119-122.

[54] ALJOHANI K, RUSSELL G, THOMPSON. Impacts of logistics sprawl on the urban environment and logistics: Taxonomy and review of literature[J]. Journal of Transport Geography, 2016, 57(12): 255-263.

[55] HE M L, SHEN J R, WU X H, et al. Logistics space: A literature review from the sustainability perspective[J]. Sustainability, 2018, 10(8): 1-24.

[56] WOUDSMA C, JOHN F J, PAVLOS K, et al. Logistics land use and the city: A spatial-temporal modeling approach[J]. Transportation Research Part E: Logistics and Transportation Review, 2008, 44(2): 277-297.

[57] DABLANC L, ROSS C. Atlanta: a mega logistics center in the Piedmont Atlantic Megaregion (PAM)[J]. Journal of Transport Geography, 2012(24): 432-442.

[58] ALLEN J, BROWNE M, CHERRETT T. Investigating relationships between road freight transport, facility location, logistics management and urban form[J]. Journal of Transport Geography, 2012, 24(4): 45-57.

[59] JAKUBICEK P, WOUDSMA C. Proximity, land, labor and planning? Logistics industry perspectives on facility location[J]. Transportation Letters, 2013, 3(3): 161-173.

[60] VERHETSEL A, KESSELS R, GOOS P, et al. Location of logistics companies: A stated preference study to disentangle the impact of accessibility[J]. Journal of Transport Geography, 2015, 42(1): 110-121.

[61] KANG S Y. Warehouse location choice: A case study in Los Angeles, CA[J]. Journal of Transport Geography, 2020, 88: 102297.

[62] KANG S Y. Why do warehouses decentralize more in certain metropolitan areas? [J]. Journal of Transport Geography, 2020, 88: 102330.

[63] CHATHURA K D S, KAZUSHI S, KIICHIRO H, et al. Geographical dimension of e-commerce logistics facilities in Tokyo metropolitan region, Japan[J]. Journal of the Eastern Asia Society for Transportation Studies, 2019(13): 957-974.

[64] OLIVEIRA L K D, GUERRA E D. A diagnosis methodology for urban goods distribution: a case study in belo horizonte city (brazil)[J]. Procedia-Social and Behavioral Sciences, 2014(125): 199-211.

[65] FRANK P V D H, LILIANA R, KAREL H V D, et al. Fransoo. Relationship between freight accessibility and logistics employment in US counties[J]. Transportation Research Part A Policy & Practice, 2014, 59(1): 95-105.

[66] HOLL A, MARIOTTI I. The geography of logistics firm location: The role of accessibility[J]. Networks and Spatial Economics, 2018, 18(2): 337-361.

[67] KEVIN G, HANNA M. The role of airport proximity on warehouse location and associated truck trips: Evidence from Toronto, Ontario[J]. Journal of Transport Geography, 2019, 74(1): 97-109.

[68] 陈红丽,赵爽,杨海波,等.环首都流通圈物流供应链节点空间布局优化[J].经济地理,2020,40(7):115-123.

[69] 李国旗,金凤君,陈娱,等.基于POI的物流节点和物流企业区位特征与分异机制——以

北京为例(英文)[J].地理科学,2017,27(7):879-896.

[70] LEIGH N G, NATHANAEL Z H.Smart ide[J].Journal of the American Planning Association,2012,78(1):87-103.

[71] ANDREOLI D,GOODCHILD A,VITASEK K. The rise of mega distribution centers and the impact on logistical uncertainty[J].Transportation Letters,2010,2(2):75-88.

[72]齐长安.都市圈城市物流网络空间优化——以京津冀地区为例[J].商业经济研究,2020(22):109-112.

[73] ADELINE H,PIERRE L,ADRIEN B.Heterogeneity of logistics facilities:An issue for a better understanding and planning of the location of logistics facilities[J].European Transport Research Review,2019,11(1):5-20.

[74]何诗芬.农产品冷链物流企业空间布局及其市场影响因素研究[D].上海:上海财经大学,2020.

[75]陈子怡,陈小鸿,姜尚均.首尔都市区冷链物流设施空间演化研究[J].国际城市规划,2022,37(4):20-27.

[76]肖作鹏,王缉宪,袁泉,等.国际视野下城市物流政策实践的挑战与创新[J].国际城市规划,2022,37(4):4-11.

[77] ZHENG K.Research on the spatial agglomeration characteristics and influencing factors of express delivery station based on DNN[J].Computational Intelligence and Neuroscience,2022:3817066.

[78]戢晓峰,王然,陈方,等.中国城市物流蔓延的时空演化特征——基于329个城市的物流用地面板数据[J].地理科学,2021,41(2):215-222.

[79]李会,任启龙,张春梅.京津冀城市物流联系时空演变及驱动因素研究[J].世界地理研究,2022,31(5):1046-1056.

[80] SKJÖTT-LARSEN T,PAULSSON U,WANDEL S.Logistics in the Öresund region after the bridge[J].European Journal of Operational Research,2003,144(2):247-256.

[81] ISHFAQ R, CHARLES R S. Hub location-allocation in intermodal logistic networks[J].European Journal of OpeNNInal Research,2010,210(2):213-230.

[82] LIEDTKE G, FRIEDRICH H.Generation of logistics networks in freight transportation models[J].Transportation,2012,39(6):1335-1351.

[83] AKHAVAN M,GHIARA H,MARIOTTI I,et al.Logistics global network connectivity and its determinants. A european city network analysis[J].Journal of Transport Geography,2020,82:102624.

[84] NGUYEN T Y,NGUYEN T A,ZHANG J.Asean logistics network model and algorithm[J].The Asian Journal of Shipping and Logistics,2021,37(3):253-258.

[85]王成金,韩增林.试论环渤海物流网络的形成与运作[J].人文地理,2004(2):69-73.

[86]鄢飞,董千里.陕西区域物流网络构建研究[J].西北农林科技大学学报(社会科学版),2008(2):51-57.

[87]曹锦文.河南省城市群物流网络节点规划及发展战略研究[J].经济经纬,2010(3):68-72.

[88]苗恩标,赵春雨.基于轴—辐理论的皖江城市带物流网络空间构建[J].资源开发与市场,

2012,28(3):238-241.

[89] 董琦,甄峰.基于物流企业网络的中国城市网络空间结构特征研究[J].人文地理,2013,28(4):71-76.

[90] 宗会明,吕瑞辉.基于物流企业数据的2007—2017年中国城市网络空间特征及演化[J].地理科学,2020,40(5):760-767.

[91] 李明芳,薛景梅.京津冀轴辐式区域物流网络的构建与对策[J].中国流通经济,2015,29(1):106-111.

[92] 秦璐,高歌.中国物流运营网络中的城市节点层级分析[J].经济地理,2017,37(5):101-109.

[93] 贾鹏,吴寄石,李海江,等.中国物流枢纽承载城市货运网络时空演化及驱动机制[J].地理科学,2021,41(5):759-767.

[94] 李延祺,涂敏.上海大都市圈物流网络空间结构及驱动力分析[J].上海海事大学学报,2022,43(3):83-90,126.

[95] 郭建科,喻铄琪.中国沿海港口物流网络空间结构演化及其影响因素[J].热带地理,2022,42(10):1-11.

[96] LEISE O,ODIRLEYS S,RENATAS O,et al. Is the location of warehouses changing in the belohorizonte metropolitan area (brazil)? A logistics sprawl analysis in a latin american context[J].Urban Science,2018,2(2):43-55.

[97] DABLANC L,OGILVIE S,GOODCHILD A.Logistics sprawl:Differential warehousing development patterns in Los Angeles,California,and Seattle,Washington[J].Journal of Transportation Research Record,2014(2410):105-112.

[98] 谢永琴,魏晓晨.北京物流企业空间布局演化及影响因素分析[J].陕西师范大学学报(自然科学版),2019,47(2):106-115.

[99] 张圣忠,柴延熠.西安市物流企业空间格局演化及影响因素分析[J].世界地理研究,2021,30(6):1275-1285.

[100] GIULIANO G.Land use impacts of transportation investments-highway and transit[J].The Geography of Urban Transportation,2004(3):237-273.

[101] RODRIGUE J P.The thruport concept and transmodal rail freight distribution in North America[J].Journal of transport Geography,2008,16(4):233-246.

[102] 千庆兰,陈颖彪,李雁,等.广州市物流企业空间布局特征及其影响因素[J].地理学报,2011,30(7):1254-1261.

[103] 严若谷.新发展格局下现代物流与制造业协同发展研究——基于大城市内部企业的微观选址行为分析[J].贵州社会科学,2021,382(10):135-144.

[104] YUAN Q.Location of warehouses and environmental justice[J].Journal of Planning Education and Research,2018,41(3):282-293.

[105] 崔介何.论城市物流体系建设[J].开放导报,2011(5):21-25.

[106] TANIGUCHI E,THOMPSON R,YAMADA T.City logistics:Network modelling and intelligent transport systems[M].Pergamon:Oxford,2001.

[107] TANIGUCHI E.Concepts of city logistics for sustainable and liveable cities[J].Procedia-

Social Behavioral Science,2014(151):310-317.

[108] CATTARUZZA D,ABSI N,FEILLET D,et al.Vehicle routing problems for city logistics[J].EURO Journal on Transportation and Logistics,2015,6(1):51-79.

[109] 王之泰.城市物流研究探要[J].物流技术,1999(1):25-27.

[110] 谭清美,王子龙.城市物流对经济的拉动作用研究——以江苏南京为例[J].工业技术经济,2004(1):89-91.

[111] 王国文,王文博.城市物流:理论与政策若干思考[J].开放导报,2011(5):10-15.

[112] 郭克莎.中国产业结构变动趋势及政策研究[M].北京:经济管理出版社,1999.

[113] 朱紫雯,徐梦雨.中国经济结构变迁与高质量发展——首届中国发展经济学学者论坛综述[J].经济研究,2019,54(3):194-198.

[114] R.J.约翰斯顿.人文地理学词典[M].柴彦威,译.北京:商务印书馆,2004.

[115] 周春山,叶昌东.中国城市空间结构研究评述[J].地理科学进展,2013,32(7):1030-1038.

[116] 厉敏萍,曾光.城市空间结构与区域经济协调发展理论综述[J].经济体制改革,2012(06):53-56.

[117] 江曼琦.城市空间结构的经济学分析[M].北京:人民出版社,2001.

[118] 秦璐.城市物流空间结构特征及演化理论研究[D].北京:北京交通大学,2012.

[119] 李国平,赵永超.梯度理论综述[J].人文地理,2008(1):47,61-64.

[120] 尼科里斯,普利高津.探索复杂性[M].成都:四川教育出版社,1992.

[121] 吴彤.自组织方法论研究[M].北京:清华大学出版社,2001.

[122] 安虎森.增长极理论评述[J].南开经济研究,1997(1):31-37.

[123] 陆大道.关于"点-轴"空间结构系统的形成机理分析[J].地理科学,2002(1):1-6.

[124] 陆大道.区域发展及其空间结构[M].北京:科学出版社,1995.

[125] JOHN F.Regional development policy:A case study of venezuela[M].Cambridge:MIT Press,1966.

[126] 闫卫阳,王发曾,秦耀辰.城市空间相互作用理论模型的演进与机理[J].地理科学进展,2009,28(4):511-518.

[127] 许学强,周一星,宁越敏.城市地理学[M].北京:高等教育出版社,1997.

[128] ULLMAN E L.American commodity flow[M].Seattle:University of Washington Press,1957.

[129] HAGGETT P.Locational analysis in human geography[M].London:Edward Arnold Ltd,1965.

[130] 藤田昌久,保罗·克鲁格曼,安东尼·J.维纳布尔斯.空间经济学:城市、区域与国际贸易[M].梁琦,译.北京:中国人民大学出版社,2013.

[131] 钟祖昌.空间经济学视角下的物流业集聚及影响因素——中国31个省市的经验证据[J].山西财经大学学报,2011,33(11):55-62.

[132] 蔡海亚,徐盈之.长江三角洲物流产业发展格局及影响机理研究——基于空间经济学的视角[J].华东经济管理,2016,30(10):15-23.

[133] 王成金,张梦天.中国物流企业的布局特征与形成机制[J].地理科学进展,2014,33(1):134-144.

[134]邹敏,杨光华.湖南省产业结构对物流需求的影响研究[J].中南林业科技大学学报(社会科学版),2012,6(4):30-32.

[135]谢守红,蔡海亚.中国物流产业的空间集聚及成因分析[J].工业技术经济,2015,34(4):51-58.

[136]钟昌宝,钱康.长江经济带物流产业集聚及其影响因素研究——基于空间杜宾模型的实证分析[J].华东经济管理,2017,31(5):78-86.

[137]白翠玲,雷欣,杨丽花,等.河北省长城沿线县域旅游产业集聚对经济增长的空间溢出效应研究[J].地理科学,2023,43(1):101-109.

[138]安虎森.新区域经济学[M].大连:东北财经大学出版社,2016.

[139]侯亚丽,匡文慧,窦银银.全球超大城市空间扩张及分形特征研究[J].地理学报,2023,77(11):2687-2702.

[140]韩峰,柯善咨.追踪我国制造业集聚的空间来源:基于马歇尔外部性与新经济地理的综合视角[J].管理世界,2012(10):55-70.

[141]MARSHALL.Principles of economics[M].New York:Maxmillan,1890.

[142]PORTER M E. America's green strategy[J].Scientific American,1991,264(4):193-246.

[143]PORTER M E,LINDE V D C.Toward a new conception of the environment-competitiveness relationship[J].Journal of Economic Perspectives,1995,9(4):97-118.

[144]迈克尔·波特.国家竞争优势[M].李明轩,邱如美,译.北京:华夏出版社,2002.

[145]YANG C.Strategic coupling of regional development in global production networks:Redistribution of Taiwanese personal computer investment from the Pearl River Delta to the Yangtze River Delta,China[J].Regional Studies,2009,43(3):385-407.

[146]金煜,陈钊,陆铭.中国的地区工业集聚:经济地理、新经济地理与经济政策[J].经济研究,2006(4):79-89.

[147]罗胤晨,谷人旭.1980—2011年中国制造业空间集聚格局及其演变趋势[J].经济地理,2014,34(7):82-89.

[148]BUTOLLO F.Growing against the odds:government agency and strategic recoupling as sources of competitiveness in the garment industry of the Pearl River Delta[J].Cambridge Journal of Regions Economy & Society,2015,8(3):521-536.

[149]朱晟君,王翀.制造业重构背景下的中国经济地理研究转向[J].地理科学进展,2018,37(7):865-879.

[150]ZHU S,PICKLES J.Bring in,go up,go west,go out:Upgrading,regionalisation and delocalisation in China's apparel production networks[J].Journal of Contemporary Asia,2014,44(1):36-63.

[151]丁俊发.改革开放40年中国物流业发展与展望[J].中国流通经济,2018,32(4):3-17.

[152]罗珉,曾涛,周思伟.企业商业模式创新:基于租金理论的解释[J].中国工业经济,2005(7):73-81.

[153]G·多西.技术进步与经济理论[M].北京:北京出版社,1992.

[154]李美云.国外产业融合研究新进展[J].外国经济与管理,2005(12):12-20,27.

[155]NEVES A,GODINA R,AZEVEDO S.G,et al.A comprehensive review of industrial sym-

biosis[J].Journal of Cleaner Production,2020,247,1-44.

[156]柯健,李超.基于DEA聚类分析的中国各地区资源、环境与经济协调发展研究[J].中国软科学,2005(2):144-148.

[157]郑吉昌,夏晴.基于互动的服务业发展与制造业竞争力关系——以浙江先进制造业基地建设为例[J].工业工程与管理,2005(04):98-103.

[158]夏春玉.城市批发流通系统的空间结构与城市的层级关系——以日本为例[J].商业经济与管理,2006(11):3-10.

[159]黄国雄,刘玉奇,王强.中国商贸流通业60年发展与展望[J].财贸经济,2009(9):26-32.

[160]李小建.经济地理学[M].北京:高等教育出版社,1999.

[161]王钊,李涛,黄文杰.空间视角下城乡物流网络的内涵、构成要素与研究框架[J].地理科学,2023,43(1):82-91.

[162]徐杰,鞠颂东.城市物流网络体系的构建[J].中国流通经济,2008(1):10-12.

[163]付娇,李婧,贾洪文,等.中国西部地区开发区及产业时空变化特征[J].干旱区地理,2020,43(4):1136-1145.

[164]赵学伟,张志斌,冯斌,等.西北内陆中心城市物流企业空间分异及区位选择—以兰州市为例[J].干旱区地理,2022,45(5):1671-1683.

[165]WANG D F,ARTHUR T,ZHANG H R. Environmental regulation,innovation capability,and green total factor productivity of the logistics industry[J].Kybernetes,2023,52(2):688-707.

[166]韩永辉,黄亮雄,王贤彬.产业政策推动地方产业结构升级了吗?——基于发展型地方政府的理论解释与实证检验[J].经济研究,2017(8):33-48.

[167]黄群慧,贺俊.中国制造业的核心能力、功能定位与发展战略——兼评《中国制造2025》[J].中国工业经济,2015(6):5-17.

[168]付晨玉,杨艳琳.中国工业化进程中的产业发展质量测度与评价[J].数量经济技术经济研究,2020(3):3-25.

[169]谢守红,蔡海亚.长江三角洲物流业发展的时空演变及影响因素[J].世界地理研究,2015,24(3):118-125.

[170]TONE K.A slacks-based measure of efficiency in data envelopment analysis[J].European Journal of Operation Research,2001,130(3):498-509.

[171]刘明,杨路明.区域物流的产业效率、空间互动与协调发展——基于全国277个地市级城市的数据实证[J].中国流通经济,2019,33(8):34-44.

[172]刘宏伟,杨荣璐,石红娟.物流枢纽城市物流业效率时空差异及其收敛性[J].北京交通大学学报(社会科学版),2022,21(2)122-133.

[173]单豪杰.中国资本存量K的再估算:1952—2007年[J].数量经济技术经济研究,2008,25(10):17-31.

[174]赵媛,杨足膺,郝丽莎,等.中国石油资源流动源——汇系统空间格局特征[J].地理学报,2012,67(4):455-466.

[175]赵璐,赵作权.基于特征椭圆的中国经济空间分异研究[J].地理科学,2014,34(8):979-986.

[176]郑德凤,郝帅,孙才志,等.中国大陆生态效率时空演化分析及其趋势预测[J].地理研究,2018,37(5):1034-1046.

[177]匡兵,卢新海,周敏,等.中国地级以上城市土地经济密度差异的时空演化分析[J].地理科学,2017,37(12):1850-1858.

[178]狄乾斌,韩帅帅,韩增林.中国地级以上城市经济承载力的空间格局[J].地理研究,2016,35(2):337-352.

[179]魏修建,郑广文,张丽淑.基于ANP的省域物流业综合发展水平探析[J].现代财经(天津财经大学学报),2012,32(11):101-110.

[180]王圣云,秦尊文,戴璐,等.长江中游城市集群空间经济联系与网络结构——基于运输成本和网络分析方法[J].经济地理,2013,33(4):64-69.

[181]刘秉镰,余泳泽.我国物流业地区间效率差异及其影响因素实证研究——基于数据包络分析模型及托宾模型的分析[J].中国流通经济,2010,24(9):18-21.

[182]余泳泽,刘大勇.我国区域创新效率的空间外溢效应与价值链外溢效应——创新价值链视角下的多维空间面板模型研究[J].管理世界,2013(7):6-20,70,187.

[183]李婧,谭清美,白俊红.中国区域创新生产的空间计量分析——基于静态与动态空间面板模型的实证研究[J].管理世界,2010(7):43-55,65.

[184]LONG R,OUYANG H,GUO H.Super-slack-based measuring data envelopment analysis on the spatial-temporal patterns of logistics ecological efficiency using global Malmquist Index model[J].Environmental Technology & Innovation,2020,18:100770.

[185]HUANG B,WU B,BARRY M.Geographically and temporally weighted regression for modeling spatio-temporal variation in house prices[J].International Journal of Geographical Information Science,2010,24(3):383-401.

[186]ELHORST J P.Applied spatial econometrics:Raiseing the bar[J].Spatial Economic Analysis,2010,5(1):9-28.

[187]WHITE J A,PENCE I W.Progress in materials handling and logistics[M].Heidelberg:Springer Berlin,1989.

[188]RIOS V.What drives unemployment disparities in european regions? A dynamic spatial panel approach[J].Regional Studies,2017,51(11):1599-1611.

[189]CHEN W Y,HU Z Y,LI X,et al.Strategic interaction in municipal governments' provision of public green spaces:A dynamic spatial panel data analysis in transitional China[J].Cities,2017,71:1-10.

[190]马慧强,论宇超,席建超,等.中国旅游经济系统失配度空间格局分异与形成机理分析[J].地理科学,2018,38(8):1328-1336.

[191]赵林,张宇硕,张明,等.东北地区基本公共服务失配度时空格局演化与形成机理[J].经济地理,2015,35(3):36-44.

[192]何黎明.推进物流业高质量发展面临的若干问题[J].中国流通经济,2018,32(10):3-7.

[193]汪鸣.我国物流产业转型发展路径研判[J].北京交通大学学报(社会科学版),2019,18(3):9-15.

[194]高志军,张萌,刘伟.新时代中国物流业高质量发展的科学内涵与基本思路[J].大连海事

大学学报(社会科学版),2020,19(4):68-78.

[195]戴德宝,范体军,安琪.西部地区物流综合评价与协调发展研究[J].中国软科学,2018(1):90-99.

[196]林双娇,王健.中国物流业高质量发展水平测度及其收敛性研究[J].统计与决策,2021,37(8):9-14.

[197]宋二行,周晓唯.我国区域物流资源配置水平的非均衡态势及其时空演进[J].公路交通科技,2021,38(3):122-135.

[198]贺向阳,夏向阳,肖文.双循环新发展格局下物流业高质量发展:基于集装箱海铁联运通道效益评价[J].产经评论,2021(6):148-158.

[199]曹允春,李彤,林浩楠.我国区域物流业高质量发展实现路径——基于中国 31 个省市区的实证分析[J].商业研究,2020(12):66-74.

[200]龚雪,荆林波.基于 DEA-Malmquist 模型的中国省域物流效率研究——来自省际面板数据的实证分析[J].河北经贸大学学报,2019,40(5):60-69.

[201]于丽英,施明康,李婧.基于 DEA-Malmquist 指数模型的长江经济带物流效率及因素分解[J].商业经济与管理,2018(4):16-25.

[202]丁俊发."十四五"期间我国物流业亟待解决的问题与对策[J].中国流通经济,2021,35(7):3-8.

[203]汪鸣,陆成云,刘文华."十四五"物流发展新要求新格局[J].北京交通大学学报(社会科学版),2022,21(1):11-17.

[204]蹇令香,曹珊珊,尹晓彤.技术创新对我国物流业发展质量的影响[J].公路交通科技,2021,38(5):138-143,158.

[205]李朋林,刘晓宁.我国物流业效率的区域差异及其驱动机制研究[J].商业经济研究,2021(14):115-118

[206]张珺,邹乔."双碳"目标视角下物流业绿色转型对流通业高质量发展的影响[J].商业经济研究,2022(5):113-116.

[207]杨守德.技术创新驱动中国物流业跨越式高质量发展研究[J].中国流通经济,2019(3):62-70.

[208]卢美丽.中国物流业效率提升是否有路径显现?——基于省级数据的定性比较分析[J].商业经济与管理,2020(7):27-37.

[209]高华,马晨楠.物流产业效率的影响因素与多元路径——基于 31 个省市区的模糊集定性比较分析[J].商业经济研究,2021(6):87-91.

[210]王鹏,张茹琪,李彦.长三角区域物流高质量发展的测度与评价——兼论疫后时期的物流新体系建设[J].工业技术经济,2021,40(3):21-29.

[211]王东,陈胜利.中国物流业高质量发展的空间差异及分布动态演进[J].统计与决策,2022(9):57-62.

[212]张新成,梁学成,宋晓,等.黄河流域旅游产业高质量发展的失配度时空格局及成因分析[J].干旱区资源与环境,2020,34(12):201-208.

[213]庞家幸,陈兴鹏.甘肃省经济与环境耦合协调时空演化格局分析[J].兰州大学学报(自然科学版),2017,53(1):54-59.

[214] 杜运周,贾良定.组态视角与定性比较分析(QCA):管理学研究的一条新道路[J].管理世界,2017(6):155-167.

[215] SCHNEIDER C Q,WAGEMANN C.Set-theoretic methods for the social sciences:A guide to qualitative comparative analysis[M].Cambridge:Cambridge University Press,2012.

[216] 黄志辉,纪亮,尹洁,等.中国道路交通二氧化碳排放达峰路径研究[J].环境科学研究,2022,35(2):385-393.

[217] 刘明.物流业与制造业协同集聚对经济高质量发展的影响——基于283个地级以上城市的实证分析[J].中国流通经济,2021,35(9):22-31.

[218] 肖瑶.流通高质量发展内涵、存在的问题及实现途径[J].商业经济研究,2022(3):16-19

[219] 钟佳利,杨德刚,霍金炜.乌昌地区基本公共服务失配度时空格局演化及影响因素分析[J].干旱区地理,2019,42(5):1205-1212.

[220] 郑秀娟.基于随机前沿的物流业发展效率及区域差异分析[J].统计与决策,2018,34(18):121-124.

[221] 谭海波,范梓腾,杜运周.技术管理能力、注意力分配与地方政府网站建设——一项基于TOE框架的组态分析[J].管理世界,2019,35(9):81-94.

[222] FRAMBACH R T,FISS P C,INGENBLEEK P T.How important is customer orientation for firm performance? A fuzzy set analysis of orientations,strategies,and environments[J].Journal of Business Research,2016,69(4):1428-1436.

[223] CHAN H K,DAI J,WANG X,et al.Logistics and supply chain innovation in the context of the Belt and Road Initiative(BRI)[J].Transportation Research Part E:Logistics and Transportation Review,2019,132(12):51-56.

[224] 刘华军,郭立祥,乔列成.中国物流业效率的时空格局及动态演进[J].数量经济技术经济研究,2021,38(5):57-74.

[225] 蒋自然,雷丽萍,金环环,等.中国陆港型物流枢纽时空演化及其驱动因素[J].地理科学,2022,42(11):1857-1866.

[226] FOLKE C,RESILIENCE.The emergence of a perspective for social-ecological systems analyses[J].Global Environmental Change,2006,16(3):253-267.

[227] 赵瑞东,方创琳,刘海猛.城市韧性研究进展与展望[J].地理科学进展,2020,39(10):1717-1731.

[228] 刘成杰,高兴波.城市经济韧性能否提高绿色全要素生产率?[J].东岳论丛,2023,44(4):116-125,192.

[229] 丁建军,王璋,柳艳红,等.中国连片特困区经济韧性测度及影响因素分析[J].地理科学进展,2020,39(6):924-937.

[230] 袁丰,熊雪蕾,徐紫腾,等.长江经济带经济韧性空间分异与驱动因素[J].地理科学进展,2023,42(2):249-259.

[231] 李亚,翟国方.我国城市灾害韧性评估及其提升策略研究[J].规划师,2017,3(8):5-11.

[232] OUYANG M,DUENAS O,MIN X.A three stage resilience analysis framework for urban infrastructure systems[J].Structural Safety,2012(36):23-31.

[233]RIBEIRO P J G,GONCALVES L A P J.Urban resilience:a conceptual framework[J].Sustainable Cities and Society,2019,50:101625.

[234]XUN X L,YUAN Y B.Research on the urban resilience evaluation with hybrid multiple attribute TOPSIS method:An example in China[J].Natural Hazards,2020,103(1):557-577.

[235]张明斗,冯晓青.中国城市韧性度综合评价[J].城市问题,2018(10):27-36.

[236]赵懋源,杨永春,王波.广东省城市韧性水平评价及时空分析[J].兰州大学学报(自然科学版),2022,58(3):412-419,426.

[237]朱金鹤,孙红雪.中国三大城市群城市韧性时空演进与影响因素研究[J].软科学,2020,34(2):72-79.

[238]张开,张琦.中国城市经济韧性的区域差异及影响因素分析[J].贵州社会科学,2022(12):121-129.

[239]陈胜利,王东.中国城市群经济韧性的测度、分解及驱动机制[J].华东经济管理,2022,36(12):1-13.

[240]李诗音,苏欣怡,符安平.长江中游城市群经济韧性对高质量发展的影响[J].经济地理,2022,42(10)19-24.

[241]毛丰付,胡承晨,魏亚飞.数字产业发展与城市经济韧性[J].财经科学,2022(8):60-75.

[242]王晓,李娇娇,王星苏.创新型城市试点有效提升了城市经济韧性吗?[J].投资研究,2022,41(5):120-143.

[243]李连刚,张平宇,程钰,等.黄河流域经济韧性时空演变与影响因素研究[J].地理科学,2022,42(4):557-567.

[244]孙红雪,朱金鹤,王雅莉.高质量人力资本与中国城市经济韧性——基于高校扩招政策的实证分析[J].当代财经,2023(5):15-28.

[245]余金艳,张英男,刘卫东,等.疫情冲击下全球跨境电商物流韧性的时空异质性研究[J].地理研究,2021,40(12):3333-3348.

[246]谢泗薪,徐梦凡,孙敏.后疫情时代我国航空物流韧性评价及提升路径研究[J].价格理论与实践,2021(11):152-155,195.

[247]金凤花,杨白玫,马洪伟.长三角城市群物流韧性测算[J].统计与决策,2022,38(4):102-105.

[248]王庆伟,梅林,姜洪强,等.中国旅游城市星级饭店韧性时空分异及影响因素[J].地理科学,2002(8):1483-1491.

[249]狄乾斌,陈科其,陈小龙.疫情冲击下北京市旅游业经济韧性测度及其影响因素[J].经济地,2023,43(1):133-140.

[250]王倩,赵林,于伟,等.中国旅游经济系统韧性的时空变化特征与影响因素分析[J].地理与地理信息科学,2020,36(6):113-118.

[251]张跃胜,谭宇轩,乔智.外部冲击影响城市经济韧性的组态分析[J].郑州大学学报(哲学社会科学版),2023,56(1):41-47.

[252]NATHWANI J,LU X L,WU C Y,et al.Quantifying security and resilience of Chinese coastal urban ecosystems[J].Science of the Total Environment,2019,672(7):51-60.

[253]周洲,段建强,李文兴.交通可达性提升能促进城镇居民消费升级吗?——基于双效应ELES和空间面板分位数回归的实证分析[J].云南财经大学学报,2022(4):30-48.

[254]王东方,张华荣.我国城市物流高质量发展失配度分析[J].中国流通经济,2022,36(9):32-46.

[255]于丽静,于娟,王玉梅.制造企业与物流企业协同创新的演化博弈分析[J].科技管理研究,2019,39(6):1-10.

[256]张中强.基于管理维度的制造业与物流业协同创新研究[J].科技进步与对策,2012,29(22):95-98.

[257]FRANCOIS J.Trade in producer services and returns due to specialization under monopolistic competition[J].Canadian Journal of Economics,1990,23(1):109-124.

[258]彭本红,冯良青.现代物流业与先进制造业的共生机理分析[J].商业经济与管理,2010,1(1):18-25.

[259]童洁,张旭梅,但斌.制造业与生产性服务业融合发展的模式与策略研究[J].软科学,2010,24(2):75-78.

[260]张洁梅.现代制造业与生产性服务业互动融合发展研究[J].中州学刊,2013(6):26-30.

[261]汪应洛.创新服务型制造业,优化产业结构[J].管理工程学报,2010,24(S1):2-5.

[262]鄢飞.物流业与制造业协同集聚的空间关联与影响因素[J].统计与决策,2021,37(7):113-117.

[263]EICHENGREEN B,GUPTA P.The two waves of service-sector growth[J].Oxford Economic Papers,2013,65(1):96-123.

[264]楚明钦.长三角产业区域分工与合作——基于生产性服务业与装备制造业融合的研究[J].云南财经大学学报,2016,32(1):132-140.

[265]李文秀,夏杰长.基于自主创新的制造业与服务业融合:机理与路径[J].南京大学学报(哲学·人文科学·社会科学),2012,49(2):60-67,159.

[266]刘佳,代明,易顺.先进制造业与现代服务业融合:实现机理及路径选择[J].学习与实践,2014(6):23-34.

[267]綦良群,蔡渊渊,王成东.GVC下中国装备制造业与生产性服务业融合影响因素研究[J].科技进步与对策,2017,34(14):92-97.

[268]谢守红,蔡海亚.长江三角洲物流业与区域经济耦合协调度研究[J].江西财经大学学报,2015(5):20-27.

[269]吴群.江西物流业与制造业联动发展研究[J].江西社会科学,2013,33(6):77-80.

[270]吴碧凡.制造业与物流业联动发展动态均衡及现状分析[J].西南交通大学学报(社会科学版),2017,18(3):105-112.

[271]王珍珍.基于共生度模型的长江经济带制造业与物流业协同发展研究[J].管理学刊,2017,30(5):34-46.

[272]LIEB R,BENTZ B A.The use of third-party logistics services by large American manufacturers:the 2004 survey[J].Transportation journal,2005,44(2):5-15.

[273]YEUNG K,ZHOU H,YEUNG A C L,et al.The impact of third-party logistics providers' capabilities on exporters' performance[J].International Journal of Production

Economics,2012,135(2):741-753.

[274] 刘秉镰,林坦.制造业物流外包与生产率的关系研究[J].中国工业经济,2010(9):67-77.

[275] 梁红艳,柳丽华.中国制造业与物流业联动发展的生产率效应[J].福州大学学报(哲学社会科学版),2020,34(1):35-44.

[276] YANG Q,ZHAO X,YEUNG H Y J,et al.Improving logistics outsourcing performance through transactional and relational mechanisms under transaction uncertainties: Evidence from China[J].International Journal of Production Economics,2016,175:12-23.

[277] HUO B,HAN Z,ZHAO X,et al.The impact of institutional pressures on supplier integ-NNIn and financial performance: Evidence from China[J].International Journal of Production Economics,2013,146(1):82-94.

[278] LAU K H,ZHANG J.Drivers and obstacles of outsourcing practices in China[J].International Journal of Physical Distribution & Logistics Management,2006,36(10):776-792.

[279] 梁红艳.中国制造业与物流业融合发展的演化特征、绩效与提升路径[J].数量经济技术经济研究,2021,38(10):24-45.

[280] CHATTERJEE K,ZUFFEREY D,NOWAK M A.Evolutionary game dynamics in populations with different learners[J].Journal of Theoretical Biology,2012,301(5):161-173.

[281] ABRAM W C,NORAY K.Political corruption and public activism: an evolutionary game-theoretic analysis[J].Dynamic Games Applications,2018,8(1):1-21.

[282] 孙健慧,赵黎明.政府监管下产学研协同创新体系资源共享行为分析[J].科技管理研究,2017(19):22-30.

[283] 曹霞,于娟,张路蓬.不同联盟规模下产学研联盟稳定性影响因素及演化研究[J].管理评论,2016,28(2):3-14.

[284] 史竹琴,朱先奇,王强,等.科技型中小企业创新联盟稳定性的演化博弈分析:基于协同创新的视角[J].经济问题,2017(4):91-96.

[285] 张敬文,李晓园,徐莉.战略性新兴产业集群协同创新发生机理及提升策略研究[J].宏观经济研究,2016(11):106-113.

[286] 刘国巍,邵云飞.产业链创新视角下战略性新兴产业合作网络演化及协同测度——以新能源汽车产业为例[J].科学学与科学技术管理,2020,41(8):43-62.

[287] 刘国巍,曹霞.产学研BA-CAS合作机制下创新网络动态演化研究——基于系统生存论的关系嵌入视角[J].技术经济与管理研究,2018(4):32-37.

[288] HIDALGO A,LÓPEZ V.Drivers and impacts of ICT adoption on transport and logistics services[J].Asian journal of technology innovation,2009,17(2):27-47.

[289] 陈媛瑞.创新驱动政策协同对物流业绿色效率的影响效应与作用机制——来自国家自主创新示范区与创新型城市的证据[J]商业经济研究,2024(12):99-102.

[290] 王燕.物流产业集群创新机制形成的影响因素分析[J].中国流通经济,2009,23(7):35-38.

[291] LI B,WU S.Effects of local and civil environmental regulation on green total factor productivity in China: A spatial Durbin econometric analysis[J].Journal of Cleaner Produc-

tion,2017,153(6):342-353.

[292] 龙小宁,万威.环境规制、企业利润率与合规成本规模异质性[J].中国工业经济,2017(6):155-174.

[293] 王维国,范丹.节能减排约束下的中国区域全要素生产率演变趋势与增长动力——基于Malmqulist-Luenberger指数法[J].经济管理,2012,34(11):142-151.

[294] 周小鸿.长江经济带物流业绿色全要素生产率测算及影响因素研究[D].重庆:重庆工商大学,2020.

[295] 廖敏,洪国彬.环境规制对中国物流业效率影响的实证研究——非线性面板门槛模型[J].哈尔滨商业大学学报(社会科学版),2015(3):83-90.

[296] 唐建荣,唐萍萍.中国物流产业效率的时空演化[J].北京工商大学学报(社会科学版),2018,33(6):43-53.

[297] 沈坤荣,金刚,方娴.环境规制引起了污染就近转移吗?[J].经济研究,2017,52(5):44-59.

[298] 沈可挺,龚健健.环境污染、技术进步与中国高耗能产业——基于环境全要素生产率的实证分析[J].中国工业经济,2011(12):25-34.

[299] HERING L, PONCET S. Environmental policy and exports: evidence from Chinese cities[J]. Journal of Environmental Economics and Management,2014,68(2):296-318.

[300] 金刚,沈坤荣.以邻为壑还是以邻为伴?——环境规制执行互动与城市生产率增长[J].管理世界,2018,34(12):43-55.

[301] 伍格致,游达明.环境规制对技术创新与高质量发展的影响机制:基于财政分权的调节作用[J].管理工程学报,2019,33(1):37-50.

[302] PORTER M E. Towards a dynamic theory of strategy[J]. Strategic Management Journal,1991,12(S2):95-117.

[303] 张娟.资源型城市环境规制的经济增长效应及其传导机制——基于创新补偿与产业结构升级的双重视角[J].中国人口·资源与环境,2017,27(10):39-46.

[304] 何爱平,安梦天.地方政府竞争、环境规制与绿色发展效率[J].中国人口·资源与环境,2019(3):21-30.

[305] 韩晶,陈超凡,冯科.环境规制促进产业升级了吗?——基于产业技术复杂度的视角[J].北京师范大学学报(社会科学版),2014(1):148-160.

[306] 杨红娟,张成浩.企业技术创新对生态效率提升的有效性研究[J].经济问题,2016(12):71-76.

[307] 陈林心,何宜庆,程家鼎.创新、创业与生态效率提升研究——基于长江中游城市群的空间面板模型[J].华东经济管理,2016(10):87-94.

[308] 郭进.环境规制对绿色技术创新的影响——"波特效应"的中国证据[J].财贸经济,2019,40(3):147-160.

[309] HANSEN B E. Threshold effects in non-dynamic panels: estimation, testing, and inference[J]. Journal of Econometrics,1999(2):345-368.

[310] 聂国卿,郭晓东.环境规制对中国制造业创新转型发展的影响[J].经济地理,2018,38(7):110-116.

[311]INTARAKUMNERD P,CHAIRATANA P,CHAIYANAJIT P.Global production networks and host-site industrial upgrading: The case of the semiconductor industry in Thailand[J].Asia Pacific Business Review,2016,22(2):289-306.

[312]JANG-PYO H.A comparative study on the global production networks of electronics and automotive industry[J].Journal of Korean Social Trend and Perspective,2016,96:9-47.

[313]刘永俊,张晟义.产业网络成长范式研究:基于创新与互补性资产视角[J].当代经济管理,2010,32(4):26-32.

[314]刘凤朝,姜滨滨.联盟网络核心节点形成及其影响因素研究[J].管理学报,2013,10(5):671-677.

[315]张章颖,陈莉平.产业融合背景下产业合作网络的嵌入性竞争优势[J].科技进步与对策,2009,26(18):69-72.

[316]ZANDER S,TRANG S,KOLBE L M.Drivers of network governance: A multitheoretic perspective with insights from case studies in the German wood industry[J].Journal of Cleaner Production,2016,110:109-120.

[317]BOWEN T J.A spatial analysis of FedEx and UPS:hubs,spokes,and network structure[J].Journal of Transport Geography,2012,24:419-431.

[318]LEE J H,Moon I.A hybrid hub-and-spoke postal logistics network with realistic restrictions: a case study of Korea Post[J].Expert Systems with Applications,2014,41(11):5509-5519.

[319]DE KEIZER M,HAIJEMA R,BLOEMHOF J M,et al.Hybrid optimization and simulation to design a logistics network for distributing perishable products[J].Computers & Industrial Engineering,2015,88:26-38.

[320]UPCHURCH C H,KUBY M,ZOLDAK M,et al.Using GIS to generate mutually exclusive service areas linking travel on and off a network[J].Journal of Transport Geography,2003,12(1):23-33.

[321]杨光华,谢小良.基于加权超网络的区域物流网络模型及特征分析[J].湖南文理学院学报(自然科学版),2008(3):53-57.

[322]李全喜,金凤花,孙磐石.区域物流引力和地位模型的构建及应用研究[J].经济地理,2010,30(10):1619-1624,1630.

[323]龚梦,祁春节.城市物流网络空间布局规划研究——以江苏省为例[J].城市发展研究,2013,20(1):42-48.

[324]赵芮,丁志伟.基于流空间视角的中原城市群物流网络结构及其影响因素分析[J].地域研究与开发,2022,41(4):71-77.

[325]李苑君,吴旗韬,李苑庭,等."流空间"视角下中国电子商务快递物流网络结构与机理[J].热带地理,2023,43(4):657-668.

[326]刘妤,姚阳.高质量发展背景下西藏轴辐式区域物流网络空间优化研究[J].西藏民族大学学报(哲学社会科学版),2023,44(2):117-123.

[327]汪传雷,曹美德,张春梦.面向高质量发展的安徽省物流空间关联网络结构特征[J].安庆师范大学学报(社会科学版),2023,42(1):85-92.

[328] 邱志萍,刘举胜,何建佳.我国商贸流通网络的结构特征及驱动因素——基于引力模型的社会网络分析[J].中国流通经济,2023,37(2):31-42.

[329] 曹霞,张路蓬.基于利益分配的创新网络合作密度演化研究[J].系统工程学报,2016,31(1):1-12.

[330] GILSING V, NOOTEBOOM B, VANHAVERBEKE W, et al. Network embeddedness and the exploration of novel technologies: Technological distance, betweenness centrality and density[J].Research Policy,2008,37(10):1717-1731.

[331] KRUGMAN P.Increasing returns and economic geography[J].Journal of Political Economy,1991,99(3):483-499.

[332] 齐亚伟.空间集聚、经济增长与环境污染之间的门槛效应分析[J].华东经济管理,2015,29(10):72-78.

[333] 华坚,朱文静,黄媛媛.制造业与生产性服务业协同集聚对绿色发展效率的影响——以长三角城市群27个中心城市为例[J].资源与产业,2021,23(2):90-101.

[334] 任阳军,汪传旭,齐颖秀,等.资源型产业集聚对绿色全要素生产率影响的实证[J].统计与决策,2020,36(14):124-127.

[335] HAO Y, SONG J, SHEN Z. Does industrial agglomeration affect the regional environment? Evidence from Chinese cities[J].Environmental Science and Pollution Research,2022,29(5):7811-7826.

[336] 文玫.中国制造业在区域上的重新定位和聚集[J].经济研究,2004(2):84-94.

[337] 蔡德发,董秋菊,朱悦,等.产业集聚、人口结构与绿色经济效率[J].统计与决策,2022(7):112-116.

[338] 孙浦阳,韩帅,靳舒晶.产业集聚对外商直接投资的影响分析——基于服务业与制造业的比较研究[J].数量经济技术经济研究,2012,29(9):40-57.

[339] 张可,汪东芳.经济集聚与环境污染的交互影响及空间溢出[J].中国制造业经济,2014(6):70-82.

[340] 王兵,聂欣.产业集聚与环境治理:助力还是阻力——来自开发区设立准自然实验的证据[J].中国制造业经济,2016(12):75-89.

[341] 宋斓君.物流业与制造业协同集聚对制造业全要素生产率的影响研究[D].杭州:浙江工商大学,2020.

[342] 鄢飞,王铁山.物流业与制造业专业集聚、协同集聚与区域经济增长[J].企业经济,2021,40(4):88-97.

[343] 贺灿飞,潘峰华.产业地理集中、产业集聚与产业集群:测量与辨识[J].地理科学进展,2007(2):1-13.

[344] 王媛玉.产业集聚与城市规模演进研究[D].长春:吉林大学,2020.

[345] 仇保兴.小企业集群研究[M].上海:复旦大学出版社,1999.

[346] MILLER N H, PAZGAL A.Strategic trade and delegated competition[J].Journal of International Economics,2005,66(1):215-231.

[347] 钟韵,秦嫣然.中国城市群的服务业协同集聚研究——基于长三角与珠三角的对比[J].广东社会科学,2021(2):5-15.

[348]陈晓峰,周晶晶.生产性服务业集聚、空间溢出与城市绿色全要素生产率——来自长三角城市群的经验证据[J].经济经纬,2020,37(4):89-98.

[349]孟望生,邵芳琴.产业协同集聚对绿色经济增长效率的影响——基于生产性服务业与制造业之间要素层面协同集聚的实证分析[J].南京财经大学学报,2021(4):75-85.

[350]ZHANG W,CHENG J,LIU X,et al.Heterogeneous industrial agglomeration,its coordinated development and total factor energy efficiency[J].Environment,Development and Sustainability,2022,25(6):5511-5537.

[351]ZHU Y,DU W,ZHANG J.Does industrial collaborative agglomeration improve environmental efficiency? Insights from China's population structure[J].Environmental Science and Pollution Research,2022,29(4):5072-5091.

[352]纪玉俊,王芳.产业集聚、空间溢出与城市能源效率[J].北京理工大学学报(社会科学版),2021,23(6):13-26.

[353]陈阳,唐晓华.制造业集聚对城市绿色全要素生产率的溢出效应研究——基于城市等级视角[J].财贸研究,2018,29(1):1-15.

[354]纪玉俊,孙红梅.市场化、产业协同集聚与城市生产率[J].山东科技大学学报(社会科学版),2020,22(1):91-101.

[355]任阳军,田泽,梁栋,等.产业协同集聚对绿色全要素生产率的空间效应[J].技术经济与管理研究,2021(9):124-128.

[356]伍先福.产业协同集聚对全要素生产率影响的门槛效应研究——基于中国246个城市的实证检验[J].经济经纬,2020,36(2):72-78.

[357]余泳泽,杨晓章,张少辉.中国经济由高速增长向高质量发展的时空转换特征研究[J].数量经济技术经济研究,2020,36(6):3-21.

[358]湛泳,李珊.智慧城市建设、创业活力与经济高质量发展——基于绿色全要素生产率视角的分析[J].财经研究,2022,48(1):4-18.

[359]邱斌,杨帅,辛培江.FDI技术溢出渠道与中国制造业生产率增长研究:基于面板数据的分析[J].世界经济,2008(8):20-31.

[360]王亚飞,陶文清.低碳城市试点对城市绿色全要素生产率增长的影响及效应[J].中国人口·资源与环境,2021,31(6):78-89.

[361]丁玉龙.城市规模对绿色经济效率的影响及空间效应研究——基于我国285个地级及以上城市数据的实证分析[J].城市问题,2021,317(12):58-68.

[362]鹿坪.产业集聚能提高地区全要素生产率吗?——基于空间计量的实证分析[J].上海经济研究,2017(7):60-68.

[363]王文举,何明珂.改革开放以来中国物流业发展轨迹、阶段特征及未来展望[J].改革,2017(11):23-34.

[364]陈文玲.我国建立和完善现代物流政策体系的选择[J].中国流通经济,2009(1):8-12.

[365]林勇,王健.我国现代物流政策体系的缺位与构建[J].商业研究,2006(18):183-187.

[366]赵娴.我国物流业现行政策的分析与评价[J].中国流通经济,2006(6):7-10.

[367]赵娴,潘建伟,杨静.改革开放40年中国物流业政策支持的回顾与展望[J].河北经贸大学学报,2019(5):52-59.

[368] DOU S H,LI X M,LI X W,et al.Study on logistics industry development policy of Beijing based on system dynamic[J].Journal of Industrial Engineering and Management,2014,7(2):573-587.

[369] 刘钻扩,张艺涵,姜昱帆.财税政策对物流企业 GTFP 的影响——基于税式支出与财政补贴的对比分析[J].财经问题研究,2023(6):102-115.

[370] GOE W R. Producer services,trade and the social division of labour[J]. Regional Studies.1990,24(4):327-342.

[371] 董千里.集成场视角:两业联动集成创新机制及网链绿色延伸[J].中国流通经济,2018(1):27-37.

[372] 张浩然,衣保中.基础设施、空间溢出与区域全要素生产率:基于中国 266 个城市空间面板杜宾模型的经验研究[J].经济学家,2012(2):61-67.

[373] 马越越.低碳视角下中国区域物流产业全要素生产率的空间溢出效应研究[J].宏观经济研究,2016(12):90-101.

[374] 刘徐方.外商直接投资、政府支出对中国技术进步效应的经验分析[J].工业技术经济,2016(3):31-35.

[375] 杨俊,李雪松.教育不平等、人力资本积累与经济增长:基于中国的实证研究[J].数量经济技术经济研究,2007(2):37-45.

[376] 张建升.区域物流发展差异及其影响因素研究[J].北京交通大学学报(社会科学版),2011(3):48-53.

[377] 余泳泽,武鹏.我国物流产业效率及其影响因素的实证研究:基于中国省际数据的随机前沿生产函数分析[J].产业经济研究,2010(1):65-71.

[378] 刘勇.物流对城市空间结构演化的作用机制研究[J].现代经济探讨,2008(4):88-92.

[379] 潘方杰,万庆,冯兵,等.中国物流企业空间格局及多尺度特征分析[J].经济地理,2021,41(6):97-106.

[380] 林秋平,李松芮,杨上广,等.乌鲁木齐市物流企业区位时空演化、影响因素和发展策略研究[J].干旱区地理,2024,47(7):1252-1262.

[381] 王成金.物流企业的空间网络模式与组织机理[M].北京:科学出版社,2014.

[382] KEVIN O C.Global city regions and the location of logistics activity[J].Journal of Transport Geography,2010,18(3):354-362.

[383] 王劲峰,廖一兰,刘鑫.空间数据分析教程[M].北京:科技出版社,2010.

[384] 韩会然,杨成凤,宋金平.北京批发企业空间格局演化与区位选择因素[J].地理学报,2018,73(2):219-231.

[385] 刘敏,郝炜,张芙蓉.山西省 A 级景区空间分布与影响因素[J].经济地理,2020,40(8):231-240.

[386] WANG J F,LI X H,CHRISTAKOS G,et al.Geographical detectors-based health risk assessment and its application in the neural tube defects study of the Heshun Region,China[J]. International Journal of Geographical Information Science,2010,24(1):107-127.

[387] 王劲峰,徐成东.地理探测器:原理与展望[J].地理学报,2017,72(1):116-134.

[388] 安虎森,殷广卫,邹璇,等.新区域经济学[M].3版.大连:东北财经大学出版社,2015.

[389] 李小建,李国平,曾刚,等.经济地理学[M].3版.北京:科学出版社,2018.

[390] 刘程军,王周元晔,李续双,等.互联网新创企业空间格局演化及区位选择——以杭州为例[J].经济地理,2021,41(6):107-115.

[391] SAKAI T,BEZIAT A,HEITZ A.Location factors for logistics facilities:Location choice modeling considering activity categories[J].Journal of Transport Geography,2020,85:102710.

[392] GETU K,BHAT G H.Analysis of spatio-temporal dynamics of urban sprawl and growth pattern using geospatial technologies and landscape metrics in Bahir Dar,Northwest Ethiopia[J].Land Use Policy,2021,109:1-14.

[393] AMPONSAH,BLIJA K D,AYAMBIRE A R,et al.Global urban sprawl containment strategies and their implications for rapidly urbanising cities in Ghana[J].Land Use Policy,2022,114:1-15.

[394] MCKINNON A.The present and future land requirements of logistical activities[J].Land Use Policy,2009(26):293-301.

[395] ZHAO X W,ZHANG Z B,FENG B,et al.Spatial differentiation and location choice of logistics enterprises in the central cities of northwest inland:A case of Lanzhou City[J].Arid Land Geography,2022(3):1-14.

[396] RIPLEY B D.The second-order analysis of stationary point processes[J].Journal of Applied Probability,1976,13(2):255-266.

[397] QIAN Q L,CHEN Y B,LI Y.Spatial distribution of logistics enterprises in Guangzhou and its influeuing factors[J].Geographical Research,2011,30(7):1254-1261.

[398] WANG C J,ZHANG M T.Spatial pattern and its mechanism of modern logistics companies in China[J].Progress in Geography,2014,33(1):134-144.

[399] TAO J,HO C Y,LUO S G,et al.Agglomeration economies in creative industries[J].Regional Science and Urban Economics,2019,77:141-154.

[400] 张贺,许宁.产业集聚专业化、多样化与绿色全要素生产率——基于生产性服务业集聚的外部性视角[J].经济问题,2022(5):21-27.

[401] 胡璇,杜德斌.外资企业研发中心在城市内部的时空演化及机制分析——以上海为例[J].经济地理,2019,39(7):129-138.

[402] 王俊松,潘峰华,田明茂.跨国公司总部在城市内部的空间分异及影响因素——以上海为例[J].地理研究,2017,36(9):1667-1679.

[403] 张婷麟,孙斌栋.全球城市的制造业企业部门布局及其启示——纽约、伦敦、东京和上海[J].城市发展研究,2014,21(4):17-22.

[404] CHEN X H,SUN B D.Spatial structure and determinants of manufacturing employments in Shanghai metropolitan area[J].Human Geography,2017,32(4):95-101.

[405] 汪鸣,陆成云,刘文华."十四五"物流发展新要求新格局[J].北京交通大学学报(社会科学版),2022,21(01):11-17.

[406] 胡惠明.国家物流枢纽建设运营思路[J].中国物流与采购,2022,(16):29-30.

[407] 袁强,张静晓,陈迎.建立我国应急物流体系的构想与对策——基于新冠肺炎疫情防控的经验教训[J].开放导报,2020(3):86-92.

[408] 袁伯友.国外城市物流绿色化的实践及经验借鉴[J].生态经济,2009(8):153-157.

[409] 刘战豫,孙夏令,薛金礼.我国绿色物流发展面临的突出问题及应对策略[J].经济纵横,2018(5):97-101.

[410] 朱月友."双碳"目标下物流企业绿色低碳发展路径研究[J].湖北经济学院学报(人文社会科学版),2023,20(5):52-55.